Maquis en Andalucía

LUIS MIGUEL SÁNCHEZ TOSTADO

Maquis en Andalucía

La resistencia guerrillera en Jaén

ALMUZARA

Primera edición: mayo de 2025

Editorial Almuzara • Colección Historia
Editora: Ángeles López
Corrección: Jorge Fernández Cienfuegos
Maquetación: Joaquín Treviño

www.editorialalmuzara.com
pedidos@almuzaralibros.com - info@almuzaralibros.com

Editorial Almuzara
Parque Logístico de Córdoba. Ctra. Palma del Río, km 4
C/8, Nave L2, nº 3. 14005 - Córdoba

Imprime: Liberdigital
ISBN: 978-84-10528-01-7
Depósito legal: CO-725-2025
Hecho e impreso en España - *Made and printed in Spain*

A la memoria de Pedro Sánchez Ortega, mi padre,
que me inoculó el pensamiento crítico y el amor por los libros.

Índice

Preámbulo

Hace veinticinco años publiqué *La guerra no acabó en el 39*, ensayo galardonado en 1999 con el Premio de Investigación Histórica «Rafael Ortega Sagrista» y editado por el Servicio de Publicaciones del Patronato Municipal de Cultura y Turismo del Ayuntamiento de Jaén.

Era entonces mi tercer libro en solitario después de *Tráfico y consumo de drogas en el Campo de Gibraltar* (1990), *Historia de las prisiones en la provincia de Jaén* (1997) y *Los maquis en Sierra Mágina* (1998). Siempre lo consideré mi primer éxito editorial pues, en pocas semanas, se agotó la edición. La expectación se debió al impacto de abordar sin complejos el movimiento guerrillero antifranquista, con la novedad de incorporar fuentes documentales hasta entonces vetadas a los investigadores, como los archivos militares o los fondos de la Dirección General de la Guardia Civil. Conceptos como «bandolerismo», «forajidos», «salteadores de caminos» o «delincuentes» eran sustituidos por vez primera, ya sin censura, por «guerrilleros», «maquis», «agrupaciones», «comités» o «resistencia». Se situaba en su justo contexto histórico un movimiento sociopolítico sobre el que tanta ignominia había vertido el régimen.

Mi obra *La guerra no acabó en el 39* fue el primer estudio sobre el movimiento guerrillero antifranquista en la provincia de Jaén. Después amplié la información a nivel local con otras obras sobre esa temática, tales como *Los Jubiles* (2008), que abundó en las acciones de la guerrilla anarquista de Bujalance en la campiña jiennense; *Cencerro, un guerrillero legendario* (2010), que abundó sobre la Sierra Sur; *Vivir para contarlo y La Fosa del Tamaral* (ambas de 2004), que hicieron lo propio en Sierra Morena; y *Jaén en el exilio republicano* (2011), que incorporó las biografías de algunos líderes de la resistencia que acabaron sus días en otros países.

Pasaron los años y me centré en otras temáticas, hasta completar en la actualidad sesenta y cuatro obras entre ensayos, novelas, cuentos y guiones cinematográficos. Sin embargo, durante más de dos décadas, seguí recibiendo correos y peticiones de personas que aún buscaban aquel primer libro agotado.

Maquis en Andalucía (La resistencia guerrillera en Jaén) surge con el doble propósito de aglutinar en una obra única todos mis estudios parciales sobre la lucha guerrillera y la resistencia republicana de posguerra en la provincia jiennense, actualizando cuantitativamente el impacto y sus consecuencias, y, al mismo tiempo, saldar una deuda con los lectores y descendientes del millar y medio de personas que se citaban en *La guerra no acabó en el 39*, la mayoría de los cuales no consiguieron su ejemplar.

Estamos, pues, ante una edición mejorada y actualizada; la obra más completa hasta la fecha sobre el movimiento guerrillero de posguerra en la provincia de Jaén. En ella se incluyen nuevos episodios y se aumenta en 23 el número de víctimas mortales, que pasan así de las 187 reseñadas en *La guerra no acabó en el 39* a 208 en esta nueva edición. También se han corregido errores y se ha actualizado la galería fotográfica.

Me consta que, para muchos, la iniciativa llega tarde, pues la mayoría de las personas que entrevisté para este proyecto han fallecido, pero quedan sus descendientes y los interesados en conocer aquel drama, junto con mi deseo de que su memoria perviva en el tiempo y quede constancia para la historia.

El autor

Agradecimiento

Mi agradecimiento a las personas que de una u otra forma brindaron su colaboración para la realización del presente trabajo, en especial a los que me proporcionaron documentación gráfica, escrita o testimonial. Mi gratitud sincera a todos ellos y mi reconocimiento a las personas mayores que, habiendo colaborado activamente en el proyecto, se negaron a que sus nombres figurasen en él por razones poderosas para ellos y que deben respetarse. Un recuerdo emocionado a los que se marcharon antes de la presente edición. Mi agradecimiento a:

Juan Lázaro Aguilar Parra
Salvador Albadalejo Bañuls
Manuel Anguita Peragón
Nicolás Angulo Otiñar
José María Azuaga Rico
Pedro Barranco Extremera,
José Calabrús Calabrús
Nicasio Cantero Huertas
Cañada Quesada, Rafael
César Carazo Montijano
Pedro Casañas Llagostera
Pablo Castillo Bravo
Isabel Castillo Morales
Luisa Castillo Morales
Antonio Castro Torres
Antonio Catena Ramiro
Salvador Cruz Artacho,
Antonio De Miguel Quiles
Juan Del Arco Moya
Antonio Díaz Melero
Antonio A. Eisman Monblan
Sebastián Espinosa Cantero
Pascual Espinosa Cortés
Pierrette Expósito
Miguel Expósito Prieto
Victoria Fernández Vozmediano
Justo Garrido Baltanás
Valeriano Gonzálvez Villén
Manuel Izquierdo Gallardo
Encarnación Jaén Ibáñez
José Jiménez Gómez
Francisco Martín Rosales
Francisco Martínez Zamora
Ángel Martínez Ortiz
Concepción Montijano Carazo
José María Morillas Mediano
Francisco Navea León
Rosario Olmo Olmo
Dolores Pacheco Capilla
María Pacheco Capilla
Francisco Pacheco Capilla
Alfonso Perales Torralbo
Juan Ramos Castro
Miguel Ruano Abril

Fernando Ruiz del Campo
Juan Antonio Sáez Mata
Mª del Mar Tello Chica
Francisco Tudela Salvador
Serafín Parra Delgado
Juan Quero Huertas
Purificación Quesada Olmo
Juan Pedro Sauci Sauci
Manuel Vallejo Laso
María Dolores Torres Puya
José García Maldonado
Carlos Muñoz Pozo
Juan Zarrías Jarreño

Siglas y abreviaturas

SIGLAS

AFARE: Agrupación de Fuerzas Armadas Republicanas Españolas
AHMI: Archivo Histórico Militar
AHMJ: Archivo Histórico Municipal de Jaén
AHN: Archivo Histórico Nacional
AHPCE: Archivo Histórico del Partido Comunista de España
AHPJ: Archivo Histórico Provincial de Jaén
ANFD: Alianza Nacional de Fuerzas Democráticas
CNT: Confederación Nacional del Trabajo
DGGC: Dirección General de la Guardia Civil
DGP: Dirección General de la Policía
ERL: Esquerra Republicana de Cataluña
FAI: Federación Anarquista Ibérica
FET: Falange Española Tradicionalista
IR: Izquierda Republicana
JEL: Junta Española de Liberación
JMP: Junta Militar de Patriotas
JSU: Juventudes Socialistas Unificadas
ML: Movimiento Libertario
ONU: Organización de las Naciones Unidas
PCE: Partido Comunista de España
PRF: Partido Republicano Federal
PSOE: Partido Socialista Obrero Español
SEHGC: Servicio de Estudios Históricos de la Guardia Civil
UGT: Unión General de Trabajadores
UNE: Unión Nacional Española
UR: Unión Republicana

ABREVIATURAS

Edit.: Editado
Exp.: Expediente
Ibidem: Referencia anterior
Leg.: Legajo
Ob. Cit.: Obra citada
P.: Página
PP.: Páginas
Penit.: Penitenciario

Antes de comenzar

El presente trabajo está basado en el estudio de unas fuentes que han estado vetadas a los investigadores hasta hace poco tiempo. Se documentan episodios de los que solo teníamos referencia a través de algunos testimonios de ancianos sobre aquellos hombres de la sierra que tuvieron el arrojo de hacer frente, tras la guerra, al poderoso aparato militar del régimen. Sus honrosos fracasos nunca se hicieron públicos, porque jamás se reconocieron oficialmente los núcleos de resistencia antifranquista.

La novedad que supuso el acceso a ciertas fuentes documentales militares, junto con la proximidad en el tiempo de los sucesos, podría suponer que algunas personas se sintieran dolidas, no porque este trabajo carezca de veracidad histórica, sino porque sus familiares más próximos fueron protagonistas de sangrientos episodios y han sufrido en silencio sus recuerdos, con la esperanza de que el paso del tiempo mitigara su dolor. A estas personas les pido disculpas por hacer públicos sus «secretos». Solo la honestidad con la que he pretendido realizar mi trabajo durante los cuatro años que me ha llevado concluirlo mitiga la amarga tarea de rescatar tragedias silenciadas, pero que deben conocerse, ya que forman parte de nuestro legado histórico.

Fue esta circunstancia la que me hizo dudar sobre la conveniencia o no de publicar este libro, en la certeza de que aún existen heridas sin cicatrizar en muchas familias. Este es el motivo, y estoy seguro de que el lector lo entenderá, por el que me he visto obligado a respetar el anonimato solicitado por algunas personas, en cuyos testimonios he sustituido el nombre real por otro ficticio que aparecerá señalado con un asterisco; aunque estos casos son los menos. No obstante, conservo grabados los testimonios que aparecen citados en la obra.

Los estudios de investigación histórica siempre son bienvenidos. El problema surge cuando se trata de recomponer parte de los sucesos de un periodo tan controvertido como la dictadura. Y es que todavía se palpa en el ambiente la sombra de las dos Españas, y el resentimiento aflora entre los ojos y las palabras de muchos de los ancianos entrevistados y sus descendientes.

Pese a la controvertida temática, consideré necesaria su divulgación por tres motivos:

1.º Para que el lector se aproxime a una parcela histórica que ha estado sometida al blindaje del oscurantismo, de la censura e incluso de intereses particulares. Los pueblos deben asumir su propia memoria, que nadie tiene derecho a cercenar.
2.º Para que sirva de punto de apoyo a investigaciones futuras que puedan profundizar aún más sobre las fuentes consultadas y estimular, a la vez, las monografías territoriales sobre la represión de guerra y posguerra, tan descuidadas todavía en las iniciativas universitarias.
3.º Para cumplir con el deber del investigador: dar a conocer sus descubrimientos con objetividad. Lo cual, sin duda, ayudará a las generaciones que no vivimos aquellos años a conocer el horror y la sinrazón histórica y a trabajar con ahínco para que, en un futuro, situaciones tan dramáticas como las que vivieron nuestros antepasados no vuelvan a repetirse.

Sería conveniente, incluso necesario, que el lector no realice una extrapolación temporal y no compare lo que nos parecerán bárbaras decisiones políticas tomadas en el proceso de implantación de una terrible dictadura con los tiempos de paz y democracia de los que, afortunadamente, gozamos ahora. Hemos de trasladarnos a la época, conocer la polarización política durante la Segunda República y las graves consecuencias del golpe de Estado de 1936, caldo de cultivo de una despiadada guerra y una desproporcionada y vengativa posguerra colmada de masacres.

No deben hacerse, por ende, comparaciones con situaciones actuales, pues muchos de los partidos políticos que se citan han desaparecido del panorama político, y los que se mantienen adaptaron su ideario al actual Estado de derecho. Tampoco las fuerzas de represión (sobre todo la Guardia Civil) se parecen a las que tenemos en el sistema democrático actual. El Ejército, por ejemplo, se adecuó a los nuevos tiempos y ha abierto las puertas de sus archivos judiciales, algo muy significativo.

Introducción

En el día de hoy, cautivo y desarmado el Ejército Rojo, han alcanzado las tropas nacionales sus últimos objetivos militares. La guerra ha terminado.

FRANCISCO FRANCO

Este último parte de guerra, firmado por el general Franco en Burgos el 1 de abril de 1939, debió poner fin, al menos en teoría, al conflicto armado que los mismos insurgentes iniciaron tras el golpe de Estado del 18 de julio de 1936 contra el legítimo gobierno de la Segunda República.

Comenzó entonces un largo periodo totalitario caracterizado por su rigor castrense, una implacable censura moral y política, una sustancial reducción de los derechos fundamentales y la implacable persecución contra los militantes o simpatizantes de las formaciones políticas del Frente Popular y aquellos que habían combatido en el bando republicano.

Sobre las diversas etapas del régimen franquista se ha escrito mucho. Son numerosos los autores que han aportado datos (algunos rigurosos, pero la mayoría parciales y partidistas) sobre los perjuicios o ventajas, si es que tuvo alguna, del largo periodo dictatorial. En cambio, poco se ha escrito sobre los diez primeros años, precisamente los más sangrientos del régimen. Nos referimos al primer franquismo, que abarca de 1939 a 1950.

No es posible encontrar otro período en la historia de España donde se describa tanto dolor y sufrimiento, tantas venganzas cumplidas, tanto odio y tanta muerte. Fusilamientos masivos, cartillas de racionamiento, estraperlo y censura fueron las características más conocidas de esta etapa que, pese a su proximidad en el tiempo, se nos presenta oscura y desdibujada. Los años del hambre, como también fue conocida la posguerra, rememoran en los ancianos supervivientes trágicas imágenes de una España en blanco y negro rota por el odio y la violencia.

Tras la Guerra Civil y el consiguiente éxodo de los vencidos, aparecieron los primeros brotes de resistencia armada en las serranías españolas. Pero no sería hasta el final de la Segunda Guerra Mundial cuando la lucha de guerrillas y la resistencia republicana al régimen franquista adquieren verdadera magnitud de problema de Estado. Combates, emboscadas, escaramuzas, atentados, sabotajes, fusilamientos, ajustes de cuentas y un sin fin de actos violentos por ambas partes dieron lugar a miles de muertos y encarcelados hasta bien entrados los años cincuenta.

A partir de 1945, las acciones guerrilleras se multiplicaron en regiones como Galicia, Asturias, Levante, Extremadura, La Mancha y Andalucía. En esta última, provincias como Málaga fueron declaradas en estado de guerra en 1946. El 12 de octubre de 1947, Camilo Alonso Vega, director general de la Guardia Civil, declaraba que, en un solo año, habían muerto noventa guardias civiles a manos de los guerrilleros. Los presupuestos de 1947 se vieron aumentados nada menos que en mil millones de pesetas dedicados a la lucha contra la guerrilla. El ministro de Hacienda los justificó de la siguiente forma:

> *Bajo un estado de paz oficialmente declarado, persiste un estado de insurrección latente (...) y los gastos de carácter bélico absorben gran parte del presupuesto.*[1]

Este fenómeno histórico prueba que *La guerra no acabó en el 39*, el título elegido para mi libro editado hace veinticinco años. Como tendremos oportunidad de comprobar, la continuidad de esta lucha armada y su consiguiente represión fue, en cierta medida, una prolongación de la guerra civil española.

1 GÓMEZ PARRA, R. *La guerrilla antifranquista*, edit. Revolución, Madrid 1983, pp.39-40.

Las dificultades
Las fuentes

La posguerra española y, cómo no, la andaluza y la jiennense fueron algo más, mucho más que unas simples estadísticas de fusilados. Los escasos estudios provinciales sobre el primer franquismo que se han realizado nos aportan visiones generales y guarismos incompletos sobre la represión política. Aspectos que de ningún modo pueden ser reprochados al investigador, por existir todavía, a pesar del tiempo transcurrido, importantes reticencias que han impedido profundizar en el estado de la cuestión.

Aún persiste la sensación de que indagar sobre la represión franquista es incómodo y comprometido. Baste recordar que nuestro actual estado de derecho, nacido tras la muerte del general Franco, arrastra, afortunadamente en un proceso generacional decreciente, muchos recelos y reminiscencias de una fase cuyas heridas tal vez no hayan cicatrizado del todo. Más aún si, como en el caso que nos ocupa, se intenta penetrar en los entresijos de una parcela histórica caracterizada por el oscurantismo, el secretismo y el miedo. Una sola palabra, una pista o un desliz bastaban para poner en peligro de muerte a familias enteras.

Uno de los mayores inconvenientes con los que me tropecé fue la protección legal de los archivos que alcanza los últimos cincuenta años. Entre otras disposiciones, cabe citar la Ley 13/1985 del Patrimonio Histórico Español, de ámbito nacional, o la Ley 3/1984 de Archivos, con ámbito de aplicación en la comunidad autónoma andaluza. En ambas se establece que, en el supuesto de que la información afecte a la seguridad, honor e intimidad de las personas físicas, la consulta de los documentos:

> *No podrá realizarse sin consentimiento expreso de los afectados o hasta que transcurran veinticinco años desde el fallecimiento de las personas afectadas o cincuenta años a partir de la fecha de los documentos.*[2]

---

2 Artículo 57.i.c) de la Ley 13/1985, de 25 de junio. BOE de 29 de junio de 1985, p. 20.349.

Ello debería permitir la posibilidad de acceder legalmente a los fondos documentales, al menos, hasta 1975. Aun así, no me resultó fácil. Instituciones como la Guardia Civil se mostraban muy reacias a que sus archivos fueran consultados por personas ajenas al cuerpo, poniendo mil trabas al investigador. Sirva como ejemplo mi experiencia en la Dirección General de la Guardia Civil en Madrid. A pesar de que portaba una autorización escrita firmada por el director general, Santiago López Valdivieso, en el Servicio de Estudios Históricos de la Guardia Civil se me ocultó la existencia de los expedientes de los maquis, aun cuando otros investigadores los habían consultado y reseñado con anterioridad. Pese a mi autorización, los funcionarios de aquel servicio consideraron que en trabajos anteriores el instituto armado no salió bien parado, y decidieron negar la existencia de los fondos para impedir nuevas consultas, pese a que pertenecen al patrimonio público.[3]

En cambio, el Ejército, al menos las autoridades militares responsables de la 2ª Región Militar, parecían haber superado aquella etapa y, a partir de 1999, comenzaron a autorizar las consultas de sus fondos, con el único inconveniente, a veces agobiante, de la pésima catalogación de sus archivos. Esto dificultaba la localización de los legajos en este fabuloso contingente documental, cuyo emplazamiento, por cierto, ha sufrido ya varios traslados.[4] Es de justicia agradecer el interés de esta institución, así como su

3 En 1996 el profesor José María Azuaga Rico publicó *La guerrilla antifranquista en Nerja*, documentado con fotografías y documentos procedentes del Servicio de Estudios Históricos de la Guardia Civil (SEHGC). Al año siguiente (febrero de 1997), el historiador Miguel López Corral publicó en la revista *Historia 16* un controvertido trabajo sobre *Los fusilamientos de Mesas de Ibor*, en 1945, con datos también obtenidos del SEHGC, en el que documentó los crueles ajusticiamientos de los guardias civiles del destacamento de Mesas de Ibor (Cáceres), ordenados por el teniente coronel de la Guardia Civil Manuel Gómez Cantos, que les acusó de rendirse a los guerrilleros con los que mantuvieron un tiroteo. Tras este artículo, algún responsable de la Benemérita ordenó impedir nuevas consultas, llegando a negar la existencia de los fondos. El 2 de noviembre de 1998, denuncié esta situación ante el director general de la Guardia Civil, pero nunca obtuve respuesta.

4 El Archivo Histórico Militar de la 2ª Región Militar (AHMI) está compuesto por unos 1600 legajos que albergan los sumarios instruidos por Consejos de Guerra en la jurisdicción de la 2ª Región Militar (Jaén, Granada, Málaga y Almería). En el momento de la consulta, este archivo se encontraba en dependencias del acuartelamiento Cervantes, sito en la avenida de Pulianas de Granada y dependiente del Juzgado Togado Militar n.º 23 de dicha plaza.

afabilidad para solventar cada uno de los problemas que se me fueron planteando.[5]

Otro importante problema lo encontré en la censura sufrida sobre las obras de divulgación histórica en general y sobre los medios de comunicación en particular. Bibliotecas y hemerotecas se encontraban huérfanas de todo comentario acerca de los focos de resistencia antifranquista hasta bien entrada la democracia. La prensa jiennense, por ejemplo, solo refería, de forma ocasional, noticias con titulares del tipo «eliminada una peligrosa banda de bandoleros en un brillante servicio de la Benemérita». En cambio, las frecuentes exposiciones de cuerpos acribillados a balazos en las plazas de muchos pueblos para escarnio público eran una evidencia de la presencia guerrillera en las montañas.

Respecto a las fuentes escritas, hace años comencé a escudriñar los legajos del archivo histórico penitenciario jiennense con la intención de arrojar luz sobre esta etapa tan oscura y desconocida. Este fondo documental, que afortunadamente salvé de un expolio en 1995, se encuentra en la actualidad en el Archivo Histórico Provincial de Jaén (AHPJ).[6] No obstante, fue necesario ampliar la consulta a otras fuentes, tales como el Archivo Histórico del Partido Comunista de España (AHPCE),[7] los fondos de la Fundación Pablo Iglesias (FPI) y Fundación Francisco

---

5 Mi especial agradecimiento al teniente coronel Juan Pedro Sauci Sauci del Cuartel General Regional (antigua Capitanía en Sevilla), el coronel jefe de la Jefatura de Servicios Territoriales de Granada, Salvador Albadalejo Bañuls y al subteniente de la misma unidad, José Jiménez Gómez, quienes con gran amabilidad y paciencia me ofrecieron toda su colaboración para satisfacer mis consultas.

6 En el Archivo Histórico Provincial de Jaén (AHPJ), sito en el antiguo convento de Santo Domingo, en la calle del mismo nombre, se encuentran desde 1995, 281 legajos procedentes de la prisión provincial de Jaén, de los cuales 24 son anteriores a 1935, 16 a la etapa bélica 1936-1939 y 241 al periodo 1939-1969. Estos últimos componen el grueso de la información penitenciaria en la provincia, pues se contabilizan alrededor de 40 000 expedientes penitenciarios cuyas tres cuartas partes (173 legajos, unos 30 000 expedientes aproximadamente) corresponden a los prisioneros recluidos en las cárceles de la capital durante la posguerra (prisión provincial, prisión habilitada de Santa Clara y prisión militar de Santa Úrsula). El resto, 68 legajos, proceden de prisiones de partido ya extinguidas como la de Linares, La Carolina, Martos, Baeza, Úbeda y Villacarrillo.

7 El Archivo Histórico del PCE fue traído desde el exilio en 1977, y sus fondos proceden fundamentalmente de Francia, Rusia y México. Abierto al público en 1980, cuando yo lo consulté tenía su sede en la calle Toronga n.º 27 de Madrid. A partir de 2006, gracias a un acuerdo entre la Universidad Complutense de Madrid y la Fundación de Investigaciones Marxistas, el citado archivo se depositó en la Biblioteca Histórica Marqués de Valdecilla, en la calle Noviciado n.º 3 de Madrid.

Largo Caballero (FFLC)[8], Archivo Histórico Nacional (AHN) y Archivo Histórico de la 2ª Región Militar (AHMI), entre otras.

Otro aspecto a tener en cuenta es la dificultad en la recogida de los escasos testimonios orales de los testigos supervivientes. La mayoría habían fallecido, y los descendientes, ya ancianos, contaban relatos contradictorios de dudosa fiabilidad. A unos, el estigma social tras la excarcelación los obligó a marchar a tierras lejanas, y otros incluso negaban ser quienes fueron para esquivar el compromiso de hablar sobre aquella terrible etapa.

La mayoría de los supervivientes eran reticentes a la entrevista, evidenciando un miedo a contar sus experiencias. Este temor que se hizo crónico, incluso hereditario. Y es que, aunque el lector tenga la sensación de que ha transcurrido mucho tiempo, para los ancianos que sufrieron aquella tragedia, ocurrió ayer mismo. Estos sucesos marcaron para siempre su vida y los condicionaron de tal manera que se resistían a hablar sobre ellos por temor a que su descendencia sufriera alguna consecuencia.

Y es que la nómina del miedo es muy amplia cuando en sus mentes aún resonaban el rugido de la aviación enemiga, los ecos de las tropas marchando, los pelotones de fusilamiento, la soledad de los pueblos, el hambre, la enfermedad, el desarraigo... El miedo convertido en hábito entre los que poseían antecedentes izquierdistas (ellos y sus familiares, porque el etiquetamiento se hizo hereditario, como los sambenitos de la Inquisición) llegó a ser insalvable para muchas personas, que se vieron abocadas a huir a cualquier lugar.

Convencido de que el tiempo pasa veloz y, ante el peligro de perder testimonios y fuentes irrecuperables, en aquellos años me lancé a la búsqueda de información sobre los núcleos de resistencia antifranquista, tanto en la sierra como en el llano. Intuí que profundizar en la vida y muerte de los que se echaron al monte sería apasionante y, cuando menos, esclarecedor, pues aquellos emboscados que, bajo unas condiciones de extrema dureza, se batieron con las fuerzas de represión sembraron entre los lugareños un rayo de esperanza y un halo de leyenda que convenía esclarecer para determinar qué había de cierto y qué de mito en aquellas viejas historias de los «bandoleros rojos».

8 La Fundación Francisco Largo Caballero, sita en la calle Antonio Grilo n.º 10 de Madrid, fue creada en 1978, y alberga el fondo documental de la UGT que fue traído de Toulouse en 1980. El 20 de abril de 1982, este archivo fue abierto al público. Por su parte, la Fundación Pablo Iglesias conserva los fondos del PSOE y algunos de la UGT. Esta última se encuentra en la calle Monstesquinza n.º 30 de Madrid.

¿Quiénes fueron realmente los maquis? ¿Cómo actuaban? ¿Cuántos eran? ¿Hubo realmente una resistencia activa en las sierras de la provincia de Jaén? ¿Cómo se coordinó esa resistencia con las organizaciones clandestinas del llano? ¿Cómo influyó la presencia de los guerrilleros en los comportamientos y costumbres de los pueblos? ¿Podría hacerse un balance aproximado de encuentros armados y víctimas?

Ofrecer una respuesta a estas cuestiones fue la meta que me tracé, reconociendo la dificultad que entrañaba describir cada uno de estos episodios, y más aún descender al plano de lo concreto. Con seguridad quedarían sin recoger acciones de la guerrilla que nunca se descubrieron, que jamás se denunciaron; así como actos de represión que, mantenidos en secreto y tras haber desaparecido sus protagonistas, jamás llegarán a contabilizarse. Abrir una línea nueva de investigación tiene estos inconvenientes, y era conscientes de ello.

¿Guerrilleros o bandoleros?

La palabra «maqui» es un galicismo, una adaptación de la voz francesa «*maquisard*», que se asocia a «monte», «bosque» y, por extensión, al *emboscado*, al guerrillero. Los maquis y su lucha de guerrillas tuvieron un gran protagonismo en la Segunda Guerra Mundial, sobre todo en Francia, cuando las unidades de maquis adictas al general De Gaulle, entre las que figuraban numerosos españoles exiliados tras la guerra civil española, liberaron muchas ciudades francesas y colaboraron en la victoria de los aliados sobre los países del Eje.

Vencidos Hitler y Mussolini, Franco, estrecho colaborador de los nazis, fue el único jefe de Estado que continuó enarbolando la bandera del fascismo en Europa. El cierre de las fronteras y el aislamiento internacional fueron medidas insuficientes, y los exiliados españoles en Francia, dirigidos fundamentalmente por el PCE y, en menor medida, por el PSOE y la CNT, fijaron su punto de mira en España, comenzando a barajar la posibilidad de derrocar al régimen franquista mediante una estrategia dividida en las siguientes etapas:

1.º Reclutamiento y adiestramiento de guerrilleros armados para su introducción clandestina en España a través de la frontera pirenaica y, en menor medida, por las costas andaluzas.

2.º Contacto con los miles de huidos y topos que se encontraban dispersos y desorganizados en las serranías españolas desde 1939.

3.º Empleo de una activa lucha de guerrillas con blancos seleccionados, simultaneando la organización de los partidos del Frente Popular (ahora clandestinos) con una intensa campaña de captación y propaganda entre el campesinado.

Se daba por hecho que los países aliados, que habían luchado contra el nazismo y el fascismo en Europa, harían causa común con el movimiento guerrillero antifranquista; y entonces, el pueblo, estimulado por estas circunstancias, se levantaría en armas para la instauración de la democracia y la erradicación del régimen militar. Como el lector sabe, no resultaron los hechos tal y como se planearon. Las famosas «invasiones» de maquis por el Valle de Arán en el otoño de 1944, que desde el fin de la contienda mundial se habían convertido en un secreto a voces, supuso un cruento castigo en el Pirineo por parte un nutrido ejército bien pertrechado y prevenido. No obstante, muchos de estos guerrilleros consiguieron llegar a su destino portando consignas y se incorporaron a las agrupaciones guerrilleras que aparecieron en diferentes zonas de la geografía española, sobre todo, entre 1945 y 1948. Más adelante daremos cuenta de algunos que instalaron su base de operaciones en Andalucía oriental y en las sierras jiennenses.

Hecha esta introducción, imprescindible para entender el origen político del maqui español, convendría no confundir en lo sucesivo el apelativo «bandolero», que con tanta insistencia utilizó el régimen franquista en su campaña represiva. Si bien es cierto que, para la subsistencia en la sierra, las unidades guerrilleras («partidas de forajidos», según las autoridades de la época) tuvieron que robar y atracar cortijos, ventas y molinos e incluso secuestrar a derechistas y propietarios («personas de orden») con el fin de recaudar fondos, no debe asociarse con el estereotipo de bandolero decimonónico.

Serán elementos comunes del bandolerismo y de la guerrilla la procedencia social humilde, la clandestinidad, el asalto en despoblado y la mera supervivencia en un medio hostil. Sin embargo, el guerrillero poseía una meta específica: la transformación política del país en el que actúa, y para ello arengaba a los jornaleros en los tajos, difundía propaganda, promovía comités clandestinos de resistencia e ideaba sabotajes y golpes económicos. A diferencia del bandolero, que perseguía un exclusivo lucro personal, el guerrillero se procuraba el apoyo de la población, solía pagar los servicios de avituallamiento si se trataba de familias humildes e iba siempre a cara descubierta; incluso se identificaba con insignias y colores republicanos o comunistas (brazaletes rojos, indumentaria militar, siglas bordadas...).

En 1945, la Dirección General de la Guardia Civil emitió una orden reservada a todas las comandancias del país recordando la obligación de referirse a los guerrilleros y maquis en los escritos oficiales con otras denominaciones vinculadas a la delincuencia común. En abril de 1947, se volvió a recordar con una nueva circular a este tenor:

> *Se recuerda a todos los mandos de las unidades del Cuerpo el cumplimiento de la orden de esta Dirección General de 22 de mayo de 1945 en la que se prohíbe el empleo de las denominaciones de huidos, maquis,*

guerrilleros y, en general, de cualquiera que de carácter político o militar a la actuación de las partidas de atracadores, debiendo estos ser calificados en todos los escritos, incluso los atestados, como atracadores, bandoleros, malhechores o forajidos, es decir, como delincuentes comunes.[9]

El término «bandolero», pues, fue utilizado de manera deliberada por las autoridades franquistas para asociarlo a delincuentes comunes como los «salteadores de caminos que quiebran la paz que reina en el país» y negar al mismo tiempo los focos de resistencia. Sin embargo, a los que capturaban vivos se los procesaba paradógicamente, por rebelión militar. Una adulteración del lenguaje destinada al adoctrinamiento de la opinión pública, tan propia de las dictaduras.

Un ejemplo de esta intoxicación informativa la encontramos en la asociación que realiza el teniente coronel Francisco Aguado Sánchez en su obra *El maquis en España*, cuando dice:

Makís, significa en Córcega bosque, monte, selva, de donde la locución ya dicha no quiere expresar otra cosa que agarrarse al monte, vivir a salto de mata, y, en buen español, lisa y llanamente, el que vive a salto de mata es un bandolero.[10]

En su obra, el teniente coronel Aguado trata con absoluto desprecio la figura de los huidos y guerrilleros republicanos que resistían en las sierras españolas y ridiculiza sus acciones de supervivencia. Al más puro estilo franquista, Aguado califica a los guerrilleros de forajidos, delincuentes, bandoleros o salteadores de caminos. Además, la obra contiene multitud de errores de bulto a los que me referiré más adelante.

En 1953, la Revista de la Guardia Civil se hacía eco de su lucha contra los guerrilleros, pero lo hacía a su estilo. Pese a reconocer la gravedad de la situación y la oposición internacional al régimen franquista, su literatura no dejó de camuflar la subversión política bajo la apariencia de bandolerismo al uso. Veamos cómo describía la incursión de guerrilleros españoles desde Francia por el Valle de Arán en octubre de 1944:

---

9 Orden reservada de 23 de abril de 1947, firmada por el coronel jefe de Estado Mayor de la Dirección General de la Guardia Civil.

10 AGUADO SÁNCHEZ, F. *El Maquis en España*, edit. San Martín, Madrid 1976, p. 55.

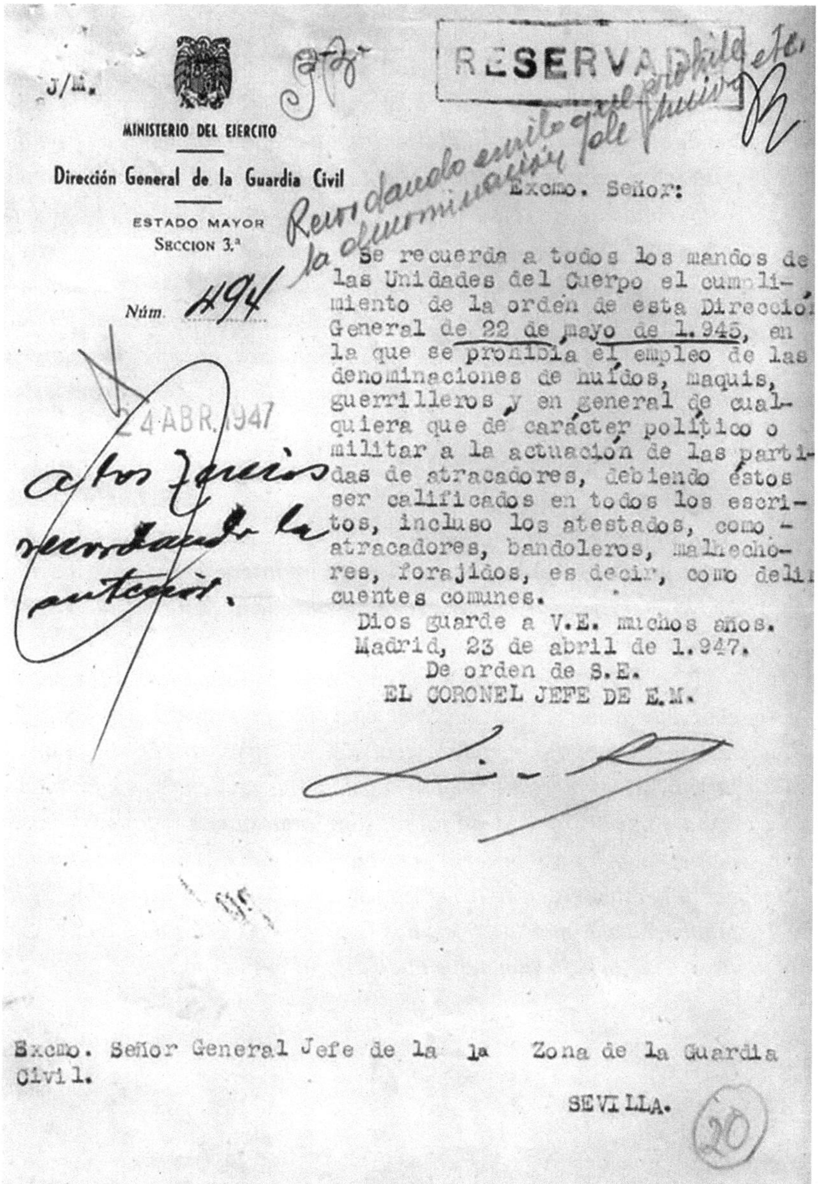

J/M.

MINISTERIO DEL EJERCITO

Dirección General de la Guardia Civil

ESTADO MAYOR
SECCION 3.ª

Núm. 494

RESERVADO

24 ABR. 1947

Excmo. Señor:

Se recuerda a todos los mandos de las Unidades del Cuerpo el cumplimiento de la orden de esta Dirección General de 22 de mayo de 1.945, en la que se prohibía el empleo de las denominaciones de huídos, maquis, guerrilleros y en general de cualquiera que dé carácter político o militar a la actuación de las partidas de atracadores, debiendo éstos ser calificados en todos los escritos, incluso los atestados, como atracadores, bandoleros, malhechores, forajidos, es decir, como delincuentes comunes.

Dios guarde a V.E. muchos años.
Madrid, 23 de abril de 1.947.
De orden de S.E.
EL CORONEL JEFE DE E.M.

Excmo. Señor General Jefe de la 1ª Zona de la Guardia Civil.

SEVILLA.

Orden de la Dirección General de la Guardia Civil de 1947 por la que se obligaba a citar a los guerrilleros como «bandoleros, malhechores o forajidos», es decir, como delincuentes comunes.

Todo cuanto de bueno hizo la Guardia Civil en un siglo de existencia resulta pálido en comparación con la meritísima labor realizada durante estos diez años últimos.

En 1944 los momentos fueron de preocupación, España vio invadida sus fronteras por gentuza de toda calaña que, obedeciendo órdenes de esbirros internacionales, entraban clandestinamente en España para internarse en nuestras sierras y cometer en los vecinos y colonos de las comarcas los crímenes más execrables, asesinatos, raptos, robos y saqueos figuraban a la orden del día.

Las fuerzas del Orden Público, e incluso el Ejército, que también tuvo que emplearse como antaño, no acababan de responder al fin que se perseguía, pues eran muchos los bandoleros, mayores sus elementos de enlace y encubridores y muy grande la ayuda que del exterior recibían.

La situación era mucho más grave que la que motivó la creación del cuerpo de la Guardia Civil en tiempos de Isabel II. Lo que había en la sierra no eran bandidos de viejo cuño, eran partidas muy bien armadas y mejor protegidas por la conjura internacional, que llevó su apoyo al extremo de retirar sus embajadas de nuestra Patria. Parecía ser la victoria del Mal sobre el Bien.

Pero de la misma forma que en el año 1844 supo Isabel II resolver el problema con la Guardia Civil, cien años más tarde lo consiguió de nuevo el Cuerpo poniendo a contribución sus virtudes, dictando el Mando sabias medidas, atendiendo a los nuevos tiempos y a las modalidades tan distintas de la lucha, compenetrándose todos sus componentes en un nuevo concepto de responsabilidad (...) El reconocimiento del Generalísimo, en su reciente mensaje a las Cortes Españolas, de la labor realizada por las veteranas fuerzas de la Guardia Civil, constituyó el mejor galardón a que pudo aspirar el Cuerpo.[11]

11 SAIZ GRALLA, P. *La Guardia Civil a través de los tiempos*, Revista de la Guardia Civil, n.º 115, noviembre de 1953. SEHGC.

Los guerrilleros del llano

La ayuda que recibieron los emboscados fue de dos tipos: por un lado, el material procedente de las redes de enlaces próximos a su zona de actuación y, por otro, la logística proporcionada a distancia por los partidos republicanos en el exilio, sobre todo el PCE, y coordinada por los responsables de su comité central, cuyas consignas eran recogidas por los cuadros regionales y provinciales.

El apoyo que proporcionaron familiares, conocidos y simpatizantes fue tan esencial como variado. Iba desde la mera entrega de víveres y medicinas hasta la confección de ropas, la custodia de armamento y propaganda o el albergue, sobre todo en periodos invernales. Cada partida solía disponer, en su demarcación, de un número de cortijos de enlaces conocidos, los cuales realizaban las compras que encargaban previo pago de su importe y gratificaciones para los demandaderos.

Uno de los servicios más importantes que prestaron fue el de informar con puntualidad sobre los movimientos de la Guardia Civil, la ubicación de los destacamentos móviles y los miembros de las contrapartidas, así como la situación política y económica de propietarios y derechistas que fueron víctimas de atracos, secuestros y ajustes de cuentas. Ello, unido al perfecto conocimiento de las zonas de actuación, los hizo resistir y obtener numerosos éxitos, sobre todo entre 1945 y 1947.

Tuvieron gran relevancia los enlaces que llevaban a los jefes de las agrupaciones guerrilleras consignas de las organizaciones de izquierda, entonces clandestinas, mediante las cuales se coordinaban estrategias de actuación. Sin estos apoyos, la guerrilla apenas habría resistido unas cuantas semanas. No obstante, resulta difícil determinar la cantidad de enlaces que lo fueron de forma voluntaria y los que, por miedo a represalias, no tuvieron más remedio que colaborar. Sí podemos realizar un recuento de procesados y encarcelados que de una u otra forma prestaron apoyo a la guerrilla, con lo que obtendremos parámetros estadísticos que nos aproximarán a los niveles represivos con los que se combatió el problema.

Los familiares y amigos de los huidos fueron los que sufrieron la represión más despiadada. Sobre ellos recayeron las sospechas del conocimiento de los lugares donde se ocultaban, lo que motivó que no pocos sufrieran palizas y torturas de forma sistemática. A partir de 1946, muchos de estos enlaces terminaron echándose a la sierra para huir de aquel infierno. «Prefiero morir a tiros que a golpes», era la frase más repetida de los huidos entrevistados. La inmensa mayoría sufrieron largas condenas de cárcel acusados de «encubrimiento de atraco a mano armada» o «auxilio a la rebelión».

Otro tipo de enlaces lo constituían grupos de vecinos con antecedentes izquierdistas, generalmente excarcelados, que poseían mayor conciencia política y se comprometieron con la resistencia no solo proporcionando apoyo al maquis, sino también prestándose para la constitución de células o comités clandestinos, sobre todo del PCE, aunque también los hubo del PSOE, CNT o JSU. Con ello se mantuvo vivo el fuego de la esperanza de un cambio de régimen. A estos enlaces se los denominó «guerrilleros del llano».

Como es lógico, la ayuda al maquis fue más intensa en las zonas de mayor tradición izquierdista, y, por ende, fue allí donde con más intensidad se sufrió la acción represora. Dentro de la provincia de Jaén destacan los núcleos mineros de El Centenillo, La Carolina y Linares, así como los municipios de Andújar, Marmolejo Villacarrillo, Huelma, Torres, Castillo de Locubín, Alcaudete, Torredonjimeno, Los Villares y Valdepeñas de Jaén, donde hubo un mayor número de procesados por auxilio a la rebelión. Según la implicación de estos, fueron condenados a penas que variaron desde seis meses y un día hasta la pena de muerte. La acusación más frecuente en estos procedimientos fue la de rebelión militar, con sus variantes de adhesión y auxilio, así como «cómplice de atraco a mano armada» o «auxilio a bandoleros».

Por otra parte, hubo numerosos colaboradores ocasionales, como pastores, carboneros o labriegos que eran abordados en el monte por los guerrilleros, bien para leerles propaganda, bien para convencerlos de que no los delataran. Abundaron los procesos por «omisión de denuncia de presencia de malhechores», acusación menor que solía suponer una pena de seis meses y un día de cárcel. Fueron objeto de dicha pena las víctimas que no denunciaron haber sido atracados y los enlaces sobre los que no se tenían pruebas para otra acusación.

La vida en la sierra

La vida de los huidos de posguerra transcurrió en unas condiciones de miseria y de extrema dureza. Por eso, sus acciones se centraron en la lucha por la subsistencia, al menos en su primera etapa. A esta lucha, de por sí difícil, el guerrillero añadió la oposición política al régimen en unas condiciones de inferioridad que durante muchos años justificó la simpatía de los lugareños y la mitificación de sus gestas.

Su movilidad era constante. Las penosas marchas solían realizarlas por la noche, y se ocultaban durante el día. En aquellas expediciones se orientaban por las estrellas y la silueta de los montes. Por lo general, la partida se fraccionaba en unidades no superiores a 6 o 7 miembros, siendo lo más frecuente pequeños grupos de 3 o 4, lo cual facilitaba la dispersión y el ocultamiento. Si bien nos consta que algunos jefes de guerrilla, como Francisco Expósito Prieto («Gafas»), mantuvieron encuentros con la Guardia Civil capitaneando grupos de más de una veintena de hombres.

Los campamentos se establecieron en lugares remotos, incógnitos y de difícil acceso siempre vigilados por algunos miembros en turnos de imaginaria. Les estaba prohibido, y en ello les iba la propia vida, dejar rastros de su localización. Evitaban caminos embarrados o nevados, trigales o herbazales, sobre todo si estaban cubiertos de rocío. Se desplazaban campo a través evitando senderos y puentes, permaneciendo separados y en silencio a unos diez o quince metros unos de otros.

Con el fuego debían tomar especiales precauciones. De día el humo los delataba y de noche su luz debía disimularse de las maneras más imaginativas. Evitaban en la medida de lo posible cocinar, y portaban en las mochilas latas de conservas y salazones. Solo comían caliente en los cortijos de sus enlaces de confianza, lo que hizo que muchos de estos fueran encarcelados.

Con el fin de disciplinar a los guerrilleros y aumentar la seguridad en sus bases y campamentos, las jefaturas de las agrupaciones dictaron por escrito unas normas de obligado cumplimiento. Veamos las que confeccionó el Ejército Guerrillero de Andalucía en 1946:

Medida de seguridad:

1.º En los desplazamientos de los grupos de un lugar a otro, hay que guardar absoluto silencio; no se podrá fumar durante las marchas, y por los caminos y carreteras que forzosamente hayan de pasar guardarán una distancia de ocho a diez metros aproximadamente.
2.º Hay que guardar absoluto silencio en las bases, en bien de los componentes de las mismas, en el nuestro y en el de la causa general.
3.º Cuando un grupo salga de una base para otra, hay que procurar que, en la salida, no se sepa a donde se dirige, y en la llegada no sepan su procedencia.
4.º Los trabajos que realizan las unidades guerrilleras, hay que explicarlas en las bases, puntos de apoyo y por donde quiera que pasemos, ya que como bien dice nuestro «Manual» todos son trabajos políticos. Lo que no se puede permitir de ninguna forma es que se hagan comentarios sobre operaciones que pensemos realizar ya que en muchas ocasiones, de esta indiscreción, se derivarían fatales consecuencias para nosotros.
5.º Hay que procurar que la permanencia de los grupos en las bases esté dentro del mayor secreto para lo cual hay que exigir a los componentes de ellas que no propaguen nuestra situación.
6.º Se prohíbe recibir visitas en las bases; pues cuando hay necesidad de entrevistarse con algún camarada, se pondrá una cita en el campo; pues sólo en los casos que convenga se celebrará en éstos y siempre con los jefes instructores y organizadores del llano que son los llamados a informar.

Del cumplimiento de estas instrucciones serán responsables los jefes de Grupo.
En la sierra. - P.C. de la Tercera Compañía, El primer jefe Paco.[12]

12 Parte de una orden manuscrita fechada el 1 de abril de 1946. Vid. Aguado Sánchez, F. *El maquis en sus documentos*, edit. San Martín, Madrid 1976, pp. 344-345.

El PCE y los jefes de guerrilla

A pesar de que tanto huidos como guerrilleros militaron en las diferentes organizaciones de izquierda, fue el PCE el partido que capitalizó la lucha guerrillera antifranquista durante la posguerra y el que apostó con una mayor decisión por la lucha armada. Ello no significó, ni mucho menos, el éxito de la resistencia, pues comunistas y socialistas ya habían puesto en evidencia sus discrepancias durante la contienda y los años de exilio.

En cambio, en la sierra, pese a una coordinación eminentemente comunista, convivieron diversas ideologías de izquierda, si bien los socialistas terminaron por dejarse guiar por los jefes de partida, que eran en su mayoría militantes comunistas.

Según el coronel Limia Pérez, entre 1945 y 1946, fueron organizados por el PCE las siguientes agrupaciones guerrilleras:[13]

1ª Agrupación Centro-Extremadura (Cáceres, Toledo, Ávila, Madrid y zona norte de Badajoz y Ciudad Real).
2ª Agrupación de Ciudad Real y Jaén.
3ª Agrupación de Córdoba y sur de Badajoz.
4ª Agrupación de Galicia y León.
5ª Agrupación zona Este de Ciudad Real, sur de Cuenca y oeste de Albacete.
6ª Agrupación Guerrillera de Granada-Málaga («Roberto») y límites con Almería.
7ª Grupo «Fermín Galán» en la Serranía de Ronda (Campo de Gibraltar).
8ª Agrupación Guerrillera de Levante-Aragón (Teruel, Valencia, Castellón, Cuenca y limítrofes).

13 Esta clasificación no se mantuvo monolítica. Algunas agrupaciones tuvieron una vida muy breve y otras se fusionaron quedando en 1946 las agrupaciones de Levante-Aragón, Galicia-León, Asturias-Santander, Extremadura y Andalucía.

9ª Agrupación Guerrillera Asturias-Santander, con Zamora y Palencia.

Localización de los principales núcleos de resistencia de las Agrupaciones Guerrilleras. (L.M. Sánchez Tostado)

Datos oficiales y estudios de ámbito local

En torno a los datos oficiales de ámbito nacional que se han hecho públicos sobre la lucha guerrillera antifranquista deben hacerse constar su parcialidad y escaso rigor histórico.

En 1957, el coronel de la Guardia Civil Eulogio Limia Pérez[14] realizó un informe titulado *Reseña General del problema del bandolerismo en España después de la Guerra de Liberación*, donde analizó las principales acciones de las diferentes agrupaciones guerrilleras y su represión progresiva desde sus comienzos hasta su total erradicación, al tiempo que ofrece una estadística de bajas en combates y hechos delictivos. Este informe, nunca publicado, permaneció en la Dirección General de la Guardia Civil, aunque, curiosamente, llegó a manos de los dirigentes del partido comunista en el exilio, pues se encontraba entre la documentación de aquellos años en el Archivo Histórico del PCE.[15]

En 1975, el teniente coronel de la Guardia Civil Francisco Aguado Sánchez editó un voluminoso trabajo titulado *El Maquis en España*[16], en el cual abordó con mayor profundidad el tema, pero desde el prisma de la Guardia Civil, cuerpo que capitalizó la lucha antiguerrillera. Con evidente parcialidad y un discurso despectivo, su vasto trabajo hace un recorrido por las diferentes partidas incurriendo en abundantes errores, incorrecciones cronológicas y geográficas y fallos de identificación.

14 Eulogio Limia Pérez fue teniente coronel de las comandancias de Toledo y Ciudad Real, donde obtuvo importantes éxitos en la represión guerrillera. En 1949 le fue encomendada la comandancia de Granada con el fin de organizar el exterminio de la Agrupación «Roberto», la unidad guerrillera más numerosa y mejor organizada de España.

15 En el AHPCE tuvimos acceso a numerosas órdenes internas y confidenciales de la Guardia Civil fechadas en pleno apogeo guerrillero, lo que hace suponer que algunos miembros de la Benemérita debieron de actuar como espías para la guerrilla dentro de los mismos cuarteles.

16 SÁNCHEZ AGUADO, F., ob. cit.

Dio por muertas a personas que no lo fueron y omitió a otras muchas que fueron eliminadas mediante diferentes procedimientos, sobre todo, con la aplicación de la aberrante ley de fugas. Esto resulta imperdonable en alguien que tuvo acceso privilegiado a las fuentes documentales del régimen cuando estaban vetadas al resto de los historiadores. En la presente obra corregiremos muchos de sus errores.

A ambos estudios, aunque manteniendo las citadas reservas por la parcialidad de sus fuentes y su partidista posición, puede reconocérseles el mérito de haber sido pioneros, precisamente por la prohibición a que investigadores independientes tuvieran acceso a los fondos militares.

Si comparamos las cifras que arrojan estos estudios, podremos hacernos una idea de la magnitud del movimiento guerrillero antifranquista:

Tabla 1
Coste humano de la lucha guerrillera antifranquista
(Fuente: Guardia Civil)

	Según F. AGUADO	Según E. LIMIA
Hechos delictivos	8.289	8.275
Guerrilleros muertos	5.560	5.548
Enlaces detenidos	19.444	19.407
Bajas en la Guardia Civil	627	624

El reconocimiento «oficial» de más de 6000 muertos y casi 20 000 encarcelados ya nos sugiere la envergadura e importancia de estas luchas, pese a que, como se verá más adelante, la cifra de muertos y encarcelados fue considerablemente mayor.

En 1977, el cenetista Eduardo Pons Prades publicó su trabajo *Guerrillas Españolas*[17], en el cual presenta la labor del maquis desde otro ángulo político. Sin embargo, no pasó de ser un relato nostálgico de su periplo por la geografía española en busca de testimonios humanos con escasa aportación histórica, pues, pese a criticar la obra de Aguado Sánchez, da por buenas sus estadísticas y las reproduce como propias, e incluso replica buena parte de sus errores. En su defensa cabe decir que, en la época en la que se escribió (1977), era imposible contrastar ningún dato en los archivos.

Durante los Transición hubo algunos autores, en el contexto de la nueva mentalidad democrática, que intentaron abordar el tema, pero,

17 PONS PRADES, E. *Guerrillas Españolas 1936-1960*, Planeta, 1977.

ante la imposibilidad de consultar los fondos históricos, se conformaron con la recogida de testimonios y su adaptación a la ficción en forma de novelas históricas, alguna de las cuales fue llevada al cine.[18] Esto contribuyó a consolidar el mito del maquis.

En cambio, serán los estudios históricos de ámbito local, realizados generalmente por profesores de enseñanzas medias o universitarias o simples autodidactas, los que realizaron los trabajos más rigurosos. Entre otros, Francisco Moreno Gómez sobre la guerrilla en Córdoba,[19] José María Azuaga Rico, que hizo lo propio en la provincia de Granada,[20] José Aurelio Romero Navas en Málaga,[21] Eusebio Rodríguez Padilla, en Almería,[22] Fernanda Romeu Alfaro que profundizó sobre la zona de Levante[23] o Secundino Serrano en la provincia de León.[24]

---

18 Célebre fue la novela *Los Topos* (El País-Aguilar, 1977), de Torbado y Manuel Leguineche, donde se recogen dieciocho increíbles historias de huidos que permanecieron hasta treinta años ocultos para evitar ser capturados por Franco. En 1985, Julio Llamazares publicó la novela *Luna de lobos* (Seix Barral, 1985), de la que se hicieron veintidós ediciones y fue llevada al cine por el cineasta Julio Sánchez Valdés. También con pinceladas novelescas publicó Isidro Cicero su obra *Los que se echaron al monte* (Popular, 1977), donde relata las desventuras de algunos guerrilleros asturianos.

19 MORENO GÓMEZ, F. *Córdoba en la postguerra (la represión y la guerrilla, 1939-1950*, (Fco. Baena editor, 1987).

20 AZUAGA RICO, J.M. *La guerrilla antifranquista en Nerja* (IU, Nerja, 1996).

21 ROMERO NAVAS, J.A. *La guerrilla antifranquista en Andalucía oriental*», edit. Diputación Provincial de Málaga, 1997.

22 RODRÍGUEZ PADILLA, E. *La guerrilla antifranquista en la provincia de Almería* (Círculo Rojo, 2015).

23 ROMEU ALFARO, F. *Más allá de la utopía: perfil histórico de la Agrupación Guerrillera de Levante* (Edicions Alfons el Magnànim, Valencia, 1987).

24 SECUNDINO SERRANO *La guerrilla antifranquista en León (1936-1951)*, S. XXI, Madrid, 1988.

Periodos de la guerrilla

Las guerrillas antifranquistas andaluzas fueron las más numerosas, pero las peor armadas. La provincia de Jaén quedó incluida entre los territorios de la 2ª Agrupación Centro, cuya demarcación alcanzaba por el sur la zona de Sierra Morena (los términos de Marmolejo, Andújar, Bailén, Linares, La Carolina y Navas de San Juan) y la influencia de la Agrupación Granada-Málaga, cuyas partidas contactaron con las de la Sierra Sur (Jaén, Alcalá la Real, Castillo de Locubín, Frailes, Fuensanta de Martos, Noalejo, Alcaudete, Martos, Los Villares y Valdepeñas de Jaén). En Sierra Mágina y en las sierras de Cazorla, Segura y Las Villas también se localizaron grupos de huidos armados, aunque con menor número de miembros y con una vida más corta que las anteriores.

Sin embargo, debido al continuo movimiento de las guerrillas tras sus golpes económicos, con frecuencia se internaban en provincias limítrofes como Granada, Córdoba, Ciudad Real y Albacete. En este punto surge el debate de si estos episodios y sus consecuencias han de computarse en la provincia donde se producen o en la guerrilla que los protagoniza, al ser su presencia meramente circunstancial. Entendemos que las esporádicas incursiones de las unidades guerrilleras en otras provincias han de documentarse y contabilizarse en la provincia de origen, siendo secundario el ámbito geográfico, pues lo que se persigue es documentar las guerrillas jiennenses allá donde establecieron su acción. Siguiendo este criterio lógico, así lo hicimos en el violento episodio de Fuente Tójar (Córdoba) con la guerrilla de «Cencerro» en diciembre de 1946, o con la guerrilla del «Gafas» en septiembre de 1947 en el caso del choque armado en las Hoces del Viso (Ciudad Real).

Dicho esto, veamos las singularidades de las dos etapas de este movimiento guerrillero.

PRIMERA ETAPA: 1939-1944

Comprende desde la conclusión de la guerra civil española hasta el final de la Segunda Guerra Mundial. En realidad, seríamos más precisos si hacemos concluir esta etapa en otoño de 1944, cuando se produjeron las entradas masivas de guerrilleros por la frontera francesa. Durante esta primera fase, los huidos en la sierra se limitaron a realizar actos de mera supervivencia sin un plan estratégico de verdadera resistencia. Tras las sucesivas victorias del ejército aliado, y en especial tras la liberación de París el 25 de agosto de 1944, en la que participaron numerosos maquis españoles, los partidos integrantes del Frente Popular en el exilio, fundamentalmente el partido comunista, organizaron la operación «Reconquista de España». Esta difícil empresa concluiría con una rápida retirada y la pérdida de valiosos hombres que habían sobrevivido a la guerra civil, a la guerra mundial y a la vengativa posguerra de Franco.

SEGUNDA ETAPA: 1945-1952

Comprende desde el final de la contienda mundial hasta la desaparición de los últimos reductos guerrilleros, en torno a 1952. Aquí sí podemos hablar de una guerrilla propiamente dicha.

La situación política ofrecía un panorama peculiar. En el exilio, el movimiento libertario se hallaba irremediablemente dividido, y el PSOE, más esperanzado en obtener una futura acción aliada contra Franco, la cual, por cierto, nunca llegaría. Así que fue el PCE el que asumió la iniciativa guerrillera y, eufórico tras la derrota de Alemania a manos de los soviéticos en la batalla de Stalingrado y por las sucesivas capitulaciones de los regímenes fascistas de Hitler y Mussolini, no tardaron en seleccionar y adiestrar a los guerrilleros que deberían atravesar la frontera con el objetivo de «liberar a España de la tiranía fascista».

El 9 de octubre de 1944, varios miles de guerrilleros armados[25] penetraron en territorio español, principalmente por el Valle de Arán, en el

---

25 La verdadera cifra de los maquis que atravesaron la frontera francoespañola nunca llegó a conocerse. Si el PCE defendió la cifra de entre 12 000 y 15 000, algunos historiadores como Hartmut Heine aseguran que no serían más de 3000. La impresión de ser más, asegura Paul Preston, «se debió a la gran movilidad de los guerrilleros llevando a cabo acciones en *días sucesivos en lugares a 40 o 50 kilómetros de distancia*». Para más información, HARTMUT HEINE, *La oposición política al franquismo*, edit. Crítica, Barcelona 1983.

Pirineo leridano, y lograron avanzar hasta 100 kilómetros dentro del país, poniendo en aprieto, en algunas acciones, al ejército franquista. Sin embargo, las tropas de los generales Moscardó, Yagüe, García Valiño y Monasterio fueron tan abrumadoramente superiores (cuatro soldados por cada guerrillero) que no tardaron en teñir de sangre las nieves del Pirineo, obligando a los guerrilleros a replegarse en una retirada que ordenó López Tovar y aprobó luego Santiago Carrillo.

A las pocas semanas del descalabro guerrillero, la cúpula del PCE cambió de estrategia y renunció a entradas masivas. Se organizaron nuevas incursiones en pequeños grupos que cruzarían la frontera por diferentes puntos de forma escalonada, con el fin de contactar con las partidas de huidos y propiciar un levantamiento popular que derrocara al régimen dictatorial y restableciera la democracia. Se pensó que la guerrilla debía ser un acicate para espolear un levantamiento popular.

Pese a la persistencia comunista, todo resultó una esperanza vana, pues, con el inicio de la guerra fría con la URSS, los países anglosajones temieron que la intervención del PCE convirtiera España en un satélite soviético, por lo que hicieron oídos sordos a las peticiones de intervención del gobierno español en el exilio. Conforme avanzaban los meses, se esfumaron las esperanzas de una posible intervención militar aliada en España. En el interior del país, la disposición frente a un levantamiento popular tampoco sería como se la imaginaban desde Francia. Ciertamente, la euforia de la que hacían gala los republicanos en el exilio no existía, pues la clase obrera no se había recuperado del impacto de la guerra, los años del hambre y la psicosis de la derrota. Después de tres años de guerra y cinco de terrorismo de estado bien aplicado en su sistema de depuración político-social, mediante la represión selectiva y una férrea censura que impedía conocer lo que verdaderamente sucedía, la clase obrera se mostraba más agotada que nunca. El cansancio había hecho mella en los trabajadores y el campesinado se preocupó más de la subsistencia diaria que de participar en conspiraciones de reconquista enfrentándose a un monstruoso aparato militar.

No obstante, numerosos grupos consiguieron adentrarse en el interior de la península y organizar agrupaciones guerrilleras con base en las estribaciones montañosas del centro, Levante, Andalucía, Asturias y Galicia, fundamentalmente.

Entre 1945 y 1948, las acciones guerrilleras se multiplicaron, y la guerrilla constituyó la mayor preocupación de Franco, quien volcó sus esfuerzos en reprimirlas utilizando cualquier medio a su alcance. Los maquis realizaron actos de sabotaje como voladuras de puentes, trenes, tendidos eléctricos, asaltos a cuarteles, polvorines y locales de Falange.

Abundaron los secuestros de propietarios derechistas, por los que consiguieron importantes sumas de dinero que iban a parar al partido, a la ayuda de familiares de presos políticos y a la tupida red de enlaces.

Se vivieron momentos de euforia entre los guerrilleros que se consideraban la vanguardia de la intervención aliada. La provincia de Málaga, por ejemplo, fue declarada en estado de guerra en 1946.

Pese a todo, la guerrilla antifranquista siempre estuvo destinada al fracaso. La estrategia comunista consistía en exagerar la importancia de los ejércitos guerrilleros en cada región con la intención de intimidar a las fuerzas represivas e impresionar al campesinado con un Estado Mayor del que dependían varias agrupaciones guerrilleras, cada una de ellas organizadas, a su vez, en divisiones, y estas, en batallones. Esta terminología castrense resulta grandilocuente si tenemos en cuenta que una división podía estar formada por un puñado de hombres. La 2ª Agrupación Centro de Guerrilleros, por ejemplo, estuvo formada en 1947 por dos divisiones, cada una de ellas con tres guerrillas (o batallones) compuestas por unos ocho miembros cada una; es decir, alrededor de veinticinco hombres en el momento de su máximo apogeo para cubrir el vasto territorio comprendido por las provincias de Ciudad Real y Toledo, el norte de la provincia de Jaén y el nordeste de Córdoba.

Demarcaciones geográficas en Jaén

Las demarcaciones geográficas de los maquis no estuvieron sujetas a zonas geográficas establecidas, y mucho menos a términos municipales. En la provincia de Jaén se detectan en cuatro zonas serranas: Sierra Morena, sierra de Cazorla, Sierra Mágina y Sierra Sur, aunque serán Sierra Morena y Sierra Sur las que consigan resistir durante la segunda etapa.

SIERRA MORENA

Incluiremos en esta zona las sierras jiennenses de Quintana, los Calderones, San Andrés, la del Cambrón, sierra Realona y el Valle de Alcudia en Ciudad Real. Documentaré los hechos acaecidos en los términos de Marmolejo, Baños de la Encina, La Carolina, Andújar, Villanueva de la Reina, Bailén, Linares, Vilches, Santisteban del Puerto, Navas de San Juan y, en menor medida, en los municipios linderos de Córdoba, Ciudad Real y Albacete.[26]

Esta cordillera de importantes dimensiones (400 kilómetros de longitud y entre 70 a 80 de anchura) se extiende desde Albacete hasta Huelva y ocupa una ancha franja al norte de la provincia, uniéndose al este con el sistema ibérico por la sierra de Segura.

Sus enormes despoblados, salpicados por pequeñas y distantes aldeas como El Centenillo, Santa Elena, Aldeaquemada, Carboneros o Montizón, así como la inaccesibilidad de sus desfiladeros y pasos (el más conocido, Despeñaperros), hicieron de estos parajes nido y

26 Respecto a los pueblos de las provincias limítrofes, se citan los principales sucesos protagonizados en ellos por la guerrilla jiennense, si bien se considera, a fin de no extender en exceso el presente trabajo, que un estudio más pormenorizado de dichos municipios correspondería a otros trabajos que abarquen las zonas geográficas correspondientes a otras provincias.

refugio de bandidos de toda suerte a lo largo de la historia. Su situación estratégica como frontera natural jugó un papel determinante en batallas como la de las Navas de Tolosa en 1212, que acabó con la expansión almohade y constituyó uno de los jalones esenciales de la reconquista cristiana. O la de Bailén en 1808, donde la victoria de los españoles sobre las tropas francesas en Sierra Morena supuso el inicio del ocaso del imperio napoleónico. Célebres salteadores de caminos aprovecharon la «puerta de Andalucía» para vaciar las bolsas a los viajeros que viajaban en las antiguas diligencias. Populares bandoleres como José María el «Tempranillo», los hermanos «Botijas» o Manuel «Pernales» son inseparables a la historia de Sierra Morena.

Durante el periodo que nos ocupa, Sierra Morena se vio recorrida por un nutrido grupo de guerrilleros antifranquistas que, amparados por la impugnabilidad de sus cantiles y desfiladeros y por el apoyo de fieles colaboradores en diversos núcleos de población, consiguieron alcanzar con sus acciones la década de los cincuenta. Francisco Osuna Galiot («Vidrio») fue el último jefe guerrillero jiennense muerto, precisamente en Sierra Morena en 1951.

En esta zona se desarrolló una intensa actividad de resistencia política destacando algunos personajes que más adelante tendremos oportunidad de estudiar.

SIERRAS DE CAZORLA, SEGURA Y LAS VILLAS

Constituyen una amplia franja del sistema subbético próxima a Sierra Morena al norte y limítrofe con Sierra Mágina al sur. Contrariamente a lo que se piensa, pese a su considerable extensión (100 kilómetros lineales) y lo agreste de sus montañas, solo se localizaron en ella grupos muy reducidos y aislados de huidos, y se contabilizaron escasas acciones en comparación con Sierra Morena o la Sierra Sur.

Esta zona abarca los alrededores de las sierras de Segura, la del Cuquillo, la del Almorchón, la de las Lagunillas y Mirabueno; y, en la sierra de Cazorla, la de Quesada y Don Pedro. Incluiremos en su estudio los términos de Segura de la Sierra, Santiago de la Espada, Cazorla, Huesa, Pozo Alcón, Mogón, Villacarrillo y Villanueva del Arzobispo. También se incluye en este marco geográfico la comarca conocida como la Loma de Úbeda, si bien se documentan diversos hechos en el llano en municipios como Baeza, Úbeda y Torreperogil.

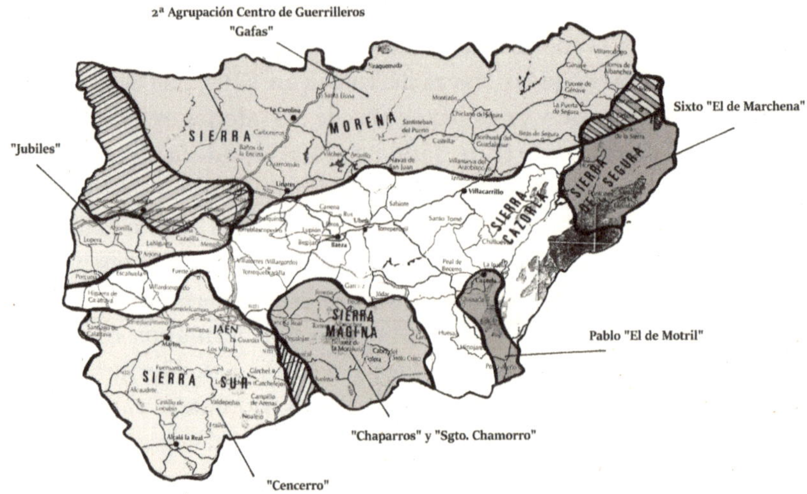

Demarcaciones guerrilleras de posguerra en la provincia de Jaén
con sus líderes más destacados. (L.M.Sánchez Tostado)

SIERRA MÁGINA

A pesar de su reducida extensión (15 kilómetros lineales), Sierra Mágina posee los picos más elevados de la provincia (Pico Mágina: 2167 m.; Cárceles: 2052 m.; Almadén: 2032 m.) y una entidad propia bien diferenciada. Sus fronteras geográficas se encuentran perfectamente delimitadas; la separa de la sierra de Cazorla el río Guadiana Menor, y de la Sierra Sur, el Guadalbullón.

Los municipios objeto de estudio serán los términos de Torres, Albanchez de Mágina, Huelma, Cabra de Santo Cristo, Mancha Real, Pegalagar, Bélmez de la Moraleda, Jimena y Jódar.

SIERRA SUR

Componen esta zona las sierras comprendidas al sur de la provincia en el triángulo formado, al norte, por la vertiente sur del Guadalquivir y los límites con la provincia de Córdoba al sudeste, las sierras del norte de Granada al sur y Sierra Mágina al este. Sus estribaciones más conocidas son las de la Grana, la de la Caracolera, las de Alta Coloma, Jabalcuz y la del Trigo.

Al igual que en Sierra Morena, la Sierra Sur de Jaén se vio recorrida por numerosas partidas de huidos, siendo sus montes testigos del mayor número de encuentros armados y, por consiguiente, de un importante número de víctimas mortales, debido a la intensa labor de represión ejercida por la Guardia Civil, con la ayuda de unidades militares. Prácticamente en todos sus términos municipales se produjeron muertes violentas. Los municipios sobre los que hemos obtenido más información son: Jaén, Torredelcampo, Torredonjimeno, Martos, Alcaudete, Castillo de Locubín, Alcalá la Real, Frailes, Noalejo, Campillo de Arenas, Valdepeñas de Jaén y Los Villares.

Algunos municipios de la campiña como Porcuna, Lopera, Escañuela, Arjona, Arjonilla, Higuera de Arjona, Santiago de Calatrava, Higuera de Calatrava, Mengíbar o Fuerte del Rey se han incluido, indistintamente, tanto en Sierra Morena como en la Sierra Sur, pues hubo presencia esporádica de distintos grupos guerrilleros.

PRIMERA ETAPA: 1939-1944

Fugas, topos y huidos

Al concluir la guerra, Franco realizó una invitación envenenada: «Nada tienen que temer los que no tengan las manos manchadas de sangre». Desde el mismo día de la entrada de las tropas insurgentes en los últimos reductos republicanos (y la provincia de Jaén fue uno de ellos), se inició una feroz persecución de todo aquel que había formado parte del bando perdedor, también de los militantes de cualquiera de los partidos que integraron el Frente Popular.

En pocas semanas, en las cárceles se hacinaron presos como nunca lo habían estado, y los pelotones de ejecución comenzaron a funcionar meses antes de constituirse los tribunales militares que debían juzgarlos. La represión estaba en marcha. Las «sacas» de presos, el hambre, la tuberculosis y los malos tratos convirtieron las cárceles en centros de exterminio. El 1 de abril de 1941, el director de la cárcel modelo de Barcelona, Isidro Catrillón López, se dirigía a la población reclusa en estos términos: «¡Tenéis que saber que un preso es la diezmillonésima parte de una mierda!».

En la provincia de Jaén, en abril de 1939, se improvisaron dos campos de concentración en Higuera y Santiago de Calatrava, donde se hacinaron a la intemperie y en las más míseras condiciones alrededor de 16 000 hombres.[27] La prisión provincial, construida en 1930 para un centenar de presos, batió todos los récords imaginables y, entre 1940 y 1941, se aglomeraban en ella nada menos que 4000 presos, superando en cincuenta veces la capacidad para la que fue construida.[28] Era imposible

27 SÁNCHEZ TOSTADO, L.M. *Historia de las prisiones en la provincia de Jaén*, edit. Jabalcuz, Jaén 1997. pp. 354-359.

28 SÁNCHEZ TOSTADO, L.M. *1940-1941: hacinamiento sin precedentes en la prisión provincial (una aproximación al preso-tipo de la posguerra)*, BIEG nº 157, pp. 177-194.

caminar por la prisión sin pisar a los presos. En ningún momento de la historia de este edificio se llegó a tales niveles de hacinamiento como en los primeros años de posguerra, ni siquiera en pleno apogeo bélico. Hemos podido recuperar del archivo penitenciario diversos partes de recuento y relevo de la prisión provincial en los primeros años de contienda, que nos ofrecen una idea de la curva evolutiva de población reclusa en plena efervescencia bélica. He aquí sus cifras:[29]

Prisión Provincial:

3 junio 1936: ....203 presos
19 diciembre:............................ 1.10
12 marzo de 1937 552
25 abril:..93
19 junio:.......................................919
19 julio:.......................................376
3 octubre: 316
8 octubre: 49
2 noviembre:...........................1.060
21 diciembre: 126

Prisión habilitada en la Catedral:

1 octubre 1936: 642
21 noviembre:.............................683
23 abril 1937:..............................482

Como vemos, muy lejos de los 4000 reclusos que albergó la prisión provincial en 1941. En la capital, además de la prisión provincial, se habilitó el convento de Santa Clara, y en el convento de Santa Úrsula se instaló la prisión militar; sumando, entre los tres edificios, más de 6000 presos políticos en 1940-41 solo en la capital de la provincia.

Los fusilamientos no se hicieron esperar. En la ciudad de Jaén, hasta 1944, se habían ejecutado a 1263 personas (de las 1280 que se hayan inscritas por este motivo en el registro civil), incluyendo alcaldes, concejales, maestros, intelectuales, campesinos y responsables de partidos de izquierdas. En Andújar, en junio de 1940 ya se había fusilado

29 Estos partes de recuento se conservan gracias a que, ante la falta de papel, sus dorsos fueron reutilizados. Se encuentran diseminados en los expedientes penitenciarios en el Archivo Histórico Provincial.

a noventa y cuatro vecinos. En La Carolina, setenta y seis hasta septiembre del mismo año. En Linares, a los diecinueve meses de acabar la guerra (octubre de 1940), se había pasado por las armas a sesenta personas, entre ellas al gobernador civil de Jaén, José Piqueras Muñoz. Prácticamente ningún municipio de la provincia escapó de los ajusticiamientos, apaleamientos, torturas y muertes violentas en cárceles o depósitos, ni siquiera los pueblos más pequeños. En Baños de la Encina, por ejemplo, en 1939 fueron fusilados siete vecinos a los que se acusó de la muerte del médico del pueblo, Francisco Contreras, en 1936. En el diminuto depósito municipal de Arjonilla se encarceló a ciento veintiún vecinos y, el 6 de abril de 1940, trece de ellos fueron conducidos al cementerio, donde sucumbieron ante un pelotón de fusilamiento.

Podría referir una larga relación de víctimas aniquiladas con o sin formación de causa hasta alcanzar la cifra de 3317 víctimas de la represión franquista en la provincia, las cuales tuve ocasión de divulgar, con nombres y apellidos, en mi obra *La guerra civil en Jaén*.[30] Esta información se encuentra a disposición de cualquier persona en los registros civiles, pero no es el objeto del presente trabajo. Valgan estos ejemplos para ilustrar el ambiente que se respiraba en el país tras la victoria de las tropas golpistas y de su sed de venganza tras la represión republicana en retaguardia contra sacerdotes y derechistas durante los primeros meses del alzamiento. No era de extrañar, pues, que desde 1939 gran parte de la población vencida emprendiera el camino del exilio francés[31] o de países como México, Argentina, Cuba, Yugoslavia o a las repúblicas de la Unión Soviética. Huir como fuera de la gran cacería fue, en aquellos tiempos, la última esperanza para librarse de la muerte o del suplicio. Los que no pudieron exiliarse por razones económicas, familiares o porque se negaban a abandonar su tierra y sus raíces, terminaron echándose al monte, escondidos en cuevas o cortijos, con la esperanza de aguantar hasta que el panorama político cambiase. Unos optaron por emparedarse en buhardillas, falsos techos o paredes con la complicidad de sus familiares; son los llamados «topos». Otros marcharon con documentación falsa a diversas capitales de provincia con la esperanza de empezar una nueva vida en el anonimato.

Jesús Torbado y Manuel Leguineche nos ofrecieron, entre las asombrosas historias de su obra *Los Topos*, la de un peculiar jiennense:

30 SÁNCHEZ TOSTADO, L.M. *La guerra civil en Jaén*, edición de autor, Jaén, 2006.

31 En 1939, medio millón de personas atravesaron la frontera para acogerse al asilo político en Francia.

Miguel Villarejo Arance («Perdiz»), natural de Bailén, quien se mantuvo oculto treinta años. Allí coincidió con Esturnio Romero González, que había sido comisario político en Peñarroya (Córdoba), y a quien, tras un tiroteo, consiguieron detener y fusilar en Jaén.[32]

El testimonio del «Perdiz» nos da una idea de cómo vivían los *topos*:

> *En la sierra, todo fueron calamidades; tienes que acostarte una noche a dormir encima de un peñón, no dejar rastros, resistir el frío y el calor, a veces puedes cobijarte en un cortijo donde cuentas con amistades. He visto que esas personas temblaban cuando yo estaba allí y las evitaba en la medida de lo posible y he tratado de no complicarles en mi odisea (...) Por estas y otras vicisitudes, decidí encerrarme en el pueblo. Me enterré vivo en la casa del Almendral, hice un agujero hondo en el terreno y puse encima una tabla y sobre la tabla una baldosa grande y allí me escondía en previsión de un registro. Era un lugar húmedo porque la tierra estaba siempre mojada. (...) En 1965, mi cuñado me llevó oculto hasta Mengíbar para que escuchara hablar a Franco y allí los conocí a los dos, a Franco y a la televisión (...)* [33]

Contra los huidos pronto se organizaron grupos de captura formados por militares, guardias civiles y somatenes de falangistas y vecinos de tendencia derechista que buscaban dar caza al hombre. En Andújar, por ejemplo, se dio la curiosa circunstancia de «reclutar a algunos gitanos del pueblo para la persecución de huidos».[34] Curiosa estampa la del guardia civil y el gitano trabajando codo con codo en la búsqueda de los huidos rojos.

A continuación se enumeran las principales técnicas de represión llevadas a cabo por las fuerzas de seguridad, cuya puesta en marcha fue una constante, al menos durante la primera década de gobierno franquista:

1.º Orden de abrir fuego sobre los huidos en la sierra. Abatirlos sería prioritario a prenderlos vivos, si bien los emboscados no dieron

---

32 Esturnio Romero González fue encarcelado en Jaén el 16 de febrero de 1942 y ejecutado el 10 de diciembre del mismo año. Se le acusaba de instigador en la muerte de varios derechistas de Bélmez (Córdoba) en 1936. Posteriormente, fue comisario político en Peñarroya. Tras la guerra, huyó a las sierras próximas a Bailén, de donde era natural su esposa.

33 Testimonio de Miguel Villarejo Arance. TORBADO, J. y LEGUINECHE M., *Los Topos*, edit. Argos Vergara, Barcelona 1977, pp. 96-115.

34 Testimonio recogido a varios vecinos de Andújar. También en las memorias de Francisco Expósito Prieto.

muchas facilidades para su detención, y la vida de los perseguidores corría igualmente peligro.

2.º Ejecución inmediata de los principales cabecillas.

3.º Reclusión y posterior traslado de los enlaces y/o encubridores encarcelados.

4.º Encarcelamiento de todas las personas que hubieran visto a los huidos y no los hubiesen denunciado para, de esta forma, potenciar la delación. Con esto se compensaba la imposibilidad de cubrir con efectivos el vasto territorio que recorrían los maquis.

Este último punto dio lugar a injustas encarcelaciones de pastores y campesinos que, habiéndose cruzado por casualidad con alguno de estos huidos y habiendo sido amenazados de muerte por ellos si los denunciaban, fueron, al mismo tiempo, delatados por otros vecinos conocedores de los hechos. La pena mínima que se imponía por el delito de «omisión de denuncia de presencia de malhechores» era de seis meses y un día, e incorporaba las accesorias de suspensión de todo cargo público, suspensión de profesión y oficio y derecho de sufragio durante el tiempo de la condena.[35]

Durante este periodo abundaron las fugas de las cárceles y de los campos de concentración de prisioneros que, ante las ejecuciones masivas, los malos tratos y la inminencia de sus juicios sumarísimos, se echaron al monte con la esperanza de salvar la vida. Así comenzaron su andadura por la sierra en un devenir dramático, animados por la esperanza de que, al concluir la Guerra Mundial y gracias a la presión internacional, se decretase algún tipo de amnistía y se celebrasen elecciones libres. Sin embargo, la realidad fue bien distinta, y pocos serían los que volvieran con vida de la sierra.

Veamos algunos ejemplos.

El 22 de noviembre de 1939 se frustró un intento de fuga en la prisión de Martos, en el cual se vieron implicados Juan Martínez Lorenzo y Manuel Molina Martínez, mismo día en que fue ejecutado Manuel Moreno Baena.[36]

---

35 Véanse Instrucciones de 25 de enero de 1940, Código Penal Militar y Código Penal Ordinario.

36 AHPJ, Leg. 42740. Exp. Penit. de Manuel Molina Martínez. Antonio Villargordo Hernández, alcalde socialista durante la democracia, aseguraba que lo de la fuga fue un pretexto para ejecutar a varios republicanos marteños. Además de Manuel Moreno, el 20 de mayo de 1940 también fusilaron a José Pulido Arrabal y a Miguel de la Torre Ocaña, presidente del sindicato de muleros de la UGT. Véase registro civil de Martos Lib.94 fol.94 vto. y Lib.95 fols. 30 vto. y 31 vto.

El 17 de marzo de 1940 se fugó de la cárcel de Alcalá la Real Tomás Villén Roldán («Cencerro»), uno de los guerrilleros más populares de la provincia, cuya figura se rodeó de un halo de leyenda.

En julio del mismo año, hubo un intento de fuga colectiva en la prisión de partido de Andújar, aunque los vigilantes evitaron un amotinamiento.[37] Los cabecillas fueron castigados con dureza y conducidos a la prisión provincial de Jaén.

Al mes siguiente, el 15 de agosto, se produjo otra evasión de trece reclusos en la prisión militar de Santa Úrsula de Jaén, con un trágico balance de seis muertos y dos heridos. Los evadidos fueron:

- José Zarco Martín, Granada, 29 años, comandante de la 147 Brigada, muerto en Los Villares.
- Antonio García Navarro, Málaga, 28 años, soldado, se suicidó.
- José Muñoz García, Sevilla, 25 años, soldado del 180 Batallón, se suicidó.
- Alonso Sierra Linde, Úbeda, 26 años, teniente de la 56 Brigada Roja, se suicidó.
- José Vacas Damas,[38] Torredelcampo, 24 años, delegado político, ejecutado el 27-12-1943.
- Timoteo Carballo Quesada, Fuensanta de Martos, 23 años, carabinero, condenado a pena de muerte conmutada posteriormente a 30 años.
- Rafael Fernández Sánchez, El Fargue (Granada), 22 años, comisario político, condenado a pena de muerte conmutada a 30 años.
- José Méndez Gallardo, Níjar (Almería), vecino de Úbeda, 40 años, soldado, pena de muerte conmutada a 30 años.
- José Carreras León, Granada, 28 años, soldado, no fue capturado.
- Antonio Castaño Fernández, Saldasiña (Granada), 28 años, comandante, no fue capturado.
- Enrique Sabariego Moya, Granada, 32 años, capitán.

37 AHPJ Leg. 42656 Exp. Penit. de Eduardo Cantero Anguita. Causa n.º 4763/43. El incidente lo protagonizó el recluso Francisco Caballero, quien, antes de ser fusilado, apuñaló en la cárcel de Andújar al falangista Juan Damas con una llave de abrir latas de sardinas. El recluso fue apaleado hasta la muerte y fusilado ya muerto. Rápidamente se reforzó la guardia y se trasladó a los más rebeldes. Testimonio de Francisco Expósito Prieto, testigo del hecho.

38 A José Vacas Damas se le acusaba de participar en la muerte de varios derechistas en Torredelcampo. En el oficio de conducción de su traslado en tren desde el hospital de San Juan de Dios de Granada a Jaén puede leerse escrito a lápiz rojo junto a su nombre: «¡Ojo y ojo!».

- Joaquín Magaña López, Cuevas de Almanzora (Almería), 26 años, capitán, capturado.
- Mariano Guzmán Domínguez, La Guardia (Jaén), 21 años, guardia de asalto, capturado.

Aquel día, el grupo de prisioneros se hizo con el armamento del cuerpo de guardia y redujo a los centinelas. Después, los fugados salieron por la puerta principal y se echaron al monte, donde constituyeron una partida armada. Fue nombrado jefe José Zarco Martín, quien durante la guerra había ostentado la mayor graduación militar. Tras la voz de alarma se formaron los grupos de persecución. Al día siguiente, una cuadrilla de somatenes entabló un violento tiroteo con ellos en el término de Los Villares y consiguió la muerte de José Zarco. En aquel encuentro en Riofrío, en las proximidades de la Pandera, también encontró la muerte el villareño Manuel Armenteros Guerrero, que formaba parte del grupo perseguidor. A su convecino, Manuel Higueras Cárdenas, que resultó herido, se le premió con la incorporación a la Guardia Civil. El cadáver de José Zarco fue trasladado a la prisión militar de Santa Úrsula y expuesto durante dos días en el patio para escarnio de la población reclusa. El resto de los evadidos se dirigieron a la provincia granadina y, en unas cuevas de Brácana, próximas a Íllora, fueron rodeados. Tres de ellos prefirieron quitarse la vida antes de entregarse, y el resto fueron detenidos.[39] De los trece, solo seis fueron capturados vivos.

El 26 de abril de 1941, se fugaron de la prisión de Úbeda Marcelino Ojeda y Antonio Cano Fernández, que formarían partida junto a otros huidos en la sierra de Segura.

El 24 de septiembre de 1941, día de la Merced, patrona de las prisiones, un recluso de la prisión provincial de Jaén dio el soplo sobre las intenciones que tenía un grupo de presos de organizar una fuga colectiva. El delator, Francisco Herrera,[40] que desempeñaba el destino de ordenanza y que formaba parte del grupo que iba a evadirse, puso a última hora esta trama en conocimiento del director, cuando las autoridades civiles y militares hicieron acto de presencia con motivo de

39 AHMI, Causa 4465. Leg. 4/1 de Jaén y A.H.P.J. Leg. 42786.

40 Según el informe que emitió ante el comité central del PCE, el jiennense Juan Palominos Mayorga cuando consiguió llegar a Francia. Francisco Herrera «era miembro de las JSU, fue teniente del 19 grupo de Asalto y formaba parte de la dirección del plan de fuga, pero en la noche del 23 de septiembre se rajó y lo puso en conocimiento de la dirección». AHPCE, *Informe de Palominos sobre Jaén*. Microfilm.

la festividad de la Merced. Según Herrera, pretendían hacerse con la pistola que el jefe de servicios guardaba en el cajón de su despacho y, acto seguido, desarmar a los funcionarios de prisiones (que estuvieron armados hasta 1962). Según declaró, la idea era liberar a todos los presos y echarse al monte. Nada de ello se llevó a cabo. Bastó con el testimonio del delator y, aprovechando la presencia en la prisión del juez militar, los cinco presos que supuestamente habían pensado fugarse fueron llevados ante la autoridad militar. Comparecieron:

- Pedro Gutiérrez Cruz (de Jaén, 27 años);
- Julián Pérez Juárez (de Linares, 37 años);
- Pedro Sánchez López (de Villanueva de la Reina, 38 años);
- Pascual Diego de Haro Navarro (de Villacarrillo, 39 años);
- y Francisco Pegalajar Ortega (de Torredelcampo, 43 años).

En el acto, sin más trámites burocráticos, fueron maniatados y dispuestos contra el muro sur del patio número 1 de la prisión provincial, donde sucumbieron ante un improvisado pelotón de fusilamiento.

> *Sobre este muro se dispusieron sacos de lentejas intentando amortiguar los impactos de bala, algunos de los impactos todavía pueden verse sobre sus piedras. Bajo el soportal del patio, detrás del pelotón de fusilamiento, fueron formados un centenar de reclusos que debieron presenciar escenas patéticas, pues las temblorosas manos de los guardias civiles que tuvieron que improvisar este inesperado cometido, dieron lugar a disparos nerviosos y fallidos y a horribles escenas entre gritos y llantos.*
>
> *Acto seguido, se organizó un circuito para que la totalidad de la población reclusa pudiera contemplar los cuerpos tendidos. El escarmiento estaba servido. Las autoridades no sólo se encargaron de silenciar este hecho, sino de simular una perfecta normalidad anunciando en la prensa que los reclusos celebraban con solemnidad la fiesta de su patrona.*[41]

El 17 de enero de 1942, consiguen evadirse de la prisión de Santa Clara (Jaén) Antonio Catena Sanjuán («Catena») y Manuel López Guzmán («Pajuelas»), los cuales pasaron a engrosar la partida de «Los Chaparros» en Sierra Mágina. En julio de dicho año, se evadieron de la prisión de Santa Rita (Madrid), con la intención de unirse al «Rojo

41 SÁNCHEZ TOSTADO, L. M. *Historia de las prisiones…*, ob. cit. pp. 382-384.

de Terrinches», Francisco Contreras Pérez y Juan Hornos Ruiz. El 4 de agosto de ese mismo año, se fugó de la prisión de Cazorla Máximo Bautista Plaza. El 7 de septiembre de 1944, se evadieron del penal de Anguiano (Logroño) dos figuras claves en la lucha guerrillera antifranquista en Sierra Morena: Francisco Expósito Prieto («Torrente» o «Gafas») y Víctor Padilla Aina («Aragonés»).

Los grupos de huidos que se formaron en esta primera etapa se caracterizaron por realizar una vida clandestina de supervivencia evitando, dentro de lo posible, cualquier enfrentamiento con sus perseguidores. Carecían de planes de actuación y de coordinación entre ellos. Los asaltos a cortijos y ventas se improvisaban en un intento de abastecerse de víveres. Solían frecuentar sus lugares de origen, donde les era más fácil encontrar apoyo de enlaces conocidos.

No obstante, algunos pronto destacaron por su osadía y su experiencia al haber pertenecido al XIV Cuerpo de Guerrilleros, conocido como los «Niños de la Noche». En pleno conflicto, estas aguerridas figuras se adentraron en territorio enemigo para realizar arriesgadas operaciones de espionaje y sabotajes, como voladuras de puentes, polvorines, asaltos a cuarteles o liberación de prisioneros. Fue precisamente un jiennense, el comandante Domingo Hungría González, el que ostentó la jefatura de este cuerpo de élite.[42]

Los huidos Juan Sáez Palomino («Hojarrasquín») y Francisco Expósito Prieto («Gafas») fueron miembros de dicho cuerpo. El primero actuó bajo las órdenes del comandante José Poblador Colás («Pancho Villa»), cuyo batallón tuvo gran actividad en el frente de Alcalá la Real, contribuyendo a que las tropas insurgentes no lograsen avanzar sus líneas.

Respecto a la resistencia en el llano, durante esta primera etapa apenas encontramos organizaciones de importancia. En los primeros años de posguerra, el proceso depurativo fue tan meticuloso y la represión tan intensa que era difícil encontrar responsables políticos sin encarcelar o que no hubieran emprendido la huida. Será a partir de 1944, con los primeros excarcelados condicionales, cuando la izquierda intente organizarse clandestinamente en la provincia de Jaén.

42 Domingo Hungría González nació en Pontones el 14 de mayo de 1902 y murió en Francia en 1946. Las principales comandancias del Cuerpo de Guerrilleros se localizaron en Venimamet (Valencia), Pin del Vallés (Barcelona) y Villanueva de Córdoba. Vid. MORENO GÓMEZ, F. *Córdoba...*, ob. cit. p. 350

La guerrilla en Sierra Morena

PRIMERA ETAPA: 1939-1944

En Sierra Morena, al poco de concluir la guerra y entre los términos municipales de Marmolejo y Andújar, se constituyó un grupo de huidos formado por:

Francisco Osuna Galiot («Vidrio»), natural de la Carlota (Córdoba). Cuando Francisco era pequeño, su familia se trasladó al cerro Vidrio, en el término de Montoro, de ahí su apodo. Se casó con la marmolejeña Francisca Bueno Correas y fijó su residencia en Marmolejo. Sobre su filiación política existen dudas, pues, si bien algunos testimonios aseguran que militaba en el PSOE y la UGT, [43] según el libro de actas municipales de Marmolejo, el 4 de agosto de 1937 se le nombró consejero municipal y se hizo constar su filiación comunista. En la guerra fue destacado al frente de Teruel, y regresó a Marmolejo «donde una soberana paliza de la Guardia Civil, nada más llegar al pueblo, lo puso al borde de la muerte y es entonces cuando opta por echarse a la sierra».[44]

Manuel Gómez Oliveira («Portugués»), de origen lusitano, fijó su residencia en Marmolejo al casarse con Juana Serrano. Había estado vinculado al Centro Instructivo Obrero. Al acabar la guerra, huyó a la sierra junto a Vidrio.

Baldomero Arévalo García («Buengusto»), natural de Huélago (Granada) pero vecino de Marmolejo desde edad temprana. Militante del PSOE y UGT había participado en la huelga general del 6 de octubre de 1934, hecho por el cual fue encarcelado junto a doscientos marmolejeños pertenecientes al Centro Instructivo Obrero. Contrajo matrimonio con Carmen Aguayo Lozano.

---

43 Manuel Perales Solís, en su trabajo *La resistencia al franquismo en la posguerra* (*Diario Jaén*, 14 de noviembre de 1993. Dominical, pp. 47-50) aseguraba que la mayoría de los componentes del grupo de huidos de Marmolejo eran militantes socialistas.

44 PERALES SOLÍS, M. *La resistencia*… ob. cit. p. 47.

Jacinto Medina Lozano («Periquito el de la Concha»), natural y vecino de Marmolejo participó, junto a Buengusto, en la huelga general de 1934. Se echó al monte acabada la guerra hasta 1945-46, cuando, burlando el cerco militar, consiguió llegar hasta la provincia de Sevilla, donde sobrevivió con identidad falsa.

Manuel Durán Carrasco («Sevillano»), natural de la provincia de Sevilla, fijó su residencia en Marmolejo. De filiación socialista, tras la guerra fue acusado de haber dado muerte a unos guardias civiles en la Venta del Charco (Córdoba) cuando huían del Santuario de la Virgen de la Cabeza. Fue encarcelado en Jaén, pero el 20 agosto de 1940, aprovechando un salvoconducto que se le hizo para identificar el lugar donde habían sido enterrados los guardias, huyó a la sierra para unirse a Vidrio.

Francisco Osuna Galiot, «Vidrio»
(F. Aguado Sánchez)

Manuel Martínez Bueno, «Rosendo»
y «Trapichea» (SEHGC)

Manuel Durán Martínez («Sevillano hijo mayor»), de 20 años, decidió acompañar a su padre cuando marchó a la sierra.

Cristóbal Egea Cazorla («Egea») fue militante del PSOE y la UGT de Marmolejo y alcanzó el grado de capitán durante la guerra. Cayó herido en el frente de Teruel, fue internado en el hospital y, tras su recuperación, huyó a Sierra Morena para unirse a Vidrio.

Otros miembros fueron Benito Escribano Bueno y Francisco Córdoba Uclés, fugados del campo de concentración de Dos Hermanas (Sevilla).

La zona de actuación de este grupo fueron las estribaciones de Sierra Morena, en los términos de Marmolejo, Andújar, La Carolina, en la provincia de Jaén, y los de Solana del Pino, Fuencaliente, Viso del Marqués, San Lorenzo de Calatrava, Brazatortas y las aldeas del Valle de Alcudia en Ciudad Real. Sus principales enlaces fueron cazadores furtivos, cabreros y carboneros que frecuentaban la sierra sin levantar excesivas sospechas.

El 14 de mayo de 1941, se presentaron en el cortijo Las Dehesas (Marmolejo), de donde se llevaron comestibles, dos escopetas, 6 kilos de cartuchos y 6 de dinamita, 7 cajas de munición de pistola y dos cargadores. El día 28 del mismo mes, Vidrio, Portugués y otro guerrillero se presentaron ante el pastor de Marmolejo Manuel Lara Gómez, que mató un chivo para darles de comer. Tras su marcha, el pastor los delató, lo cual propició una emboscada en la finca de José Liscales. En la refriega, fue herido el pastor y muerto Francisco Córdoba Uclés, a quien se le intervino un fusil, un mosquetón y una escopeta, armas de sus compañeros.[45] Esta baja quedó suplida por Domingo Cortecero Gómez («Cucón», «Cencerra»[46] y «Narciso»), quien se incorporó en septiembre.

El 16 de junio, en una emboscada de la Guardia Civil, cayó muerto Cristóbal Egea Cazorla («Egea»).[47] En diciembre optaron por abastecerse para pasar el invierno; abandonaron la sierra y se internaron en la campiña de Porcuna, donde, gracias a la información de sus enlaces, cargaron dos caballerías de comestibles y ropas en el cortijo Cañada del Jaro, para luego regresar a Sierra Morena y permanecer ocultos allí durante el invierno.

En 27 de abril hacen presencia en el molino de Ángel Duque (Solana del Pino, Ciudad Real), de donde se llevan ropas y comida.[48] En marzo de 1942 se produjo una nueva incorporación procedente de Marmolejo: el segundo hijo del Sevillano, Santiago Durán Carrasco («Sevillano

---

45 SEHGC, *205 Comandancia de la Guardia Civil de Jaén. Memoria de los actos de bandolerismo cometidos en su demarcación*, p. 8

46 Domingo Cortecero era natural de Fuencaliente (Ciudad Real), pero residía en Andújar. No debe confundirse el apodo «Cencerra», perteneciente a Domingo Cortecero Gómez, que actuó en Sierra Morena, con «Cencerro», perteneciente a Tomás Villén Roldán, cuya demarcación era la Sierra Sur.

47 Según Perales Solís, esta muerte se produjo en un paraje próximo a Muriano (Córdoba), donde, al parecer, mantenía relaciones con una mujer que acabaría delatándolo. Por tal motivo no incluiremos a «Egea» en la relación de guerrilleros muertos en la provincia de Jaén. Su muerte debe computarse en el recuento de muertes por lucha guerrillera en Córdoba.

48 SEHGC, *204 Comandancia de la Guardia Civil de Ciudad Real*. Historial. Autor: Capitán Francisco Pascual Martínez, p. 25

hijo menor»), de dieciocho años. A ninguno de los dos hermanos se le conocía filiación política.[49]

El día 30 de dicho mes, se produce un nuevo encuentro armado sin consecuencias cuando son sorprendidos en la Fuente del Francés (Marmolejo). En la huida perdieron dos escopetas, un mosquetón y dos mochilas.

En julio de 1942 se incorporaron al grupo dos nuevos huidos de reconocida militancia comunista procedentes de Cardeña (Córdoba): los primos Juan Cachinero Montoro («Obispo de Cardeña») y José Cachinero («Cerrinegro»). Tras la guerra, Juan fue encarcelado en Córdoba y liberado el 17 de julio de 1942 al ser confundido con un primo de igual nombre, circunstancia que aprovechó para huir a la sierra, donde se unió a José «Cerrinegro». Este combatió en Jaén durante la guerra y, junto a su hermano Juan, huyó a Sierra Morena a principios de 1942. Allí, el 3 de marzo, fue muerto Juan en un dramático encuentro con la Guardia Civil en la confluencia de los ríos Yeguas y Valmayor (Marmolejo). Ambos compartieron la zona de Cardeña, Montoro, Marmolejo y Andújar con el grupo de Buengusto y los Jubiles.

Jacinto Medina Lozano, «Perico el de la Concha» (SEHGC)

49 Un informe de la policía municipal de Marmolejo al Juzgado Especial de Espionaje se refería a ellos en estos términos: «Los hijos del Sevillano fueron buenos trabajadores y no se les reconocen malos antecedentes». Véase Perales Solís, ob. cit. p.48.

Durante el verano y otoño de 1942 se sucedieron asaltos a quintas para la provisión de víveres y ropas en los que intervino el grueso del grupo. Los cortijos asaltados fueron Agustín (el 1 de julio), Valdelipe Alto, Viña de San José, Briones, San Ginés (25 de agosto), Navalahiguera (17 de octubre), Valdelipe (25 de noviembre), todos ellos del término de Andújar.

El 19 de diciembre de 1942, un pastor encontró unos macutos escondidos en el barranco de Los Polacos (Andújar) y, conociendo su pertenencia, dio aviso al grupo de fuerzas de la Tercera Comandancia Móvil destacada en Valdelagrana, cuyos miembros hicieron la espera hasta que tres guerrilleros se aproximaron a recogerlos, momento en el cual arrojaron sobre ellos bombas de mano. Malheridos, dos consiguieron huir, pero Benito Escribano Bueno quedó en el suelo disparando contra la fuerza para proteger la retirada de sus compañeros. Acto seguido él mismo se disparó en la cabeza. Le fue requisado un mosquetón Mauser, un revolver y cincuenta cartuchos, así como 50 kilos de harina.[50] Tres años después, el delator sería asesinado por los guerrilleros.

Transcurrido el invierno, iniciaron nuevos actos de abastecimiento de víveres y ropas en la primavera de 1943, siendo sus blancos los cortijos Valdelipe Bajo (4 de mayo de 1943), Valdelipe Alto (6 de mayo), Lentisquillo (día 20; aquí consiguieron además un mosquetón Mauser) y una choza del Peñón de Ambros (día 29), todos del término de Andújar.

El 30 de mayo se incorporó al grupo Manuel Martínez Bueno («Trapichea» y «Rosendo»).[51] También formaron parte de la guerrilla del Vidrio a partir de esta fecha Baldomero Arévalo García («Buengusto») y Juan Cachinero Montoro («Obispo»).

A finalizar el año, el grupo liderado por Vidrio lo formaban diez hombres: Vidrio (jefe), Portugués, Periquito el de la Concha, Sevillano Padre, Sevillano hijo mayor, Sevillano hijo menor, Cucón, Trapichea, Buengusto y Obispo de Cardeña, aunque estos últimos se unían a ellos de forma esporádica. El 15 de diciembre se internaron en la provincia de Ciudad Real y atracaron la finca Palancares.

El nuevo año (1944) comenzó con una masacre para los guerrilleros. Baldomero Buengusto y Juan Obispo contactaron con la guerrilla de los hermanos Jubiles, los cuales frecuentaban desde 1942 la zona occidental de la Sierra Morena jiennense y visitaban con asiduidad los cortijos La

50 SEHGC, *205 Comandancia...*, ob. cit. p.9 y testimonio de Francisco Expósito Prieto reflejado en sus memorias.

51 Era frecuente que los guerrilleros fuesen conocidos, además del apodo familiar, por otros apodos o nombres de guerra que ellos mismos se asignaban como medida de seguridad.

Fresnadilla y Loma Candelas (Marmolejo). El asalto de la Guardia Civil a este último cortijo, tras una delación, merece una especial atención, no sin antes introducir al lector en las incursiones jiennenses de la guerrilla de los Jubiles, toda vez que el final de este grupo estará directamente relacionado con la muerte del marmolejeño Buengusto.

EL PASO DE LOS JUBILES POR JAÉN

La guerrilla de los Jubiles tuvo la peculiaridad de que casi todos sus componentes eran vecinos del municipio cordobés de Bujalance, aunque hubo un jiennense, Manuel Jiménez Jurado («Gato»), natural de Valdepeñas de Jaén, aunque establecido en Bujalance. En junio de 1939 el grupo estaba compuesto por los siguientes miembros:

- Francisco Rodríguez Muñoz, «Jubiles» (Bujalance)
- Juan Rodríguez Muñoz, «Jubiles» (Bujalance)
- Sebastián Rodríguez Muñoz, «Jubiles» (Bujalance)
- Tomás Martínez Luque, «Martínez» (Bujalance)
- Francisco Milla Santiago, «Simón» (Bujalance)
- Antonio Sánchez Serrano, «Chepa» (Bujalance)
- Antonio Benzalá Soriano, «Aviador» (Bujalance)
- Manuel Jiménez Jurado, «Gato» (Valdepeñas de Jaén, vecino de Bujalance)
- Manuel Alcalá Rodríguez, «Béjar» (Bujalance)
- Alfonso García Gavilán (Bujalance)
- Cristóbal Nieto Rey (Bujalance)
- Francisco Parrado (Bujalance)
- Francisco Cobos Benítez
- «Moni»

La partida fue creciendo con nuevas incorporaciones de enlaces, tales como:

- Bartolomé Salinas Boyero («Chivito»)
- Antonio Castilla Ramírez, «Bigotín» (Bujalance)
- Eugenio Solórzano Carvajal, «Moreno» (Bujalance)
- Juan Castro Santiago, «Boy» (Bujalance)
- Mateo Alcalá Cabanillas, «Béjar» (Bujalance)
- Francisco Navarro Velasco (Bujalance)
- Francisco Jiménez Pozo, «Churro» (Montoro)

- José Moreno Salazar, «Quincallero» (Bujalance)
- Miguel Morales Cueto, «Payaso» (Bujalance)
- Sebastián Caravaca Martínez, «Niño del Dinero» (Bujalance)
- Manuel Alcalá Cabanillas, «Béjar» (Bujalance)
- Juan Olmo García, «Abisinio» (Villanueva de la Reina)

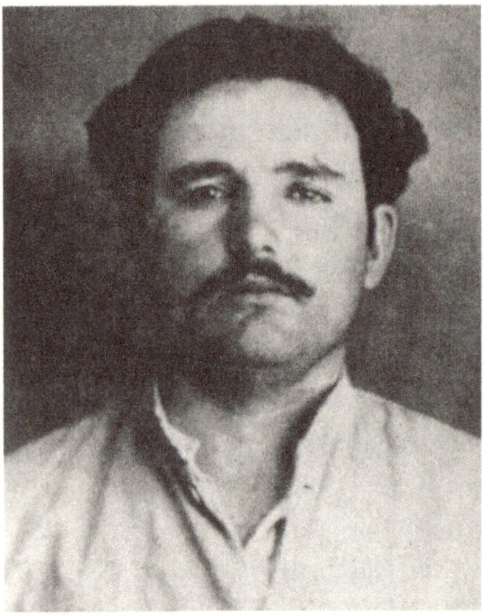

Francisco Rodríguez Muñoz,
«Jubiles» (Aguado Sánchez)

Juan Rodríguez Muñoz,
«Jubiles» (SEHGC)

Tomás Martínez Luque,
«Martínez» (SEHGC)

Antonio Castillo Ramírez,
«Bigotín» (Foto: SEHGC)

Manuel Jiménez Fernández,
«Gato» (Foto: SEHGC)

Francisco Jiménez Pozo,
«Churro» (Foto: SEHGC)

Una de las últimas incorporaciones fue Abisinio, natural de Villanueva de la Reina, quien al poco tiempo actuaría como infiltrado de la Guardia Civil.

Esta guerrilla anarquista estuvo dirigida por los hermanos Francisco, Juan y Sebastián Rodríguez Muñoz, más conocidos por los Jubiles, que se encontraban en rebeldía desde 1939. La aventura de los hermanos Rodríguez Muñoz por las sierras de Córdoba y Jaén comenzó al concluir la guerra, el 1 de abril de 1939, y continuó hasta la desarticulación del grupo y muerte de los dos hermanos supervivientes en el cortijo Mojapiés de Montoro el 6 de enero de 1944; esto es, cuatro años, nueve meses y seis días.

Fue a partir de 1942 cuando se internaron en Jaén huyendo de la persecución a la que fueron sometidos en su entorno cordobés. Frecuentaron una zona de actuación formada por el polígono irregular constituido por los municipios de Arjonilla, Higuera de Arjona, Fuerte del Rey, Torredelcampo, Martos, Torredonjimeno, Villardompardo, Escañuela, Arjona, Marmolejo y Bailén. En el presente capítulo me limitaré a resumir solo su presencia en la provincia jiennense.[52]

52 Para una información más detallada véase SÁNCHEZ TOSTADO, L.M. *Los Jubiles*, I Premio de Investigación Histórica «Los Jubiles», Ayto. de Bujalance, 2008.

A finales de ese año, montaron su base de operaciones en el cortijo La Fresnadilla (Marmolejo). Años atrás habían hecho apariciones esporádicas en la provincia de Jaén. Una muy sonada acaeció el 9 de noviembre de 1939, cuando interceptaron y asesinaron en la finca Los Cerrillos de Lopera al empresario Miguel Velasco Chacón y a su chófer Félix Matute Palomares.

Otra famosa incursión a tierras jaeneras fue en 7 de mayo de 1942. Aquel día, varios de sus integrantes, se presentaron en el cortijo El Fraile de Torredonjimeno y asesinaron a su propietario José Calabrús de la Fuente en presencia de su familia. Parece ser que pretendían su secuestro, pero, ante el intento del propietario de tomar su escopeta, fue muerto en el acto por un disparo a bocajarro. Este crimen encolerizó a las autoridades tosirianas por tratarse de un hacendado propietario y conocido derechista.[53] Como no se dio con los autores, las autoridades militares, presionadas por los círculos conservadores, organizaron un acto de ejemplaridad contra los izquierdistas locales.

Por entonces, existía un empleado municipal de rentas llamado Manuel Molina Blanca («Manquillo») que se dedicaba clandestinamente al estraperlo. Para ello contaba con la ayuda de algunos familiares de tendencia izquierdista, los cuales, en su mísera situación económica, se ofrecieron a participar en el negocio como forma de obtener algunos ingresos. Según los testimonios recogidos, el Manquillo realizaba sus operaciones de venta ilegal por las noches y, acto seguido, comunicaba al grupo la ruta de la carga para que fuese interceptada y sustraída al comprador bajo intimidación.[54] En el mes de julio de ese año (1942) fueron detenidos catorce vecinos acusados de robo y estraperlo[55]. Entre ellos figuraba el Manquillo, que fue acusado de tomar parte en el transporte de 500 kilos de harina procedente de un robo cometido por su primo Pedro Rico Blanca en el molino Harinero (Jamilena).[56] Pero el Manquillo movilizó a sus contactos y se valió de

53 Varios miembros de esta familia fueron ejecutados por el Frente Popular durante la guerra. El 18 de septiembre de 1936 fueron asesinados los primos José y Francisco Calabrús Calabrús, el primero, hijo del propietario asesinado por los «Jubiles». El 3 de abril de 1937 fue incluido Antonio Calabrús Calabrús en la relación de fusilados del cementerio de Mancha Real como represalia por el bombardeo nacionalista sobre Jaén los días 1 y 2 de ese mes.

54 Testimonios de José Castro Romero* y Eliseo Marín Montijano*. Los nombres que poseen un asterisco (*) son supuestos a petición de las personas entrevistadas que no desean aparecer en la obra.

55 Causa 1185/42.

56 AHMI, 1185/42 leg. 1199/19 de Jaén.

los informes favorables del alcalde del pueblo y de la Falange, en cuya organización militaba, para ser excarcelado a los pocos días.

José Calabrús de la Fuente, juez municipal de Torrdonjimeno asesinado por los «Jubiles» el 7 de mayo de 1942. (J. Calabrús Lara)

La Falange de Torredonjimeno envió al juez militar, el teniente Jesús Cortés Cortés, amplios informes de conceptuación política, todos ellos negativos, de cada uno de los procesados, excepto de Manuel Molina Blanca, del cual se decía:

> *A la Liberación prestó buenos servicios a esta delegación. Se caracterizó por los datos concretos que proporcionaba sobre lo destacados marxistas de esta población. A pesar de tener una familia que no tiene una actuación digna, siempre ha procurado apartarse de éstos (...) por todas estas circunstancias esta delegación lo tiene considerado como afecto al Nuevo Estado.*

De esta forma, el cabecilla del grupo, declarado derechista, se salvó de la prisión y la muerte. En cambio, sus familiares izquierdistas, a los que él mismo utilizó para sus trapicheos, sufrieron un trágico final.

El 28 de octubre, en una sorprendente decisión, el juez militar ordenó que seis de los catorce detenidos de Torredonjimeno fueran conducidos desde la prisión provincial hasta la plaza de dicho municipio, donde fueron fusilados en un espeluznante acto público, tras el cual se obligó a todos los izquierdistas del pueblo a circular ante los cadáveres. Era la escenificación del terror para la enmienda pública. Los ejecutados fueron[57]:

- Pedro Rico Blanca («Cardoso»), 32 años.
- Pedro Jaén Arquillos («Corrector»), 38 años.
- Manuel Lozano Martos («Chivones»), 30 años.
- Juan José Gómez Hornos («Follero»), 32 años.
- Juan Pérez Aguilera, 28 años.
- Francisco Cañada de la Cruz, 22 años.

La pretensión de organizar un acto de represalia ejemplarizante tras el asesinato de José Calabrús lo prueba el hecho de ser conducidos a su pueblo natal para ser ejecutados, algo inusual para los recluidos en la prisión provincial, pues los reos de muerte, con independencia del municipio de su naturaleza, eran ejecutados en el cementerio de San Eufrasio de la capital. A esto hay que sumar la ausencia del requisito de confirmación o conmutación por el jefe del Estado para que la ejecución de la sentencia a la última pena pudiera llevarse a efecto. Tenían prisa para acabar con estos tosirianos, y lo hicieron antes de una posible conmutación de pena por la inferior en grado, tal y como se venía haciendo para pequeños delitos de estraperlo y robo.

A los pocos meses de los fusilamientos, en mayo del año siguiente, la Guardia Civil detuvo en Encinas Reales (Córdoba) a Francisco Milla Santiago («Simón»), cuñado de los Jubiles, quien confesó participar, junto con Manuel Jiménez Jurado, en la muerte de José Calabrús y dio toda clase de detalles sobre el suceso. Conducido a la prisión provincial de Jaén, fue ejecutado el 9 de agosto de 1944.[58] Desgraciadamente para los estraperlistas de Torredonjimeno, el conocimiento de los verdaderos autores del crimen llegó demasiado tarde, y ya habían pagado con su vida como chivos expiatorios.

En el verano de 1942, los Jubiles atracaron los cortijos Grañón (Mengíbar) y Albariza (Lopera), en los que consiguieron, respectivamente, 5000 y 17000 pesetas.

En julio de 1943, la partida aumentó con cinco nuevas incorporaciones: Pedro Muñoz Vega («Perico el Manco»), Alfonso Sanz Martín

57 Registro civil de Torredonjimeno, fols. 224 (r. y v.), 225 (r. y v.) y 226 (r. y v.) de 28 de octubre de 1942.

58 Francisco Milla era natural de Bujalance (Córdoba) e ingresó en la prisión provincial el 17 de julio de 1943. Causa 1477/42.

(«Corneta»), Diego Luque Lindo («El de la tía Frasca»), Bartolomé Salinas Bollero («Chivito») y Manuel Martínez López («Carrasco»), y continuó sus atracos a cortijos propiedad de hacendados derechistas jiennenses.

Tan numeroso grupo hubo de dividirse utilizando los cortijos de la Fresnadilla y Loma Candelas (Marmolejo) y Las Molinas del Corchado (Bailén).

Ruinas del cortijo «La Fresnadilla» (Marmolejo), utilizado como base de los «Jubiles» entre 1942 y 1944 (L.M. Sánchez Tostado)

El 22 de julio, un grupo de cinco, con Francisco Jubiles a la cabeza, decidió secuestrar a la familia del terrateniente Ramón Valero Cano, juez de Orcera, al cual exigieron un rescate de 250 000 pesetas[59]. El juez salió en busca del dinero mientras la familia era retenida en el cortijo Fuente del Roble (Benatae). Sin embargo, el juez regresó acompañado de abundante tropa de guardias civiles y somatenes y se entabló un intenso fuego cruzado que obligó a los asaltantes a huir por parajes de la sierra de Segura completamente desconocidos para ellos. Para escapar de aquel laberinto, secuestraron al jefe de la Falange de Santiago de la Espada y lo obligaron a actuar de guía. Hubo un nuevo encuentro con la Guardia Civil del que salieron vivos de milagro, pues en la

59 Unos días antes, los Jubiles habían sido informados por Félix Rodríguez Rodríguez («Rubito»), cuñado de la casera del cortijo Las Molinas de Corchado (Bailén), de la considerable fortuna del Juez de Orcera, el cual «poseía ocho cortijos y veraneaba en el de la Fuente el Roble de Benatae. AHMI. Causa 37/44, leg. 2/1 de Jaén.

retirada los guardias optaron por perseguir al falangista, a quien confundieron con un huido.[60]

Aspecto actual de «Loma Candelas» (Marmolejo), cortijo en el que, el 8 de enero de 1944, perdieron la vida cuatro guerrilleros y el casero por disparos de la Guardia Civil (L.M. Sánchez Tostado)

El 4 de septiembre secuestraron a Francisco Valenzuela Valenzuela, propietario del cortijo La Cueva (Villanueva de la Reina), por el que consiguieron un cuantioso rescate de 150 000 pesetas. Fueron detenidos doce enlaces. A finales de año, los Jubiles contaban con dieciséis hombres después de la incorporación del joven José Moreno Salazar («Quincallero»).

Tras el mencionado secuestro, regresaron a Las Molinas de Bailén, donde se repartieron el botín. Como siempre, el mayor problema fue encontrar enlaces dispuestos a cambiar los billetes de mil pesetas sin levantar sospechas. Enviados varios con el encargo y, desconociendo que sus series habían sido marcadas, comenzaron las detenciones. El 5 de diciembre, el Banco de España localizó varios billetes reseñados procedentes del secuestro de Francisco Valenzuela, y la Guardia Civil inició los interrogatorios sobre las personas que cambiaron ese dinero. De esta forma, se llegó hasta los caseros de Las Molinas, Javier Carmona Sánchez y Manuela Vela Marín, quienes confesaron haber dado albergue a los Jubiles, hecho por el cual fueron encarcelados. Del cortijo se intervinieron dos escopetas, unas cachas de pistola, un mapa de Europa

60 MORENO GÓMEZ, F. ob. cit. p. 396.

y dos sacos de garbanzos. También declararon el asesinato de que fue objeto Juan Castro («Boy») por parte de Francisco Jubiles y de cómo envolvieron su cuerpo en una manta y lo arrojaron al río Rumblar, después de que el Boy fuera acusado por el marido de Manuela Vela de haber mantenido relaciones con su esposa.[61]

El 14 de diciembre mantuvieron un encuentro en Mestanza con fuerzas de la comandancia de Jaén. En este encuentro resultó muerto Juan Rodríguez Muñoz («Jubiles») y heridos su hermano Sebastián, Martínez y Payaso. El fin de la partida llegó el 6 de enero de 1944, cuando la Guardia Civil rodeó el cortijo Mojapié del término de Montoro (Córdoba) por la delación de Juan Olmo García («Abisinio»), uno de sus enlaces de confianza. Resultaron muertos Francisco y Sebastián Rodríguez Muñoz («Jubiles»), así como Martínez, Bigotín, Gato y Payaso; además, se intervinieron armamento y 23 500 pesetas.

Al día siguiente, el 7 de enero, gracias a las informaciones que aportó Abisinio, la fuerza detuvo a los moradores del cortijo Las Fresnadilla y, acto seguido, se dirigieron al cortijo Loma Candelas, donde se encontraban refugiados a los hermanos Alcalá Cabanillas y a varios huidos jiennenses del grupo de Buengusto.

El brigada de la Guardia Civil de Marmolejo, Isaac Sánchez Villalobos, al mando de veintiún hombres entre guardias civiles, guardas de campo y otros somatenes[62] rodeó el cortijo, y uno de los guardias llamó a la puerta. Lo que sucedió en la madrugada de aquel día lo cuenta una testigo de excepción: Ana Lara Peña, hija de Ramón Lara, el casero del cortijo:

---

61 Manuela Vela reconoció haber mantenido relaciones íntimas con el Boy, pero también con Francisco Jubiles. Tras la reprimenda de este a aquel, el Boy se marchó y Francisco ordenó una batida para localizarlo con la orden de darle muerte. Transcurrido unas semanas, Juan Castro regresó a Las Molinas, tal vez con la confianza de que sus compañeros se hubiesen marchado, pero Francisco Rodríguez le disparó, y, cuando se le encasquilló la pistola, fue Bigotín el que finalmente acabó con la vida del Boy. Su cuerpo fue, en efecto, arrojado al río Rumblar, adonde se debió regresar al día siguiente para asegurar el cuerpo con grandes piedras después de que hubiera salido a flote. En sus declaraciones al juez militar, tanto la esposa como el marido reconocieron que ella mantuvo relaciones íntimas con el jefe del grupo, lo que induce a pensar que el crimen pudo tener un componente pasional. AHMI causa 37/44, leg. 2/1 de Jaén.

62 Entre los que formaron parte de la expedición se encontraban, además del brigada Sánchez Villalobos, los guardias Joaquín Rubio Solís (de Marmolejo), José Domínguez Basilio (Arjonilla), Manuel García Marbella (Arjona), Nicolás González García (Arjonilla), los guardias municipales Juan José Zabala Sáez, Daniel Peinado Bermúdez y Francisco Morales Jurado y el sereno José Cobo Rodríguez. SEHGC, *205 Comandancia…*, ob. cit.

Armamento incautado en el cortijo «Mojapié» (Montoro) tras la eliminación de la guerrilla de los «Jubiles» el 6 de enero de 1944 (F. Aguado Sánchez)

Baldomero y los suyos llegaron a la Loma ya tarde. Iban él, los dos hermanos Cabanillas y el de Cardeña. Mi padre me dijo que me levantara y les hiciera un poco de café. Luego preguntaron que si había por allí mucha caza. «Es que quisiéramos llevarnos unos zorzales...», dijo Baldomero, que por cierto se los compraron a mi padre. Recuerdo que llevaban una libretilla donde lo apuntaban todo. Le dieron el dinero (...) también pidieron un paño que también pagaron. Por lo visto pedía cobija porque dormían en el raso hacia la Dehesilla.

Les apañé los pájaros y, una vez fritos, serían las 3 o las 4 de la madrugada, llamaron a la puerta. Mi padre no quería abrir, pero a las tres veces de llamar el exclamó: ¡Ay, Dios mío, qué ruina más grande! y una bomba fue a caer sobre la puerta hiriéndolo mortalmente. Lo que vino después fue un zafarrancho. Quienes pudieron se tiraron por las tapias del corral, pero eran rematados conforme ponían el pie en tierra. Baldomero que estaba en el corral de los cochinos aprovechó que salía mi madre con mi hermana Alfonsa y se parapetó tras de ellas, pero le dieron una descarga y fue a caer, aún con vida, sobre el montón de la hojarasca seca. Allí lo remataron. A mi hermana Alfonsa la hirieron en una pierna. Hubiera sido imposible escapar porque tenían la casa cercada.[63]

Los muertos fueron:

- Baldomero Arévalo García («Buengusto»), 40 años
- Juan Cachinero Montoro («Obispo Cardeña»), 40 años
- Mateo Alcalá Cabanillas («Béjar»), 27 años, nat. de Bujalance (Córdoba)
- Manuel Alcalá Cabanillas («Béjar»), 26 años, nat. de Bujalance
- Ramón Lara Gómez, 45 años, nat. de Marmolejo, este último era el casero de la finca Loma Candelas y no pertenecía al grupo de huidos.

Se intervino un fusil Mausini con la culata grabada con la hoz y el martillo, dos escopetas de caza, tres pistolas y 2690 pesetas. Mateo Alcalá Cabanillas se había casado, unos meses antes, con la joven Julia Martínez Pérez, hija del casero de La Fresnadilla, de la cual esperaba un hijo. Tras la muerte de Mateo en la Loma Candelas, Julia fue detenida, junto con las demás mujeres y sufrió crueles torturas. Dio a luz en la prisión y murió al poco tiempo de ser excarcelada.

Tras la muerte de Franco, sobre una fosa común del cementerio de Marmolejo, alguien colocó un pequeño epitafio: «Aquí yacen Ramón Lara Gómez, Baldomero Arévalo y los hermanos Jubiles. Murieron por la libertad».[64]

Cuatro días después de la tragedia, el 12 de enero de 1944, se interceptó en la finca Ceniceros de Andújar a José Cachinero «Cerrinegro», el cual fue herido y, después, según relata su familia «lo ataron a la cola de un caballo arrastrándolo hasta la muerte».[65]

A primeros de marzo fue detenido en el término de Andújar Francisco Jiménez Pozo («Churro»), que luego fue fusilado en el cementerio de Jaén el 16 de octubre de ese mismo año. La guerrilla de los Jubiles quedó así completamente desarticulada. Los únicos supervivientes fueron Bartolomé Salinas («Chivito»), que se incorporó a la 3ª Agrupación de Guerrilleros que actuaba en la provincia de Córdoba (aunque murió en la sierra de neumonía), y José Moreno Salazar («Quincallero»), que quedó sepultado por los escombros del cortijo Mojapié.

---

63 PERALES SOLÍS, M. ob. cit. p. 50.

64 Este epitafio puede dar lugar a confusión, pues se refiere a los hermanos de Bujalance Manuel y Mateo Alcalá Cabanillas («Béjar»), que eran miembros de la guerrilla de los Jubiles, no a los hermanos Jubiles propiamente.

65 MORENO GÓMEZ, F. «El Obispo...», ob. cit.

JAÉN

DIARIO DE FALANGE ESPAÑOLA TRADICIONALISTA Y DE LAS J. O. N. - S.

SEGUNDA EDICION

REDACCION, 643 y 3 [illegible]
ADMINISTRACION, 229
APARTADO, 51

Imposición de condecoraciones a numerosos guardias civiles

Un maleante muerto por la policía al agredir a uno de los agentes que trataba de detenerle

24-3-1948

La partida capitaneada por «Jubiles», aniquilada

Fuerzas de la Guardia Civil dieron muerte al jefe y a cinco individuos

OTRO FUÉ CAPTURADO

En las primeras horas del día 6, fuerzas de la Guardia Civil en servicio de persecución de huidos, organizado y dirigido por el teniente coronel jefe de la Comandancia de Córdoba, don Francisco Cara[illegible] Cárazo, consiguieron localizar a la partida capitaneada por el bandolero apodado «Jubiles» en el sitio conocido por «Majapiesa», del término municipal de Montoro, sobreviniendo un encuentro en el que resultaron muertos Francisco Rodríguez Muñoz (a) «Jubiles»; Sebastián Rodríguez Muñoz (a) «Jubiles»; Juan Castilla Ramírez (a) «B[illegible]»; [illegible] Antonio Jiménez Fernández (a) «El Gato»; Tomás Martínez «Martinete» y Miguel Morales Sueto (a) «Payaso», haciendo [illegible] a José Moreno Salazar (a) «Quincallero». De la fuerza pública hay que lamentar un guardia herido por arma de fuego, en el muslo derecho.

11-1-1944

SIETE HUIDOS ROJOS MUERTOS POR LA GUARDIA CIVIL

El grupo capitaneado por el malhechor apodado «Buen Gusto», aniquilado

OTROS VARIOS CAPTURADOS

Desde el mes anterior las fuerzas de la Guardia Civil de la Comandancia de Jaén en constante servicio de persecución de huidos, organizado y dirigido personalmente por el Teniente Coronel Jefe de dicha Comandancia D. Luis Marzal Albarrán, admirablemente secundado por el Comandante segundo Jefe D. Luis Alguacil Cobo, oficialidad y tropa, han conseguido dar muerte en el sitio llamado «Los Alarcones» y en el barranco de «Valhondillo», término de Andújar a los huidos llamados Juan Rodrigues Muños (a) «Jubiles», segundo de los hermanos de tal apodo y Domingo Cortecero Gómez (a) «Cencerra», natural de Fuencaliente. Del mismo modo lograron sostener un encuentro en el sitio conocido por «Loma Candela», del término municipal de Marmolejo, con el grupo del «Buen Gusto», en el cual resultaron muertos Baldomero Arévalo García (a) «Buen Gusto», Mateo Alcalá Cabanillas (a) «Béjar», Manuel Alcalá Cabanillas (a) «Béjar», Juan Cachinero Montoro (a) «Obispo de Cardeñas» y Ramón Lara (a) «Larilla»; consiguiendo también la detención de otros dos y de numerosos cómplices y encubridores. Por parte de las fuerzas encargadas de tan importantes servicios, no ha habido que lamentar bajas de ninguna clase.

12-1-1944

Ha llegado la hora de emplear el rigor de la justicia contra los especuladores. Todo aquello que contraríe el recto designio del Caudillo y de su Movimiento Nacional-Sindicalista, es pura traición. Contra ésta, en el Código fundamental del honor, del servicio, de la disciplina, de la abnegación, no hay más que una sanción: LA QUE HA DECIDIDO FRANCO: LA MUERTE.

(En tercera página, texto íntegro de la Ley contra acaparadores, especuladores y estraperlistas.)

23-10-1941

Noticias publicadas en Diario Jaén en los años cuarenta (L.M. Sánchez Tostado)

INCORPORACIÓN DE FRANCISCO EXPÓSITO («GAFAS»)

A finales de 1944 comienzan los contactos de Francisco Expósito Prieto («Gafas») y Víctor Padilla Aina («Aragonés») con el grupo del Vidrio, ambos evadidos del destacamento penal de Anguiano (Logroño) el 7 de octubre de aquel año. Su incorporación se concertó para el 9 de enero de 1945. Las nuevas incorporaciones darían un giro espectacular a las acciones de la guerrilla en Sierra Morena, tal como expondré al hablar de la segunda etapa de esta zona geográfica.

La guerrilla en la Sierra Sur

PRIMERA ETAPA: 1939-1944

En la Sierra Sur se formó un nutrido grupo de huidos al concluir la guerra, casi todos procedentes del norte de Granada. Se internaban con frecuencia en la provincia de Jaén desde las sierras del Trigo y Trujillos, y establecieron su campo de operaciones en las estribaciones de Valdepeñas de Jaén. Habían nombrado jefe a Manuel Castillo Capilla («Salsipuedes»), y el grupo estuvo formado por:

- Juan Garrido Donaire («Ollafría»), natural de Colomera (Granada)
- Rafael Donaire Bolívar («Chorra»), de Colomera
- Francisco Cáceres Gálvez («Pavero»), de Benalúa de las Villas
- José Cordón Cordón («Cogollero»), de Benalúa de las Villas
- Juan Garrido Pérez («Garrido»)
- José Díaz Moya («Tarugo»)
- Valentín Mudarra Martín («Garrote»)
- Rafael Megías Fernández («El de la Hiena»)
- Justo Cuenca Rivera («Vallejo»)
- Juan Sáez Palomino («Hojarrasquín»), natural de La Pedriza, Alcalá la Real (Jaén)
- Tomás Villén Roldán («Cencerro»), natural de Castillo de Locubín (Jaén)
- Manuel García Molina («Batoño»), natural de Los Villares (Jaén)
- «Valenzuela»
- «Bicho»
- «Salido»

Optaron por dividirse en pequeñas guerrillas para pasar desapercibidos. Tomás Villén Roldán («Cencerro») se unió a Salsipuedes tras su evasión en 1940. Pese a su condición de concejal comunista y dirigente sindical de la Federación de los Trabajadores de la Tierra de la UGT en Castillo de Locubín, su pueblo natal, no se le atribuyó ninguna acción violenta durante la guerra, pero se le intentó revisar una causa antigua de 1932 relacionada con la muerte de una tía política, de la cual fue absuelto por la Audiencia Provincial de Jaén y de la que nos ocuparemos en el próximo capítulo. Cencerro no tardó en contactar con el grupo de Salsipuedes. Comenzó de esta forma su frenética carrera por la supervivencia y la lucha contra el fascismo de uno de los hombres más carismáticos que la guerrilla antifranquista tuvo en la provincia de Jaén. Junto a Francisco Expósito Prieto («Gafas»), constituyen el referente esencial del estudio de los principales jefes guerrilleros en esta provincia.

La fascinante figura de Tomás Cencerro merece un abordaje más pormenorizado.

Juan Garrido Donaire, «Ollafría» (J.M. Azuaga Rico)

Manuel Castillo Capilla, «Salsipuedes» (I. Castillo Morales)

SOBRE LA FIGURA DE CENCERRO

¿Quién era realmente Cencerro? ¿Por qué gozó de la simpatía popular? En este punto conviene analizar su pasado para comprender la trayectoria de una vida marcada por la tragedia.

Tomás Villén Roldán[66] nació el 7 de marzo de 1903 en el seno de una humilde familia de hortelanos de Castillo de Locubín. El 9 de

66 Su verdadero nombre era Tomás de la Santísima Trinidad, según consta en la inscripción del libro de nacimientos de la Parroquia de San Pedro Apóstol. Una paradoja si consideramos su condición de ateo y marxista.

septiembre de 1926, contrajo matrimonio con Carmen Extremera la Rosa, ambos con 23 años, y con ella tuvo cinco hijos, cuatro hembras y el varón, el cual nacería en la prisión provincial de Jaén en 1941. Según los testimonios recogidos, Tomás fue una persona inquieta, idealista y reivindicativa, y pronto se afilió a la UGT, sindicato en el que ocupó puestos directivos.

El tío de Cencerro fue Antonio Hernández Roldán (1834-1922), un profesor de sordomudos en Madrid que poseía una considerable fortuna en Castillo de Locubín. Viudo de María de la Capilla Uceda, en 1897 contrajo segundas nupcias con su criada Nicolasa Zapata Gómez-Menor (1858-1932), veinticuatro años menor que él. Antonio dejó en Madrid un pormenorizado testamento para el repartimiento de sus bienes entre sus sobrinos, pues no tuvo descendencia; si bien su viuda Nicolasa, más conocida como la «Pajarilla», heredó en usufructo las propiedades, entre las que se encontraba la huerta que tenía arrendada Tomás Villén.

Durante los años veinte y treinta, en Castillo de Locubín, como en buena parte del país, era frecuente que los vecinos se dedicasen a las tareas agrícolas en pequeños huertos arrendados a unos pocos propietarios, dueños de la mayoría de las fincas del término. Cencerro tenía en arriendo una huerta propiedad de su tío con la que alimentaba a su familia. Con la proclamación de la 2ª República en 1931, Tomás multiplicó su labor sindical y su tía, mal asesorada, le quitó la huerta. Arruinado, Cencerro comenzó a pedir dinero a la viuda para subsistir. La tensión entre ambos aumentó y, en mayo de 1932, Nicolasa, con setenta y cuatro años, aceptó la sugerencia del sacerdote Manuel Santiago de dejar su fortuna a la hermana de este, a cambio de ser atendida por ella y su esposo en sus últimos años de vida. Al enterarse Tomás de lo que maquinaban el cura y su tía para desheredar a los sobrinos y, seguramente crecido por su actividad política al frente de la Casa del Pueblo, reclamó lo que, según él, le correspondía por ley.[67]

El 24 de mayo de 1932, un día antes del pretendido viaje ante el notario para formalizar las condiciones, Tomás se presentó en casa de Nicolasa y mantuvo una fuerte discusión con ella. La anciana se negó a seguir pasándole dinero, y él le reclamó su parte de la herencia de su tío para subsistir. En pleno acaloramiento, Tomás desenfundó una pistola y disparó contra la pared para amedrentarla, cosa que no consiguió. Tras la discusión, Cencerro salió de la casa descompuesto e informó a

67 Todos los testimonios recogidos en Castillo de Locubín, Valdepeñas y Alcaudete ratifican esta versión.

la Guardia Civil de que la anciana, en plena discusión, se había caído hacia atrás y estaba en el suelo inconsciente. Nada pudo hacerse por salvar su vida a pesar de que el cirujano Francisco Mesa Morales se desplazó con urgencia desde Granada.

Tomás Villén Roldán, «Cencerro» (L.M. Sánchez Tostado)

Carmen Extremera la Rosa, «Patata», esposa de «Cencerro» (L.M. Sánchez Tostado)

La noticia conmocionó a la provincia y los círculos conservadores, antes incluso de que interviniera la autoridad judicial, ya culparon a Cencerro de asesinato y dieron a la noticia la máxima publicidad. El periódico ABC incluyó la noticia ilustrándola con dos fotografías: la de la casa y la del impacto de bala en el marco de la puerta:

> *En Castillo de Locubín, la anciana doña Nicolasa Zapata Gómez-Menor ha sido asesinada por un sobrino político suyo llamado Tomás Villén («Cencerro») del que se afirma que anda en Castillo metido en manejos sindicalistas con cargo de presidente.*[68]

Encarcelado en la prisión de partido de Alcalá la Real, fue conducido a la prisión provincial de Jaén el 11 de junio de 1932. Allí conoció las flamantes instalaciones de la recién estrenada prisión del Paseo de la Estación. Incluso tuvo la oportunidad de ver en persona al director general de Prisiones, Vicente Sol Sánchez, quien inauguró el establecimiento el 8 de agosto de aquel año. El médico forense Enrique Ruiz Matas, que

68 *ABC*, 26 de mayo de 1932.

examinó el cadáver, confirmó que la muerte de Nicolasa se produjo por un golpe en la cabeza en una caída durante la discusión con Tomás. El forense se basó en la localización y estructura de la herida y consideró que la anciana se desnucó al caer al suelo. Las características de la lesión coincidían con la versión ofrecida por Tomás Villén desde el principio. Al no apreciarse otros indicios que el de una muerte accidental, Tomás Villén fue absuelto en el juicio celebrado el 5 de abril de 1933. Ese mismo día, el presidente de la Audiencia, José Samaniego y Ladrón de Cegana, ordenó su libertad después de once meses de prisión preventiva.

Casa donde residió Tomás Villén «Cencerro» en el número 2 de la calle Condesa Humanes de Castillo de Locubín (L.M. Sánchez Tostado)

Pese a todo, la derecha prosiguió con su acoso y especulaba con la posibilidad de que en su absolución hubiera influido el conocido médico y diputado a Cortes Federico Castillo Extremera, primo hermano de la suegra de Cencerro.[69]

69 Federico Castillo Extremera era tío de Carmen Extremera la Rosa, esposa de Cencerro, y pasaba largos periodos en Castillo de Locubín. Había sido elegido diputado a Cortes en las elecciones de junio de 1931 por Derecha Liberal Republicana, aunque en enero de 1933 pasó a militar en Acción Republicana. En 1936 sería presidente de la Diputación Provincial de Jaén. Más información en SÁNCHEZ TOSTADO, L.M. *Morir por un ideal,* Ayto. Castillo de Locubín, 2018.

Muchos vieron en el suceso de la Pajarilla la viva esencia de la lucha de clases de los años treinta. Un propietario (mujer en este caso) que va más allá del sentido común, actúa sin criterio justo, perjudica a los legítimos herederos y arrendatarios y se deja influir por la Iglesia Católica, siempre próxima al capital y a la derecha tradicional. Tomás representaba la desesperación de un campesinado explotado, el cual, crecido ante la coyuntura política, se rebelaba.

La derecha local se dedicó a divulgar rumores infundados con el fin de zaherirlo como un vulgar asesino. El trasfondo de esta actitud no era otro que la incómoda labor sindical y política que desarrollaba Tomás Villén. Al concluir la guerra, ante la ausencia de otros cargos, las autoridades franquistas quisieron retomar aquella vieja historia de la Pajarilla para quitarse de en medio a otro dirigente de izquierdas, pero Cencerro se adelantó y se fugó de la cárcel.

Durante la guerra civil, Tomás Villén fue un activo miliciano y, concluida la contienda, algunos derechistas lo acusaron de participar en los destrozos de las imágenes de la Iglesia y del archivo parroquial, si bien no se le atribuyó ningún delito de sangre. De hecho, Castillo de Locubín fue de los pocos municipios de la provincia en los que no se produjo ninguna víctima mortal tras el pronunciamiento militar del 18 de julio de 1936.[70]

El 10 de octubre de 1938 fue nombrado concejal del ayuntamiento,[71] pero pronto hubo de renunciar al cargo para incorporarse a filas,

---

70 Los veinticinco ajusticiamientos de presos derechistas llevados a cabo el 12 de septiembre de 1936 en el Arroyo Las Parras (Castillo de Locubín) procedían de Alcalá la Real y fueron responsabilidad del comandante José Poblador Colás («Pancho Villa»), por lo que no puede atribuirse a las autoridades de Castillo de Locubín. Pancho Villa fue un joven aparejador zaragozano de ideología anarcosindicalista que mantuvo una estrecha relación con los ministros cenetistas García Oliver y Federico Montseny. Al iniciarse la guerra, ostentó el cargo de comandante de la columna militar que llevaba su nombre con base en Castillo de Locubín y combatió en el frente de Alcalá la Real después de que este municipio fuese tomado por las tropas nacionalistas el 30 de septiembre de 1936. Durante la guerra, seleccionó al grupo guerrillero conocido como los Niños de la Noche y organizó sus incursiones en el campo enemigo. Acabada la guerra, fue hecho preso, pero logró fugarse del batallón disciplinario del Pantano de Cijara (Badajoz). Tras un corto periodo en la sierra, se dirigió a Madrid donde, en la clandestinidad, continuó organizando la resistencia. Fue detenido en la capital de España y conducido a la prisión provincial de Jaén. El 18 de mayo de 1943 fue fusilado en el cementerio jiennense. AHPJ, Exp. Penit. de Francisco Pedrajas Serrano, causa 1.620 y *Diario Jaén*, 23 diciembre de 1941.

71 AHM de Castillo de Locubín. Lib. de Actas Capitulares de 1938.

siendo adscrito al 302 Batallón de la 76 Brigada Cuerpo Tren. Tras el golpe socialista del General Casado el 5 de marzo de 1939 contra las pretensiones del doctor Negrín de resistir a toda costa, pese a tener casi todas las posiciones republicanas perdidas, se procedió a la detención en el frente de los comunistas que se negaran a las órdenes de retirada. Cencerro fue detenido junto a otros mandos comunistas en la posición Churruca y conducido a la prisión militar de Santa Úrsula el 15 de marzo.[72] En la víspera de la entrada definitiva de las tropas del general Queipo de Llano en Jaén, fueron liberados cincuenta y cinco militares, entre los que se encontraba Tomás Villén. Esta decisión de última hora salvó la vida de muchos de ellos.

Concluida la guerra, Tomás marchó a su pueblo, donde fue detenido por las nuevas autoridades y conducido a la prisión de partido de Alcalá la Real. Allí, el juez militar de dicha plaza ordenó la incoación del procedimiento sumarísimo 40.376 y le informó de su intención de reabrir el caso de Nicolasa, la Pajarilla. Viéndose perdido, con sus antecedentes comunistas y la inquina que la derecha mantenía sobre él, decidió evadirse. Lo consiguió el 17 de marzo de 1940 tras realizar un butrón en la pared de la cárcel. Comenzó así su frenética carrera por las serranías jiennenses.

El primer alcalde de Castillo de Locubín durante la dictadura, Sr. Ventura, informó de él:

> *Es uno de los elementos más destacados del partido comunista desde antes del Movimiento y durante el mismo ha desempeñado los cargos de miembro del Frente Popular y concejal del Ayuntamiento rojo de esta ciudad.*[73]

La Guardia Civil oficiaba:

> *Siempre se destacó como un elemento de izquierdas, afiliado al partido comunista y presidente de la Casa del Pueblo. Al iniciarse el Glorioso Alzamiento se destacó como miembro revolucionario nacional. Durante la dominación roja en esta ciudad participó activamente en los destrozos de iglesias, imágenes, robos, saqueos, detenciones de*

---

72 Dicho día fueron encarcelados el Comisario Político de la 76 Brigada Mixta, Emilio Cano Díaz, el sargento Salvador Campillo Ujardón, los cabos Miguel Rascón Fernández y Vicente Leiva Santiago y los soldados José Pedrajas Marañón y Tomás Villén Roldán. AHPJ, Leg. 42806, Exp. Penit. de Tomás Villén Roldán.

73 AHPJ, Exp. de Responsabilidades Políticas de Tomás Villén Roldán.

personas de orden y otros desmanes, actuando últimamente como miembro del S.I.M. de Jaén y complicado con la Internacional Comunista.

Tiene denuncia presentada por haberse apoderado de una cruz de Nuestro Padre Jesús, una diadema y una corona de plata.

También con anterioridad al Movimiento asesinó a una mujer en esta ciudad. Por todo lo cual está considerado como elemento peligrosísimo para la Causa debiendo hacer constar que se ha fugado de la cárcel de Alcalá la Real donde se hallaba detenido.[74]

Tras su fuga, se ocultó en los cortijos de su amigo Rosendo Castro Torres y su vecino Juan Antonio Palomino Hidalgo. También se ocultó en cuevas próximas a Castillo de Locubín, como las del Jabonero, la del Agua y la de los Murciélagos, en la sierra de Acamuña. También en la de la Monea, el Salado y la de Búho. Estas dos últimas fueron dinamitadas por la Guardia Civil para evitar que hiciera uso de ellas.[75]

La gran movilidad de Cencerro hizo que casi nunca se le sorprendiera en ninguno de sus escondites, que fueron muchos y variados. Durante algún tiempo se alojó en la cámara del molino de Felipe Zarapetos (Fuensanta de Martos). Se dio el caso de que la Guardia Civil, guiada por confidencias, registró dicho molino en varias ocasiones de forma infructuosa, y los guardias se comieron la comida que momentos antes habían abandonado precipitadamente los guerrilleros para ocultarse.[76]

Castillo de Locubín, como muchos municipios de la geografía andaluza, conservaba una honda tradición campesina, y sus gentes, sencillas y campechanas, hicieron gala durante la guerra y posguerra de un gran poder de sacrificio, soportando estoicamente los perjuicios de las tropas acantonadas. Primero, con la columna de Pancho Villa, y después, con la tremenda represión aplicada por la Guardia Civil sobre los numerosos vecinos que auxiliaron a Cencerro y a otros que, como él, huyeron a la sierra.

La tradición oral de los castilleros dice mucho de su inveterada sabiduría. A lo largo de estos años he comprobado la facilidad que tienen para atesorar en el recuerdo canciones y coplillas sobre variados

---

74 Ibidem ib.

75 Según varios testimonios, otras cuevas en las que se ocultó esporádicamente fueron las de las Palomas, las Cruces, la de las Vacas, la de los Carneros y Cueva Larga en Castillo de Locubín, en la base de las formaciones rocosas que dominan la cortijada de Las Cabreras.

76 Testimonio de José Jaén y Valeriano González Villén.

temas con hondo sabor tradicional. Algunas letras, cantadas con sorna y cierta ironía, reflejan, como instantáneas históricas, el sentir popular de los tiempos en que fueron compuestas. No resisto la tentación de incluir algunas de las que cantaron los ancianos durante las entrevistas que llevé a cabo para la realización del presente trabajo, y que refieren a conocidos personajes de Castillo de Locubín durante la guerra y la posguerra. Veámoslas, aunque sólo sea para conservarlas impresas:

> *Cuando la República yo me acuerdo de que en el Castillo se gritaba mucho: ¡Que muera Peluquín, que muera Peluquín... «Peluquín» era uno de los caciques del pueblo. Me acuerdo de que los «Chamarizos» sacaron un gobierno... ¿Sabe usted lo que es un gobierno? En el Castillo se le llama gobierno a una manta que se pone sobre la cama... pues los «Chamarizos» cogieron un gobierno y lo arrastraron en un coche por todo el pueblo y una támara de olivo seca para que se viera que el «gobierno» estaba arrastrao y el campo abandonao. Cantaban:*[77]
>
> *Que partida más bonita*
> *para que no hubiera Extremeras,*
> *para que Juan Chinque no mandara*
> *y Peluquín se muriera.*
>
> *Juan Chinche era otro cacique del pueblo y los Extremeras la familia de la mujer del «Cencerro» que eran comunistas y que pedían el voto para las elecciones.*
>
> *El pájaro Chamarizo*
> *es un pájaro ruin,*
> *pero ha tenío cojones*
> *de subirse a un Peluquín.*

Esta última resume, en pocos versos y con un pícaro juego de palabras, el momento histórico del dominio del proletariado sobre la clase burguesa en la figura de dos familias de Castillo de Locubín: los Chamarizos (republicanos) y Peluquín (terrateniente). Otras recuerdan la presencia de la columna militar del comandante Villa y su romance con la hija de don Cristóbal, boticario de Frailes:

---

77 Testimonio de Valeriano González Villén, Purificación Quesada Olmo y Antonio Castillo Jaén.*

La hija de don Cristóbal a Pancho Villa ha mirao.
No te lleves la columna que por la cama ya he mandao
Pancho Villa le contesta con alegría y con placer:
te dejaremos al Manco para que viváis todos con él.

Son muestras de tradición oral de un pueblo. Los vecinos de Castillo de Locubín fueron siempre personas profundamente pacíficas. Ni aún durante la guerra hubo crímenes ni represalias mortales. A los más ancianos, la historia del Cencerro tal vez les recordaba las batidas contra el bandolero Coronas, muerto en 1886 por la Guardia Civil de Castillo de Locubín en el cortijo El Diablo. Pero este, como aquel, fue la excepción en la atmósfera de serenidad y quietud que siempre dominó el carácter de los castilleros. Ello hizo que, ante cualquier acción violenta, el pueblo no olvidara fácilmente a unos protagonistas que un día los sacaron de la monotonía y llenaron de conversación las tardes de muchos inviernos.

SE FORMA LA GUERRILLA DE CENCERRO

Cencerro y Hojarrasquín, viejos conocidos durante la guerra, formaron un subgrupo de guerrilleros jiennenses que, cada vez con mayor frecuencia, se internaba en sierras jaeneras por los términos de Alcalá la Real, Castillo de Locubín, Frailes y Valdepeñas. Si bien, dependiendo de las circunstancias, se incorporaban al grupo de Manuel «Salsipuedes».

Fieles enlaces como Jacinto Moreno Mena («Barbero»)[78], en la aldea de Charilla, Manuel García Molina («Batoño»), en Los Villares, Rosendo Castro Torres («Rosendo») y Felipe Jaén Zamora («Zarapetos»), en Fuensanta de Martos, o Cipriano Lara Escribano («Chivero»), Camilo Izquierdo Castillo («Gagarrullo») y Juan Palomino Hidalgo, en Castillo de Locubín, los mantenían asistidos e informados de los movimientos de tropa y de los rumores que circulaban. Ello permitió que Tomás Villén visitara con frecuencia su pueblo natal y contactara con sus familiares y amigos, en especial con su esposa Carmen, que quedó embarazada de Tomás ante las iras del

78 Existen dudas sobre la identidad del Barbero de Charilla, pues, si bien la Guardia Civil lo identifica como Jacinto Moreno Mena, algunos testimonios aseguran que el Barbero de Charilla era Juan Díaz Romero («Ancho»), barbero de la aldea de Joya de Charilla.

comandante de puesto de Castillo de Locubín, Antonio Cuesta Ruiz, humillado ante el cachondeo popular.[79]

Se sabe que su hija Virtudes, que poseía un gran arrojo pese a sus catorce años, se disfrazó varias veces de hombre y subía a la sierra a ver a su padre portando arreos para afeitarlo. En ocasiones, Cencerro organizó reuniones clandestinas muy numerosas con izquierdistas del pueblo en casa de los Chiveros, en la calle Pascual Leyva n.º 49.[80]

Estas visitas, junto al asalto al autocar de Valdepeñas, fueron el detonante de una feroz represión desencadenada sobre los conocidos de Cencerro. Circunstancia que, a la sazón, supuso que las filas de su guerrilla se vieran engrosadas por numerosos vecinos procedentes de este municipio, que huyeron de las torturas para sonsacarles el paradero de Tomás Villén.

En el verano de 1941, atracaron al propietario del cortijo Ropones (Fuensanta de Martos), donde maniataron al dueño. En octubre, Cencerro y Hojarrasquín se reunieron en el molino Matamulas, propiedad de Felipe Jaén Zamora, y allí planearon asaltar el autocar que cubría la línea Jaén-Valdepeñas, aprovechando su regreso de la feria de San Lucas en la capital, donde los ganaderos iban a vender y comprar ganado.[81] A la reunión asistieron los vecinos del Castillo de Locubín, Cipriano Lara Escribano («Chivero») y Camilo Izquierdo Castillo («Gagarrullo»). Considerando que el grupo era demasiado reducido, Hojarrasquín propuso su participación a Antonio Arenas Quesada («Negrete»), un enlace de Frailes.

El 21 de octubre, Cencerro, Hojarrasquín y Negrete, apoyados en retaguardia por Chivero y Gagarrullo, se apostaron estratégicamente en Puerto Viejo (sierra de La Pandera, Valdepeñas de Jaén) y llevaron un riguroso control de todos los vehículos que pasaban con dirección a la capital. Por la tarde, mientras esperaban la aparición del autocar, fueron vistos por siete ganaderos con caballerías a los que debieron retener durante dos horas hasta la llegada del coche de línea para evitar ser

---

79 Estos encuentros clandestinos con su mujer se realizaron en la huerta de Antonino, junto al río San Juan, en la de Timotea Izquierdo, en la Cueva de la Víbora (Martos), en la casa de los Chiveros, en la calle Santa Cruz y en su propia casa de la calle Condesa Humanes n.º 2. Información recogida de varios vecinos del Castillo de Locubín y de las declaraciones de los procesados obrantes en el sumario 1177/41. AHMI, Leg. 29/5.

80 Declaraciones de Adoración Escribano Anguita, propietaria de la casa donde se realizaron dichos encuentros. AHMI, Leg. 29/5.

81 Los huidos conocían el movimiento económico que generaba la feria jiennense. Un día antes, *Diario Jaén* informaba: «dos millones de pesetas fueron las transacciones del segundo día en el Ejido de Belén con miles de forasteros». Vid. *Diario Jaén* 20 de Octubre de 1941, p. 2.

denunciados. A uno de ellos le sustrajeron 400 pesetas, que le devolvieron cuando este refirió que venía de realizar gestiones para sacar a su hermano de un campo de concentración.[82] A las 18:30, cuando fue avistado el vehículo a la altura de Los Villares, procedieron a cortar la carretera con grandes piedras que obligaron al chofer a detener el vehículo en plena subida. Tomás Villén se identificó: «¡Somos guerrilleros de la Republica!» y, tras rodearlo con escopetas y bombas de mano, hicieron apearse a sus ocupantes, que fueron minuciosamente cacheados. Un testigo del suceso, Rafael Sánchez Ansino, nos narró su experiencia:

> *Yo tenía 19 años y viajaba subido a la baca por estar el autocar repleto. Cuando el autobús paró, aparecieron cinco o seis hombres armados y a cara descubierta. Cencerro y Hojarrasquín fueron los que ordenaron bajar a los hombres y las mujeres quedaron dentro. Un tercero (que debió ser Negrete), extendió una manta en el suelo donde los atracados iban arrojando el dinero y las alhajas. En fila, fuimos cacheados y desprovistos de todo lo de valor. Hojarrasquín me sacó del bolsillo lo poco que llevaba y le dijo a Cencerro: «¡Este no lleva nada más que diez duros!». Y Cencerro contestó: «¡Déjaselas para que se convide!». Y no me las quitaron. En total se llevaron unas 40 000 pesetas.*
>
> *El trato fue correcto. Una mujer se mareó de la impresión y Cencerro mandó que le diesen agua. Otra mujer lloraba y dijo que venía de visitar a su marido, que estaba preso en la cárcel de Jaén.*
>
> *—¿Y qué ha hecho para estar en la cárcel? —preguntó Cencerro.*
>
> *—Luchó con la República y se entregó al acabar la guerra.*
>
> *—Yo también luché con la República, pero no me entregué, por eso yo estoy aquí y su marido en la cárcel.*

Concluido el asalto, Cencerro gritó: «¡Viva la República!», y contestaron dos o tres mujeres.[83] A continuación, se dirigieron al cortijo Los Ángeles, propiedad de Rosendo Castro, donde repartieron

---

82 AHMI, Causa 1177/41, Leg.29/5, declaración de Cipriano Lara Escribano ante la Guardia Civil.

83 Ibidem, ib.

el botín.[84] Cencerro fue identificado por Juan Antonio Díaz García,[85] uno de los derechistas atracados, vecino de Valdepeñas de Jaén. El comandante de puesto de Castillo de Locubín constató las contradicciones de los interrogados y el teniente coronel Marzal, jefe de la comandancia de Jaén, ordenó un amplio dispositivo de guardias y somatenes que, de forma simultánea, irrumpieron en la madrugada del día 24 en los cortijos Serrezuela (próximo al nacimiento del río San Juan, en Castillo de Locubín, propiedad de Juan Palomino Hidalgo) y Los Ángeles, de Rosendo Castro, desde donde minutos antes salieron los guerrilleros. Fueron detenidos sus propietarios y sus familias, así como Camilo Izquierdo, los hermanos Chiveros y hasta un total de cuarenta y dos personas que fueron conducidas a pie hasta el ayuntamiento de Valdepeñas de Jaén, donde se habilitó una sala de interrogatorios.

JAEN-Página 2.ª

Tres malhechores autores de cinco atracos en la carretera de Valdepeñas, detenidos

Roberon 30.000 pesetas y asaltaron el coche Correo provistos de bombas de mano

El Gobernador civil ha felicitado a la Beneme y a la Falange por su actuación

Noticia sobre el atraco al autocar de Valdepeñas de Jaén
en Diario Jaén (L.M. Sánchez Tostado)

En unas celdas esperábamos el turno para ser interrogados y desde ellas escuchábamos los gritos de las palizas que daban. Yo esperaba junto a Ana Simón, la esposa de Rosendo, cuando sacaron a su marido que lo sujetaban entre dos guardias con la cabeza morada y bañado

84 Chivero recibió 3000 pesetas. Gagarrullo 3550, de las que debía entregar 1000 pesetas a Carmen (esposa de Cencerro), 3000 para Negrete y un sobrante de 90 pesetas que entregaron a la mujer de Rosendo. Según la declaración de Antonio Arenas Quesada, «la cantidad repartida en el cortijo de Rosendo fue de unas 14000 pesetas. suponiendo que los jefes se quedaron con el resto». AHMI, Leg. 29/5.

85 AHMI, Causa 1177/41, Leg. 29/5, declaración de Juan Antonio Díaz García.

en sangre. Le dijo: «¡por Dios Anita, cuenta todo lo que sepas, que nos matan!»... [llora][86] *A Carmen, la mujer de Cencerro, le dieron una tremenda paliza sin importarles que estaba a punto de parir. Uno tras otro fuimos declarando durante dos días. Al tercero, nos montaron en un camión y, al llegar a Puerto Viejo (lugar del atraco), los guardias bajaron a Gagarrullo, Chivero y Rosendo, les ataron las manos atrás y los dispusieron para fusilarlos diciéndoles: «¡Aquí es donde vais a morir!». Formaron un piquete ante el griterío histérico de las mujeres y luego dispararon contra ellos, pero no los mataron. Fue un simulacro. Volvieron a meterlos en el camión y nos llevaron a la prisión provincial.*[87]

El asalto al autocar de Valdepeñas dio origen a una durísima represión sobre familiares, conocidos y vecinos de Cencerro, pues, exceptuando el perjuicio económico a los asaltados, nadie declaró haber sido maltratado de obra o de palabra. Se instruyó la causa n.º 41/1177 por atraco a mano armada. Al mes y medio de aquel suceso, el 4 de diciembre, los cuarenta y dos procesados, entre ellos trece mujeres, fueron condenados en juicio sumarísimo a duras penas. Rosendo, Camilo, Chivero, Felipe «Zarapetos» y Antonio José Arenas Quesada («Negrete») fueron condenados a muerte y ejecutados sin dilación a los pocos días de la vista, el 22 de diciembre.

Tabla 2
Relación de procesados en la causa 1177/41[88]

NOMBRE	VECINDAD	CONDENA	OBSERVACIONES
Cipriano Lara Escribano («Chivero»)	Castillo de Locubín	Pena de muerte	Enlace
Camilo Izquierdo Castillo («Gagarrullo»)	Castillo de Locubín	Pena de muerte	Enlace
Antonio J. Arenas Quesada, («Negrete»)	Frailes	Pena de muerte	Enlace
Felipe Jaén Zamora («Zarapetos»)	Fuensanta de Martos	Pena de muerte	Enlace cjo. Matamulas

86 En las entrevistas que realicé a personas de avanzada edad, solían romper a llorar pese al tiempo transcurrido, al rememorar detalles que el tiempo no ha borrado.

87 Testimonio de Encarnación Jaén Ibáñez («Ñerra»), testigo de los hechos.

88 Elaboración propia en base a de los datos obtenidos en el AHMI Causa 117/41 y del AHPJ Expedientes penitenciarios.

Rosendo Castro Torres («Rosendo»)	Fuensanta de Martos	Pena de muerte	Enlace cjo. Los Ángeles
Julio Collado Lara	Fuensanta de Martos	P. muerte conm.30	
Antonio Rosa Torres	Fuensanta de Martos	30 años	
Manuel Gallego Villén («Pendejo»)	Castillo de Locubín	30 años	Cuñado de J.A. Palomino
Juan A. Palomino Hidalgo	Castillo de Locubín	30 años	Enlace cjo. Serrezuela
Ana Simón Hernández	Fuensanta de Martos	30 años	Esposa de Rosendo
Apolonio Sánchez Jaén («Zarapetos»)	Fuensanta de Martos	30 años	
Antonio Espinosa Barranco	Fuensanta de Martos	20 años	
Pedro Milla Ramírez	Fuensanta de Martos	20 años	
Bernardo Galán Espinosa	Fuensanta de Martos	20 años	
Timotea Izquierdo Castillo («Gagarrulla)	Castillo de Locubín	20 años	Hermana Gagarrullo
Manuel Castro Zamora	Fuensanta de Martos	20 años	
Emilio Sánchez Jaén («Zarapetos»)	Fuensanta de Martos	20 años	Primo de Felipe Jaén
Carmen Extremera la Rosa («Patata»)	Castillo de Locubín	15 años	Esposa de Cencerro
Adoración Escribano Anguita («Chivera)	Castillo de Locubín	15 años	Madre de Chivero
Valentín Cabrera Gutiérrez	Fuensanta de Martos	15 años	
Dolores Galán Jaén («Vinagrilla»)	Castillo de Locubín	15 años	Esposa de Gagarrullo
Rafael Cruz Chica	Castillo de Locubín	15 años	
Filomena Cordón Baeza («Cordona»)	Castillo de Locubín	15 años	

Antonio Lara Escribano («Chivero»)	Castillo de Locubín	15 años	Hermano de Chivero
Jerónimo Cueto González («Barbero»)	Fuensanta de Martos	15 años	Barbero de Cencerro
Victoriano Rosa Galán («Niño Pura»)	Castillo de Locubín	12 años y 1 día	
Encarnación Jaén Ibáñez («Ñerra»)	Castillo de Locubín	12 años y 1 día	
Andrés Castillo Peinado («Gumersindo»)	Castillo de Locubín	12 años y 1 día	
Manuel Collado Lara	Fuensanta de Martos	12 años y 1 día	
Juan Lara Rueda («Tintorero»)	Castillo de Locubín	12 años y 1 día	
Manuel González Castillo («Pestazo»)	Castillo de Locubín	12 años y 1 día	Vecino de Cencerro
Miguel González Castillo («Pestazo»)	Castillo de Locubín	12 años y 1 día	Vecino de Cencerro
Primitiva Carrillo Palomino	La Pedriza	12 años	Esposa Hojarrasquín
Francisca Lara Escribano («Chivera»)	Castillo de Locubín	12 años	Hermana de Chivero
Trinidad Peinado Pérez («Malajeta»)	Castillo de Locubín	12 años	Esposa J.A. Palomino
Juan Díaz Romero («Ancho»)	Fuensanta de Martos	12 años	Barbero de Charilla
Carmen Navero Rosales («Zopilla»)	Trujillos (Granada)		Enlace
Dolores Roldán Hernández	Castillo de Locubín	Destierro	Madre de Cencerro
Gumersindo Castillo Fernández	Castillo de Locubín	15 años	
Cristóbal Lara Gallardo	Castillo de Locubín	15 años	
Adelaida Peláez Valdivia («Hilaria»)	Frailes	12 años	Amante «Hojarrasquín»

Los cinco condenados a muerte fueron acusados como «autores de atraco a mano armada», pese a que ni Rosendo Castro ni Felipe Jaén participaron en el atraco. Manuel Gallego, Juan Palomino, Apolonio

Sánchez, Ana Simón, Carmen Navero y Antonio Rosa lo fueron como cómplices, y el resto como encubridores.[89]

Tanto en su propia confesión como en las pruebas practicadas en las diligencias, se reconoció expresamente que Rosendo Castro Torres era amigo de Tomás Villén Cencerro desde antes de la guerra. De hecho, su cortijo, Los Ángeles, fue el primer refugio de este tras su evasión de la cárcel y durante su estancia en la sierra hasta que Rosendo fue encarcelado. En cambio, la Guardia Civil describe las visitas de Cencerro y Hojarrasquín a la casa de Rosendo de la siguiente forma:

> *El 28 de noviembre se presentaron en el cortijo Los* Ángeles *(t. de Fuensanta de Martos) los bandoleros de la partida de 'Salsipuedes' que se apodaban Cencerro y Hojarrasquín, amenazando con pistolas a Rosendo Castro y llevándose prendas de vestir.*[90]

Ni Cencerro atracó nunca el mencionado cortijo ni Rosendo se encontraba en él en aquellas fechas, por hallarse encarcelado desde hacía más de un mes. Se trata, pues, de una intoxicación documental para agravar los cargos contra Cencerro. Los resúmenes enviados por las diferentes comandancias a la Dirección General de la Guardia Civil y que obran en el Servicio de Estudios Históricos del instituto armado, deberán tomarse, por ende, con grandes reservas debido a sus erróneas interpretaciones y a las verdades que oculta.[91]

Los mayores actos de represalia recayeron sobre los municipios de Castillo de Locubín y Fuensanta de Martos. Se pretendía aislar a Tomás Villén socavando su red de enlaces y, de paso, encarcelar a multitud de izquierdistas que se salvaron del proceso depurativo. La madre de Cencerro fue desterrada a Carmona (Sevilla), y su esposa, que el 19 de noviembre dio a luz en prisión a su único hijo varón, al que llamaría Tomás en honor a su esposo, fue trasladada a la prisión de Málaga. Los demás procesados fueron dispersados por distintos presidios y destacamentos penales del país.

Esta magnitud represiva hizo que las gentes vieran a Tomás «Cencerro» con mayor simpatía, como víctima del sistema, un

89 Así se refleja en la sentencia de fecha 4 de diciembre de 1941. AHMI Leg. 29/5, fols. 390-396.

90 SEHGC, *205 Comandancia...*, ob. cit. p. 23.

91 Es muy posible que la cantidad de errores e imprecisiones que presenta la obra de Francisco Aguado Sánchez sean fruto, con independencia de su particular interpretación, de la confianza que deposita en esta documentación (por cierto la única que consulta), pues son evidentes las coincidencias erróneas en ambos textos.

guerrillero que luchaba por un ideal casi en solitario. Por ello, a cada golpe, a cada encuentro, su fama crecía, y su red de enlaces, en lugar de menguar, se multiplicaba, al igual que el número de delatores.

La prensa del Movimiento recogió la noticia a la manera de la época:

> *El jefe provincial del Movimiento, camarada Coca de la Piñera, ha felicitado al jefe local, jerarquías y camaradas de la Falange de Valdepeñas de Jaén por la decidida cooperación prestada a la fuerza de la Guardia Civil (...) La gran rapidez con que han sido ordenadas las diligencias por el señor teniente coronel de la Guardia Civil y el celo puesto en el servicio por el capitán don Eduardo Alonso Quesada, brigada don Ezequiel Grau Carrilero y cabo don Antonio Cuesta Ruiz, dieron por resultado este éxito satisfactorio de tan distinguida actuación que lleva la tranquilidad a muchos y la seguridad de que el orden está garantizado en todo momento y que, frente a los malhechores, la justicia inexorable del Caudillo se levanta implacable para llevar la paz a todos los hogares(...)*[92]

En la madrugada del 28 de diciembre de 1941, Cencerro y Hojarrasquín se encontraban en un burdel de Frailes, Las Constantinas, regentado por las prostitutas María, Agripina y Josefa «La Jarropa». María se ausentó y avisó a las fuerzas del Puesto, que procedieron a rodear la casa y mantener un violento tiroteo con los guerrilleros. Tras romper el cerco, huyeron cada uno por un lado, y Hojarrasquín fue alcanzado en una mano. Al amanecer, las autoridades siguieron el rastro de sangre y dieron con él. Parapetado tras un olivo del paraje Carboneras, se defendió disparando con su pistola. Al verse completamente rodeado y sin escapatoria, se suicidó disparándose en la cabeza. Le fue requisada una pistola marca F.N. del calibre 7.65, una fotografía de su admirado comandante Pancho Villa y 4610 pesetas.

Cencerro tuvo más suerte y escapó milagrosamente. Se dice que consiguió ser cercado por el guardia Teodoro Conde, un paisano suyo que lo conocía desde la infancia y le permitió escapar con gran compromiso para él. Más adelante, a pesar de los argumentos del guardia sobre la imposibilidad de detenerlo en la oscuridad de la noche, fue expulsado del cuerpo.[93]

---

92 *Diario Jaén*, 29 de octubre de 1941, p. 2.

93 Este dato, pese a ser recogido a varios ancianos de Castillo de Locubín, no conseguí contrastarlo.

María, la prostituta, abandonó Frailes ante el temor de una represalia. Fue encontrado muerta a los pocos días en una cueva al norte de la provincia de Granada.[94]

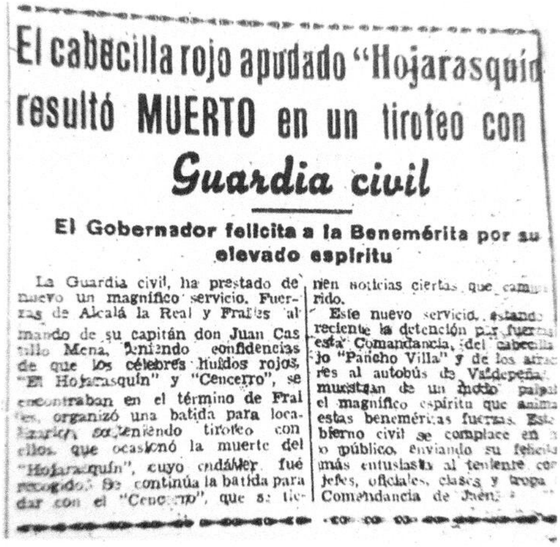

El cabecilla rojo apodado "Hojarasquí[illegible]
resultó MUERTO en un tiroteo con
Guardia civil

El Gobernador felicita a la Benemérita por su elevado espíritu

La Guardia civil, ha prestado de nuevo un magnífico servicio. Fuerzas de Alcalá la Real y Frailes al mando de su capitán don Juan Castillo Mena, teniendo confidencias de que los célebres huídos rojos, "El Hojarasquín" y "Cencerro", se encontraban en el término de Frailes, organizó una batida para localizarlos, sosteniendo tiroteo con ellos, que ocasionó la muerte del "Hojarasquín", cuyo cadáver fué recogido. Se continúa la batida para dar con el "Cencerro", que se tie[illegible]nen noticias ciertas que camp[illegible] rido.

Este nuevo servicio, estando reciente la detención por fuerzas [illegible] esta Comandancia, del cabecilla [illegible] jo "Pancho Villa" y de los atraca[illegible] res al autobús de Valdepeñas, muestran de un modo palpa[illegible] el magnífico espíritu que anima[illegible] estas beneméritas fuerzas. Este [illegible] bierno civil se complace en [illegible] lo público, enviando su felicita[illegible] más entusiasta al teniente co[illegible] jefes, oficiales, clases y tropa [illegible] Comandancia de Jaén.

Noticia sobre la muerte de «Hojarrasquín» en Diario Jaén (Foto: L.M. Sánchez Tostado)

Sobre la autoría de la muerte de Juan «Hojarrasquín» se han recogido diferentes versiones, desde los que aseguran que fue un suicidio hasta los que mantienen que, de forma valerosa, fue el guardia Juan Cuenca Muñoz quien lo alcanzó en la cabeza. Según pude averiguar, quien realmente cercó al huido de La Pedriza fue la guarnición del destacamento de Frailes. El guardia Juan Cuenca, que se encontraba degradado desde la guerra por abandonar el Santuario de la Virgen de la Cabeza, pese a estar destinado en dicho pueblo, no participó en el servicio, y acudió cuando Hojarrasquín ya había muerto. Se acordó, desconozco si a instancia suya o por iniciativa de sus compañeros, atribuirle a él la muerte de tan popular guerrillero al objeto de limpiar su expediente. Y así se hizo, disparando sobre el cadáver y modificando los hechos en el atestado.

Juan Cuenca Muñoz fue ascendido a cabo con las felicitaciones del teniente coronel Luis Marzal Albarrán, el cual, en febrero de 1942, le hizo entrega de un trofeo sufragado por el Ayuntamiento de Alcalá la Real, como premio por «la caza de tan destacado bandolero», al tiempo que se cancelaba la mancha de su expediente. Si bien, a juicio de su familia «ya no fue el mismo desde entonces».

94 Información facilitada por José María Morillas Mediano, profesor de Educación de Adultos en Frailes, y varios de sus alumnos de mayor edad.

La maniobra de la Guardia Civil corrió como la pólvora, y los rumores circularon por toda la comarca. Juan Cuenca Muñoz, sospechando que los guerrilleros podían vengar la muerte de Hojarrasquín, solicitó el trasladó a Campillo de Arenas. Según la familia, «desde entonces siempre vivió atemorizado, tomando grandes precauciones. Incluso después de su jubilación, cuando fijó su residencia en Montillana (Granada), de donde era natural, debió marcharse a la capital granadina al poco tiempo debido a las amenazas de muerte que recibió por carta. Se dijo que las enviaba un hijo de «Hojarrasquín, pero nunca se supo».[95]

SOBRE HOJARRASQUÍN

A Juan Sáez Palomino (Hojarrasquín u Hojarasquilla) le precedía una inusitada fama de indómito revolucionario. Con un carácter rebelde y contestario, Hojarrasquín creció en un ambiente reivindicativo. Ha de tenerse en cuenta que la aldea alcalaína de La Pedriza, de donde era natural, fue una de las primeras en las que surgieron los movimientos sociales organizados tanto por la UGT como por la Sociedad Obrera y el Centro Obrero a principios de siglo, siendo citada incluso por Tuñón de Lara. No extraña, pues, que, en su juventud, Juan Sáez Palomino interviniera en los frecuentes comités de huelga que se formaban para el repartimiento del trabajo. Ahí surgió su primer choque con una familia de propietarios de La Pedriza.

Durante su participación en el grupo guerrillero los Niños de la Noche, se le atribuyeron violentas incursiones nocturnas en la zona ocupada por las tropas franquistas durante 1937 y 1938.[96] Entre ellas, el incendio del cortijo El Alamoso, propiedad de los Norias, y el secuestro de un tal Isidro, que fue llevado a la zona republicana y posteriormente conducido a Barcelona. Existe una versión que le achaca el grave ataque al molino El Sol (La Pedriza), propiedad de Antonio Cano Pérez, que abastecía de pan a las tropas franquistas. Parece ser que el 4 de marzo

95 Testimonio de Carlos Muñoz Pozo, sobrino de Juan Cuenca Muñoz.

96 Alcalá la Real fue tomada por las tropas insurgentes el 30 de septiembre de 1936, pero su término municipal quedó divido en dos zonas hasta el final de la guerra. Así, las aldeas alcalaínas de Santa Ana, Ermita Nueva, La Pedriza y Hortichuela fueron ocupadas por las tropas franquistas; en cambio, Fuente Álamo, Dos Riveras, Las Grajeras o Mures no fueron ocupadas hasta más tarde. Entre Alcalá la Real y Castillo de Locubín se estableció una amplia zona franca («tierra de nadie») que constituía la línea del frente de Alcalá.

de 1938, el grupo de Hojarrasquín asesinó a su propietario, a su esposa, Francisca Ureña López, y a su hija Magdalena Cano Ureña. Tras la guerra, fue apresado y torturado por otro de los hijos de Antonio Cano, del cual juró vengarse públicamente. En espera de la sentencia, se le condujo a las cárceles de Granada y Padul, de la que pronto se fugó para regresar a las inmediaciones de Alcalá, donde dio muerte a quien lo había torturado, cumpliendo así su promesa para seguidamente echarse a la sierra.[97]

En un principio, se unió a los granadinos Chicopérez y los hermanos Capilorro y recorrió las sierras del norte de Granada, por Benalúa de las Villas, Campotéjar e Iznalloz. El 26 de marzo de 1941, tras un encuentro, uno de los hermanos murió y el otro se entregó. Con la información que le sonsacaron a este último se pudo capturar a Chicopérez en Madrid. Hojarrasquín optó por buscar apoyo en algunos conocidos de la Sierra Sur, y contactó con Cencerro, que se encontraba oculto en el cortijo Los Ángeles de Fuensanta de Martos, para ofrecerse a formar parte de la guerrilla de Salsipuedes.

Sus principales contactos fueron Carmen Navero Rosales («Zopilla»), que vivía en el cortijo La Pavera, en la sierra de Trujillos (Granada), y Adela Peláez Valdivia, a quien tuvo como amante en el cortijo Cañada de los Molla de Frailes,[98] teniendo como enlace entre ambos al pastor Antonio Arenas Quesada («Negrete»).

Casi todos los testimonios insisten en su fuerte temperamento y su carácter impetuoso. No obstante, en su pueblo natal aún conservan en la memoria su bravura guerrillera y sus incursiones suicidas en el frente enemigo como miembro de los Niños de la Noche. Todavía se recuerda la escena del heroico rescate del guerrillero Adolfo García, un compañero que había quedado ciego tras la explosión de una granada cuando cortaba una alambrada en Las Albarizas, posición enemiga en pleno

97 Tras su fuga de la cárcel de Padul, Juan Sáez «Hojarrasquín» se presentó en el cortijo de Ana Ramos, de donde se llevó comida y una escopeta. Cegado por el odio, acechó a Antonio Cano Ureña y, tras abordarlo en un camino, le dio muerte disparándole con la escopeta. Con este fueron cuatro los miembros de la misma familia asesinados por Hojarrasquín. Testimonio de Gabriel Cejudo Martín*.

98 Hojarrasquín siempre estuvo convencido de una futura victoria republicana, y en sus encuentros con Adela le aseguraba que «los rojos ganarían y que se vengaría de los que ahora le persiguen». Cierta noche, al salir de casa de Adela, le sorprendió Antonio Antelo, guardia municipal de Frailes. Tras una larga persecución, el policía le perdió la pista. Cuando el agente se disponía a regresar al pueblo, fue abordado por Hojarrasquín, quien lo encañonó en la cabeza y le dijo que, si lo delataba, lo mataría. Declaraciones de Adela Peláez Valdivia y Antonio Arenas Quesada al instructor del atestado. AHMI, Leg. 29/5.

frente de batalla de Alcalá la Real. Hojarrasquín lo transportó en sus espaldas tras una lluvia de balas hasta Castillo de Locubín, salvándole de esta forma la vida.

Ayuntamiento de Alcalá la Real, febrero de 1942. El teniente coronel Luis Marzal entrega un trofeo al guardia Juan Cuenca Muñoz por haber dado muerte a «Hojarrasquín» (Juan Cano)

EL FINAL DE SALSIPUEDES

Tras la muerte de Juan «Hojarrasquín», Tomás Villén volvió a incorporarse al grupo de Manuel «Salsipuedes». A finales de 1942, Juan Garrido Donaire («Ollafría») se desligó para formar un grupo propio con Garrido, Chorra y Cogollero, entre otros. Sus acciones se localizaban fundamentalmente en tierras granadinas. Salsipuedes quedó con Megías «El de la Hiena», Cencerro y los nuevos enlaces que se incorporarían pronto, como el villareño Manuel García Molina («Batoño»),[99] actuando en los términos de Valdepeñas de Jaén, Campillo de Arenas, Alcaudete y Santiago de Calatrava.

Manuel Castillo Capilla («Salsipuedes») era natural de Benalúa de las Villas (Granada) y había sido capitán del ejército republicano. Durante

99 Manuel García Molina se echó al monte para evitar ser fusilado como sus hermanos Luciano y José, acusados de participar en el asesinato de varios derechistas en el municipio de Los Villares.

la guerra, en este municipio, unos milicianos habían dado muerte a cuatro derechistas; muertes que fueron vengadas con la llegada de las tropas insurgentes que fusilaron a los autores. No obstante, la represión ejercida por determinados mandos militares en numerosos municipios haría que muchos de los republicanos que habían sido liberados, o incluso algunos que no participaron en ninguna acción violenta, terminaran por echarse al monte.

Así ocurrió, por ejemplo, con Francisco Cáceres («Pavero»), que fue muerto en Tiena, o José Cordón («Cogollero»), que se unió a Ollafría y conseguiría alcanzar el exilio. También fue el caso de Moreno el de la Colica y Rosales, ambos primos de Pavero, que se echaron al monte para unirse a él, y que también fueron muertos por la Guardia Civil.[100] Todos eran vecinos de Benalúa de las Villas y ninguno tenía «las manos manchadas de sangre». Su delito era haber sido soldados del ejército de un gobierno elegido de manera democrática.

Al acabar la guerra, Manuel Castillo Capilla fue encarcelado en Benalúa, Iznalloz y Granada, pero fue liberado en 1940 ante la ausencia de cargos. Los continuos registros domiciliarios y las incesantes palizas a que fue sometido en interminables interrogatorios lo obligaron a echarse al monte a pesar de mantener una buena relación con el nuevo alcalde. Tras su huida, se refugió en una cueva en los Praillos, teniendo como enlace a Antonio Bolívar Arroyo («Cuquillo»), que resultó ser un confidente de la Guardia Civil. Cierto día, Cuquillo le arrebató la pistola que poseía y se la entregó al capitán Granados. Solo y desarmado, fue objeto de un cerco a su cueva, donde el capitán no paraba de gritar «¡Sal si puedes!», en alusión a su apodo. Pese a todo, Manuel consiguió salir entre una lluvia de plomo y explosiones de bombas de mano; resultó herido, pero en esta ocasión no lograron capturarlo.[101]

> *Lo que más recuerdo de pequeña eran los sufrimientos de mi querida madre cuando una vez y otra era llamada al cuartel de la Guardia Civil y regresaba con la cara desfigurada y los dientes rotos de las palizas que le daban para que dijera dónde estaba mi padre. Pero nunca lo dijo.*[102]

---

100 Estos últimos no están inscritos en el registro civil a pesar de que fueron enterrados en Benalúa de las Villas (Granada).

101 Testimonios de Isabel y Luisa Castillo Morales, hijas de Salsipuedes y de Antonio Romero Silva, respectivamente*.

102 Testimonio de Isabel Castillo Morales. «También me gustaría que hiciera constar en su libro que mi madre no tuvo más hombres en su vida, que le fue fiel hasta que murió».

Se dijo que Salsipuedes consiguió localizar al delator y darle muerte, pero solo fue otro rumor. Muchos de los vecinos entrevistados aseguran que fue la misma Guardia Civil la que acabó con el confidente una vez que dejó de serle útil, pues antes de traicionar a Salsipuedes le había prestado todo tipo de auxilios. Prueba de ello es que su cuerpo fue paseado por el pueblo terciado en una mula y expuesto públicamente antes de ser enterrado en Benalúa. El hecho de que Salsipuedes escapara con vida, la exposición del cadáver de Cuquillo y el no estar inscrito en el registro civil me hace inclinarme por esta segunda hipótesis.

Cortijo «Cerezo Gordo» (Valdepeñas de Jaén), atracado por «Cencerro» el 28 de marzo de 1942 (Foto: M. Gallardo Pulido)

Durante 1942, el grupo de Salsipuedes ubica su base de operaciones en los montes de Valdepeñas de Jaén, al amparo de la agreste orografía de las sierras de Alta Coloma y de la Grana. En grupos de cuatro a cinco, se presentaron en diferentes cortijos para hacer acopio de víveres y ropas. El 8 de enero de ese año, le tocó el turno al cortijo Fuente de la Encina (Fuente Álamo); el 28 de marzo a Cerezo Gordo, el 1 de abril a Pitillos, el 20 de mayo a Las Ánimas, el 1 de junio a Cereceda y el 11 de julio a Casa Bermeja, todos ellos en el término de Valdepeñas de Jaén.

El 27 de julio se produjeron dos atracos simultáneos que la Guardia Civil atribuye al grupo de Salsipuedes. Por un lado, cuatro guerrilleros asaltaron el cortijo Nava Alta (Noalejo) para llevarse comestibles; por otro, el cortijo Madroño, en el término de Martos, fue saqueado por un nutrido grupo de doce guerrilleros que consiguieron 4600 pesetas y gran cantidad de víveres que cargaron en tres caballerías.[103] Se nos plantea la cuestión de si el mismo grupo, reforzado en el segundo caso, pudiera haber cometido los dos asaltos en el mismo día.

El 7 de agosto volvieron al cortijo Las Ánimas, y el día 15 al de Joya Amarguilla Alta (en este pagaron el pan que se llevaron). El día 16, fueron encarcelados José Picadizo Rivero y su mujer por darles albergue, siendo condenados a un año de cárcel.

Ante estos hechos, las dotaciones de tropa se multiplicaron en la sierra de Valdepeñas de Jaén y se intensificó la vigilancia. Así, el día 4 de diciembre, se propició un encuentro en el cerro Tercero (Valdepeñas de Jaén). En él, las fuerzas de represión lanzaron numerosas bombas de mano que acabaron con la vida de Rafael Megías Fernández («El de la Hiena»), aunque se lo inscribió en el registro como «hombre desconocido».

En diciembre continuaron las detenciones de valdepeñeros que socorrieron al grupo de Salsipuedes.[104] En violentos interrogatorios, se les sonsacó información de los movimientos del grupo de guerrilleros. De esta forma, el 4 de febrero de 1943, la Guardia Civil pudo provocar otro encuentro en el paraje Poyo Naveral (Valdepeñas de Jaén), un abrupto acantilado de unos treinta metros desde donde los guerrilleros se descolgaban con cuerdas. Tras catorce horas de combate en un escabroso terreno, la mayoría de los guerrilleros consiguieron huir. Sin embargo, el jefe de guerrilla, Manuel Castillo «Salsipuedes», fue alcanzado; pero, antes de morir, acabó con la vida del cabo Lorenzo García Díaz, natural de Gilena, Sevilla. El cuerpo de Salsipuedes fue expuesto en el paseo público de Valdepeñas de Jaén y enterrado como «hombre desconocido». Se le ocupó una escopeta de dos cañones, una canana con quince cartuchos de bala, mantas y víveres. La Guardia Civil describió así el prolongado encuentro armado:

> *Los forajidos se hallaban parapetados en una cueva por lo que la fuerza hubo de tomar posiciones dominantes. Los bandoleros hicieron fuego ametrallador y lanzaron bombas de mano contra la fuerza, durando el fuego desde las 5 hasta las 14 horas, momento en que el cabo Lorenzo García Díaz, se lanzó sobre la puerta de la cueva intentando hacer fuego ametrallador con el subfusil, el cual se obturó,*

103 SEHGC *205 Comandancia...*, ob. cit. p. 25.

104 Algunos de los detenidos fueron: Francisco Ramos Cabrera, Juan Olmo Gutiérrez, José Moral Lerma, Francisco Molina Ruiz y Antonio Ortega Liébanas.

recibiendo desde el interior de la cueva una descarga cerrada que le causó la muerte instantánea. Los bandoleros salieron de su refugio en dirección en que se hallaba el guardia José Martín Pelayo que les hizo frente llegando a luchar cuerpo a cuerpo y, ya gravemente herido, lanzó una bomba de mano que hirió a uno de ellos. Después de la fuga de algunos forajidos, continuó el fuego cruzado siendo difícil retirar al cabo muerto y al guardia herido hasta las 19 horas que se penetró en la cueva donde se encontró el cadáver de uno de los bandoleros que no pudo ser identificado.[105]

Sobre la muerte de Salsipuedes sus dos hijas discrepan. Isabel opina que su padre fue muerto en el asalto a la cueva de los Praillos y fue enterrado clandestinamente, como se hizo con otros vecinos («piense que iba desarmado y después de aquel incidente nunca tuvimos noticias suyas, ni un mensaje ni una nota», argumenta Isabel). Su hermana Luisa, la mayor, acepta la versión de la Guardia Civil de que Salsipuedes murió en el encuentro del 4 de febrero de 1943 en el término de Valdepeñas de Jaén. El problema surge cuando se lo registra en dicho municipio como «hombre desconocido» y, en cambio, se reconoce haber dado muerte a Salsipuedes.[106] Esta incertidumbre hizo que la familia pidiera ayuda al programa televisivo ¿Quién Sabe Dónde?, emitido por Televisión Española, pero, pese a las gestiones que se hicieron, no se logró poner fin al dilema.

CENCERRO, JEFE DE GUERRILLA

Tras la muerte de Salsipuedes, se hizo cargo del grupo un tal Valenzuela, del grupo de Ollafría, que optó por desplazarse a tierras granadinas hasta que la persecución de la Guardwia Civil fuese menos enconada.

El 11 de mayo 1943 sufrieron una nueva baja, la de Francisco Cáceres Gálvez («Pavero»), en un encuentro habido en las Yeseras, anejo de Olivares (Granada), y en el que resultó herido un guardia civil.

105 SEHGC, *205 Comandancia…*, ob. cit. pp. 61-62

106 La descripción que ofrece el registro civil de Valdepeñas de Jaén es la siguiente: «mide un metro seiscientos setenta milímetros con pelo un poco canoso y rizado, cejas pobladas, ojos entreabiertos, nariz chata, barba rubia, aparenta tener unos treinta y siete años, viste americana negra superpuesta a otra clara, pantalón a rayas blancas y negras, camisas listas de color indefinido por la suciedad, abarcas de goma, peales de lona hasta media pantorrilla». Registro civil de Valdepeñas de Jaén, tomo 16, fol. 59.

Durante el verano regresaron a las proximidades de Valdepeñas de Jaén, donde no les faltaban apoyos. El 14 de julio hicieron su aparición en el cortijo Fuente de la Rata y, al día siguiente, en el de Barrancos, donde se aprovisionaron de víveres.

El 15 de septiembre, la Guardia Civil detuvo al enlace Fernando Ortega de la Torre, a quien le aplicó la ley de fugas. Según la comandancia, «fue muerto porque intentaba huir para unirse a la partida de Salsipuedes.[107] También fueron detenidos en Torredonjimeno Joaquín Pérez Mudarra y Manuel Rísquez Carpio, acusados de no denunciar la presencia de los guerrilleros y haberles facilitado alimentos.

El 30 de octubre, ocho guerrilleros armados se presentaron en el cortijo Juntas (Alcalá la Real) y se llevaron víveres, ropas y 2200 pesetas. Parece ser que este golpe fue dado por la guerrilla de Ollafría, que a estas alturas estaba formada por Chorra, Cogollero, Juanico y otros recién incorporados como Eduardo Bueno Herrera («Chamarra»), Rafael Carrasco Soto («Porquero»), Manuel Sierra Alarcón y Lucio Ricardo.

Se sabe que, a principios de 1944, Tomás «Cencerro» se separó del grupo de Ollafría y formó su propia guerrilla. Se le sumaron nuevas incorporaciones procedentes sobre todo de Castillo de Locubín y Alcaudete. Comenzó así la andadura de Cencerro por la Sierra Sur liderando una guerrilla legendaria por la espectacularidad de sus acciones y la facilidad para burlar a las fuerzas de la Guardia Civil. Cencerro amplió su zona de actuación conforme su grupo crecía. Su demarcación comprendía los términos municipales de Valdepeñas de Jaén, Frailes, Castillo de Locubín, Alcaudete, Martos, Fuensanta de Martos, Alcalá la Real, Campillo de Arenas, y Torredonjimeno, llegando a alcanzar, en ocasiones, la capital de Jaén y sus inmediaciones (Torredelcampo, Fuerte del Rey, La Guardia y Los Villares).

El 13 de marzo de 1944 se localizó al grupo en el término de Alcaudete, donde asaltaron a tres vecinos para arrebatarles un cargamento de 440 kilos de harina. A los dos días, se les vio por Valdepeñas, en el cortijo Olla Amarguilla Baja. El 26 de junio, dos de sus hombres se presentaron en el cortijo Zurreaderos (Alcalá la Real) y se apoderaron de 1500 pesetas, ropa, una escopeta y gran cantidad de víveres. Las pesquisas condujeron a la Guardia Civil al domicilio de Antonio Lina Duque («Maceta»), de quien se sospechaba que actuó de enlace. En el registro se encontró un revolver y

107 SEHGC, *205 Comandancia*... ob. cit. p.26. Fernando Ortega de la Torre había sido excarcelado un par de meses antes, el 28 de junio. AHPJ, leg. 42756, Exp. Penit. de Fernando Ortega de la Torre.

una escopeta que fueron incautadas por creerse que pertenecían a los guerrilleros. Tras su detención, fue asesinado de inmediato bajo la aplicación la ley de fugas.

Este sistema de exterminio camuflado, tantas veces aplicado por la Guardia Civil, tuvo en esta ocasión un desliz burocrático que los dejó en evidencia. El informe de la comandancia de Jaén dice:

> *Como consecuencia de los servicios prestados por fuerzas de esta comandancia, fue detenido Antonio Lina Duque («Maceta»), por habérsele encontrado en un registro efectuado en su casa una escopeta y un revólver sin licencia y ser encubridor de Cencerro.*[108]

Es decir, desde la comandancia de Jaén, de la que dependían los guardias civiles que lo detuvieron, se reconoce que Antonio «Maceta» no era un guerrillero, sino un lugareño, y que fue detenido al encontrársele armas en su domicilio. En cambio, el teniente coronel de la Guardia Civil, Aguado Sánchez, consultando documentación de la Dirección General, publica:

> (tras el asalto al cortijo Zurraderos) *en la persecución fue muerto el Maceta, bandolero del llano, que hizo frente a la fuerza pública con una escopeta y un revólver.*[109]

Cortijo «El Tercero» (Valdepeñas de Jaén) frecuentado por «Cencerro» y «Salsipuedes» entre 1941 y 1943 (L.M. Sánchez Tostado)

108 SEHGC, *205 Comandancia*… ob. cit. p.29.
109 AGUADO SÁNCHEZ, F. *El maquis en España*, ob. cit. p. 500.

Cortijo «Fuente Rueda» (Castillo de Locubín), atracado por «Cencerro» el 30 de diciembre de 1944 (M. Gallardo Pulido)

Ante la evidencia, sobran comentarios.

Durante el verano de 1944, debido al ambiente de euforia en la clase obrera ante las noticias de las victorias de los países aliados, con la liberación de París y la inminente derrota de los nazis, se volvió a presionar a los vecinos que, habiendo sido puestos en libertad condicional, se mantuvieron firmes en su ideología izquierdista, pese a evitar manifestaciones públicas comprometidas. En Castillo de Locubín, falangistas y guardias acosaban a diario a las personas del entorno de Cencerro con el fin de obtener información que facilitase su captura. Así, el 14 de noviembre, cansados de persecución policial, interrogatorios y registros intempestivos, se unieron a Cencerro Manuel Jaén Bravo («Formal»), Francisco Ibáñez Molina («Recovero») y Adriano Collado Cortés («Zoilo»), vecinos de Castillo de Locubín.[110]

110 Manuel Jaén Bravo («Formal») estaba soltero, había sido encarcelado el 10 de febrero de 1940 y liberado condicional el 12 de diciembre de 1941. Por su parte, Adriano Collado Cortés («Zoilo»), era natural de Escañuela, aunque residía en Castillo de Locubín. Casado y con siete hijos, ingresó en la prisión provincial el 18 de agosto de 1940, para luego ser conducido a la prisión de Astorga el 13 de octubre del mismo año. Se ignora la fecha de su puesta en libertad, aunque debió de ser a principios de 1944. Según algunos testimonios, a finales del verano de ese año, Formal y Zoilo se encontraban en el cine «Maribel» de Castillo de Locubín, cuando la Guardia Civil los invitó a pasarse por el cuartelillo una vez concluida la película. No se lo pensaron y, antes de que acabara la proyección, se echaron al monte para unirse a Cencerro. AHPJ, Exp. Penit. de Manuel Jaén Bravo (leg. 42709) y de Adriano Collado (leg. 42.644).

En la Nochevieja de 1944, Cencerro y cuatro de sus hombres aparecieron en el cortijo Fuente Rueda (Castillo de Locubín), donde consiguieron un rifle, víveres y ropas. Varios vecinos fueron detenidos por facilitarles auxilio.[111]

Al concluir esta primera etapa, la guerrilla de Cencerro estaba formada por:

- Tomás Villén Roldán («Cencerro»), jefe
- Manuel García Molina («Batoño»)
- Jacinto Moreno Mena («Barbero de Charilla)
- Manuel Jaén Bravo («Formal»)
- Adriano Collado Cortés («Zoilo»)
- Francisco Ibáñez Molina («Recovero»)

COSTILLA DE ALCAUDETE

En 1944 se fugó de la prisión de Tarragona Rafael Carrillo Padilla («Costilla»), un izquierdista natural de Alcaudete que regresó a las inmediaciones de su pueblo, donde encontró el apoyo de amigos y familiares. Pronto se le unieron su tío Juan Antonio Padilla Bermúdez («Hijo de Custodio») y Antonio Torres Moya («Margallo»). Pero su actividad será muy breve.

El 3 de mayo de dicho año, fueron detenidos en Alcaudete varios familiares que les proporcionaban alimentos.[112] El día 29, los tres huidos se presentaron en el cortijo Fuente Baena (Alcaudete) exigiendo a su dueño víveres y 300 pesetas. Ante su resistencia, el Costilla le disparó en la pierna con una pistola y se dio a la fuga. Este fue el único incidente violento del que se tiene constancia, pues siempre se limitó a huir de las autoridades y recoger víveres de familiares y amigos. A raíz del atraco fallido, fueron encarceladas ocho personas de su círculo, entre ellas su madre, un hermano y varios primos que les facilitaron auxilio.[113]

---

111 Algunos de estos vecinos fueron Antonio Peña Zueros, Cándido Aranda Gandía, Francisco Aranda García, Antonio Villén López, Manuel Villén López y José Chica.

112 Entre ellos, José Bermúdez León («Cambriles»), Antonio Vico Bailón y Custodio Padilla Márquez.

113 Los detenidos fueron: Eulogio Torres García («Cojo»), José García Padilla («Chato»), Pedro García Padilla («Periquín»), Victoriano Carrillo Padilla (hermano de «Costilla»), Antonio Olmo Carrillo, Francisca Padilla Márquez (madre de «Costilla»), Fernando Aguilar Padilla («Mutilado») y Rafael Sánchez Mesa. SEHGC. *205 Comandancia...*, ob. cit. p.53

La Guardia Civil consiguió hacer hablar a los detenidos, y el 10 de junio cercó la cueva Petaca Hueca (Castillo de Locubín), donde dieron muerte a Costilla y al Hijo de Custodio, a quienes ocuparon una pistola y una escopeta. Al año siguiente, el 30 de mayo de 1945, fue detenido Antonio Torres Moya («Margallo») en la aldea de San José de la Rábita. A los pocos días, fueron encarcelados otros nueve vecinos que, de una u otra forma, habían auxiliado a los huidos.[114]

El total de vecinos encarcelados ascendió a veintiuno, elevado número si tenemos en cuenta la escasa actividad que desarrolló este huido. Ello prueba la dureza con la que se actuó en Alcaudete, y que tendremos oportunidad de volver a comprobar en próximos episodios.

114 Los detenidos fueron: Francisco Muñoz García, Francisco García Padilla, Leandro Olmo Padilla, Enrique Moral Lachica, Rafael Cano López, Aniceto Malagón Padilla, Pedro Castillo de la Rosa, José Aguilar López y Ángel Pulido Vázquez. Ibidem.

La guerrilla en las Sierras de Cazorla, Segura y Las Villas

PRIMERA ETAPA: 1939-1944

Como se ha referido, en las sierras de Cazorla, Segura y Las Villas, a pesar de su extensión, se localiza una menor actividad guerrillera. No obstante, he recabado alguna información interesante al respecto.

En 1939, un grupo de vecinos de Segura de la Sierra organizó reuniones clandestinas en casa de Josefa Calabria Muñoz. Tras la delación, fueron encarcelados y condenados a doce años y un día, excepto Juan Frías García, que lo fue a veinte años de cárcel por auxilio a la rebelión.[115] Por el texto de la acusación se sabe que:

> *Leían prensa clandestina y todos los concurrentes hacían comentarios desfavorables al actual régimen, murmurando contra sus gobernantes, haciendo votos por la próxima vuelta a España de Negrín y el régimen republicano, terminando siempre con vivas a la República, a Negrín y a la Pasionaria, que daban en voz baja para que no les oyera el vecindario.*

Las mujeres tomaron el relevo de sus esposos encarcelados y apostaron por trabajar desde la clandestinidad contra Franco, de ahí que la mayor parte de las detenciones fuesen féminas.

---

115 Los procesados fueron: Juan Frías García, Juan Romero Vázquez, Benito Martínez Endrino, Josefa Calabria Muñoz, Teresa Petrel Soler, Juliana Martínez Endrino, Hilaria Lara Cuadros, Victoria Sánchez Taute, María Antonia de los Santos Muñoz, Isabel Jiménez Burillo, María Soria Monedero y Antonio López Pérez. AHPJ, Leg.42.652. Causa 778/39. Copia del testimonio de sentencia de esta causa se encuentra en los expedientes penitenciarios de Josefa Calabria Muñoz y Quirico de la Cruz Martínez, y en ella se recogen los datos referidos. Dicha sentencia fue firmada el Juez Militar, comandante de Infantería Manuel Alonso Calderón.

En el depósito municipal de Pontones, el 1 de julio de 1939, un grupo compuesto por guardias civiles y falangistas sometió a terribles torturas a varios vecinos, entre los que se encontraba el anterior médico del pueblo, Mariano Fuentes González, al que golpearon hasta acabar con su vida. Pretendían recabar información sobre el paradero de Antonio Vacas Cuesta, exsecretario del Ayuntamiento, pero se les fue la mano.

Se interpuso una denuncia[116] que fue admitida a trámite ante la consternación popular y el escándalo que había originado el asesinato de una persona muy querida por los vecinos. Los integrantes del grupo que mató al médico fueron:

- Quirico de la Cruz Martínez (jefe de Falange, posteriormente maestro nacional)
- José Llopis Ramírez (alcalde)
- Lucas Martínez Cruz (médico)
- Fernando Picón Rescalvo (industrial)
- Doroteo Ramón Serrano (escribiente)
- Eugenio Bautista Palma (comandante de puesto)
- Manuel Navarro Bermejo (comandante de puesto sucesivo)
- Reyes Pardo Pérez (guardia civil)

El nuevo alcalde, el falangista José Llopis Ramírez, se había apropiado de 14225 pesetas en billetes de la República que cogió de la casa del difunto médico y, tras cambiar por billetes nuevos, se embolsó para sí.[117] Pero lo más sorprendente fue que entre el grupo de torturadores se encontraba el nuevo médico, Lucas Martínez Cruz (curiosa forma de ejercer la Medicina). Fue este quien posteriormente realizó la autopsia que determinó que su colega había muerto por «fibrilación auricular». Así lo hizo constar en el acta de defunción el nuevo juez municipal, Eloy Martínez Cruz, hermano del nuevo médico.[118]

Significativo fue el hecho de que se admitiera a trámite la denuncia y se tomara declaración a los acusados en aquel tiempo, instrucción que inició el juez militar comandante Manuel Alonso Calderón. Se trata de un documento insólito pues, en aquella época, no se incoaban procesos a las autoridades municipales por malos tratos y vejaciones a presos. En

116 Los denunciantes fueron Ricardo Fuentes Fernández, Felipe Muñoz González, Blas López y Pedro Vizcaíno. AHPJ, ibidem.

117 AHPJ, Leg. 42.671. Causa 778/39, Exp. Penit. de Quirico de la Cruz Martínez.

118 Ibidem.

cualquier caso, todo quedó prácticamente en nada. Fueron condenados a dos meses y 1 día de arresto y multa de 250 pesetas. Respecto a los guardias civiles que hicieron oídos sordos a aquel episodio, el Consejo estimó que los hechos «no son constitutivos de delito y sí de falta, procediendo a absolver a los mismos y llamar la atención respetuosamente a la autoridad judicial sobre la falta que se les ha de imponer». La falta se consideró leve, y su acusación, «inexactitud en el cumplimiento de sus obligaciones».

La escandalosa sentencia no sorprendió a nadie, dado el tipo de acusados que se presentaron ante el juez. En cambio, el proceso, por su singularidad, bien sirve para ilustrarnos sobre el ambiente que se respiraba en las cárceles y depósitos municipales al acabar la guerra; qué tipo de personas componían los piquetes de tortura y los motivos por los que muchos hombres decidieron echarse al monte.

En el verano de 1941, el PCE se constituyó clandestinamente en algunos pueblos de la sierra de Las Villas, como Villanueva del Arzobispo, Villacarrillo y Mogón. El promotor de esta iniciativa fue Santiago Torres Fernández, a quien se acusó de «actuar de un modo eficaz y decidido contra el nuevo Estado propagando noticias tendenciosas y falsas, como que pronto Rusia vencería y las izquierdas mandarían seguidamente en España empleando a tales fines claves secretas con los demás procesados».[119]

Santiago Torres se hizo cargo del comité local del PCE en Villanueva del Arzobispo. En un principio contaba con una célula, pero después aumentó la militancia organizando asambleas en su domicilio en las que seguían de cerca los acontecimientos internacionales. Estableció contactos en Villacarrillo y Mogón, donde consiguió constituir comités locales en los que, de nuevo, encontramos una notable presencia femenina (más de la mitad de los procesados eran esposas o madres de represaliados políticos). En aquellas asambleas se leía propaganda de izquierdas, se escuchaban emisiones clandestinas y se establecían consignas con mensajes en clave entre la población para aumentar la seguridad del grupo.

Instruida la causa 1042/43 con más de dos años y medio de retraso por la delación de un vecino, Santiago Torres fue condenado a dieciocho años y un día por auxilio a la rebelión militar. Los veintiséis procesados restantes lo fueron a un año de cárcel por «actividades subversivas» (ver tabla 3).

119 AHPJ, Leg. 42.798, causa 1042/43, Exp. Penit. de Santiago Torres Fernández.

Tabla 3
Relación de procesados en la causa 1042/43
por actividades subversivas en la Sierra de Las Villas[120]

NOMBRE	VECINDAD	CONDENA
Santiago Torres Fernández	Vva. del Arzobispo	18 años y 1 día
Miguel Izquierdo Martínez	Vva. del Arzobispo	1 año
Francisco Romo Jiménez	Vva. del Arzobispo	1 año
Dolores Polo Márquez	Villacarrillo	1 año
Ignacia Guzmán Araguena	Villacarrillo	1 año
Bienvenida García Rodríguez	Villacarrillo	1 año
Trinidad Jiménez Vera	Villacarrillo	1 año
Ascensión Merlo Laso	Villacarrillo	1 año
Joaquina Sánchez García	Villacarrillo	1 año
Isidoro Moya Mañas	Villacarrillo	1 año
Joaquín Gallego Morcillo	Villacarrillo	1 año
Juan Fernández Moreno	Villacarrillo	1 año
Joaquín Hipólito Hervás	Villacarrillo	1 año
Dolores Hipólito Hervás	Villacarrillo	1 año
Pablo Hipólito López	Villacarrillo	1 año
Joaquín Hipólito Hervás	Villacarrillo	1 año
Ramona Navas Jódar	Villacarrillo	1 año
Adoración Robles López	Villacarrillo	1 año
Dolores Pérez Soto	Villacarrillo	1 año
Teodoro Palomares Moya	Villacarrillo	1 año
Concepción Montañez López	Villacarrillo	1 año
Dolores Jerez Soto	Villacarrillo	1 año
Micaela Lázaro Segura	Mogón	1 año
Ángeles Palomares Moya	Mogón	1 año
Cándida Jiménez Benavente	Mogón	1 año
Ana Martínez González	Mogón	1 año

Como vemos, el mayor número de encarcelados procedían de Villacarrillo. Por cierto, el alcalde de este municipio, Diego José González Hervás, encontrándose en una taberna el 5 de febrero de 1942,

120 Elaboración propia en base a los datos obtenidos en la sentencia de 19 de noviembre de 1943, AHMI, causa 1042/43.

disparó contra un vecino «con el que tenía resentimientos», matándolo en el acto con una pistola para la que carecía de licencia. Fue detenido con un retraso de tres años y medio en 1945, y permaneció en prisión únicamente tres meses y once días.[121]

FERNANDILLO, UN TRISTE LLANERO SOLITARIO

A principios de 1941 Fernando Ruiz Ruiz, más conocido como «Fernandillo», se echó a la sierra en solitario y armado con su pistola reglamentaria como antiguo guardia de asalto. Se le acusaba de haber dado muerte a su suegra en 1931.

El 2 de mayo de 1941, acosado por el hambre, asaltó en la aldea de Camporredondo a dos vecinos de Hornos, de quienes consiguió solo siete pesetas que posteriormente les devolvió por ser ellos tan pobres como él. Acto seguido, se presentó en los alrededores de Cortijos Nuevos, donde salió al paso de otro vecino apodado «Calvo», quien se resistió a sus peticiones y entró en lucha con él. Fernandillo le disparó, hiriéndole levemente, y después emprendió una veloz huida. Debido a sus fallidos intentos de proveerse de víveres o dinero, desesperado, envió una nota a Ildefonso Nazario para exigirle 50 pesetas y víveres.[122]

En marzo fue contratado como albañil en la reparación de un caserío de la finca Cañada de los Caballeros, situación que aprovechó para sustraer aceite, un colchón, una almohada y dos borregos. A las pocas semanas penetró en el cortijo La Tejeruela acompañado por José Moragón y se llevó cuatro litros de aceite, una chota y unos pantalones. En mayo, se presentó en el cortijo del derechista Cristóbal Bueno Bueno, quien le entregó 100 pesetas y algunos víveres. Fernandillo le dio su pistola; según algunos testimonios, se la vendió, pero según el cortijero consiguió convencerlo para que la entregara, aunque alegó que luego a él «no le dio tiempo a depositarla en el cuartel por padecer reuma».

Como vemos, Fernando Ruiz es un pobre diablo que vagó en solitario sufriendo las más duras privaciones. Torpe en sus movimientos debido a su falta de agresividad y al escaso apoyo que disponía, se le preveía un final más trágico aún que su corto deambular por la sierra.

---

121 AHPJ, Leg. 42.699, causa 111/45, Exp. Penit. de Diego José González Hervás.

122 El envío de esta carta amenazante exigiendo tan poca cantidad de dinero demuestra que el objetivo de Fernandillo eran exclusivamente la supervivencia.

El 12 de julio, Fernandillo se encontraba en el cortijo de la Cuesta Colorá (Sorihuela del Guadalimar), donde vivía Julia Llamas Lara, con quien mantenía relaciones. Aquel día, después de que alguien delatara al guerrillero, la Guardia Civil rodeó el cortijo. Aterrada y desarmada, la pareja se escondió debajo de la cama. Cuando la fuerza entró en la vivienda, los localizó en su escondite, y un guardia disparó contra el colchón. Hirió de gravedad en la cabeza a Julia, que moriría al poco tiempo. Fernando Ruiz fue condenado a muerte, pero murió de tuberculosis el 16 de junio de 1946 en la prisión provincial antes de que se ejecutase la sentencia de muerte.[123]

Se instruyó la causa n.º 943/41, siendo condenados los siguientes vecinos: José Moragón Carmona a 30 años de reclusión y Juan Rubio López, Juan González Luna, Cristóbal Bueno Bueno y Alfonso López Cano a 6 años de prisión. El juez militar, Sebastián Río Expósito, capitán retirado de la Guardia Civil, fue implacable. El propietario, Cristóbal Bueno Bueno fue condenado, además, a una considerable multa de 100 000 pesetas, y en la misma vista ordenó la detención del policía municipal de Villanueva del Arzobispo, Fernando «el Bizco», que no había conseguido detener a Fernandillo tras una persecución; así como a los vecinos Gerónimo González Guillén y Ramón García Almanzón, que fueron citados durante el proceso.

El 4 de agosto de 1942, Máximo Bautista Plaza se evadió de la cárcel de Cazorla y se internó en la sierra. Cuando se lo detuvo tiempo después, fue condenado a doce años y un día en un singular proceso que puede servirnos como ejemplo del funcionamiento del sistema judicial franquista. A Máximo Bautista lo condenaron por rebelión militar, a pesar de que el mismo consejo de guerra reconoció:

> *Que no participó en hechos delictivos tanto con anterioridad como después de la guerra de Liberación (...). Se le atribuye su participación en el asesinato de D. Juan Marín Moreno cuya imputación no se prueba debidamente.*[124]

No había pruebas, solo la convicción de que el acusado era izquierdista.

123 AHPJ. Leg. 42.785, Exp. Penit. de Fernando Ruiz Ruiz.
124 AHPJ, Leg. 42.647, Exp. Penit. de Máximo Bautista Plaza.

CONTRAPARTIDA PARA EL ROJO TERRINCHES

También en 1942, año de continuadas evasiones de cárceles, se constituyen en las sierras de Cazorla, Segura y las Villas algunos pequeños grupos de huidos que actúan de forma aislada sin que conste conexión alguna entre ellos.

En el norte de la sierra de Segura y su confluencia con Sierra Morena (en el conjunto de sierras que rodean el actual embalse del Guadalmena), tuvo presencia en 1942 José María Mendoza Jiménez («Rojo Terrinches»). Como su apodo indica, era natural de Terrinches, pequeño municipio de Ciudad Real, próximo al límite con las provincias de Jaén y Albacete. A él se unió Gregorio Jiménez Jiménez («Carromato»), y, juntos, se presentaron en varios cortijos para proveerse de víveres.

El 1 de agosto, habían sido apresados junto al cortijo Baquerizo de Sierra Morena Juan Hornos Ruiz (de Beas de Segura) y Francisco Contreras Pérez (de Montejícar, Granada), quienes un mes antes se habían evadido de la prisión de Santa Rita en Madrid con la intención de unirse al Rojo Terrinches. Ambos vieron incrementada su pena en siete años por quebrantamiento.[125]

El 1 de noviembre de 1942, el propietario del cortijo Jardineras (Villanueva del Arzobispo), Sebastián Tudela Aviñón, se resistió con firmeza a las extorsiones guerrilleras y disparó contra ellos, haciéndolos huir. El día 9 del mismo mes, un grupo de seis hombres armados (tres guardias y tres falangistas) los rodean en Barranco del Muerto (Santisteban del Puerto), donde se localizó el humo que los delataría. Al verse descubiertos, intentaron huir, pero el guarda de la finca La Alameda, Francisco de Paula Clavijo, que formaba parte del grupo perseguidor y que había sido armado con un subfusil por la Guardia Civil, consiguió lanzar unas ráfagas que acabaron con la vida de Gregorio Jiménez «Carromato».[126]

> *Rojo Terrinches lanzó su huida por el lugar que cubría el cabo quien le lanzó una bomba de mano creyendo que había sido alcanzado porque se vio volar su gorra entre el humo de la explosión. El de Terrinches escapó milagrosamente.*[127]

125 AHPJ, Leg. 42.666, Exp. Penit. de Francisco Contreras Pérez.

126 SEHGC, Testimonio de Francisco de Paula Clavijo. Fichero de Reseña de Fuentes.

127 Ibidem, ib.

A José María Mendoza se le atribuían, hacia octubre de 1942, incursiones en los cortijos Cañada de Salvarejo, Vega de Villanueva y Arquillos, en el término de Cambil, donde consiguió víveres y algo de dinero. No estoy convencido de su autoría, pues creo que Rojo Terrinches limitó su intendencia fundamentalmente a contactos con pastores y campesinos, manteniendo su zona de actuación muy limitada al citado espacio geográfico. Más aún si tenemos en cuenta que no conocía la zona y los referidos cortijos se encontraban a una gran distancia de la sierra de Segura. Pudiera ser que otros huidos actuaran utilizando su nombre para confundir a la Guardia Civil, o que se tratara de simples delincuentes comunes en busca de víveres en medio de la hambruna.

Miembro de una contrapartida de la Guardia Civil haciéndose pasar por guerrilleros (F. Aguado Sánchez)

En 1942 se organizaron numerosas batidas para dar con su escondite, todas infructuosas, hasta que un mayoral de ganado que auxiliaba al de Terrinches decidió delatarlo al puesto de Sorihuela del Guadalimar. Así, el 17 de diciembre, el guardia adscrito a dicho puesto, Miguel Fernández Fernández, aprovechando la traición del mayoral, solicitó autorización al capitán de la compañía, Joaquín Villén Lillo, para formar una contrapartida e internarse como pastor portando una pistola y un cuchillo. Recogemos íntegro el testimonio del guardia Fernández, especialmente revelador por su crudeza:

Salí a las 12 de la noche acompañado por el guardia 2.º Diego Requena Berzosa con indumentaria de pastores, presentándonos al mayoral del ganado, Félix Martínez Loza, a las cuatro de la tarde. Nos reconoció como guardias porque varios días atrás habíamos estado en su rancho y nos habíamos llevado detenidos a dos de sus pastores al objeto de cubrir sus vacantes. El mayoral se encargó de informar al resto de los pastores de que nosotros éramos los que había buscado para cubrir las vacantes.

Al día siguiente, salí con el mayoral a custodiar el ganado y Diego Requena se quedó en el rancho buscando leña para la noche y trabajando sin pereza para despistar. Permanecimos así, trabajando duro, hasta la noche del 2 de enero de 1943 (17 días), *cuando los perros anunciaron la llegada del Rojo. El mayoral salió a su encuentro, le informó de que había dos pastores nuevos, pero que eran de confianza. Se presentó el Rojo con una escopeta de dos cañones y un cuchillo en la cintura diciendo que era el Rojo de Terrinches y que no era tan malo como iban diciendo por ahí. Dijo que él solo luchaba por el proletariado.*

Le dije que vivía en Beas pero que era de Granada y me encontraba deportado. Así se mostró confiado, y nos ofreció tabaco a mí y al otro guardia que se encontraba recostado, el cual no quiso liar, alegando que no fumaba. Cuando se dio la vuelta para encender el cigarro en la lumbre, nos abalanzamos contra él el mayoral y yo. Conseguí clavarle mi cuchillo en el cuello. El guardia Requena se incorporó y le disparó un tiro en la cabeza. Pero antes de que muriera, le hice saber que moría a manos de la Guardia Civil.[128]

Tras su muerte, el cadáver se condujo a Montizón, donde fue expuesto públicamente. Los guardias y el mayoral, sonrientes, se hicieron fotografiar posando junto al cuerpo como si de una montería se tratara. Fueron condecorados con la Cruz Roja al Mérito Militar, y el mayoral fue aceptado en la Benemérita por «méritos de guerra».

SIXTO «EL DE MARCHENA» Y OTROS HUIDOS

Entre 1942 y 1943 aparecieron por la sierra de Cazorla otros huidos a los que se atribuyeron hechos de escasa importancia. El 26 de octubre de 1942 fue capturado el cazorleño Consuelo Camero Vázquez

128 SEHGC. Testimonio del guardia civil Miguel Fernández Fernández. Fichero de Reseña de Fuentes.

(«Camero»), que permanecía huido desde que en marzo de dicho año se escapara de la prisión de partido de Cazorla. En la sierra coincidió con Toribio Caravaca Gómez y su hijo Miguel Caravaca Juárez. El 9 de julio fueron detenidos:

- Juan de Dios Caravaca Reverte, de Cazorla.
- Julián Bautista Díaz, de Pozo Alcón. Condena: 20 años.
- Pedro García Martínez, de Pozo Alcón. Condena: 3 años.
- Rogelio Moreno Plaza, de Pozo Alcón. Condena: 3 años.
- Gregorio Molina Caravaca, de Santisteban del Puerto.
- Toribio Caravaca Gómez, de Santisteban del Puerto. Condena: 20 años.
- Miguel Caravaca Juárez, de Santisteban del Puerto. Condena: 3 años.

El 23 de febrero, otro huido, Marcelino Ojeda González, probablemente al tener conocimiento de la caída de Rojo Terrinches, decidió presentarse en el cuartel de la Guardia Civil de la Puerta de Segura. Condenado a treinta años, logró evadirse de la prisión de Úbeda el 26 de abril de 1941. En la sierra se unió a otros huidos como Antonio Cano Fernández (acusado de haber dado muerte a la joven Josefa Robles), y a un tal Félix. Marcelino Ojeda informó sobre los apoyos que recibió en la sierra y, en consecuencia, fueron encarcelados José Palomares Ruiz, Ramón González Rodríguez y Ginés Rivelles Cruz, quienes, desconociendo su condición de evadido, le proporcionaron trabajo en el cortijo Las Hazas (Santiago de la Espada), después de que el fugado presentara una carta de Cayetano Castillo. Allí permaneció hasta mayo de 1942, momento en que se despidió para internarse en la sierra junto a Antonio Cano. Regresó al cortijo en diciembre, y volvió a partir en febrero de 1943 para entregarse a las autoridades.[129]

En enero de 1943, fue capturado en Hinojares Manuel Segura García («Serrano»), que se había evadido en tres ocasiones de varios campos de

129 Los procesados fueron condenados a las siguientes penas: Ginés Rivelles Cruz y Ramón González Rodríguez a tres años de prisión cada uno y José Palomares Ruiz a tres meses y un día. También fueron condenados a seis meses y un día por «omisión de denuncia de presencia de malhechores» los vecinos de Santiago de la Espada, Antonio Eustasio Fuentes Robles, los hermanos Víctor, José y José María Sánchez Jiménez y Carmelo Palomares Ruiz, residentes todos ellos en el cortijo Roblehondo. AHPJ. Leg. 42.760 Exp. Penit. de José Palomares Ruiz y leg. 42.684, Exp. Penit. de Antonio Eustasio Fuentes Robles.

concentración.[130] A mediados de febrero, tocó el turno a Antonio Cano Artesero («Artesero»), que vagó en solitario sin unirse a ningún grupo guerrillero. En diciembre de 1942, había atracado el cortijo Canalica (Pontones). Al Artesero lo fusilaron a los seis meses de su detención: el 14 de septiembre de 1943, acusado de dar muerte a una menor de catorce años que se resistió a sus abusos.

El 17 de mayo de 1944, la Guardia Civil de Aldeaquemada fue avisada de que en la casa n.º 4 de la calle Lara acudía un forastero al que no conocían. Se trataba de Antonio Fernández Rodríguez («Culomojao»), que había sido concejal en Santisteban del Puerto durante la Segunda República y se encontraba huido desde la conclusión de la guerra. Desde hacía varios meses se refugiaba en la casa de la viuda Francisca Cortés, con la que, al parecer, mantenía relaciones. Se daba la circunstancia de que esa mujer era quien realizaba la limpieza en la casa-cuartel, y mantenía informado al huido de las conversaciones que escuchaba. Rodeada la casa, el guardia Francisco Pantoja Cano llamó a la puerta y, al abrirse, recibió tres disparos de Antonio Fernández, quien se dio a la fuga por la trasera.

Los guardias encontraron en la casa su cartera con una fotografía de una joven que el vecino de Santisteban, Manuel Moreno Ruiz, reconoció como la novia de Culomojao. Asesorados por este colaborador, esperaron a que el guerrillero hiciera acto de presencia en un colmenar próximo a la finca La Alameda, donde se había ocultado otras veces. Cuando apareció, el colmenero, que se sabía vigilado por los guardias, quedó con él en que al día siguiente marcharía al pueblo a recogerle dinero para su viaje a Francia, pero le convenció para que se fuera al monte mientras tanto. Al salir de la casa y, a una señal del colmenero, fue abatido por los guardias que permanecían ocultos por los alrededores.[131] Otros testimonios aseguran que, al verse perdido, se suicidó.[132] Fueron encarcelados ocho vecinos de Aldeaquemada y Santisteban del Puerto que le habían auxiliado numerosas veces.[133]

---

130 Fue condenado a catorce años y ocho meses de reclusión. AHPJ, Leg. 42.792, Exp. Penit. de Manuel Segura García.

131 SEHGC, Testimonio de Manuel Moreno Ruiz. Fichero de Reseña de Fuentes.

132 SEHGC, Revista de la Guardia Civil, julio 1944, n.º 2, p. 64 y Testimonio de Ángel Gallego Jiménez.

133 Los procesados fueron Ángel Martínez Ginés, Eulogia Vicente Lirio, Francisca Cortés Font (condenados a diez años de cárcel), Juan Antonio García Vizcaino, Julián García Vizcaino y Manuel Hernández Moreno (a tres años) y Ramón Requena Mateos y Eloy Romero Llamas (a seis meses y un día). AHPJ. Leg. 42.730, causa 577/44, Exp. Penit. de Ángel Martínez Ginés.

El 4 de agosto de dicho año, un grupo de cuatro huidos intentó atracar el cortijo Sabiotillo (Santisteban del Puerto). El guarda de la finca abatió de un disparo de escopeta a uno de ellos y puso en huida al resto. Fue enterrado e inscrito como Diego Ruiz Serrano («Pimpoyo»), pero, como veremos más adelante, se trató de un error de identificación, pues Pimpoyo sería muerto el 22 de abril de 1950 en el término de Puente Génave. Se desconoce quién fue enterrado en su lugar.

A principios de 1944, se tuvo conocimiento de otro grupo de huidos liderados por Sixto García Espinosa («El de Marchena») que merodeaba las sierras de Segura y el Cuquillo, en la provincia de Jaén, y las de Calar del Mundo, Taibilla, y del Agua, en Albacete. Sixto se había evadido del campo de concentración de Guadarrama en abril de 1943, y se refugió en cuevas próximas a la aldea de Marchena en la sierra de Segura. Pronto entró en contacto con otros dos huidos que desde la guerra se encontraban en la sierra sin ninguna actividad: Juan Ruiz González, que había sido alcalde del municipio de Yeste (Albacete), fugado el 15 de junio de 1939 del campo de concentración de Portaceli (Valencia), y José Antonio Fernández Martínez («El de Miller»), fugado del arresto municipal de Santiago de la Espada en abril de 1941.

La primera noticia que la Guardia Civil tuvo de la presencia de este pequeño grupo fue el 11 de marzo de 1944, día en que se presentaron en el cortijo Breñas Bajas (Santiago de la Espada) y se llevaron dos escopetas, con la intención de armar a los recién incorporados. El hecho de que no se llevaran víveres y estuvieran interesados solo en las armas demuestra que pretendían salir de su aislamiento, tal vez espoleados por la presencia de Sixto y los cambios que se iban produciendo en el panorama internacional.[134]

El 14 de abril atracaron el cortijo Rubial (Segura de la Sierra), donde consiguieron gran cantidad de comestibles, ropas y otra escopeta. El 20 de mayo fue encarcelada prácticamente toda la familia de Sixto y algunos enlaces en la aldea de Miller (Santiago de la Espada).[135] Sintiéndose acosados, debieron de marcharse de la provincia, tal vez a las sierras de Alcaudete, pues se les perdió la pista hasta 1946. Pero esto pertenece a la segunda etapa de este trabajo que trataremos más adelante.

134 SEHGC, «205 Comandancia…», ob. cit. p. 39.

135 Los procesados fueron: Manuel González Rubio, Natividad Fernández García (esposa de Sixto), Juan García Mendoza y María Espinosa Fuentes (padres de Sixto), sus hermanos Higinio y Sergio García Espinosa, Andrea Heredia García, Francisco Ordoñez Montaño, Primo Martínez Fuentes, Urbano Rodríguez González y Francisco González García.

LA INCURSIÓN DEL «CHECA»

En 1943, hizo su aparición en la sierra de Cazorla un grupo guerrillero granadino que comandaban Rafael Albacete Checa («Checa»), natural de Cortes de Baza (Granada), y Francisco Sedeño Jiménez («Hijo de la Cosma»), natural de Campo Cámara (Granada), los cuales optaron por internarse en tierras jiennenses para huir de la persecución de la que eran objeto en la provincia granadina. Ya en tierras cazorleñas, se incorporaron al grupo de Cristino Fernández Guijarro («Guijarro») y Miguel Guijarro Cáceres.

El 31 de diciembre de 1943, se presentaron en el cortijo Valdeazores (Cazorla), de donde se llevaron una fanega de trigo y otra de centeno. El 25 de enero de 1944, fueron detenidos en Pozo Alcón el Hijo de la Cosma y Guijarro. Cuatro días más tarde fueron detenidos los enlaces del grupo en Cazorla, María Josefa Moya Rodríguez, María Dolores Ruiz Sánchez y Dolores Guijarro Cáceres.

Al fin, el 15 de mayo de 1944, los civiles detuvieron al Checa en el sitio conocido por Casica (Fuerte del Rey). Le intervinieron una pistola de dos cañones. El grupo quedó desarticulado después de que el único miembro que quedaba, Miguel Guijarro Cáceres, huyera a la provincia de Granada, donde no se lo consiguió apresar.[136]

Como vemos, durante esta primera etapa, las sierras de Cazorla, Segura y las Villas albergaron a huidos que vivían ocultos en sus estribaciones de una forma dispersa y con poca o ninguna relación entre ellos. Casi todos fueron muertos o apresados al poco tiempo. Salvo en el llano, no hemos localizado ninguna acción que permita mantener que en dichas sierras se mantuviera un núcleo de resistencia antifranquista de forma más o menos permanente.

136 SEHGC, *205 Comandancia…* ob. cit. p. 51.

La guerrilla en Sierra Mágina[137]

En noviembre de 1939, dos ancianas de Bedmar, las hermanas Inés y Juana Peña Adán, conocidas por el arrojo demostrado durante la guerra contra las tropas sublevadas, regresaban de Jaén, donde habían visitado a sus hijos presos. Intentaron avivar los ánimos de los vecinos y familiares de los represaliados políticos con el fin de provocar un pequeño núcleo de resistencia en el pueblo. Aseguraban que «Franco se había marchado al extranjero y que las puertas de la prisión provincial habían sido abiertas para dar lugar a que se escaparan los presos y asesinarlos en el momento de su fuga con una ametralladora emplazada frente a la puerta».[138] Por estos comentarios serían condenadas a ocho años de cárcel por excitación a la rebelión militar.

Uno de los topos más nombrados en Sierra Mágina fue Dionisio Torralbo Belmonte, más conocido como el «Sastre», vecino de Cabra de Santo Cristo. No tenía delitos de sangre, huyó solo porque fue secretario local del partido comunista. El caso de Dionisio el «Sastre» es realmente sobrecogedor pues, una vez en el monte, al acabar la guerra, logró sobrevivir hasta 1944 en míseras condiciones en varias cuevas. A él se unieron la que sería su compañera, Antonia Robledillo Carpio («Liota»), y el hijo de esta, Manuel Quiñones Robledillo, de quince años. Es el primer caso que conocemos en esta provincia de una familia que convive en la sierra en calidad de huida. Como en tiempos prehistóricos, el hombre abandonaba la caverna en busca de alimento. La madre y el hijo apenas salían de su escondite, a no ser para recolectar frutas o verduras en huertos próximos.

---

137 Para más información véase SÁNCHEZ TOSTADO, L.M. *Los Maquis en Sierra Mágina*, edit. Ayuntamiento de Albanchez de Mágina, 1998.

138 AHPJ. Leg 42.762, Exp. Penit. de Inés Peña Adán. Proceso Sumarísimo de Urgencia nº 44.976

Al principio, Dionisio recibió socorro en el cortijo Agapito y en el molino Barranco Alto, propiedad de Antonio Santollo García. Antonia Robledillo fue encarcelada por prestarle auxilio y, al salir de la cárcel, no dudó en marcharse con él a la sierra llevándose a su hijo. A pesar de que los hermanos Chaparros intentaron ganárselo para la causa guerrillera, Dionisio rechazó el ofrecimiento, pues solo deseaba vivir en paz. Familiares y amigos visitaban las cuevas donde se alojaron en Cabra de Santo Cristo y Jódar. Algo arriesgado, pues en cualquier momento podrían delatarlo, como así fue. El 22 de enero de 1944, guardias del puesto de Cabra lo tirotearon cuando se disponía a buscar alimentos. También detuvieron al joven Manuel, a quien por la noche su propia madre envió en busca de Dionisio, preocupada por su tardanza. Madre e hijo fueron condenados a seis años de cárcel por auxilio a la rebelión militar. La Guardia Civil hizo esta curiosa reflexión tras la muerte del Sastre:

> *La Benemérita, como siempre, eliminó de la sociedad una lacra. No es que fuese de renombrada importancia por la no intervención en delitos de sangre; pero sí, en esta ocasión, puso un granito de arena para hacer historia en la Guardia Civil que, en definitiva, es lo que se persigue.*[139]

En cambio, no refiere nada sobre los propietarios derechistas que le facilitaron víveres y albergue durante años y que nunca fueron detenidos a pesar de demostrarse su participación.[140]

A perro flaco, todo son pulgas, y, el 26 de julio de 1944, María Torralbo Belmonte, hermana del Sastre, sería asesinada a tiros, seis meses después de la muerte de su hermano, en la casa número 15 de la calle San Andrés de Jaén por el cabo de la Guardia Civil Felipe González Moreno, con quien, al parecer, mantenía una relación. Acto seguido, el cabo se suicidó. Al tratarse de un crimen machista, no he incluido este caso en el obituario de víctimas de la represión antiguerrillera.

Respecto a las acciones guerrilleras que he podido documentar entre los límites de Sierra Mágina, casi todas ellas corresponden a esta primera etapa de 1939-1944. Los tres grupos que recorrieron sus estribaciones, los Chaparros, los Chamorros y el grupo de Catena, actuaron en demarcaciones próximas pero perfectamente delimitadas, todas ellas muy próximas a sus zonas de residencia.

Veamos los movimientos de cada uno de ellos.

---

139 SEHGC, *Fichero de Reseña de Fuentes*, resumen para la revista de la Guardia Civil.
140 AHMI, Leg. 20/13, causa 157/44.

LOS HERMANOS CHAPARROS

El grupo conocido por los Chaparros se constituyó en la zona sudeste de la sierra, en torno al municipio de Huelma, de donde eran naturales. Incluyeron en sus recorridos los términos de Bedmar, Bélmez de la Moraleda y Solera, realizando ocasionales incursiones por Cambil, Jódar, Torres, Cabra de Santo Cristo y algunos pueblos de norte de Granada. Estuvo formado por los hermanos Tomás, que actuó como jefe, Manuel y Francisco García Fuentes, conocidos comunistas de Huelma, quienes, al acabar la guerra, huyeron acusados de participar en los sucesos de 1936 entre los que figuraba la muerte del derechista Cristóbal Valdivia. Completaban este grupo: Juan de Dios Puñal García («Quisqui»), Miguel Navarro Martos («Juan Burra») y Diego Lirio Ruiz («El de la Leona»).

El 24 de julio de 1941, los seis componentes del grupo atracaron a Baltasar García Roa en su cortijo Cañada del Aceros (Huelma), obteniendo víveres y 25 pesetas. Le advirtieron que no los denunciaran o en tal caso volverían a por él. El 18 de septiembre, Tomás «Chaparro», el más intrépido de los hermanos, atracó el cortijo Las Garruchas (Huelma) para llevarse víveres y un cordero.

La Guardia Civil arrasó el campamento de los Chaparros por delación del cortijero Baltasar García. El 2 de enero de 1942, los fugitivos se presentaron en su cortijo y le propinaron una brutal paliza, tras lo cual lo remataron de un disparo en la cabeza.[141]

El 12 de enero de 1942, se fugaron de la prisión habilitada de Santa Clara Antonio Catena Sanjuán («Catena») y Manuel López Guzmán («Pajuelas»). Según Aguado Sánchez, tras unos tres meses ocultos en la sierra de Torres, se dirigieron a Mágina, donde tomaron contacto con los hermanos Chaparros en abril del mismo año. Sustituyeron las bajas de Miguel «Juan Burra» y Diego «El de la Leona,» quienes decidieron tomar el camino de Francia (se desconoce si consiguieron o no llegar a su destino).

Antes de unirse a los Chaparros, Catena y Pajuelas se habían presentado, el 25 de marzo, en el cortijo Argamasilla (Jimena), donde consiguieron una paletilla de cerdo y otros comestibles, así como 100 pesetas en metálico. El propietario era un enlace que les prestó auxilio e incluso les guardó una escopeta que fue intervenida, por lo que se le detuvo.

---

141 SEHGC, *205 Comandancia…*, ob. cit. p. 42. En otra documentación (*El bandolerismo de posguerra*, p. 71) se asegura que Baltasar García Roa fue asesinado por los Chaparros.

A primeros de abril, se unieron al grupo José María Lechuga Pardo («Perfecto»), natural de Mengíbar, Juan García Álvarez («Venancio») y Antonio Haro Valenzuela («Pavero»), naturales ambos de Almedinilla, Granada. En esos momentos, la guerrilla de los Chaparros la formaban nueve hombres. La aventura serrana de los nuevos incorporados sería muy corta, pues Venancio y Pavero fueron detenidos a los quince días en la cueva de los Huesos (Bélmez de la Moraleda) sin ofrecer resistencia alguna. A los guardias se le homenajeó con la entrega de una copa de plata al Puesto de Bélmez por parte del jefe de la comandancia.[142]

El 13 de agosto, los Chaparros decidieron vengarse de otro confidente: Manuel Rubio López, que fue abordado por Tomás «Chaparro», quien acabó con él de un disparo de escopeta en el barranco de la Solana (Huelma). El cadáver fue despojado de sus ropas, que se vistió el mismo Tomás.

A los pocos días, el 18 de agosto, Tomás «Chaparro» introdujo una carta por la ventana del domicilio del derechista de Solera, Adolfo del Moral, en la cual le exigía bajo amenaza de muerte que al día siguiente depositase 5000 pesetas en la Cantera de los Yesos. Cuando se procedía a simular el depósito, nadie apareció, sin duda porque los guerrilleros se apercibieron de la vigilancia camuflada de la Guardia Civil.

Catena y Pajuelas, que andaban menos integrados en aquel grupo, se limitaron a localizar víveres, que conseguieron en buena cantidad el 21 de agosto en el cortijo Haza del Ayozo (Torres).

Los Chaparros, con el impulsivo Tomás a la cabeza, no dudaban en emprender acciones temerarias, y tachaban de cobardes a los que no secundaban sus golpes. Por esta razón fue expulsado del grupo Juan de Dios Puñal García («Quisqui»), que no comulgaba con las empresas suicidas de Tomás. El 13 de septiembre fue detenido en solitario dentro de una cueva del Barranco del Mosquito (Bedmar), siéndole intervenidos una escopeta y veinticuatro cartuchos.[143]

El 6 de octubre, Agustín Oya Serrano, un huido que no tenemos censado dentro del grupo de los Chaparros, acechó a José Soriano Moreno cerca del cortijo Los Patricios (Huelma) y, tras atracarlo, acabó con su vida de un disparo. Fue detenido, condenado a muerte y ejecutado el 7 de diciembre de 1943. Una ironía fue el hecho de que, unas semanas

142 SEHGC, *205 Comandancia...*, apéndice: *Antecedentes de la 205 Comandancia para los trabajos preparatorios de elaboración de la Historia de la Guardia Civil con arreglo a la instrucción nº 2 del superior Centro Directivo, Negociado de Estudios*, p.19.

143 SEHGC, *205 Comandancia...*, ob. cit. p. 43

antes de ser fusilado, fuera ingresado en el hospital para ser operado por los traumatismos que sufrió a su ingreso.

A principios de 1943 se incorporaron al grupo Juan Antonio Sánchez Melgarejo («Sargento»), Leonardo Cayetano Peña Bellón («Gallego») y Juan Burgos Medina, enlaces que huyeron de la presión policial, los registros intempestivos y los malos tratos.

El 10 de abril, José María «Perfecto» se internó en el término de Begíjar y se presentó en el cortijo Las Delicias, a cuyos moradores conocía. Avisada la fuerza, esta rodeó el cortijo y, tras un breve tiroteo, dio muerte al guerrillero. Fue enterrado como «hombre desconocido».

Como vemos, en esta guerrilla abundaron las deserciones, lo que hace sospechar que sus jefes de militancia comunista no conectaron bien con algunos miembros de ideología socialista.

Los Chaparros, cuando se vieron peligrar en Sierra Mágina, realizaron incursiones a los pueblos del norte de Granada. Entre la dilatada lista de atracos que cometieron, constan varias visitas al cortijo El Manzano (Dehesa de Guadix), donde se apoderaron en diversas ocasiones de 6800 pesetas. También asaltaron la finca El Peñón (Almedinilla), de donde se llevaron cuatro jamones, nueve panes y una escopeta, entre otros efectos; y El Cortijuelo, donde obtuvieron una manta y más víveres. Mejor fortuna tuvieron en la finca Don Cristóbal, donde se hicieron con 30000 pesetas.[144]

El 16 de julio de 1944, los hermanos realizaron un atraco en el cortijo Cañada de Hervás por el que consiguieron 13000 pesetas, botín que fue repartido en Huelma entre los Chaparros. La Guardia Civil se empleó a fondo y, durante julio y agosto, detuvo a unos setenta colaboradores, entre familiares y enlaces de los Chaparros, en su mayoría vecinos de Huelma.

Ante la imposibilidad de capturar a los guerrilleros, era habitual practicar una intensa represión contra familiares y allegados para acabar con sus apoyos. Estos contactos, tras ser excarcelados, si aún no se había capturado a los huidos, solían ser desterrados fuera de la provincia de Jaén. En este caso, los familiares de los Chaparros fueron conducidos a la prisión de Santa Isabel de Santiago de Compostela. En el caso del padre, Simón García Guzmán, llegado el tiempo de su excarcelación condicional y dada su edad avanzada, los poderes fácticos de Huelma (Alcalde, jefe de Falange y Guardia Civil) se pusieron de acuerdo para enviar el siguiente telegrama al director de la prisión compostelana:

144 AHPJ. Leg. 42.689, causa 852/44, Exp. Penit. de Manuel García Fuentes.

No puede ser concedida la libertad condicional a menos de 250 kilómetros de Huelma al penado Simón García Guzmán por tener tres hijos huidos en la sierra.[145]

Pero veamos el final de cada hermano. Tomás tuvo como amante a Magdalena Aranda Hernández. Su esposo, Diego Justicia García, propietario del cortijo Nicolasa (Huelma), le había dado albergue ocasionalmente durante más de dos años, a pesar de su tumultuosa relación con Tomás, pues era perfecto conocedor de las relaciones que mantenía con su mujer. El 6 de julio de 1944, una fuerte discusión entre ambos dio origen a un crimen que conmocionó a la comarca. Tomás asfixió a Diego Justicia con una manta y luego lo colgó de las vigas del cobertizo simulando un suicidio. Era el tercer asesinato atribuido a Tomás Chaparro. El forense que reconoció el cadáver comunicó sus sospechas a la Guardia Civil.

Ruinas del cortijo «La Nicolasa» (Huelma). En una de esas vigas fue colgado su propietario por Tomás «Chaparro» (L.M. Sánchez Tostado)

A los pocos días, se montó un dispositivo de vigilancia en torno al cortijo a la espera de la aparición de Tomás, principal sospechoso del crimen. Sin embargo, el mayor de los Chaparros no aparecía, porque estaba oculto en el interior del cortijo, en un habitáculo

145 AHPJ, Leg. 42.690, Exp. Penit. de Simón García Guzmán.

disimulado con una falsa pared hábilmente construida en un cobertizo. A las ocho de la mañana del 20 de agosto, fuerzas de los puestos de Huelma, Bélmez de la Moraleda y del destacamento del Cortijo del Cura, rodearon la vivienda y procedieron a realizar un registro. Tomás, sabiéndose descubierto, salió de su escondite y se produjo un tiroteo en el que hirió en una mano al cabo primero Julián Ortega Aparicio, contra quien lanzó tres granadas, de las cuales solo una explosionó. En veloz huida, pero con gran dificultad por haber sido herido en una pierna, alcanzó el Barranco Pozuelo, donde se parapetó tras unas peñas. Aun así, la Guardia Civil consiguió darle muerte utilizando bombas de mano.

La viuda, que lloraba desconsolada, salió en su auxilio cuando el fuego cesó, circunstancia que la Guardia Civil aprovechó para darle muerte. Los cuerpos fueron llevados a Huelma donde se expusieron públicamente. Tomás tenía cuarenta años y Magdalena, treinta y seis.

Como siempre, se ofrecieron diferentes versiones sobre la muerte de Magdalena Aranda, la de la familia y vecinos, y la de la Guardia Civil. Esta última reflejó en el atestado la típica fórmula de la ley de fugas: «La querida del citado bandolero intentó darse a la fuga y la fuerza tuvo que hacer fuego, dándole muerte».[146]

En una entrevista para la revista del Cuerpo, tres guardias declararon que Magdalena Aranda «murió de un disparo en la cabeza»,[147] pero en el artículo publicado en la revista se hizo constar que fue detenida: «otros guardias capturaron a la amante del Chaparro».[148] Tres versiones distintas dentro de la misma fuente, los ficheros de la Guardia Civil, a saber: que intentó huir, que fue muerta en la refriega y que fue capturada. La aplicación de la ley de fugas está clara.

Respecto a Manuel «Chaparro», fue detenido el 18 de noviembre de 1944 en las Mesillas (Alicún de Ortega, Granada), siéndole intervenida una escopeta, una canana con veintitrés cartuchos y un revólver calibre 9. Fue condenado a treinta años por rebelión militar.

Por último, el menor de los Chaparros, Francisco García Fuentes, quien merodeó en solitario por algunos cortijos de Sierra Mágina, fue muerto el 13 de abril de 1946 en Freila (Granada) tras un encuentro con la Guardia Civil. El grupo de los Chaparros quedó definitivamente desarticulado.

146 SEHGC, 205 *Comandancia…*, ob. cit. p. 44.

147 SEHGC, Fichero de Reseña de Fuentes. Testimonios de Manuel López Peral, José Moreno Galiano y Enrique Frías Romero.

148 SEHGC, Revista Guardia Civil año 1944, nº 6, p. 86.

Tabla 4

Relación de procesados relacionados con los Chaparros en 1944[149]

NOMBRE	VECINDAD	CONDENA	OBSERVACIONES
Rafael Lirio Morales	Huelma	20 años	Cómplice atraco
Manuel Pelegrín López	Huelma	15 años	
Juan Pérez Díaz	Huelma	12 años	Enlace Chaparros
Reche Lorente	Huelma	6 años	
M.ª Antonia Martínez Martínez	Huelma	6 años	Enlace
Diego Pérez Rubio	Huelma	3 años	
Ana Bayona Villanueva	Huelma	3 años	Enlace
Manuel Guzmán Espinosa	Huelma	3 años	Enlace
Antonio Soriano Vico	Huelma	3 años	Enlace
José Raya Bayona	Huelma	3 años	Enlace
Ramona Díaz Barajas	Huelma	3 años	Enlace
Diego Guzmán Justicia	Huelma	3 años	Enlace
Andrés Martínez Serrano	Huelma	3 años	Enlace
Pedro Ruiz Varela	Huelma	3 años	Enlace
Tomás Moreno Bravo	Huelma	3 años	Enlace
Francisco Barajas López	Huelma	3 años	
M.ª Dolores García García	Huelma	3 años	Enlace
José Del Barco Torres	Huelma	1 año y 6 meses	Enlace
José M. Serrano Jiménez	Huelma	6 meses y 1 día	Enlace
Rafaela Troyano García	Huelma	6 meses y 1 día	Esposa Manuel Chap.
Ildefonso Vico Ortega	Huelma		Enlace

149 Elaboración propia en base a los datos obtenidos en el AHMI, causas 533/44, 837/44, 1206/44 y 495/44.

Antonio Bayona García	Huelma	Sobreseído	Enlace
Alfonso Bravo Bayona	Huelma	6 meses y 1 día	Enlace
Diego Muñoz Montoro	Huelma		Enlace
Antonio García Fuentes	Huelma		Hermano Chaparros
Manuel Lirio Pichel	Huelma		Enlace
Rufo Díaz López	Huelma		Enlace
Francisco Díaz López	Huelma		Enlace
Javier Soriano Bayona	Huelma		Enlace
Juana Espinosa Vico	Huelma		Enlace
Manuel García Barajas	Huelma		Enlace
Miguel Rus Varela	Huelma		Enlace
Juana Del Moral Pérez	Huelma		Enlace
Francisco García Guzmán	Huelma		Enlace
José M.ª Serrano Benítez	Huelma	6 meses y 1 día	Enlace
Cristóbal García Fuentes	Huelma		Hermano Chaparros
M.ª Ramona García García	Huelma		Enlace
Carmen García Fuentes	Huelma		Hermana Chaparros
Diego González García	Huelma	Sobreseído	Enlace
Diego González Guzmán	Huelma		Enlace
González López, Diego	Huelma	1 año	Enlace
José Raya Soriano	Huelma		Enlace
Ramón Hidalgo Gila	Cabra de Sto. Cristo	4 años	Enlace
Juan Padilla Fernández	Cabra de Sto. Cristo	6 meses y 1 día	Enlace

José Padilla González	Cabra de Sto. Cristo	6 meses y 1 día	Enlace
José M. Vilches Rivera	Cabra de Sto. Cristo	6 meses y 1 día	Enlace
Catalina Torralbo Belmonte	Cabra de Sto. Cristo	Absuelta	Enlace
Juan Jiménez Herrera	Jódar	6 meses y 1 día	Enlace
Juan Martos Gómez	Cambil	1 año	Enlace
Juan Ozaes Olivo	Cambil		Enlace

SOBRE CATENA Y PAJUELAS

Antonio Catena Sanjuán fue un conocido ebanista de Torres de afiliación socialista. Durante la República, fue delegado del sindicato de funcionarios de la UGT en su condición de empleado de arbitrios. Políticamente activo, desarrolló diversas actividades como miembro del Frente Popular. Los testimonios recogidos lo califican como una persona seria, justa, responsable y querida por los vecinos. Tras la guerra, lo acusaron de haber formado parte como jurado en el Tribunal Popular de Jaén que actuó el 4 de noviembre de 1936 contra siete vecinos del valle de los Pedroches (Córdoba), los cuales fueron condenados a muerte por su adhesión al levantamiento de las tropas golpistas. Antonio Catena desempeñó puestos de responsabilidad en la capital que le fueron confiados por el entonces gobernador civil, José Piqueras Muñoz, amigo personal suyo. Una de las misiones que se le encomendó fue la recaudación de fondos para los damnificados tras el cruento bombardeo sobre la población civil el 1 de abril de 1937. Su trayectoria socialista vino determinada por la influencia que sobre él ejerció la figura de su tío, Santiago Catena Raya, fundador del PSOE y la UGT en Torres, que fue fusilado el 1 de mayo de 1940.

Precisamente Antonio Catena fue, pocas semanas antes de ser detenido, el depositario de la última carta que, estando en Capilla la noche antes de su ejecución, escribió su tío Santiago.[150] Al poco tiempo, Antonio Catena fue encarcelado y, en julio de 1941, conducido a la prisión habilitada de Santa Clara, en la que coincidió con su convecino

150 Documento facilitado por Ana Catena Martín.

Manuel López Guzmán («Pajuelas»).[151] En diciembre de ese año, se le condenó a muerte en consejo de guerra.

Temiendo correr la misma suerte que su tío Santiago, se evadió junto a Pajuelas aprovechando los trabajos de carpintería que estaban realizando en las puertas del convento.[152] Acto seguido, se escabulleron por las proximidades de Torres, donde, al ser una persona muy conocida, Antonio gozaba de apoyos.

En un principio se unieron a los Chaparros por ser la única guerrilla que por entonces actuaba en Sierra Mágina, pero pronto se desligaron de ella por la impulsividad y la temeridad de los hermanos de Huelma, más aún tras el asesinato de Manuel Rubio a manos de Tomás «Chaparro». Por entonces, solo se preocuparon de la subsistencia, visitando algunos cortijos de la comarca, la mayoría de enlaces conocidos que, transcurrido el tiempo suficiente para permitirlos alejarse de la zona, denunciaban el hecho a las autoridades para no comprometerse. Durante 1942 y 1943, el número de enlaces creció de forma espectacular, y fueron muchos los pastores y labriegos de tendencia izquierdista que les informaban de los movimientos de las patrullas y contrapartidas de la Benemérita.[153]

Catena y Pajuelas prosiguieron con sus labores de intendencia y, el 5 de mayo de 1942, se presentaron en el cortijo Derramaderos (Jimena), donde consiguieron víveres. Sin embargo, en el mes de noviembre Antonio Catena Sanjuán decidió separarse de Pajuelas debido a sus continuos enfrentamientos, no solo por falta de coincidencia ideológica (Catena era socialista y Pajuelas comunista), sino también porque Catena tenía un perfil moderado, evitaba la violencia y no entraba en venganzas ni ajustes de cuentas. Este fue su principal motivo para abandonar las armas y huir a Valencia con la esperanza de iniciar una nueva vida en el anonimato.

---

151 Manuel López Guzmán («Pajuelas») era natural de Mancha Real aunque residía en Torres, municipio de su esposa.

152 Antonio Catena Sanjuán fue trasladado a la prisión de Santa Clara en agosto de 1941 para realizar trabajos de crestería en la iglesia del convento. Durante varios meses estuvo saliendo con toda naturalidad de dicha cárcel a la calle por estar la carpintería fuera. El mismo Catena declaró que cuando, a mediados de noviembre de 1941, incorporaron a Pajuelas a su grupo de trabajadores, este se fugó el 18 de enero. Catena optó por marcharse seguidamente por miedo a las represalias por cuanto él era el responsable de la cuadrilla. AHMI, Leg.2/1 de Jaén.

153 A principios de 1944 fueron condenados a dos años los torreños Diego Medina Jiménez y Gabriel Ruiz Tello, así como el cambileño Juan Cobo Rubio, precisamente por «facilitar a los huidos rojos noticias sobre las fuerzas de la Guardia Civil». AHPJ, Leg. 42.664. Exp. Penit. de Juan Cobo Rubio.

De su choque con Pajuelas tenemos constancia por numerosos testigos, incluso en las declaraciones que obran en el sumario:

> *Pajuelas estaba empeñado en darle un tiro en la cabeza a Joaquín Fernández («Cometo») porque nos había traicionado enviando a un yerno suyo a dar parte a la Guardia Civil para que nos sorprendiera mientras él nos entretenía en su cortijo invitándonos a comer. Solo yo sé lo que tuve que insistir para quitarle esa idea de la cabeza (...)*[154]

Otros testigos como Bonoso Burgos y Benito Burgos declararon que la separación de ambos se debió a «las frecuentes riñas que sostenían por motivos políticos». En otra ocasión, en el cortijo de Manuel Pérez, «Pajuelas», resentido con el propietario, «se llevó a la cara su escopeta para matarlo y Catena lo impidió».[155]

El derechista de Torres, Miguel Raya Moreno («Berlina»), amigo de Antonio Catena, en un encuentro accidental con él en la sierra durante una jornada de caza, aprovechó para convencerlo de que «procurase traicionar a su compañero Pajuelas, lo cual lo colocaría en situación favorable para entregarse a las autoridades y reducir al mínimo su responsabilidad».[156] Este derechista manifestó que, cuando fue encarcelado en 1936, Antonio Catena le salvó de la ejecución.

Lejos de traicionar a nadie, Catena optó por quitarse de en medio y cobijarse en el cortijo de su amigo Diego Fernández Montesinos («Iniesto»). Por su parte, Manuel López Guzmán se cobijó en el molino de Bonoso Burgos Medina, ambos próximos a Torres.

Tras un tiempo escondido en casa de Iniesto, en enero de 1945, Antonio Catena entregó sus armas al cortijero y marchó a Valencia donde, con salvoconductos falsos, consiguió trabajo en una empresa de ebanistería logrando emplear a varios hijos del Iniesto. Pajuelas, en cambio, se unió al grupo de enlaces que les dio cobijo, desde donde, teniéndolo como base de operaciones, planearon algunas acciones. La más conocida fue el asalto que protagonizaron disfrazados de guardias civiles.

El 31 de enero de 1946, Pajuelas, en compañía de Juan Antonio Sánchez Melgarejo («Sargento»), decidió pasar a la acción. Para ello, los

---

154 AHMI, Leg. 2/1 de Jaén, causa 17/46, Carta de Antonio Catena Sanjuan al juez instructor Carlos Becerra.

155 Testimonio de Antonio Catena Sanjuán y Manuel Pérez Fernández. Ibidem. fols. 23 y 35.

156 Testimonio de Miguel Raya Moreno obrante en el sumario. Ibidem fol. 20.

guerrilleros tuvieron la ingeniosa pero arriesgada ocurrencia de disfrazarse de guardias civiles con uniformes que habían mandado confeccionar a Catalina Burgos, hija de Bonoso. La falsa indumentaria les facilitó el factor sorpresa, y el 31 de enero atracaron al contratista Luis Delgado García, que pagaba las nóminas de los obreros de Garcíez, en el sitio conocido como los Berchos (entre Cambil y Baeza). Se apoderaron de 4000 pesetas.

Antonio Catena Sanjuan,
«Catena» (A. Catena Ramiro)

Un aldeano se cruzó en las proximidades con otra pareja de guardias y se detuvo a hablar con ellos:

—¿Qué ocurre hoy que hay tantos civiles? —preguntó.

—¿Por qué lo pregunta? —inquirió uno de los guardias.

—Porque hace un rato he visto pasar a otra pareja un poco más abajo, por cierto que van en alpargatas.[157]

Con esta información, los auténticos guardias civiles se lanzaron a la persecución de los falsos, y estos, viéndose descubiertos, emprendieron la huida. Manuel «Pajuelas», que sufría problemas de pulmón, quedó rezagado en la carrera y optó por esconderse en un desagüe bajo la carretera donde, al verse rodeado, se suicidó disparándose en la cabeza. Este fatal desenlace tuvo negativas

157 Testimonio de Andrés Otiñar Gómez*

consecuencias para muchos aldeanos por el hecho de que Pajuelas portaba una libreta donde anotaba el nombre de los enlaces, colaboradores e incluso cotizantes al partido. Una imprudencia que facilitó la labor a las fuerzas de represión, que iniciaron las detenciones. Nada más caer en poder del juez militar la famosa libreta, puso en marcha todo un dispositivo en el que fueron detenidos numerosos vecinos de diversos pueblos, especialmente de Torres. Se instruyó así el procedimiento sumarísimo n.º 17/46, por el que fueron encarcelados cincuenta y dos personas, entre ellas varios miembros de las familias del molinero Bonoso Burgos y de Diego Fernández «Iniesto». Este último, viéndose en peligro, entregó a la Guardia Civil la escopeta y la pistola de Catena y varias cartas de éste enviadas desde Valencia con nombre falso.

La Guardia Civil obligó a Diego a acompañarlos a la capital del Turia el 18 de enero de 1946, donde detuvieron a Antonio Catena en la calle Maestro Gonzalo para conducirlo a Jaén. El teniente de la Guardia Civil, jefe de línea de Baeza, Amador Torroba Sevillano, propuso recompensar a Diego Fernández «pues gracias a los informes facilitados por él y su prestación personal de gran valía, se logró capturar a este bandido». El 10 de junio fue excarcelado al concedérsele la «prisión atenuada en premio a su colaboración».[158]

Pese a carecer de delitos de sangre, y a pesar de todas las situaciones descritas por él mismo, por testigos que lo avalaron e incluso la incorporación al sumario de declaraciones favorables de numerosos derechistas, a Antonio Catena Sanjuan se le consideró un «elemento peligrosísimo para el nuevo Estado» y fue condenado a muerte. El 20 de marzo de 1947 sería fusilado en el cementerio de San Eufrasio de Jaén junto a Juan Antonio Sánchez Melgarejo («Sargento») y Leonardo Cayetano Peña Bellón («Gallego»).

Nadie imaginaba la tupida red de enlaces y encubridores que estos huidos llegaron a tener en Sierra Mágina. Hasta la interceptación de la libreta de Pajuelas, las autoridades no supieron que los huidos trabajaron en la coordinación de varios comités clandestinos de resistencia en varios municipios de la comarca y se habían entrevistado con miembros del comité regional venidos expresamente desde Sevilla.

La declaración de varios procesados dio origen a nuevas detenciones y a la instrucción de la causa 402/46, en la que se trató de separar jurídicamente a los acusados de «auxilio a malhechores» de los responsables

158 AHMI, Leg. 2/1 de Jaén, causa 17/46, fol.23.

de «actividades subversivas» (ver tabla 5). Por esta última acusación, fueron encarcelados otros veintiún vecinos procedentes de Torres y Mancha Real, pero el caso quedó sobreseído en noviembre por falta de pruebas, no sin antes sufrir los detenidos diez meses de prisión preventiva. La Guardia Civil, las autoridades militares e incluso el Gobierno Civil de la provincia actuaron contundentemente poniendo entre rejas a todo elemento que pudiera estar relacionado con los huidos. No necesitaban demasiadas pruebas para encarcelar, bastaba con hurgar en sus antecedentes políticos, en su ideología, o en algún comentario de descontento hacia el régimen. Toda valía con tal de menoscabar el apoyo guerrillero y erradicar cualquier rumor de proselitismo clandestino. Los instructores sabían que, sin pruebas, el juez militar los pondría en libertad, pero en un claro contubernio político-judicial, cuando no interesaba, no se aplicaba la urgencia sumarial y la prisión preventiva se prolongaba deliberadamente.

> *A mí me tuvieron preso un año sin pruebas de ninguna clase, porque pensaban que era comunista o socialista, o porque un vecino decía esto o lo otro... Entonces no había indemnizaciones, incluso dabas las gracias si no te fusilaban.*[159]

El total de vecinos de Sierra Mágina encarcelados solo en febrero de 1946, ascendió a setenta y tres, de los cuales cincuenta y seis (el 76.7%) eran de Torres; dato que nos demuestra el apoyo del que gozaban Catena y Pajuelas en ese municipio.

Tabla 5
Relación de procesados en las causas 17/1946 y 402/1946[160]
tras la muerte de Pajuelas

NOMBRE	NATURALEZA	CAUSA	CONDENA
Leonardo Peña Bellón	Manijos	17/46	Pena de muerte[161]
Benito Burgos Medina	Torres	17/46	Pena de muerte
Juan Burgos Medina	Torres	17/46	Pena de muerte

159 Testimonio de Agustín Gila Morales*.

160 Elaboración propia en base a los expedientes penitenciarios consultados en el AHPJ.

161 Los cinco condenados a muerte en este proceso fueron ejecutados el 19 de marzo de 1947 excepto Benito Burgos Medina cuya sentencia a la última pena le fue conmutada por 30 años de reclusión.

Juan A. Sánchez Melgarejo	Torres	17/46	Pena de muerte
Antonio Catena Sanjuán	Torres	17/46	Pena de muerte
José Sánchez Melgarejo	Torres	17/46	30 años
Dolores Hervás Cruz	Baeza	17/46	30 años
Bonoso Burgos Martínez	Torres	17/46	30 años
Bernardo Burgos Salido	Torres	17/46	12 años
Catalina Burgos Medina	Torres	17/46	3 años
Francisco Hervás Valenzuela	Baeza	17/46	3 años
Francisco García García	Torres	17/46	3 años
Juan Muñoz Castro	Torres	17/46	3 años
Manuel Moreno Castro	Torres	17/46	3 años
Antonio Hervás Gómez	Baeza	17/46	10 meses
Fel. Torres González	Torres	17/46	10 meses
Gabriel Jiménez Pérez	Torres	17/46	10 meses
J. Amezcua Fernández	Albanchez de M.	17/46	6 meses y 1 día
Antonio Amezcua Muñoz	Albanchez de M.	17/46	6 meses y 1 día
Agustín Amezcua Segura	Torres	17/46	6 meses y 1 día
Nicanor Hervás Gómez	Baeza	17/46	6 meses y 1 día
Diego Burgos Medina	Torres	17/46	6 meses y 1 día
José Burgos Molina	Torres	17/46	6 meses y 1 día
Ildefonso Catena Rodríguez	Torres	17/46	6 meses y 1 día
Diego Fernández Montesinos	Torres	17/46	6 meses y 1 día
José López Burgos	Torres	17/46	6 meses y 1 día
Juan Morales Lorite	Torres	17/46	6 meses y 1 día
El. Morales Melgarejo	Torres	17/46	6 meses y 1 día
J. Morales Melgarejo	Torres	17/46	6 meses y 1 día
Manuel Pérez Fernández	Torres	17/46	6 meses y 1 día
José Burgos Martínez	Torres	17/46	6 meses y 1 día
Pedro Moreno Ogayar	Torres	17/46	6 meses y 1 día
Miguel Moreno Castro	Torres	17/46	6 meses y 1 día

Isabel Pérez Burgos	Torres	17/46	6 meses y 1 día
Santiago Pérez Medina	Torres	17/46	6 meses y 1 día
Manuel Pérez Pozo	Torres	17/46	6 meses y 1 día
Rafael Pérez Segura	Torres	17/46	6 meses y 1 día
Mateo Pérez Torres	Torres	17/46	6 meses y 1 día
Miguel Raya Moreno	Torres	17/46	6 meses y 1 día
Gabriel Real Burgos	Torres	17/46	6 meses y 1 día
Jerónimo Ruiz García	Torres	17/46	6 meses y 1 día
Serafín Sánchez Melgarejo	Torres	17/46	6 meses y 1 día
Martín Sánchez Morales	Torres	17/46	6 meses y 1 día
F. Fernández Castillejo	Torres	17/46	42 días
Juan Espinosa Quesada	Cambil	17/46	22 días
Juan de D. García Narváez	Cambil	17/46	16 días
Diego Yera Fuentes	Mancha Real	17/46	16 días
Antonio Vilches Martínez	Torres	17/46	6 meses y 1 día
Juan M.ª Segura Sarabia	Torres	17/46	Detenido
Gregorio Biedma Fernández	Torres	402/46	Abs. a los 10 m.
Antonio Cobo Tello	Torres	402/46	Abs. a los 10 m.
Antonio Fernández Muñoz	Torres	402/46	Abs. a los 10 m.
Juan Galiano Díaz	Torres	402/46	Abs. a los 10 m.
Juan García Cobo	Torres	402/46	Abs. a los 10 m.
Pedro Garzón Cobo	Torres	402/46	Abs. a los 10 m.
Miguel Gutiérrez García	Torres	402/46	Abs. a los 10 m.
Jesús Gutiérrez Olmedo	Torres	402/46	Abs. a los 10 m.
Miguel Segura Morales	Torres	402/46	Abs. a los 10 m.
Miguel Jiménez Sánchez	Torres	402/46	Abs. a los 10 m.
Juan Antonio Martínez Sánchez	Torres	402/46	Abs. a los 10 m.
Luís Molina Gila	Torres	402/46	Abs. a los 10 m.
Gregorio Molina Rus	Torres	402/46	Abs. a los 10 m.
Santiago Moreno Márquez	Torres	402/46	Abs. a los 10 m.

Juan Muñoz Gila	Torres	402/46	Abs. a los 10 m.
Gabriel Palomino Mayorga	Torres	402/46	Abs. a los 10 m.
José M.ª Pérez Segura	Torres	402/46	Abs. a los 10 m.
Matías Pulido Sánchez	Mancha Real	402/46	Abs. a los 10 m.
Antonio Rodríguez Ramírez	Mancha Real	402/46	Abs. a los 10 m.
José Guzmán Jiménez	Mancha Real	402/46	Abs. a los 10 m.

«SARGENTO CHAMORRO», EL MAQUIS FALANGISTA

Juan Antonio Carrascosa Rosa, más conocido como el «Sargento Chamorro»,[162] era natural de Mancha Real y su perfil no coincide con la figura del maquis o guerrillero, pues de sus acciones se deduce una actuación más acorde con el cuatrero o salteador de caminos al viejo estilo decimonónico.

En el origen de la historia del Sargento Chamorro ya encontramos hechos que marcan un perfil delictivo desligado de vínculos políticos. Al comenzar la guerra se encontraba cumpliendo condena por delitos comunes en el penal del Puerto de Santa María.[163] Cuando Cádiz fue tomada por las tropas golpistas, Chamorro fue liberado junto a la mayor parte de los presos políticos de aquella prisión, seguramente confundido por un represaliado derechista.[164]

Al salir de la cárcel, se alistó voluntario en el Ejército Nacional y, al concluir la guerra, era sargento de Falange Española, de ahí su apodo. Estando aún en activo, robó la caja de caudales de su unidad y desertó para echarse al monte. En su deambular, llegó hasta la provincia de Lérida, tal vez en un intento de alcanzar la frontera francesa. En marzo de 1940, se presentó en el pueblo leridano de Pobla de Ciérvoles, donde, fingiéndose policía y con su documentación de falangista, llevó a cabo varios registros de viviendas de izquierdistas, de las que sustrajo numerosos efectos. Finalmente fue detenido por las autoridades locales y encarcelado en el depósito municipal donde, en un descuido, consiguió

162 Su apodo antes de la guerra era «Chirrinche».

163 Sus antecedentes penales por robo son muy numerosos. En 1923, por ejemplo, fue condenado a dos meses de prisión, en 1925 tuvo tres condenas a cuatro meses, un año, ocho meses y veintiún días. En 1929 lo fue a seis meses. AHPJ. Leg. 42659, Exp. Penit. de Juan Antonio Carrascosa Rosa.

164 AGUADO SÁNCHEZ, F. ob. Cit. p. 503.

arrebatar el fusil al vigilante y, acto seguido, se fugó. Infructuosa fue la batida que se organizó en su búsqueda pues, con mucha astucia, Chamorro se dirigió hacia el sur, contrariamente a lo que pensaban las fuerzas perseguidoras, que creían que intentaría alcanzar la frontera francesa.[165] Se desconoce su actividad en 1942, pero se sabe que regresó a Sierra Mágina, donde, a principios de 1943, reclutó a varios huidos, alguno de ellos familiares suyos, y formó una partida. A él se le unieron:

- Francisco Casas Barrios («Coronel»), sobrino del Chamorro
- Diego Casas Carrascosa («Chirrinche»), primo del Chamorro
- Pedro Linares Jurado («Valsa»)
- Diego García Salido («Ladilla»)
- Luis Zamora Torres («Rana»)
- Manuel Rodríguez Navas («Berenjeno»)
- Juan de Dios Cobo Pulido («Monedillo»)

El grupo fue conocido por los Chamorros, y sus acciones fueron muy temidas en Mancha Real, donde a Juan Antonio Carrascosa Rosa se le atribuyó la violación y posterior estrangulamiento de una prima hermana suya que además estaba embarazada (se dice que de él mismo),[166] en la casería Castillo, sito en el Peñón de la Sierra en las afueras de Mancha Real.

En febrero de 1943, desertó de la partida Juan de Dios Cobo Pulido («Monedillo»), quien más tarde fue encarcelado y condenado a veinte años de reclusión menor.[167] El 18 de mayo asaltaron un cortijo en Bélmez de la Moraleda, propiedad de Francisco Sánchez Montálvez, a quien sustrajeron 4000 pesetas. Por este hecho fueron condenados a dos años de prisión los vecinos de Bélmez: Raimundo Sánchez Robles, Francisco Fernández Gómez y Diego Rivera Rivera, acusados de tener cierta relación con ellos y no haberlos denunciado.[168]

El miedo a denunciar se hacía más patente entre los campesinos que tuvieron la mala suerte de cruzarse con la banda del Chamorro, pues conocían sus antecedentes y su predisposición a la violencia. Por ello, fueron muchos los que les proporcionaron víveres e información

165 AHPJ, Leg. 42.659, Exp. Penit. de Juan Antonio Carrascosa Rosa.
166 El dato de la posible paternidad no se ha podido contrastar documentalmente, si bien se ha recogido en los testimonios de los entrevistados.
167 AHPJ, Leg. 42664, Exp. Penit. de Juan de Dios Cobo Pulido.
168 AHPJ, Leg. 42774, Exp. Penit. de Diego Rivera Rivera. Sentencia de 19 de febrero de 1944. Procedimiento sumarísimo 1174/42.

sobre los movimientos de la Guardia Civil. Así ocurrió con el vecino de Torres, Rafael Espinosa García, condenado a tres años de prisión por acceder a las peticiones de los huidos y no dar cuenta.[169]

En Torres contaban con enlaces que les informaban sobre los movimientos de tropas, lo que dificultó su captura. En cambio, el 4 de julio fue detenido en aquel término Pedro Linares Jurado («Valsa»), quien fue condenado a treinta años por rebelión militar. También fueron encarcelados los vecinos Luis Marroquino Díaz, Juan Gómez Hervás, Manuel Linares Gómez y Pedro Bolaños Casas, a quienes se los atribuyó su cooperación en el robo de la Sección Agronómica de Pegalajar, de donde se llevaron un lienzo de 86 kilos.

El 25 de agosto, los Chamorros fueron sorprendidos cazando con hurón por Julián Rodríguez Prieto, guarda de la Sociedad de Cazadores, al que dieron muerte en el Cerro de la Perdiz.[170] Aguado Sánchez sostiene que el capataz de los guardas forestales de Sierra Mágina fue su principal enlace[171] y, según algunos testimonios, aquel asesinato fue un ajuste de cuentas debido a que el guarda pasaba información a un hermano que tenía en la Guardia Civil. Fue detenido José García Salido, otro hermano Ladilla.

Durante los meses siguientes, merodearon por diferentes parajes de Sierra Mágina sin un plan determinado, asaltando a quienes se cruzaban en su camino, sobre todo en el término de Jódar, donde los robos de víveres fueron numerosos.

El asesinato del citado guarda acentuó la represión en los meses siguientes, culminando con la detención de veintitrés personas. Toda una red de enlaces y encubridores en los pueblos de Mancha Real, Villargordo, Pegalajar, Carchelejo, Jódar y Bélmez de la Moraleda. Curiosamente, algunos de ellos eran de tendencia derechista.

Sabiéndose perseguidos, los Chamorros pusieron tierra de por medio y se adentraron en la sierra de Cazorla, donde fueron tiroteados el 3 de noviembre por el guarda forestal de Navas de Pablo, en el sitio conocido por Ramblaseca (Cazorla), tras el asalto al cortijo Aguas Negras. Se internaron en Santiago de la Espada, donde fueron detenidos los hermanos Inocente, Juan José y Lucio Serrano Díaz y el capataz forestal Eduardo Rodríguez Bautista, acusados de facilitarles la labor en el atraco a dicho cortijo. Como no hubo pruebas, el caso se sobreseyó,

---

169 AHPJ, Exp. Penit. de Rafael Espinosa García. Sentencia de 9 de febrero de 1944. Procedimiento sumarísimo 1058/43.

170 *Diario Jaén*, 27 de agosto de 1943.

171 AGUADO SÁNCHEZ, F. Ob. cit. p. 112.

aunque no sin que los acusados sufrieran medio año de privación de libertad.

A mediados de diciembre ya se encontraban de nuevo en Sierra Mágina, y el día 12 asaltaron el cortijo Rincón Blanco (Jódar), donde consiguieron dos caballerías repletas de víveres y ropas. El 21 del mismo mes, un enlace les informó sobre el cortijo Alamillos de Jaén, donde se desplazaron para apoderarse de 30000 pesetas. En una doble jugada, decidieron retener al propietario y obligarlo a escribir una carta a su vecino y amigo el propietario del cortijo Vista Alegre suplicando el pago del rescate. De esta forma consiguieron otras 2055 pesetas.[172]

Los cuarentaitrés procesados en esta causa fueron los siguientes:

Tabla 6
Relación de procesados en la causa 1555/43
tras la captura del Sargento Chamorro

NOMBRE	VECINDAD	CONDENA
Juan Antonio Carrascosa Rosa («Sgto. Chamorro»)	Mancha Real	Pena de muerte
Francisco Casas Barrios («Coronel»)	Mancha Real	Pena de muerte
Juan Diego Casas Carrascosa («Chirrinche»)	Manchar Real	Pena de muerte
Diego García Salido («Ladilla»)	Mancha Real	Pena de muerte
Luis Zamora Torres («Rana»)	Mancha Real	Pena de muerte
Manuel Rodríguez Navas («Berenjeno»)	Pegalajar	Pena de muerte
Pedro Linares Jurado («Valsa»)	Mancha Real	30 años
Juan de Dios Cobo Pulido («Monedillo»)	Mancha Real	20 años
Bartolomé García Fernández	Mancha Real	10 años
Manuel Romero Calero («Casasnuevas»)	Mancha Real	2 años
Gabriel Jiménez Dávila («Malagueño»)	Mancha Real	1 año
Gabriel Jiménez Linares	Mancha Real	1 año
Manuel Linares Gámez	Mancha Real	1 año
Juan Carrascosa Sánchez	Mancha Real	1 año
José M.ª Martínez Díaz	Mancha Real	6 meses y 1 día
Pedro Bolaños Casas	Mancha Real	1 año
José García Salido («Ladilla»)	Mancha Real	1 año

172 SEHGC, *205 Comandancia*..., ob. cit. pp. 46-47.

José Cobo Cobo	Mancha Real	1 año
Antonio Cobo Valero	Mancha Real	1 año
Antonio Delgado Romero	Mancha Real	1 año
Manuela Gómez Hervás	Mancha Real	1 año
Juan Gómez Hervás	Mancha Real	1 año
Juan María Linares Gómez	Mancha Real	1 año
Sebastián Lendínez Moral	Villargordo	1 año
Francisco Aranda Moreno	Villargordo	1 año
Jesús Elort Tritón	Pamplona	5.000 pts.
Tomás Guzmán León	Pegalajar	1 año
Pedro Guzmán Medina	Pegalajar	1 año
Pedro Marroquino Díaz	Pegalajar	1 año
Juan Romero Herrera	Pegalajar	1 año
Ildefonso Ramírez Alcalá	Pegalajar	1 año
Francisco Barajas Cobo	Pegalajar	1 año
Diego Martínez Soto	Pegalajar	1 año
Francisco Morillas Almagro	Pegalajar	1 año
Francisco Herrera Romero	Pegalajar	1 año
Fernando García Lechuga	Pegalajar	1 año
Antonio Jaraices Torres	Carchelejo	1 año
Rafael Rojas Ortiz	Carchelejo	1 año
Pedro González Jiménez	Carchelejo	1 año
Juan J. Ramírez García	Jódar	1 año
Francisco Sánchez Montálvez	Bélmez	1 año
Juan José García Serrano («Triunfo»)	Stgo. Espada	Sobreseído
Rafael Espinosa García	Torres	3 años

La partida del Chamorro se especializó en el robo de ganado para su venta a varios propietarios que se beneficiaban de su bajo precio. Según testimonios recogidos, algunos hacendados multiplicaron su fortuna por su relación con los cuatreros. En cambio, en las sentencias se denota una evidente parcialidad, y el consejo de guerra actuaba en función del pasado político de los procesados. En la sentencia se lee:

Que el procesado José Cobos Cobos, de buena conducta y perteneciente a la vieja guardia de la Falange Española Tradicionalista y de la JONS, fue sorprendido en el cortijo de su propiedad por la banda cuyos componentes le obligaron a facilitarle alimentos y, si bien no denunció el hecho a la Guardia Civil, no se desprende que lo hiciera con propósito de ayudar a los malhechores.

Que el procesado Francisco Sánchez Montálvez, de muy buena conducta y antecedentes político-sociales, fue acusado por los forajidos de haberles adquirido ganado procedente de robos a bajo precio sin que tal imputación haya sido confirmada.[173]

La compra de ganado robado fue un hecho relativamente frecuente en los años de posguerra. Las condenas a cuatreros y enlaces fueron ejemplarizantes; sin embargo, para los compradores que ganaban mucho dinero en la transacción y que solían ser solventes propietarios derechistas, las condenas eran prácticamente inexistentes o de baja consideración, aun sabiendo que el ganado era robado. Un claro ejemplo lo tenemos en el arresto a cuatro meses a que fue condenado el propietario del cortijo «El Nuevo», de Torredonjimeno, por «la compra de reses de ganado vacuno y lanar a individuos que se presentaban en el cortijo a vendérselas constándole su ilegítima procedencia ya que pagó por ellas precios manifiestamente bajos».[174]

Parece ser que el Chato de Mancha Real fue uno de los que más ganado compró a los huidos.[175] Pero esta partida no tuvo una vida demasiado larga y, como ocurría con frecuencia, fue un enlace el delator el que acabaría con ella. Veamos el testimonio de un guardia civil que participó en la detención:

El 23 de diciembre de 1943, el entonces comandante de puesto de Mancha Real, José Marcos García Monedero, auxiliado por mí y por el guardia Manuel Pulido Bogas, como consecuencia de haberse hurtado unos capachos de aceituna, hicimos un registro domiciliario en las casas de los familiares sospechosos, al efectuarlo en el domicilio de un tal Malagueño,[176] *en la calle Tosquilla, mientras el cabo vigilaba la puerta, el guardia Pulido entró en una habitación sorprendiendo*

173 AHPJ, Leg.42664, Exp. Penit. de José Cobos Cobos. Sentencia de 9 de febrero de 1945.

174 AHPJ, Leg. 42661, Sum. 1175/1945.

175 Testimonios de José Angulo Jiménez* y Nicolás Romero Cobo.

176 El Malagueño era Gabriel Jiménez Dávila que fue obligado a servir de guía para la Guardia Civil.

acostado a Diego Casas Carrascosa, el cual intentó coger una escopeta pero el guardia, pistola en mano, le obligó a entregársela conduciéndole al cuartel donde una vez interrogado declaró el lugar donde el resto de la partida se hallaba oculta en una cueva de la sierra, entre Campillo de Arenas y Carchelejo.

A las 9 de la noche fue enviado un autocar del Cuerpo con un numeroso grupo de guardias, entre los que me encontraba yo, a las órdenes del brigada Pedro Ortiz González. Fuimos trasladados hasta la venta Padilla, en la carretera de Granada, donde se unieron fuerzas de Pegalajar, Jaén y La Guardia, al mando del comandante Luis Aguacil Cobo y el capitán Florencio Alcalá Martínez cuyas fuerzas traían consigo a un hijo de Berenjeno y nosotros a un hijo del Chamorro. También se ofreció voluntario a acompañarnos el guardia municipal de Mancha Real, Sebastián Dávila Martínez. Allí hubo que tomar medidas extremas debido a que el viento huracanado y el agua hacían posible la huida del detenido por lo cual me presté voluntario para ir esposado con el bandolero Malagueño, recorriendo el trayecto en una intempestiva noche y un terreno accidentado pasando por puntos casi inaccesibles hasta llegar a la Sima,[177] *situada en una vertiente donde era imposible penetrar por caminos. Una vez cercada, ya amanecido el día 24, nos situamos a unos cuatro metros de la citada cueva con el hijo de cada uno de los bandoleros enviando al del Chamorro a fin de que les dijeran que se encontraban cercados. En un principio se negaron pero cuando escucharon que íbamos a lanzar bombas de mano, optaron por salir brazos en alto diciendo al salir: «Hay que ver la noche cómo está».*[178]

Le fueron ocupadas seis escopetas, un revolver, una pistola Astra y otra Star, ciento siete cartuchos, municiones de pistola, seis mantas y cien pesetas. Fueron detenidos: Juan Antonio Carrascosa Rosa («Sargento Chamorro»), Luis Zamora Torres («Herranz»), Francisco Casas Barrios («Coronel»), Juan Diego Casas Carrascosa («Coronel»), Diego García Salido («Ladilla») y Manuel Rodríguez Navas («Berenjeno»).

Excepto Berenjeno que era pegalajeño, los demás eran naturales de Mancha Real. Todos fueron ejecutados el 18 de marzo de 1944 en el

177 La cueva denominada la Sima se encuentra próxima a la Cerradura en el monte Los Grajales, lindero entre los términos de Jaén y Pegalajar en una escarpada vertiente rocosa de difícil acceso.

178 SEHGC, Testimonio del guardia Antonio Blanco González para la revista de la Guardia Civil.

cementerio de Jaén.[179] También fueron detenidos y condenados Gabriel Jiménez Dávila («Malagueño»), Sebastián Lendínez Moral y Manuel Romero Calero («Casasnuevas»), este último un derechista que había ocultado en su casa a los huidos, así como algunos familiares que hubieron de reconocer su ayuda al proporcionarles víveres en diversas ocasiones.[180]

No obstante, al Sargento Chamorro había que reconocerle dos habilidades: la de aprovecharse de la infraestructura de los dos bandos que combatieron en la guerra y la de dar esquinazo a la Guardia Civil de las maneras más imaginativas:

> *Un día dieron el soplo a los guardias de que el Chamorro estaba en el pueblo, que lo habían visto saltar por las tapias de unas casas. Rodearon el pueblo y no dejaron salir a nadie, sólo a unas bestias con estiércol. Buscaron y buscaron y nada. Luego se supo que iba escondido en una de aquellas mulas enterrado en el estiércol.*[181]

179 Procedimiento Sumarísimo de Urgencia nº 1.824. AHPJ, Exp. Penit. de los relacionados. El pelotón de fusilamiento estuvo formado por soldados del Regimiento de Infantería Lepanto nº 2 de Jaén.

180 El 8 de marzo de 1944 se condenó a ocho meses de cárcel a Teresa Casas Barrios, hermana de Coronel. AHPJ, Leg. 42660. Sum. 1176/1944.

181 Testimonio de Juan Angulo Jiménez*.

SEGUNDA ETAPA: 1945-1952

Apogeo y caída del movimiento guerrillero

LA DESORGANIZACIÓN POLÍTICA EN EL EXILIO

El 19 de marzo de 1945, visto el desenlace de la guerra mundial, don Juan de Borbón publicó un manifiesto presentando a la monarquía tradicional como «único instrumento de paz y de concordia para reconciliar a los españoles». Su programa se basaba en el voto popular de una Constitución, la garantía de los derechos de la persona, una asamblea legislativa elegida por la nación, el reconocimiento de la diversidad regional, amnistía y una más justa distribución de la riqueza.[182] Sin embargo, ni el dictador estaba dispuesto a ceder el poder ni buena parte de las organizaciones de izquierda deseaban la monarquía, sino el restablecimiento de una república democrática.

Durante aquel año, el régimen franquista atravesó por uno de sus peores momentos. Aparece cierto debilitamiento psicológico al tener que hacer frente al aislamiento internacional, con la amenaza de una intervención extranjera, con las incursiones de maquis por la frontera francoespañola, la insistencia de la monarquía y una crisis económica que tuvo precisamente en 1945 su peor año. Pese a todo, la oposición política al franquismo no consiguió la unidad y actuó de forma dispersa y descoordinada.

La falta de cohesión en las organizaciones de izquierda ha sido un mal endémico a lo largo de su historia. Al desgaste de la guerra, de cuya traumática derrota aún no se habían repuesto los cuadros de las fuerzas

182 BIESCAS J.A. Y TUÑÓN DE LARA, M, *España bajo la dictadura franquista (1939-1975)*, Tomo X, Edit. Labor, Barcelona 1981, p. 202.

políticas, había que añadir la represión depurativa y las disensiones y luchas internas en el exilio entre grupos mayoritarios de los partidos que habían integrado el Frente Popular.

Como hemos visto, el PCE apostó por combatir en solitario y capitalizar la lucha guerrillera. La disciplina impuesta a sus hombres quedó en evidencia tras el asesinato del dirigente comunista León Trilla en Madrid a manos elementos enviados por el mismo aparato del partido.[183] En el PSOE, empeñado en conseguir el apoyo internacional, confluían diversas tendencias tras su congreso celebrado en el norte de África en 1944. También en la UGT, reorganizada en Francia a finales de dicho año, hubo dos corrientes encontradas, la mayoritaria y anticomunista de Trifón Gómez y Ricardo Llopis y la procomunista de Rodríguez Vega (antiguo secretario general) y Amaro del Rosal.

Por su parte, la CNT tuvo varios intentos de reconstrucción tras la guerra, pero sus comités nacionales cayeron uno tras otro. En 1944, optó por integrarse en la Alianza Nacional de Fuerzas Democráticas (ANFD), pero también sufrió la disensión interna entre políticos y apolíticos.

No obstante, los grupos obreros clandestinos del interior de España, pese a las luchas intestinas de sus dirigentes, conseguían difundir prensa como *Reconquista de España* (por la UNE), *Mundo Obrero*, *Treball*, *Solidaridad Obrera*, *Fragua Social* o *La Batalla*, entre otros.

Ya en 1943, los socialistas propiciaron en México la creación de la JEL (Junta Española de Liberación), otro bloque republicano de posguerra bajo la presidencia de Martínez Barrio, con Indalecio Prieto como secretario general, y del que fueron excluidos los comunistas. Su objetivo era la creación de una plataforma política de oposición suficientemente representativa para parlamentar con las potencias occidentales. Como se ha señalado, el mismo fin se le atribuyó al año siguiente a la ANFD.

También a principios de 1945, se constituyeron la Agrupación de Fuerzas Armadas Republicanas Españolas (AFARE) y la Junta de Militares Patriotas (JMP), esta última compuesta por antiguos

183 Gabriel León Trilla fue apuñalado por sus propios camaradas del partido comunista en la calle Magallanes de Madrid el 6 de septiembre de 1945. Enrique Lister aseguraba en el libro de Daniel Arasa *Años 40: Los Maquis y el PCE*, que la decisión de eliminar a Trilla partió de Dolores Ibárruri y Santiago Carrillo, orden que fue transmitida a Cristino García Aranda, jefe de la guerrilla de la zona centro. Gabriel León Trilla fue uno de los fundadores del PCE en 1921, miembro del comité ejecutivo en los años veinte y del segundo buró político. En 1932 fue expulsado el partido por considerar que no era fiel a la Internacional Comunista, aunque fue readmitido durante la guerra civil.

excombatientes de la guerra civil, si bien no emprendió acción militar alguna y estuvo vinculada a la ANFD. Su actividad se limitó a la divulgación de propaganda contra el régimen franquista hasta 1947.

Durante la primavera de 1945, tras conocerse la derrota definitiva de Hitler, un ambiente de euforia invadió los círculos clandestinos, y proliferaron las asambleas y la difusión de propaganda, fundamentalmente en octavillas; expectativas que serían represaliadas con dureza. Entre tanto, la ONU recibió un informe de la Junta Española de Liberación. La Asamblea decidió la «no admisión de España porque su gobierno ha obtenido el poder con ayuda de los países del Eje y ha colaborado con él».

En abril de 1946, la ONU retomó el «caso español», pero la delegación británica acudió con instrucciones de que la cuestión española no llegase a ser discutida. Aun así, el debate surgió, y los ingleses consiguieron que el asunto lo estudiara un subcomité, sin duda para ganar tiempo. De esta forma se llegó a la Asamblea del 16 de diciembre con acuerdo condenatorio al régimen de Franco, pero sin ningún compromiso para derrocarlo. Tampoco se mencionó al gobierno republicano en el exilio. Los ingleses, que nunca ocultaron preferir para España un gobierno fascista a un régimen comunista satélite de la URSS, consiguieron su objetivo y fueron los principales precursores de la no intervención militar en España tras la guerra mundial. Por último, la Asamblea del 4 de noviembre de 1950 revocaría las sanciones impuestas a España. Franco se había salido con la suya.[184]

Por su parte, la UNE emitió una orden general titulada «Consigna que todo guerrillero debe tener presente en la lucha en tierras de España», la cual fue conocida como el *Manual del Guerrillero*.[185] Este documento tuvo como objetivo unificar criterios entre los grupos armados y evitar, en la medida de lo posible, acciones que perjudicase la imagen de los maquis en su resistencia armada al régimen franquista.

Dicho manual decía:

> 1.º *Respeta las costumbres, el idioma, las creencias y los sentimientos de tus compatriotas. Tu lucha es contra Franco, los falangistas y contra el régimen de miseria y opresión que éstos representan.*
>
> 2.º *No permitas que se robe a los campesinos sus productos; sólo los falangistas requisan y roban. Págales todo lo que te proporcionen; ellos deben ser tus aliados y señalarte quiénes son los falangistas*

---

184 Ibidem, p 203.

185 AHPCE, Orden General de la Jefatura de Estado Mayor, VI Sección del Ejército Republicano de Liberación.

más odiados de tu pueblo. Explícales que Unión Nacional respeta sus ideas, creencias, sentimientos y propiedad.

3.º *En tus ataques contra los cuerpos armados, no olvides que en ellos hay patriotas e hijos de España. Sé implacable contra los falangistas. Ni tregua ni cuartel para los que perpetúan con las armas la traición de una Patria sojuzgada.*

4.º *No permitas atentados ni saqueo en las vidas y haciendas de los anti falangistas; castiga a los incontrolados como enemigos y perturbadores que son. Sé intransigente con los falangistas recalcitrantes; éstos deben ser el blanco de tu fusil.*

5.º *No te comportes como ocupante, sino como liberador; respeta todas las ideas, sentimientos y creencias de los españoles enemigos del falangismo.*

6.º *Se implacable con el enemigo y justo con el verdadero patriota.*

7.º *El falangista significa pillaje, bandidismo y anti-España. El guerrillero es respeto, hidalguía, honradez y patriotismo.*

8.º *La liberación de España debe ser obra de todos los españoles; en la lucha de liberación caben obreros, campesinos, burgueses, sacerdotes, militares y todos aquellos que odian a Franco y la Falange.*

9.º *No olvides que la Unión Nacional de todos los españoles es la salvación de España. Organiza Junta y Grupos de Unión Nacional en pueblos y villorrios. Sé un orientador de los españoles. Infórmales del programa de U.N. que a todos interesa por igual. La Junta Suprema de Unión Nacional es la suprema autoridad de la lucha contra Franco y Falange, popularizarla en todas partes.*

10.º *Haz comprender que para ser libre hay que luchar, que el guerrillero es el brazo armado de U.N. y, por lo tanto, de España; que todos los amantes de la libertad deben movilizarse para la lucha, y que los jóvenes amantes de España deben ir a Guerrilleros. Haz conocer las acciones de los Guerrilleros en Francia.*

11.º *No engañes a nadie, tu lucha es por España y para España. Defiende los intereses, ideas, costumbres, sentimientos y libertades de todos los españoles.*

12.º *Estudia tus acciones antes de realizarlas. Lleva siempre una buena información.*

Pero volvamos a la lucha guerrillera y veamos cómo se desarrolló durante el referido periodo en la provincia de Jaén.

Lucha guerrillera en Sierra Morena

SEGUNDA ETAPA: 1945-1952

Esta segunda etapa en Sierra Morena estará marcada por una mayor actividad en la lucha guerrillera antifranquista, con mayor ofensiva en sus acciones y un significado carácter político-militar, sobre todo entre 1946 y 1947. Esto conllevó un aumento de las dotaciones armadas para la represión antiguerrillera.[186]

La incorporación de Francisco Expósito Prieto («Torrente» y «Gafas»)[187] en enero de 1944 sería decisiva para el desarrollo de esta lucha en Sierra Morena, tanto en la provincia de Jaén como en la de Ciudad Real. Este emprendedor guerrillero iliturgitano destacó por su fidelidad a las consignas del partido comunista al que profesó

---

186 A partir de 1944, el organigrama de la Guardia Civil sufre importantes transformaciones y sus efectivos fueron reforzados, multiplicándose los destacamentos fijos y móviles en lugares estratégicos. En enero de dicho año, se crean las líneas de Siles (formada por los puestos de Siles, Pontones, y Santiago de la Espada), la de Orcera (Orcera, Cortijos Nuevos y Hornos de Segura) y las de Cambil, Campillo de Arenas, Mengíbar y Jaén. También se crean las compañías 7.ª, 8.ª y 9.ª. Las líneas de Mancha Real y sus puestos pasan a depender de la 8.ª Compañía. La 6.ª Compañía (Jaén), que ocupaba el cuartel denominado de la Imprenta, pasó al cuartel de la calle Roldán y Marín, donde permaneció hasta 1958, año en que se trasladó al nuevo edificio de la calle Ejército Español, donde permanece en la actualidad. También en 1944 se crearon los puestos de la Guardia Civil de la Bobadilla de Alcaudete, San José y Castillo de Locubín. Vid. SEHGC, *205 Comandancia*... apéndice: *Antecedentes correspondientes*..., ob. cit., p. 6.

187 Sobre su apodo, si bien el padre de Francisco Expósito era conocido como Torrente, el apelativo de Torrente de Andalucía debió de ser una invención. El mismo Francisco Expósito reconoció en una entrevista publicada en *La Crónica* en 1989 que «nunca supo si quienes le asignaron su último alias trataban en realidad de escribir su epitafio». En Sierra Morena fue conocido por el Gafas, por ser el único guerrillero que llevaba anteojos por su miopía. Por tal motivo prescindiremos del apodo Torrente y lo denominaremos Gafas, tal y como era conocido.

una profunda lealtad ideológica. Con su presencia, las actuaciones de la guerrilla en Sierra Morena adquirieron una mayor orientación política.

Gracias a las memorias que escribió el Gafas antes de morir y que pude traer a España, conocemos su increíble trayectoria y se ha podido reconstruir la historia de la guerrilla en Sierra Morena.[188]

FRANCISCO EXPÓSITO: EL NIÑO REVOLUCIONARIO

Francisco Expósito Prieto nació en Andújar en 9 de enero de 1920. A los trece años ingresó como pionero en las Juventudes Comunistas y, el 20 de julio de 1934, fue detenido por primera vez por repartir octavillas en los tajos en la huelga general de campesinos, siendo internado en el correccional de menores de Jaén. A su salida, y tras la declaración del estado de guerra a consecuencia de las revueltas de Asturias en octubre de ese año, volvió a ser detenido por llevar una pistola. Fue encarcelado en la prisión vieja de Andújar y acusado de «tenencia ilícita de arma, auxilio a la rebelión, reunión clandestina y atentado contra la forma de gobierno», por lo que fue trasladado a la prisión provincial de Jaén con quince años.

Durante su cautiverio coincidió con numerosos dirigentes políticos y sindicales de los que fue un alumno aventajado. Tras su liberación, siguió de cerca los agitados acontecimientos políticos a pesar de vivir trágicas experiencias:

> *En el mes de octubre de 1935 decidí ir a Madrid con un grupo de jóvenes (los hermanos Simón, Carrasco, mi primo Antonio y yo) para asistir a un mitin de Azaña. Como no teníamos dinero, pensamos hacer el viaje en el techo del tren conocido como el Corto de Valencia. Al pasar por el río Guadalquivir, por el puente de Mengíbar, nos cayó encima un cuerpo decapitado, por sus ropas dedujimos que se trataba de Carrasco. Había debido levantarse en el momento de pasar el puente, siendo decapitado por una de las vigas. Al llegar a Jabalquinto, intervino la Guardia Civil y nos llevó ante el juez (...) Conseguí de todas*

188 Francisco Expósito Prieto concluyó sus memorias en Francia en 1989. Tuve la oportunidad de viajar a la ciudad francesa de Clermont Ferrand y entrevistarme con su esposa Pierrette Expósito y con sus hijos, que me facilitaron un borrador de dichas memorias que, en 2004, fueron publicadas íntegras en mi obra *Vivir para contarlo.* Mi agradecimiento Antonio de Miguel Quiles, hombre de confianza del Gafas en Francia, que facilitó este encuentro.

formas asistir a dicho mitin acompañado de unos amigos que habían alquilado un camión.[189]

En abril de 1936 ya era miembro directivo de las Juventudes Comunistas y encabezó la delegación que acudió a las conversaciones con las Juventudes Socialistas para la formación de las Juventudes Socialistas Unificadas (JSU), siendo nombrado vicepresidente de la nueva organización y secretario de la Sociedad de Agricultores. Su precocidad política es digna de asombro, pues estamos hablando de un chico de dieciséis años.

Tras el levantamiento del 18 de julio de 1936, se alistó como voluntario en el ejército republicano y formó parte del asedio al santuario de la Virgen de la Cabeza.

> *En octubre los junkers alemanes abastecieron a los sitiados y nosotros recibimos la orden de dejarles recuperar los envíos. Mi tío Eufrasio, Ángel Correas y yo decidimos no respetar la orden y, una hora más tarde, cuando los guardias civiles iban a recoger el avituallamiento, abrimos fuego (...) Un capitán de asalto quiso detenernos por desobediencia y fuimos expulsados de la avanzadilla (...) En noviembre conseguí volver al frente de la Virgen de la Cabeza. El mando había cambiado y había órdenes de disparar sobre el enemigo. Fui nombrado cabo jefe de la avanzadilla n.º 3 compuesta por quince hombres.*
>
> *El 22 de abril de 1937 vimos huellas en la hierba (...), pedí permiso para perseguir al enemigo, pero no obtuve autorización, ya que estaban preparando el asalto al Santuario* [con la excusa de recoger unos ciervos abatidos en la sierra] *emprendimos la persecución del enemigo*[190] *(...) y encontramos nueve guardias civiles que se dirigían a Montoro. El capitán Cortés les había mandado guiados por un cabrero con un mensaje destinado al coronel Cascajo que comandaba las tropas fascistas del sector de Córdoba.*

Lo que aconteció después fue una feroz escaramuza que duró dos días, y en la que murieron el pastor y seis guardias. Hicieron tres prisioneros y

---

189 Testimonio de Francisco Expósito Prieto reflejado en sus memorias.

190 Las faltas de disciplina y sometimiento a las órdenes superiores fueron frecuentes entre los milicianos durante la guerra, como consecuencia de la diversidad de partidos y los choques ideológicos entre mandos y subordinados. Sus consecuencias fueron especialmente graves en el segundo semestre de 1936, periodo en que se produce la mayor represión física en la retaguardia, pues muchos de estos milicianos radicales escaparon al control de las autoridades republicanas.

recuperaron numerosas armas.[191] Tras esta acción, se lo nombró Delegado Político de la I Compañía, 4.º Batallón de la 89 Brigada. Tenía diecisiete años. Un decreto de Indalecio Prieto, entonces Ministro de Defensa Nacional, prohibió que los menores de dieciocho años ejercieran de delegados políticos, por lo que se vio obligado a dimitir.

El 20 de mayo se casó con Salvadora Ruano, con quien tuvo una hija. A partir de esta fecha, comienza su experiencia guerrillera, al ingresar voluntario en la Séptima Compañía de Guerrilleros (157 Brigada del XIV Cuerpo del Ejército), que tenía como base de operaciones la ciudad de Martos, de donde salían hacia la zona franquista en el sector comprendido entre el río Guadalquivir y la costa mediterránea.

En otoño de aquel año fue enviado a Betera (Valencia), donde existía una escuela de capacitación políticomilitar, en la cual obtuvo el puesto número dos de su promoción. Así vivió Francisco Expósito el golpe del general Casado el 5 de marzo de 1939:

> *Tras el regreso del gobierno republicano en el exilio se esperaba con impaciencia la declaración que había de hacer el doctor Negrín y que se esperaba estuviese orientada hacia la continuación de la lucha armada contra el fascismo. La noche del 4 al 5 de marzo la pasamos escuchando las informaciones radiofónicas, pero el discurso no tuvo lugar, y comenzaron a dar noticias contradictorias por las que comenzamos a comprender que un golpe de estado se había producido. Decían que este tenía como objetivo «restaurar la paz entre los españoles, alejando del poder a los gobernantes que se habían vendido al comunismo y que no deseaban más que la destrucción del pueblo español» (...) Rápidamente comenzaron los apresamientos y destitución de los comunistas que ocupaban puestos de responsabilidad en la Administración y en el Ejército. El Gobierno había sido reemplazado por la Junta de Defensa, que proponía entablar contactos con los franquistas. Nuestra unidad fue cercada por fuerzas leales a la Junta (...), las armas nos fueron confiscadas por oficiales con brazaletes donde se leía: CNT, FAI o PS. Se nos aseguró que las promesas de la Junta serían observadas al pie de la letra por las autoridades franquistas y que así podríamos marchar al extranjero. De todos es sabido que esta monumental burla costó la vida a miles de camaradas.*[192]

191 Las armas incautadas fueron ocho mosquetones, un rifle, nueve pistolas calibre 9 largo, otras nueve de diferentes calibres, veintisiete bombas de mano tipo Breda, un documento dirigido al general Cascajo y un billete de 1000 pesetas.

192 Ibidem, ib. y *Nuestra Lucha* ,4 de abril de 1998, edit. FM-LE en Francia, pp. 1-3.

Acabada la guerra, Francisco Expósito fue encarcelado de nuevo en Andújar el 5 de octubre de 1939 junto a otros ciento veinte vecinos.[193] Sería condenado a pena de muerte, pero, de nuevo, su minoría de edad lo salvó del pelotón de fusilamiento, y la sentencia fue conmutada a veinte años.[194]

Tras el apuñalamiento en la cárcel del falangista Juan Damas por el condenado a muerte Francisco Caballero minutos antes de ser ejecutado, y tras un intento de fuga colectivo, fueron conducidos a la prisión provincial de Jaén y, de ella, en un convoy de cien reclusos, fueron trasladados a la prisión de Santa Isabel en Santiago de Compostela.

> *La prisión de Santa Isabel era un antiguo cuartel de caballería que había sido desalojado a causa de la humedad puesto que los caballos no podían acostumbrarse a ella, y ese era el edificio a donde nos incorporamos miles de prisioneros (...) Esta fue una de las cárceles donde me encontré más cerca de la muerte...*[195]

A finales de 1941, fue conducido a la prisión de Santa Rita (Madrid), y fue obligado a trabajar en la construcción de la prisión de Carabanchel. Allí entró de nuevo al servicio del partido recogiendo información sobre los acontecimientos internacionales mediante un grupo de extranjeros presos acusados de espionaje al servicio de la Inteligencia británica.

> *Me pillaron con unos documentos que nos llegaban de la embajada americana e inglesa, a falta de prensa de izquierdas, con información sobre la II Guerra Mundial, en la que los rusos eran aliados de quienes nos pasaban esas noticias*[196] *(...) La noticia de Stalingrado fue el comienzo de sucesivas alegrías y satisfacciones. Esta noticia supuso un viraje decisivo que infundió savia nueva en nuestros espíritus aletargados por los éxitos fascistas.*[197]

---

193 Francisco Expósito insistía en las torturas que se propinaban a los presos de Andújar por algunos falangistas tristemente célebres, entre los que recuerda a Juan Duque y su primo Luis Cachinero, a otro conocido por Jesusín, a José María «el de las gaseosas», Frasquito «el de las vacas» y Juan Damas.

194 AHPJ, leg. 42.678, Exp. Penit. de Francisco Expósito Prieto.

195 Testimonio de Francisco Expósito Prieto.

196 La Crónica, dominical, *Tocatta y fuga de Francisco Expósito, El Gafas, dos veces muerto,* 14 de mayo de 1989, p. 8

197 Testimonio de Francisco Expósito Prieto.

Varias veces consiguió burlar la vigilancia del destacamento de las obras de Carabanchel. A la hora de comer, aprovechaba la reducción de vigilancia y el número de prisioneros en campo abierto, se dirigía a la taberna Fuencisla de Madrid, donde recogía información y documentos que introducía en prisión escondidos en un hueco de los zapatos, antes del recuento de la tarde. Pero en una de estas temerarias incursiones se detectó su ausencia y fue detenido cuando regresaba. El castigo de la Junta de Disciplina fueron tres meses de aislamiento en la prisión central de Burgos. Cumplido el castigo, fue conducido al Destacamento de Anguiano (Logroño), donde se construían los canales del río Najerilla para las centrales eléctricas a cargo de la compañía Asociación Bago-Caso (ABC). Allí conoció a quien sería su amigo inseparable, el zaragozano Víctor Padilla Aina («Aragonés»), y, juntos, planearon evadirse para incorporarse al movimiento guerrillero.

El 7 de octubre de 1944, Francisco Expósito Prieto, junto a Víctor Padilla Aina y tres más (a dos de los cuales consiguieron capturar y fusilar para dar ejemplo), con la ayuda del capataz del destacamento, marcharon en dirección a Francia. Sin embargo, ante el descomunal movimiento de tropas en torno a la frontera pirenaica, decidieron cambiar de rumbo. En penosa marcha, regresaron a Logroño, donde un enlace les proporcionó salvoconductos falsos, y allí decidieron separarse. Aragonés marchó a la provincia de Zaragoza para contactar con su familia y Francisco Expósito se dirigió a Valencia. Ya en la capital del Turia, y gracias al famoso enlace Willy, que tanta documentación falsa proporcionó a los huidos que recurrieron a él, consiguió una cédula personal (los salvoconductos solo servían para viajar) con una identidad falsa: Pablo Jiménez Ruiz. De esta manera viajó a Andújar, donde visitó clandestinamente a la familia, y después se desplazó a Córdoba, donde, consciente de su pérdida de visión, consultó a un oculista que le prescribió unas gafas que le confirieron un aspecto nuevo. De ahí su apodo.

Se desplazó a Villa del Río, donde pudo ver a su mujer y a su hija. Ya de vuelta, trató de contactar con los huidos en Sierra Morena, lo que tardó en producirse por los recelos del grupo del Vidrio, en plena contraofensiva antiguerrillera, y por las directrices del comité provincial del PCE, con sede en Andújar, quien le ordenó que se incorporase en la segunda semana de enero de 1945.

Durante la espera, viajó de nuevo a Valencia. A su regreso a Jaén, comprobó que Víctor Padilla (»Aragonés») lo estaba esperando para incorporarse junto a él a las guerrillas, al no haber podido contactar con sus familiares.

Dos días antes, Pepe Plaza, yerno de mi tío Nicolás, intentó convencerme de lo inútil del sacrificio que me proponía yéndome a la sierra, pues confiaba, como otros muchos socialistas, en que ingleses y americanos habían de liberar a España del yugo fascista. Pero nosotros los comunistas no esperábamos que nadie resolviese nuestros problemas. Impulsados por la idea de que la emancipación de los trabajadores es obra de los trabajadores mismos, nos habíamos comprometido voluntariamente en la lucha contra el régimen franquista sin tener en cuenta las dificultades ni las vidas que iban a quedar por el camino, poniéndonos al servicio de un ideal.[198]

INCORPORACIÓN DEL GAFAS: LA ACCIÓN GUERRILLERA SE ENDURECE

El 9 de enero de 1945, cuando cumplía veinticinco años, el «Gafas» comenzó su andadura por la sierra junto a Víctor Padilla Aina («Aragonés»). Contactaron con el grupo de huidos de Marmolejo que capitaneaba Francisco Osuna Galiot («Vidrio»), a los que ya conocemos de capítulos anteriores. Portaban una carta de presentación del comité provincial del PCE con claras directrices de crear un mando políticomilitar que coordinarse las acciones de la guerrilla, a la espera de promover el levantamiento general del campesinado apoyados por los guerrilleros que entraban desde Francia.[199] Pero pronto surgieron desavenencias entre los recién incorporados y el grupo de Marmolejo, acostumbrados solo a acciones de mera supervivencia:

Sentíamos que nuestro trabajo era ingente y que nuestro grado de responsabilidad era mayor que el de los camaradas que llevaban seis años en el monte, dado que no habíamos perdido contacto con los planteamientos del partido, mientras que aquellos, forzados por las circunstancias, muchas veces actuaban en contra de los intereses de la revolución. (...) Nos vimos sorprendidos por la ausencia de actividades colectivas, habían acentuado primitivas e individualistas formas de organización. Celebramos una reunión de partido en la Buitrera

198 Ibidem, ib.

199 Uno de los guerrilleros que fueron hechos prisioneros el 14 de octubre de 1944 en el Valle de Arán sería el sabioteño Miguel García Quesada, quien, al acabar la guerra, huyó a Francia tras regalar a su novia las alhajas de la Virgen de su pueblo. Le fue intervenida una metralleta con cuatro cargadores. Fue condenado a quince años por auxilio a la rebelión militar. AHPJ, Leg.42.692, causa 749/45.

razonando la necesidad de acabar con las actividades encaminadas solo a conseguir suministro y a prácticas como la del sorteo para repartir armas y ropas (...) Les contamos cómo se luchaba en las cárceles, el entusiasmo y esperanza que motivaba a todos los camaradas, la desmoralización que iba cundiendo en el enemigo al comprobar cómo en toda Europa se iba barriendo el fascismo y tratamos de contagiarlos de responsabilidad política. Nos escuchaban, sin embargo, recelosos. Su único afán había sido salvar la vida y sobrevivir.

Francisco Expósito Prieto, «Gafas» (Pierrette Expósito)

Victor Padilla Aina, «Aragonés» (Pierrette Expósito)

Francisco Osuna Galiot («Vidrio»), Juan Hernández Barazas («Matero») y Manuel Durán Carrasco («Sevillano»), los más antiguos de la sierra, se mostraron reticentes a cambiar de táctica, pues la utilizada hasta entonces los había mantenido con vida. El cambio de planes suponía para el grupo romper con el aislamiento a costa de aumentar los riesgos con acciones de carácter ofensivo contra un enemigo más numeroso y mejor pertrechado. Se realizaron numerosas reuniones y se debatió la necesidad de crear una dirección política dentro de la guerrilla. Mediante votación secreta, se eligieron los siguientes cargos:

- Secretario general: Francisco Expósito Prieto («Gafas»)
- Secretario de organización: Manuel Martínez Bueno («Rosendo» y «Trapichea»)
- Secretario de agitación y provisiones: Manuel Gómez Oliveira («Portugués»)

A propuesta del Portugués, Francisco Expósito fue nombrado responsable político de la guerrilla. Después se inicia una serie de charlas políticas y cursos de alfabetización a cada uno de los miembros que componían el grupo que, a principios de 1945, estaba formado por una docena de guerrilleros:

- Francisco Expósito Prieto («Gafas»)
- Francisco Osuna Galiot («Vidrio)
- Víctor Padilla Aina («Aragonés»)
- Manuel Gómez Oliveira («Portugués» y «Don Miguel»)
- Jacinto Medina Lozano («Periquito el de la Cocha»)
- Manuel Durán Martínez («Sevillano padre»)
- Manuel Durán Carrasco («Sevillano hijo mayor»)
- Santiago Durán Carrasco («Sevillano hijo menor»)
- Domingo Cortecero Gómez («Cucón», «Narciso» y «Cencerra»)
- Manuel Martínez Bueno («Trapichea» y «Rosendo»)
- Juan Estrella Barroso («Petaca», «Charabasca» y «Amancio»)[200]
- Antonio León Villa («Calandrio»)
- Juan Hernández Barazas («Matero»)

En los meses previos a la incorporación del Gafas, la guerrilla realizó algunos asaltos a cortijos para equiparse de víveres. Durante la primavera de 1944 realizaron numerosas incursiones en la provincia de Ciudad Real.[201] El 14 de abril, los doce integrantes del grupo se presentaron en el cortijo Los Vaqueros (Andújar), donde consiguieron comestibles y ropas. El 4 de mayo en las chozas Matutina y Charco del Anca (Villanueva de la Reina) y, seguidamente, en los cortijos de Los

200 Francisco Moreno Gómez, contrariamente a lo que mantiene la Guardia Civil en la *Memoria de la 205 Comandancia de Jaén*, asegura que Antonio «Petaca» huyó a la sierra el 13 de enero de 1944 desde la finca El Planchón (Cáceres), temiendo ser detenido. En un principio se unió al Jabato, posteriormente formó parte de los grupos de Chaquetalarga y Francés, respectivamente, hasta que recaló en la 2.ª Agrupación junto a Calandrio, Cantador y Rebolledo, tras la debacle guerrillera en Cáceres en mayo de 1947, no en 1944.

201 Algunos de los cortijos de la provincia de Ciudad Real que asaltó el grupo del Vidrio fueron: el 8 y el 10 de marzo de 1944 los cortijos Víbora Baja y Socorro, respectivamente (ambos del término de Fuencaliente). El 17 de marzo El Escalón (Brazatortas), el 22 de junio Raso de Utrera (San Lorenzo), el 11 de agosto Solerzuela, el 3 de septiembre Guijuelo, el día 4 Hato Garro (los tres últimos del término de Fuencaliente). De todos ellos se llevaron víveres y ropas, excepto en el Raso de Utrera, donde consiguieron 3.00 pesetas. SEHGC. *204 Comandancia…* ob. cit.

Llanos y Martinica (Centenillo). El 4 de junio le tocó el turno al cortijo Tembladeros (Centenillo), donde le arrebataron a Juan Medina un reloj de oro y una escopeta; y el día 9, en Perdiñas, donde se apoderaron de 800 pesetas y comestibles que cargaron en una caballería.

Más tarde dieron nuevos golpes en los cortijos Nava de Pedro Bagaz (Villanueva de la Reina), donde el 8 de agosto consiguieron 6000 pesetas y gran cantidad de víveres y ropas. Tras una incursión en Fuencaliente, regresaron a los alrededores de Andújar, donde, el día 30 del mismo mes, la Guardia Civil los localizó y propició un encuentro armado en el que fue muerto Santiago Durán Carrasco («Sevillano hijo menor»).[202] Tenía veinte años, y fue registrado como «hombre desconocido». Fueron encarcelados veintidós vecinos de Linares, La Carolina y Santa Elena por facilitarles alimentos que los guerrilleros previamente pagaban.[203]

Durante el otoño recorrieron los alrededores de Fuencaliente, y el 17 de noviembre dieron muerte a Vicente Ginés Díaz en Quintana, un cazador al que acusaron de chivato.[204]Las acciones de 1945 comenzaron con numerosos atracos a fincas donde se proveyeron de víveres, ropas y armas: el 21 de febrero en el cortijo Polluelo Viejo (Andújar), el 30 de marzo en Pollo Nuevo (La Carolina), donde, ante la negativa de sus moradores a abrir, dinamitaron la puerta. A continuación se dirigieron hacia la provincia de Ciudad Real, donde el 27 de abril atracaron el cortijo Serranillo y, al día siguiente, el Cantoincao (ambos de Calzada de Calatrava). En este último consiguieron 7075 pesetas. El 27 de abril, el grupo del Gafas se presentó en el cortijo Navalaencina (Calzada), cuyo dueño negó poseer dinero, y por ello fue colgado por el cuello con un cordel hasta que les hizo entrega de 1400 pesetas.[205] A principios de mayo se unió al grupo Manuel Romero Rodríguez («Carcunda») y, al mes siguiente, Antonio Martínez Cámara («Manquillo de la Fuensanta»), enlaces que desde hacía tiempo estaban siendo vigilados. El 2 de mayo, la Guardia Civil les preparó una emboscada en el Peñón de Ambros

202 Sobre la fecha exacta de la muerte de Santiago Durán Carrasco existe un error en el resumen de la 205 Comandancia que lo data el 23 de agosto. En cambio, el registro civil de Andújar refleja el día 30 y lo inscribe como «hombre desconocido». Por la proximidad en las fechas y la coincidencia de la descripción registral con la imagen del cadáver, creemos que la fotografía del «hombre desconocido» que obra en el SEHGC y que reproducimos en el presente trabajo, pertenece a Santiago Durán Carrasco («Sevillano hijo menor»).

203 AHPJ, Leg. 42.671, Exp. Penit. de Juan Manuel del Arco Zarco, causa 961/44.

204 SEHGC, *204 Comandancia…*, ob. cit.

205 SEHGC, *205 Comandancia…*, p.11 y *204 Comandancia…*

(Andújar). En el tiroteo resultó herido grave un guardia. Los guerrilleros huyeron ilesos. En la noche del 15 del mismo mes, se presentaron en las viñas de los derechistas Juan Calderón y Leocadio Checa, a 14 kilómetros de Andújar, y se apoderaron de 50 kilos de harina, 30 de garbanzos, 10 de chacinas, catorce jamones, seis trajes de caballero, numerosas prendas interiores y de casa, una pluma estilográfica, unas gafas y 400 pesetas, cargándolo todo en dos caballerías. A los pocos días, las fuerzas de represión se presentaron en el cortijo Ceniceros y detuvieron a toda la familia, acusada de facilitar albergue y munición a los guerrilleros.[206] El 5 y 7 de junio visitaron los cortijos iliturgitanos Álamos, Chavarri y Viña Islijuela. En septiembre retornaron a Ciudad Real, con asaltos a los cortijos Piedras blancas (4 de septiembre) y Valdelloso (día 20), ambos en el término de Mestanza.

DISENSIONES ENTRE SOCIALISTAS Y COMUNISTAS

La confrontación entre socialistas y comunistas no era algo nuevo. La relación amor-odio ya se hizo evidente entre sus máximos ideólogos en tiempos de la Segunda República. El carácter revolucionario de los comunistas para el establecimiento de la dictadura del proletariado chocaba con una visión política más moderada, siempre abierta al debate de las nuevas aportaciones doctrinales de los socialistas.

Pese a que nunca gozaron de un apoyo electoral suficiente para permitirles gobernar, a los marxistas prosoviéticos se los veía siempre encabezando campañas de agitación social como en la huelga general de 1934 o, de manera más trágica, en los sucesos tras el golpe de estado del 18 de julio de 1936. Algunos historiadores los responsabilizan de la represión republicana en la retaguardia y de la persecución religiosa entre julio y noviembre de 1936 que algunos bautizaron como el «terror rojo».[207]

---

206 Los detenidos fueron Gumersindo Duque Duque (que fue condenado a seis años y un día por recibir de los guerrilleros dos escopetas que escondió en el campo), su esposa Isabel Azorit Trigo (condenada a un año) y sus hijos Juan Duque Azorit (condenado a veinte años por haberles facilitado cien cartuchos Mauser que sustrajo del Regimiento de Artillería n.º 19 en el cual prestaba el servicio militar) y a María Duque Azorit (cuatro meses de arresto por no denunciar los hechos).

207 Las matanzas de sacerdotes y derechistas en otoño del 36 en la retaguardia republicana, paralelas a las que cometían los sublevados en las zonas que ocupaban, no pueden ser reprochadas exclusivamente a los comunistas. En determinados municipios, fueron los responsables cenetistas y/o socialistas los que organizaron sacas para la eliminación física de patronos y religiosos.

En las últimas semanas del conflicto, las diferencias entre socialistas y comunistas alcanzaron su máxima expresión. El golpe socialista del general Casado por el que se encarceló a miles de comunistas que, insumisos, se empeñaban en continuar la guerra por su cuenta, supondría un reproche histórico. Socialistas y comunistas se acusarían mutuamente de ser los responsables de perder la guerra.

Tampoco en el exilio político llegaron a ponerse de acuerdo. Los comunistas, que en agosto 1941 aceptaron integrarse en la UNE (Unión Nacional Española), un bloque similar al Frente Popular en la clandestinidad, se quedaron prácticamente solos dirigiendo esta organización en 1944. La mayoría de los grupos políticos de izquierdas se habían integrado el 9 de septiembre de dicho año en la llamada ANFD (Alianza Nacional de Fuerzas Democráticas), integrada por PSOE, UGT, CNT, Unión Republicana, Izquierda Republicana, Partido Republicano Federal, Esquerra Republicana de Catalunya y Movimiento Libertario. Aunque la CNT invitó al PCE a abandonar la UNE e integrarse en la ANFD, el partido socialista se negó rotundamente. Su política fue la de contrarrestar la influencia del PCE, que estaba capitalizando la lucha guerrillera e intentar obtener el apoyo de las potencias occidentales. El anticomunismo se utilizó como garantía para un posible reconocimiento de la ANFD por los gobiernos occidentales al inicio de la guerra fría. No obstante, en 1945, se permitió el PCE estar representado con un delegado.[208]

Los comunistas continuaron organizando por su cuenta la lucha guerrillera y los socialistas apostaron por una intervención internacional que nunca llegó. Hay quien piensa que el partido socialista mantuvo una mayor coherencia al percibir con claridad el verdadero panorama socioeconómico del país, intuyendo las dificultades de movilizar a unas masas debilitadas durante más de un lustro de hambre y represión fascista. Más aún tras el descalabro que supusieron las incursiones de maquis por el Valle de Arán en octubre de 1944. Sin embargo, hay quienes opinan que, en los momentos más delicados, los socialistas nunca tomaron decisiones enérgicas y, ahogados en sus indecisiones, sucumbieron al protagonismo de los marxistas más ortodoxos.

El primer congreso de la UGT en el exilio (Toulouse, 10, 11 y 12 de noviembre de 1944) ya dejó claro que la línea socialista de resistencia caminaba por derroteros distintos a los del partido comunista. En el acta de dicho Congreso podemos leer:

208 BIESCAS, J.A. y TUÑÓN DE LARA, M. ob. cit. p. 204-205. *España bajo la dictadura franquista (1939-1975)*, Tomo X, Edit. Labor, Barcelona 1981.

Se ha dejado ir a la lucha armada a los que así lo han querido sin coaccionar sus voluntades para formar la Junta Suprema de Liberación Española (...) la UGT, el PSOE, la CNT son los artífices de esta obra en unión de los Republicanos. (...) En nombre de la UNE han coaccionado a los refugiados españoles para ingresar en sus filas llegando hasta el atentado personal. Algún día el pueblo juzgará la labor mezquina realizada contra nosotros. Los hombres de la UGT siempre han luchado por los derechos de la causa obrera llenando las cárceles en 1917, 1921, 1923, 1930 y 1934.

El compañero Pascual Tomás acusa de la responsabilidad de lo que sucede en Francia a las huestes de Gil Robles. Manifiesta claramente que en las filas de UNE no pueden estar los hombres de la UGT.

Otro grave problema es que, desde el norte de Francia, se ha hecho bajar a muchos refugiados para ir al Pirineo y nosotros no podíamos, por nuestra aprobación, autorizar a estos hombres porque considerábamos que para luchar contra el ejército de Franco se necesitaba más que fusiles y escopetas y el problema de esta lucha no tenía las características de la anterior pues, en vez de resolver nuestra situación, se irá agravando dando lugar, incluso, a intervenciones extranjeras que podían hacer peligrar, en su porvenir a nuestra soberanía. Es por ello por lo que hemos recomendado a los hombres de la UGT que no marcharan (...).[209]

En aquel congreso llegó a debatirse la expulsión del sindicato de los ugetistas que hubieran ingresado en la UNE, si bien, finalmente, se reconoció la falta de información del campesinado sobre los continuos movimientos políticos en el exilio:

Los compañeros de las regiones apartadas del Sur, al saber que existía la UNE creían que era una organización auténtica formada por todos los antifascistas españoles. Muchos de la UGT ingresaron equivocadamente (...)

Francisco Expósito Prieto («Gafas») hizo constar en sus memorias que en las guerrillas de Sierra Morena hubo serios problemas de convivencia entre comunistas y socialistas. Entre ellos Sevillano padre, el jefe Vidrio y, sobre todo, con Juan Matero. El Gafas llegó portando consignas del PCE con el fin de darle un sentido político a la lucha,

209 Exposición de la Secretaría General en el Congreso de la UGT en Toulouse 1944. FPI, leg. AE-12-10.

pero la mentalidad de los socialistas, esquivos a la lucha abierta, era más moderada en sus planteamientos, y ellos apostaban por sobrevivir aguardando la intervención internacional que propiciara un cambio en el panorama político. El tiempo quitó la razón tanto a unos como a otros.

Ya hemos referido sus discusiones por cuestiones como el sorteo de las armas y ropas. En el encuentro que tuvieron con la Guardia Civil junto al Peñón de Ambros (Andújar), Francisco Expósito denunció que Sevillano, Manquillo y Matero abandonaron sus puestos de retaguardia, poniendo al resto de la guerrilla en un grave apuro del que salvaron milagrosamente sus vidas. De regreso al campamento hubo una encarnizada pelea entre Gafas y Matero.

> *Conseguí desarmarlo y derribarlo de un estacazo, lo conduje ante los demás camaradas y propuse que fuese expulsado de la guerrilla y abandonase nuestro territorio de operaciones. Ya se marchaba cuando Manquillo decidió unirse a él. Nunca nos habían ofrecido excesiva confianza, así que los dejamos irse y, al día siguiente, cambiamos el campamento como medida de seguridad.*[210]

Más adelante sería Vidrio, jefe de la guerrilla, el que abandonaría el grupo para unirse a los expulsados. Así opinaba el guerrillero comunista Francisco Expósito Prieto sobre los planteamientos socialistas en 1945:

> *Había tenido lugar la famosa reunión de la ONU en la que se iba a tratar la cuestión española, reunión saboteada por Indalecio Prieto y el Partido Socialista que, junto a la CNT, habían dado consignas a sus militantes para que, mientras no se solucionase desde el exterior el problema de España, se escondiesen, abandonando la lucha armada.*

La Guardia Civil supo de estas divergencias y así lo reflejó en sus informes:

> *En este año se observan discrepancias por diferencias de ideología entre socialistas, cenetistas y otros que no estaban de acuerdo con la forma de actuar de los comunistas (sembrar el crimen y el terror) que fue la causa de que, en ocasiones, se eliminaran entre sí.*[211]

210 Testimonio de Francisco Expósito Prieto.
211 SEHGC, *204 Comandancia...*, ob. cit.

De hecho, las consignas enviadas por el comité central del PCE en 1945 sobre la lucha antifranquista no dejaban resquicios para la imaginación:

> *Que para infundir el terror, se tendrán que efectuar numerosos actos de sabotaje.*[212]

> *Que había que estar alerta, que Stalin iba a ser el dueño del mundo y pronto estaría en la frontera francoespañola.*[213]

> *Que había que encontrar hombres activos y de confianza para dar un mortal golpe al Régimen actual y poder imperar en España el comunismo (no la República).*[214]

CRECE LA EUFORIA

La rapidez con la que se desplazaban, las grandes distancias que recorrían y el hecho de ser un grupo armado numeroso hizo que les fuera relativamente fácil constituir una amplia red de enlaces, la mayoría labriegos, pastores y carboneros de la sierra. A pesar de los controles de la Guardia Civil sobre los vecinos que abandonaban el pueblo para trabajar, cada vez hubo más sospechosos de colaborar con la guerrilla.

La presencia guerrillera y las esperanzadoras noticias de las emisiones de Radio Pirenaica hicieron que en los pueblos se respirase una atmósfera de euforia contenida y aumentasen los afiliados y cotizantes al PCE y PSOE, así como las asambleas clandestinas.

Los contactos entre la dirección del comité provincial del PCE, que se encontraba en Andújar, y los guerrilleros fueron numerosos. A principios de 1945, el enlace entre el partido y la guerrilla del Gafas fue Ricardo López Fernández («Granaino»), quien sirvió de guía en las entrevistas que la guerrilla realizó con Bernardino Expósito Ciudad («Gonzalo») y Fernando Rodríguez Canales («Hijo de la Bizca»), miembros ambos de la dirección provincial del PCE, del que era secretario

212 Consigna del PCE enviada a Francisco Ruiz Garrido en Marmolejo. AHMI, causa 687/45, leg. 9/1.

213 Consigna del PCE enviada a Jerónimo Cano Vicaria en Marmolejo. AHMI, causa 687/45, leg. 9/1.

214 Consigna del PCE enviada a José Requena Ros en Fuerte del Rey. AHMI, causa 687/45, leg. 9/1.

general Juan Planet López. Estas reuniones se realizaron en el sitio conocido como la Buitrera, en la Garganta de la Aliseda, hasta que los rumores llegaron a oídos de la Guardia Civil, que, el 13 de junio, dio muerte en una batida a los marmolejeños Antonio Prieto Sánchez («Pereto») y Juan Expósito Fernández («Chato»), suponiéndolos enlaces de la guerrilla.

> *Un día, a menos de quinientos metros de allí, los guardias civiles mataron a dos cazadores furtivos de Marmolejo conocidos como Pereto y el Chato, ambos tenían más de sesenta años y llevaban toda su vida dedicándose a la caza furtiva. Aquel día, al levantarse al borde de un arroyuelo fueron acribillados por un gran número de efectivos de la Guardia Civil que los habían rodeado la noche anterior. Con ello, no solo justificaban su eficacia, sino que atemorizaban a los que pudieran ayudarnos. Se los enterró rápidamente para que no fueran vistos por nadie, y se dijo que eran dos rojos. Supusimos que su muerte se había debido a una represalia por los golpes de suministro que habíamos efectuados en la zona del Chalé de las Viñas, en los alrededores de Andújar.*[215]

Se daba la circunstancia de que Francisco el Gafas aún no había sido identificado. Las descripciones que proporcionaron los confidentes y las sonsacadas a los sospechosos hablaban de un jefe con un gran liderazgo, constitución atlética, gran preparación, una gorra con una estrella de comandante y unas gafas redondas que le conferían un aspecto intelectual. Ello hizo a la Benemérita desechar la posibilidad de que se tratara de aquel revoltoso chiquillo hijo de Torrente, y se inclinaron a considerar que aquel sujeto era un médico huido de Madrid. El propio Gafas contribuyó a estas sospechas infundadas cuando, en el asalto al chalé del médico de Andújar, se llevó una buena cantidad de libros de medicina para proporcionar pistas falsas. [216]

Durante junio y julio se presentaron en varias quintas para renovar la intendencia, tales como Villa de Jiménez, Viña Corpas, Viña Domingo (Andújar) y cortijo Nava de Pedro Bagad (Villanueva de la Reina).

215 Testimonio de Francisco Expósito Prieto.

216 En referencia al atraco del 4 de julio de 1945 en el cortijo Nava de Pedro Bagad, la Guardia Civil informó: «Entre estos bandoleros iba un individuo con gafas desconocido hasta entonces y que llevaba una estrella de cinco puntas el cual se deja decir es estudiante de medicina y se cree sea el cerebro de la organización». SEHGC, *205 Comandancia…*, ob. cit. p.12

En julio, gracias a una delación, la Guardia Civil, localizó y destruyó dos campamentos de la guerrilla. En uno de ellos, sito en el Barranco del Bud, se intervinieron gran cantidad de ropas, víveres, munición, efectos de uso personal y los libros de medicina que el Gafas se llevó del chalé del médico de Andújar. En el de la Umbría de Mingo Ramos (Andújar) se requisaron numerosos víveres, ropas y una escopeta.

Estos hechos, junto al asesinato de los cazadores Pereto y Chato, encendió las iras de los guerrilleros, que acordaron llevar a cabo un acto de represalia contra los delatores. El 31 de julio se presentaron en un chozo de Suelos Viejos (Andújar) y dieron muerte a su morador, Andrés Cañada Grande («Carabina»), un pastor que colaboraba habitualmente con la Guardia Civil y cuya identidad llegó a conocimiento de la guerrilla por un hermano del guardia civil José Figueroa Carballeira, que fue muerto en el encuentro con el grupo del Vidrio el 19 de diciembre de 1942. Dolido por la muerte de su hermano, hizo al delator último responsable de su muerte.

> *La guerrilla, por unanimidad, para vengar la muerte anterior del camarada Benito y la posterior de los cazadores citados, condenó a muerte al chivato conocido como Carabina y decidió ejecutar la sentencia. Tras localizarlo, se le comunicó la sentencia ante un nutrido grupo de campesinos y fue ejecutado por dos camaradas, dejando constancia escrita de la condena y el proceso que llevó a ella.*[217]

Dudo que aquel acto de represalia en la sierra estuviese revestido de los formalismos jurídicos que refiere el Gafas. En aquella lucha fratricida por hacerse del control de los montes, tanto la Guardia Civil como los guerrilleros lucharon a su manera, que era despiadada y sucia. En especial las fuerzas de represión, que emplearon crueles métodos de forma generalizada y sistemática. El odio, el ensañamiento, los ajustes de cuentas, el escarmiento, las venganzas, la inclemencia y la zafiedad demostraban que la guerra civil no acabó en el 39 y que el rencor seguía anidado en el corazón de muchos españoles años después de concluir el conflicto armado.

217 Testimonio de Francisco Expósito Prieto.

LA CAÍDA DEL COMITÉ PROVINCIAL DEL PCE

El aparato comunista que desde mediados 1944 venía constituyéndose de forma imparable en los municipios de Sierra Morena, sobre todo en Andújar, donde se instaló su comité provincial por su mayor número de afiliados, hizo que demasiadas personas tuviesen acceso a las reuniones y a la propaganda. Frente al optimismo republicano, represión militar. La Guardia Civil actuó contundentemente y, a finales de julio de 1945, consiguió que uno de los enlaces del comité en Madrid confesara y arrastrara consigo a toda la organización de la provincia. El resto fue fácil. Mediante coacciones y torturas, se obtuvo una cascada de declaraciones que concluyó con más de un centenar de encarcelados. Huyendo de las represalias, algunos vecinos se vieron obligados a marcharse del pueblo e internarse en la sierra. Sin embargo, solo unos pocos consiguieron localizar a la guerrilla; la mayoría se trasladaron a Madrid buscando el apoyo del partido. La gran redada del verano de 1945 en Sierra Morena fue el mayor golpe asestado al partido comunista jiennense en la clandestinidad (ver relación de procesados en tabla 7).

Desde los últimos días de julio, los máximos representantes de la Guardia Civil en la provincia, acompañados por numerosos efectivos, se desplazaron a Andújar y pueblos limítrofes con el objeto de reforzar los destacamentos ante la magnitud de la organización que se pretendía desmantelar. Conforme se sucedían los interrogatorios, por medio de aquellos métodos tan expeditivos que tantos éxitos proporcionaron a la Benemérita, se inició el baile de nombres. Se efectuaron registros domiciliarios donde apareció abundante propaganda comunista y, poco a poco, se estrechó el cerco a los responsables políticos de los comités. Se instruyó la causa 687/45, por la que fueron encarceladas nada menos que ciento quince personas y, otras treinta se vieron obligadas a huir antes de ser apresadas.

El comité provincial del PCE se había constituido en Andújar a mediados de 1944 aprovechando la euforia tras las noticias de sucesivas derrotas de los nazis. A las células comunistas les fue relativamente fácil multiplicar sus afiliados en los pueblos de Sierra Morena conociendo, además, la intensa actividad realizada por los grupos guerrilleros, brazo armado del partido, quienes traían en jaque a la Guardia Civil y a propietarios agrícolas.

En Andújar, un panadero con inquietudes políticas, Juan Planet López, tras salir de la cárcel, decidió constituir una troika junto a su hermano José Fernando Cazalla Ruiz y Francisco Porras Expósito. En sucesivos meses, ampliaron sus contactos y recaudaron cotizaciones para socorrer a las familias de los presos políticos, colaborar con el Socorro Rojo Internacional y con las unidades guerrilleras.

Viajaron a Madrid a entrevistarse con miembros del comité central y trabajaron clandestinamente en multitud de reuniones con enlaces de otros pueblos de la comarca, dando a conocer las consignas recibidas del PCE para la desestabilización del régimen. Estas se basaban en los siguientes puntos:

- Máxima difusión de propaganda e información al campesinado sobre la inminente llegada de tropas aliadas y del gobierno en el exilio.
- Constitución de la Unión Nacional Española (UNE) como un frente que aglutine a todas las fuerzas políticas de izquierda. Debían organizarse en todos los municipios reuniones para elegir los nuevos comités de la UNE.[218]
- Socorrer a los familiares de los presos políticos y al partido, contribuyendo de forma flexible con unas cotizaciones que oscilarían en torno a 5 pesetas al mes, si bien en algunos casos las aportaciones fueron menores en función de los medios de cada uno.
- Se distribuyó un panfleto en el que se recogían las veintinueve medidas más urgentes que aplicaría el nuevo gobierno. Entre ellas, la retirada del dinero franquista, la expulsión de militares voluntarios y la reposición en sus cargos de todos los despedidos a partir de 1936, abonándosele lo que correspondiera con arreglo al sueldo que antes ganaran.
- Se recibieron consignas para infundir el terror contra la labor del estado franquista, debiéndose efectuar actos masivos de sabotaje, y, en los tajos, el obrero debía hacer lo contrario a lo que ordenasen sus patronos.

Esta euforia se percibía sobre todo en las tabernas y cafés, donde, tras unos vasos de vino, afloraba la exaltación. En determinados tajos hubo tímidas iniciativas de protesta y abundaron las pintadas subversivas. Hemos encontrado multitud de procesos judiciales contra esta oposición popular, pero ninguna de estas iniciativas fue lo bastante significativa como para desestabilizar al sistema en la provincia. Veamos algunos de ellos.

---

218 Por estas fechas el control de la UNE estaba en manos del PCE, y muchos de los partidos integrantes habían abandonado esta organización.

El 7 de febrero de 1944, seis mineros del Centenillo, reunidos en una taberna dieron vivas a la república, al comunismo y a la CNT. Fueron detenidos y condenados a seis meses y un día por «ejecutar actos tendentes a perjudicar la autoridad del Estado».[219]

Juan Planet López, secretario provincial del PCE. Ejecutado el 22-11-1945.

El 4 de mayo de 1944, Martín Curiel Muñoz, jornalero de la finca el Plantío de Navas de San Juan, envió, por medio de un enlace, una carta al huido Gregorio Mancebo del Monte («Perdigón»), con quien había coincidido en el campo de concentración de Dos Hermanas (Sevilla). La carta cayó en manos de la Guardia Civil; en uno de sus párrafos podía leerse: «Lo único que me hace vivir y me alienta es que se acerca el momento propicio de que las masas se lancen hasta el exterminio que está próximo, así es que, amigo Perdigón, paciencia y calma». [220] No tardó en ser torturado y encarcelado.

El 15 de febrero de 1945, quince mineros de la mina El Cardenal de El Centenillo, atendiendo a las consignas del PCE, realizaron un plante colectivo. Fueron apaleados y encarcelados por seis meses. Más adelante se sobreseyó la causa por falta de pruebas.[221]

219 Los seis procesados fueron Juan Román Olivares, Juan Rey Sánchez, Manuel Villén Ávila, Bernardo Alcocer Zamora, José María García Gázquez y Manuel Marcos Piz. AHPJ, Leg. 42.779. Exp. Penit. de Juan Román Olivares.

220 AHPJ, Leg. 42.670, Exp. Penit. de Martín Curiel Muñoz.

221 AHPJ, Leg. 42.721, Exp. Penit. de Pedro López Nieto.

El 25 de abril, el carolinense Manuel Gómez Moreno gritó ante varios vecinos: «Soy de la CNT y tengo que sorber la sangre a más de cuatro». Tras la paliza recibida, fue detenido y encarcelado por seis meses y un día.[222]

En Siles, fue condenado a un año de cárcel Francisco Nares por gritar: «Pronto volverán los míos».[223] José Jiménez Márquez, tras recibir noticias de la conclusión de la Segunda Guerra Mundial, lo celebró entrando en una taberna de Alcalá la Real cantando la Internacional y saludando al personal con puño en alto: «Salud camaradas». Tras la detención y la consiguiente tunda, fue encarcelado medio año. En la cárcel sufrió un mes de aislamiento en celda de castigo por «cagarse en Dios».[224] En Jaén, Dolores Navarrete también fue encarcelada por decir que «cuando vengan los míos, sentiré una gran satisfacción al ver desde mi balcón cómo le pegan cuatro tiros al teniente Parrala».[225] También fue acusada de «cantar ciertas coplillas alusivas al racionamiento del Caudillo».

Coincidiendo con el aniversario de la República (14 de abril) y con el Alzamiento Nacional (18 de julio), en 1946 seis jóvenes jiennenses tuvieron el arrojo de colocar una bandera republicana en la cruz del castillo de Santa Catalina de Jaén. Al acto que encolerizó a las autoridades provinciales al haber sido vista por toda la ciudad, lo que tomaron por afrenta ante el cachondeo generalizado. La policía realizó numerosas detenciones y apaleó a muchos sospechosos. A los autores se les impuso la condena de un año de prisión por auxilio a la rebelión.[226]

Bajo este ambiente se constituyó en Andújar, de forma clandestina, la ejecutiva provincial del PCE y comités locales en diez pueblos de Sierra Morena con los siguientes representantes:

- Secretario provincial del PCE: Juan Planet López
- Otros miembros de la Comité Provincial: José Planet López, Bernardino Expósito Ciudad, Fernando Rodríguez Canales, entre otros.

---

222 AHPJ, Leg. 42.697, Exp. Penit. de Manuel Gómez Moreno.

223 AHPJ, Leg. 42.752, Exp. Penit. de Francisco Nares.

224 AHPJ, Leg. 42.711, Exp. Penit. de José Jiménez Márquez.

225 Se refiere al teniente de la Policía Armada Martin Chicago Medina, conocido como «Parrala».

226 Los procesados fueron Manuel Serrano Rincón, Antonio Extremera Pablo, Manuel Jiménez Padilla, Ángel Ruiz Jiménez, Rafael Cruz Araque, Pedro Alba Rueda y Serafín Romero Maroto. AHPJ. Leg. 42.678, Exp. Penit. de Antonio Extremera Pablo.

- Secretario del comité local de Andújar: Fernando Cazalla Ruiz
- Arjonilla: Pedro Segura Carmona
- Beas de Segura: Alfonso Quintana Montesinos
- Begíjar: Miguel García Vilches
- Bélmez de la Moraleda: Juan Fco. Rodríguez Arias
- Higuera de Arjona: Juan D. Catalán Fernández
- Linares: Luis Fernández López
- Lopera: Martín Criado Acosta
- Marmolejo: Antonio Pedrajas Revilla
- Villanueva de la Reina: Francisco Ruiz López

El motivo principal por el que un buen número de vecinos se marcharon del pueblo fue el temor a caer en manos de la Guardia Civil. La mayoría de ellos habían estado presos tras la guerra y conocían sus procedimientos. Sonado fue el caso de Francisco Torres Torres, detenido el 5 de agosto de 1945 en Villanueva de la Reina. Bajo interrogatorio, Torres reconoció formar parte del comité local del PCE y actuar de enlace con los guerrilleros en Arroyo Escobar (Andújar), habiéndolos auxiliado en el atraco que realizaron dos meses antes en el cortijo Los Álamos. Fue eliminado en la misma sala de interrogatorios del ayuntamiento de Villanueva de la Reina. En el acta de defunción se hizo constar que «se suicidó con el cinturón».[227]

Tabla 7
Relación de procesados tras la caída del comité provincial del PCE.
Causa 687/45[228]

NOMBRE	VECINDAD	CONDENA	OBSERVACIONES
Fernando Rodríguez Canales («Hijo de la Bizca»)	Andújar	Huido	
Manuel Hernández Vílchez («Mozos)	Andújar	Huido	Se unió a la 2.ª Agrup. en 1946
Vicente Gómez Díaz («Quina» y «Pepe»)	Andújar	Huido	
Benito Gómez Díaz	Andújar	Huido	

227 Testimonio de Andrés Lorite Cruz* y SEHGC, *205 Comandancia*..., ob. cit. p. 13.

228 Elaboración propia en base a los datos obtenidos en el AHMI, leg. 9/1, causa 687/45 bis.

Nicolás García Castellano («Eléctrico»)	Andújar	Huido	
Bonifacio García Sánchez («Eléctrico hijo»)	Andújar	Huido	
Ricardo López Fernández («Granaíno»)	Andújar	Huido	Se unió a la 2.ª Agrup. en 1946. Huyó a Francia.
Bernardino Expósito Ciudad («Gonzalo»)	Andújar	Huido	
Miguel Padilla Camello («Michelín»)	Andújar	Huido	Se unió a la 2.ª Agrup. en 1946. Huyó a Francia.
Manuel Romero Rodríguez («Carcunda»)	Andújar	Huido	
Antonio Martínez Cámara («Cerrojo»)	Andújar	Huido	
Norberto Sánchez Lara («El del Hato»)	Andújar	Huido	Muerto por la G.C. el 2-9-45
Pedro Ruiz Illescas («Petronilo»)	Andújar	Huido	Muerto por la G.C. el 25-8-45
Juan Carrilero Medina	Andújar	Huido	
Manuel Prieto Duque	Andújar	Huido	
Bernardino García Duque («Practicante»)	Andújar	Huido	
Juan Planet López	Andújar	P. Muerte	Scrio. Provincial del PCE. Ejecutado el 22-11-1945
José Planet López	Andújar	P. Muerte con.[229]	
Norberto Valdeolivas Pérez		P. Muerte con.	
Luis Fernández Expósito		P. Muerte con.	
Bernardo Estepa Gómez		P. Muerte con.	
Francisco Porras Expósito	Andújar	P. Muerte con.	Miembro comité provincial
Luis Sequera Cantón	Andújar	P. Muerte con.	

229 Pena de Muerte conmutada por 30 años de reclusión.

Fernando Cazalla Ruiz	Andújar	P. Muerte con.	Secretario comité local, hizo afiliados
Gregorio Ortega de Haza	Andújar	14 años y 4 mes	
Antonio Sánchez Montilla	Andújar	12 años y 1 día	Jefe de troika. Recaudó cuotas
Andrés Medina Navarro	Andújar	4 años	Cotizante, leyó propaganda
Manuel Pulido Melero	Andújar	3 años	Cotizante
Pedro Cárdenas Villegas	Andújar	3 años	Cotizante
Manuel Medina Navarro	Andújar	3 años	Cotizante. Repartió propaganda
Pedro Blasco Blanco	Andújar	3 años	Cotizante
José Montoro Sánchez	Andújar	3 años	
Primitivo Santos Muñoz	Andújar	3 años	Cotizante
Miguel Trigo Redondo	Andújar		Cotizante
Luis Delgado García	Andújar	6 meses y 1 día	Cotizante
Manuel Hermosilla Duro	Andújar	6 meses y 1 día	Cotizante
Manuel Muñoz Olivares («Alicate»)	Andújar	6 meses y 1 día	Cotizante
Francisco López García	Andújar	6 meses y 1 día	Cotizante
Ramón Díaz Guzmán	Andújar	6 meses y 1 día	Maestro. Cotizante. Se le intervino un revolver de su hijo
Manuel Morente Luque	Andújar	6 meses y 1 día	Cotizante
Francisco Barrios López	Andújar	6 meses y 1 día	Cotizante
Juan Bravo Luque	Andújar	6 meses y 1 día	Cotizante
Bernabé Cantudo Padilla	Andújar	6 meses y 1 día	Cotizante
Miguel García Copete	Andújar	6 meses y 1 día	Cotizante

Valentín Palomo Sabuillo	Andújar	6 meses y 1 día	Cotizante
Alejandro Marín Ballesteros	Andújar	6 meses y 1 día	Cotizó sin afiliarse
Manuel Menor Arenas	Andújar		Cotizante, recibió propaganda
Santiago Altamirano Recio	Andújar	Sobreseído f. p.	Cotizante
Francisco Pérez García	Andújar	Sobreseído f. p.	Cotizante
Juan Ruano Alvín	Arjonilla	30 años	
Antonio Bueno López	Arjonilla	20 años	
Cristóbal Cruz Pascual	Arjonilla	20 años	Jefe troika, difundió propaganda
Pedro Segura Carmona	Arjonilla		
Alfonso Quintana Montesinos	Beas de Segura	20 años	
Esteban Flores Teruel	Beas de Segura	20 años	
Juan Antonio Fernández Molina	Beas de Segura	20 años	
Gregorio Calderón Belmonte	Beas de Segura	6 meses y 1 día	Cotizante
Pedro Moreno Román	Beas de Segura	6 meses y 1 día	Cotizante
Miguel García Vilches	Begíjar	30 años	
Francisco Ortiz Carmona	Begíjar	30 años	
Juan Martínez Beltrán	Begíjar	20 años	
Manuel Pérez Pérez	Begíjar	20 años	
Juan Rentero Fernández	Begíjar		
Francisco Bedmar de la Torre	Begíjar	6 años y 1 día	Cotizante
Juan Medina García	Begíjar	6 meses y 1 día	Cotizante. Leyó propaganda
Pedro López Jódar	Begíjar	Sobreseído f.p.	Cotizante
Juan Fco. Rodríguez Arias	Bélmez de la M.	30 años	

Blas Sánchez Valenzuela	Bélmez de la M.	30 años	
Miguel García Montálvez,	Bélmez de la M.	12 años	Conocía depósito armas en Huelma
Juan Méndez Martínez	Bélmez de la M.	Sobreseído f. p.	Cotizante
Francisco García Montálvez	Bélmez de la M.	4 meses y 1 día	Se le incautó un revolver
Miguel Expósito Caparrós	Bélmez de la M.		
Francisco Rodríguez Rodríguez	Bélmez de la M.		Afiliado
Juan Bautista Campos			Cotizante
Juan de D. Catalán Fernández	Higuera de Arj.	12 años y 1 día	Scrio. comité local
Antonio Risquet Ramírez,	Higuera de Arj.	12 años y 1 día	Fue a Andújar para contactar con el comité provincial.
Luis Martín Correa	Huelva		
Miguel Romero Úbeda	Huelva		
Juan García Damas	Jamilena	20 años	
Raimundo Cerezuela Martínez	Linares	P. Muerte con.	2.º Scrio. comité local
Luis Fernández López	Linares	P. Muerte con.	1.º Scrio. comité local
Antonio Jiménez Rubio	Linares	30 años	Enlace entre Linares y la Estación de Baeza
Juan Bautista García Campos	Linares	30 años	Miembro directivo comité local
Sebastián Espinosa Cantero	Linares	20 años	
Amador Díaz Plata	Linares	20 años	Hizo afiliados, recaudaba cuotas
Felipe Muñoz García	Linares	12 años y 1 día	
Gonzalo Toledano del Moral	Linares	12 años	Enlace entre troikas
Antonio Silvestre Torrox	Linares	12 años	
José Barrionuevo Granados	Linares	3 años	Jefe de troika

Antonio Ruiz Contreras	Linares	3 años	Cotizante, recaudaba cuotas
Toribio Ferrón Martínez	Linares	3 años	Jefe troika
Leonardo Romo Gómez	Linares	3 años	Socialista, se afilió al PCE
Julián Martínez Moreno	Linares	3 años	Cotizante, hizo afiliados
Juan Cerezuela Martínez	Linares	3 años	Cotizante. Organizaba reuniones en su casa.
Manuel Quesada Pérez	Linares	6 meses y 1 día	Cotizante
José Martínez Sanpedras	Linares		Jefe de troika. Cotizante
Antonio Tirado Montero	Linares	6 meses y 1 día	Cotizante
Miguel Cejudo Sánchez	Linares	6 meses y 1 día	Cotizante
Antonio Montoro García	Linares	6 meses y 1 día	Socialista, se afilió al PCE
Rafael Valverde Rodríguez	Linares	6 meses y 1 día	Cotizante
Alejandro Arcos Corral	Linares	6 meses y 1 día	Cotizante
Martín Criado Acosta	Lopera	30 años	
Alfredo Gascón Ruiz	Madrid	3 años	Alojó a miembros que se entrevistaron Com.Central
Pedro Cobos Campos	Madrid	3 años	Alojó a miembros que se entrevistaron Com.Central
Juan Gámez Sito	Madrid		
Ángel Fernández Martínez («Niches»)	Madrid		
Antonio Pedrajas Revilla	Marmolejo	P. Muerte con.	Scrio. comité local.
Man. Gallardo Velasco («Salvadora»)	Marmolejo	30 años	Cotizante y propagandista
Antonio Ribeiro Martinho («Buque»)	Marmolejo	P. Muerte con.	

José Zamora Zamora	Marmolejo	P. Muerte con.	Scrio. comité local
Cristóbal Godoy Ruiz («Ninani»)	Marmolejo		Cotizante, hizo afiliados
Francisco Ruiz Garrido («Moreno»)	Marmolejo	Sobreseído f. p.	Cotizante
Bartolomé Casado Lozano, («Pataseca»)	Marmolejo		Cotizante
Pedro Mudarra Esteo («Sereno»)	Marmolejo		
José Requena Ros	Marmolejo		Cotizante
José Blanco Vicaria	Marmolejo		Cotizante
Jerónimo Cano Vicaria («Perdigón)	Marmolejo		Cotizante
Pedro Pedrajas Vicaria («Meloja»)	Marmolejo		Cotizante
Francisco Torres Torres	Vv. de la Reina	Muerto en la cárcel	Enlace con los guerrilleros
Francisco Cobos Herrera	Vv. de la Reina	20 años	Scrio. comité local.
Francisco Ruiz López	Vv. de la Reina	12 años y 1 día	Scrio. Comité local, se reunió con las JSU
Antonio López Angurel	Vv. de la Reina	3 años	Difundió propaganda
Luis Morales Ramírez,	Vv. de la Reina	3 años	Difundió propaganda
Pedro Albert Arenas	Vv. de la Reina	3 años	Difundió propaganda.
Pedro Ramírez Sabariego	Vv. de la Reina	6 años y 1 día	Cotizante
Antonio Serrano Negrillo	Vv. de la Reina	6 meses y 1 día	Cotizante
Pedro Martín Rodríguez	Vv. de la Reina	6 meses y 1 día	Cotizante
Manuel Casado León	Vv. de la Reina	6 meses y 1 día	Cotizante
Lorenzo De la Cruz Casado	Vv. de la Reina	6 meses y 1 día	Cotizante, leyó propaganda
Antonio Sevillano Martínez	Vv. de la Reina	Absuelto f.p.	Cotizante

LA MUERTE DE PACHECO

Las pesquisas policiales se extendieron desde julio hasta finales de octubre de 1945. Tras aquella gran redada, uno de los detenidos, Francisco Pacheco Moreno, fue utilizado como guía para localizar a la guerrilla del Gafas, pero los guerrilleros lo ajusticiaron por delator:

> [en el verano de 1945] *pasamos unos días en Balondillo y la Buitrera y comenzamos a apreciar grandes movimientos de tropa que tendían líneas telefónicas de campaña y entre las que había fuerzas de caballería. Decidimos ir a la Torrecilla(...) Al segundo día acudió uno de los cabreros junto al enlace del Provincial, Pacheco, según el cabrero se había presentado en la majada a altas horas de la noche solicitando ser llevado a nuestro campamento. Nos comunicó hechos de extrema gravedad, pues la policía había detenido al enlace de Madrid y conseguido que confesara. a lo que había seguido, solo en Andújar, más de cien detenciones al frente de las que estaba el secretario general Planet. Se había descubierto mi identidad y varios de los familiares de los guerrilleros habían sido también detenidos. Aunque él* [Pacheco] *también había sido detenido, había sido puesto en libertad tras prometer al teniente coronel Limia que se pondría a su servicio. Lo habían autorizado a cazar por todo el territorio donde operaba la guerrilla y, tras burlar su vigilancia, se había puesto en contacto con nosotros (...).*
>
> *Nos informó que los movimientos de tropas que habíamos visto era unas maniobras que ya habían finalizado. Yo dudaba de sus informaciones, pero sobre todo de la imprudencia del Coronel al dejarlo marchar sin comprometerlo a una colaboración más efectiva por lo que pensé en reunir a la dirección del partido, no sin antes haber recomendado al joven Sevillano y a Domingo («Cucón») una discreta vigilancia del enlace. En la reunión habíamos acordado realizarle un interrogatorio más severo cuando el pastor regresó diciendo que en la majada había sido acompañado por un destacamento de guardias civiles que seguían esperándole. Ante esto, iniciamos el interrogatorio y acabó desmoronándose en medio de un fuerte nerviosismo y lágrimas. Confesó que el miedo lo había atenazado y, estaba dispuesto a traicionarnos, le habían prometido permitirle cazar libremente y la recompensa de treinta mil duros por mi cabeza y veinte mil más por cada miembro de la guerrilla que lograsen capturar. Suponían, además, que los camaradas que habían huido de las detenciones de Andújar vendrían a nuestro encuentro*

con lo que esperaban un doble éxito, pero no habían tenido en cuenta nuestro celo y precaución.[230]

Se había fijado una tentadora recompensa de 150000 pesetas por la vida de Francisco Expósito, y las autoridades corrieron la voz entre los apoyos y enlaces del guerrillero. Aunque algunos, como Pacheco, lo intentaron, fracasar en esta empresa suponía un gran peligro:

El traidor fue condenado a muerte y ejecutado por el jefe de la guerrilla y los Sevillanos, que habían sufrido la muerte de su hijo y hermano respectivamente.[231]

Francisco Pacheco Moreno, enlace de la guerrilla. Tras la redada de Andújar, fue obligado por la Guardia Civil a servir de guia y terminó ajusticiado por la misma guerrilla en agosto de 1945 (Dolores Pacheco)

La familia guarda su propia versión:

A mi padre lo detuvieron y lo encarcelaron en agosto de 1945, al poco la Guardia Civil se lo llevó al monte y nunca más regresó. Él no fue nunca un traidor. En la guerra combatió para defender a la República y lo pagó con la cárcel, después siguió trabajando para el

230 Testimonio de Francisco Expósito Prieto.
231 Ibidem.

Partido y arriesgó muchas veces su vida para llevar alimentos y noticias a los guerrilleros. Cuando cayó el partido en Andújar en 1945, lo detuvieron junto a otros muchos vecinos y estuvo preso en la cárcel vieja. A los demás se los llevaron a la prisión provincial de Jaén pero a mi padre, sabiendo que era enlace, le obligaron a acompañarlos para indicarles los lugares donde se ocultaban los de la sierra.[232] *Es probable que, si se hubiera negado lo habrían encarcelado o matado conociendo su implicación, como lo hicieron con otros. Pero a mitad de camino se les escapó y se dirigió al lugar donde se ocultaba la guerrilla del Gafas para advertirles del peligro que corrían. Así se lo dijeron los guardias a mi madre cuando les informó que su marido se había echado a la sierra con la partida del Gafas. Durante mucho tiempo los guardias hicieron registros en mi casa, a cualquier hora de la noche. Buscaban a mi padre. Debíamos acostarnos vestidas porque irrumpían en la casa a cualquier hora, incluso levantaban las baldosas que estaban sueltas.*

Mi madre se ha pasado toda su vida con la esperanza de verlo aparecer por la puerta. Así estuvo la pobre hasta que murió en 1981, sin saber que lo habían matado y dejado abandonado como a un perro. En cincuenta y ocho años nadie se dignó nunca a comunicarnos su muerte. Es muy triste enterarnos de estas cosas a través de un libro.[233]

El Gafas hablaba de «condena a muerte y ejecución», pero no fue sino un ajuste de cuentas por considerar que Pacheco hacía de guía para la Guardia Civil. Lo mataron a golpes en la cabeza, tal y como se reflejó en el acta de defunción del 22 de octubre de 1945.[234] Al no regresar, la Guardia Civil pensó que se había unido a la guerrilla, y así se lo comunicó a la familia, que estuvo cincuenta y ocho años sin saber nada de su paradero hasta que se publicó el testimonio del Gafas en mi obra *La guerra no acabó en el 39.*

---

232 Esto explica el hecho de que no se encontrara el expediente penitenciario de Francisco Pacheco en el Archivo Histórico Provincial de Jaén. Pacheco no llegó a ser ingresado en la prisión provincial.

233 Entrevista con las hijas de Francisco Pacheco el 11 de octubre de 2003 y fechas sucesivas.

234 Registro civil de Mestanza, Secc. 3.ª, Tomo 41, fol. 48 (vto.).

Los huidos de la redada del PCE vagaron dispersos por la sierra y permanecieron ocultos durante varios meses. Pedro Ruiz Illescas («Petronilo») se ocultó en su domicilio casi un mes y, sabiéndose descubierto, emprendió huida el día 25 de agosto, siendo muerto por los guardias.

Uno de los objetivos ambicionados por la guerrilla fueron los destacamentos de la Guardia Civil de Navalasno y Motealegre, en Andújar, próximos al Santuario, donde pernoctaban fuerzas de los Tercios Móviles empleadas en la lucha antiguerrillera y en los que almacenaban gran cantidad de armas. El acuartelamiento de Motealegre encabezaba un subsector de fuerzas de la comandancia de Jaén al mando de un capitán. El 1 de septiembre de 1945, cuando aún no se había concluido la gran redada de Andújar, y tras dos días de intensa vigilancia, el Gafas distribuyó a sus hombres. Vigilaron los caminos, sabotearon la línea telefónica de campaña Montealegre-Santuario y atravesaron la carretera Pradollano-Montealegre con el fin de bloquear la comunicación y el envío de refuerzos. A continuación, iniciaron el asalto al destacamento con un nutrido tiroteo que fue respondido por los guardias desde el interior. Tras prolongarse en exceso la escaramuza y agotarse las municiones, debieron retirarse sin contabilizar bajas, pero sin lograr su objetivo. Pese al fracaso de la operación, consiguieron engañar al grueso de tropas de refuerzo que se habían concentrado para la persecución. Divididos en tres grupos, tomaron direcciones diferentes, hasta converger de nuevo en el mismo lugar, un montículo próximo al destacamento del Santuario, lugar en el que las autoridades nunca imaginarían que osaran refugiarse.

Tras esta acción claramente ofensiva, incluso provocadora, los movimientos de tropa se multiplicaron. Francisco Expósito, con Rosendo y Norberto («El del Hato»), este último haciendo de guía al conocer el monte por su oficio de pastor, se separaron del resto para hacer una batida, con el fin de contactar con los huidos de la redada de Andújar y conducirlos a la guerrilla.

> *No encontramos a nadie por lo que pensamos que habían sido capturados o asesinados. Empleamos toda la noche para llegar a uno de los campamentos del río Sardinilla. Estábamos agotados y ni siquiera montamos la guardia. Cuando me estaba lavando en el río descubrí a dos grupos de guardias que pretendían rodearnos y debimos huir...* [tras un intenso tiroteo] *hirieron gravemente a Norberto y, durante el trayecto al Santuario, lo sometieron a todo tipo de torturas, falleciendo*

durante el camino. Al parecer sus ejecutores fueron los primos Duque y Cachinero.[235]

Era el 2 de septiembre de 1945. El capitán de la compañía de Andújar fue condecorado con la cruz al mérito militar por esta muerte.[236] Norberto («El del Hato») fue uno de los pastores de Andújar que auxiliaba a los guerrilleros en momentos de apuros y, tras la redada de Andújar, el Gafas lo convenció para no regresar al pueblo al haber sido descubierto su amparo. Veamos la particular versión del teniente coronel Aguado:

> *Una batida dio como resultado la muerte del bandolero apodado la Bestia del Hato, un alias, sin duda tan pintoresco como expresivo y acertado en su elección de cuantos forajidos existieron en aquella época.*[237]

El cambio de táctica en las acciones guerrilleras se hizo evidente para las fuerzas de represión. El intento de asalto a Montealegre infundió moral entre los emboscados, y fueron varios los encuentros en la sierra en los que, siendo localizados por las patrullas perseguidoras, los guerrilleros, lejos de huir como tantas otras veces, se enfrentaron abiertamente al enemigo y consiguieron invertir la huida en varias ocasiones.

Durante el otoño continuaron con su presencia en varios cortijos de Sierra Morena para abastecerse de víveres.[238] A finales de 1945, la guerrilla del Gafas decidió hacer una incursión a las sierras de Segura y Cazorla para contactar con los huidos que, según sus informaciones, se encontraban allí. La zona era de alta montaña y apenas estaba vigilada por las fuerzas de represión. Pero adentrarse en tierras desconocidas fue un riesgo demasiado peligroso.

---

235 Testimonio de Francisco Expósito Prieto. Tras la muerte de Norberto Sánchez Lara («El del Hato») se le intervino una escopeta, una canana con cuarenta cartuchos de bala y diversa munición. Reconocidos los alrededores del barranco de La Solana de Puerto Alto se encontró lo que había sido durante algunos días su campamento interviniéndose una tercerola Remington, dos escopetas de dos cañones, otra de un cañón, algunos comestibles y el hilo telefónico sustraído de la línea El Santuario-Montealegre. SEHGC. 205 *Comandancia...*, ob. cit. p. 13.

236 SEHGC, *Relación de los servicios...*, ob. cit. p. 42.

237 AGUADO SÁNCHEZ, F. ob. cit. p.498.

238 Entre otros, los cortijos Cuartillejos y Cortijeros (22 octubre, Andújar) Retama (31 octubre, Andújar), Chortal, Lentisco (16 noviembre, Aldeaquemada), Torralves (25 noviembre, Navas de San Juan), Belbis (24 noviembre, Villanueva de San Carlos), Caropillo (26 noviembre, Calzada de Calatrava).

Supimos que había algunos guerrilleros en las sierras de Cazorla y decidimos unirnos a ellos pensando que sería fácil ampliar la zona entre Despeñaperros y Cazorla, al ser una región no ocupada anteriormente por movimiento guerrillero alguno y no haber sido objeto de represión militar por este hecho. En esta incursión participamos Miguel, Regueiro, Jacinto, Eléctrico, Jaime, Manolín, Aragón, Manolillo el Sevillano y Pablo, nuevo sobrenombre por el que se me conocía.[239] *Establecimos la marcha facilitada por la ausencia casi total de vigilancia por parte del enemigo y las visitas a las casas de campo eran frecuentes, e incluso, llegamos a pasar una noche entera en un molino de harina que trabajaba clandestinamente. Allí cenamos y organizamos un baile y cantamos canciones folklóricas y revolucionarias(...) era fácil dejarse llevar por recibimientos entusiastas y una vida tan distinta a la que llevábamos en la sierra.*

Pero una noche, alojados en una majada con unos cabreros donde la lluvia nos obligó a pernoctar, las cabras se movían inquietas y los perros ladraban (...) En el rostro de los cabreros se reflejaba el miedo. Evacuamos rápidamente la tienda, apenas nos habíamos alejado cuando se inició el asalto con bombas de mano y ráfagas de armas automáticas. A Manolín le habían disparado en un codo. Nos dispersamos a toda marcha y cruzamos el río Guadalén donde en un cortijo curamos la herida de Manolín.

Adentrados en el término de Santisteban del Puerto, únicamente consiguieron contactar con Carromato, un guerrillero que andaba ocultándose en solitario. Según el Gafas, los lugareños que les ofrecieron albergue acusaban a un cazador apodado el Gamba de ser un confidente de la Guardia Civil. Tras la guerra, Gamba participó como somatén en las batidas del monte contra los republicanos que buscaban refugio en la sierra y dio muerte a varios de ellos. He aquí el testimonio de un ajuste de cuentas:

---

239 Como hemos apuntado, era frecuente el cambio de apodos o nombres de guerra por seguridad. Hemos identificado algunos de los nuevos apodos que refiere Francisco Expósito en sus memorias, aunque no cita sus nombres. «Miguel» era Miguel Padilla Camello («Michelín»). «Jacinto» era «Periquito el de la Cocha». «Eléctrico»: Nicolás García Castellano aunque también se apodó «Eléctrico» a Domingo Cortecero Gómez («Cucón»). «Jaime»: Manuel Martínez Bueno (también «Rosendo» y «Trapichea»). «Manolín» era Manuel Romero Rodríguez («Carcunda») y «Aragón» era Víctor Padilla Aina («Aragonés). «Manolillo el Sevillano» era Manuel Durán Martínez y «Pablo»: Francisco Expósito Prieto («Gafas»). Éste último apodo debió tomarlo en recuerdo al nombre falso con el que se le hizo la cédula personal en Valencia. No he podido determinar la identidad del apodado «Regueiro».

Sobre las tres de la tarde vimos bajar a un individuo con una escopeta al hombro. Nos presentamos como miembros de un grupo especial de la Guardia Civil que teníamos como misión descubrir los lugares que frecuentaban los bandoleros, le dije que estábamos al corriente de sus hazañas según nos informaron varias comandancias. Nos comentó muy efusivamente que el día que localizáramos a un grupo de forajidos que contásemos con él, pues, además de ser un excelente seguidor de huellas, tenía grandes deseos de terminar con todos los rojos. Como iba hacia el río, le dije que dos de nuestros hombres le acompañarían para que les indicara el mejor camino a seguir. Lo acompañaron el Eléctrico y Manuel «El Sevillano» (a quien poco tiempo atrás le habían asesinado a un hijo de diecisiete años) y, al llegar al camino del río Guadalmena, acabaron con su vida de un certero disparo.[240]

Era el 29 de noviembre de 1945. El cadáver se identificó como Juan Pedro Berrios Maza («Gamba»). Esta muerte activó la alarma, y se inició una batida, aunque las autoridades no supieron, en aquel momento, qué guerrilla se desplazó por aquellas tierras.[241]

Decidimos regresar a Despeñaperros y anduvimos varias noches con la intención de alcanzar la vertiente oeste, sabiendo que nos pisaban los talones. A media tarde, el camarada de guardia nos informó de la presencia de un nutrido grupo que nos había localizado y pretendía cercarnos. Decidimos abandonar las provisiones para avanzar con mayor rapidez, pero el enemigo había dispuesto un doble anillo para evitar nuestra huida de modo que cuando nos hallábamos en una zona rasa, comenzaron a disparar sobre nosotros. Corrimos desordenadamente con la intención de internarnos en monte denso. Todavía no sé cómo pudimos escapar del intenso tiroteo sin sufrir ni un rasguño. Tras localizar al resto de los camaradas, avanzamos con rapidez, pensando que podíamos alcanzar Despeñaperros de noche. Y así fue. Nevaba en abundancia, sin leña seca, con la ropa interior hecha jirones por haberla empleado en hacer

240 Testimonio de Francisco Expósito Prieto recogido en sus memorias.

241 Tras la colaboración de Manuel Durán («Sevillano padre») con la Guardia Civil en 1949, se practicaron algunas detenciones de pastores de Santisteban del Puerto. Fue entonces, con tres años de retraso, cuando se conoció la muerte de referido delator a manos de la guerrilla. Uno de estos pastores, Francisco Guerrero Ruiz («Bandolero»), confesó haber sido quien informó a los guerrilleros sobre cómo localizar al Gamba. Otro de los enlaces de Carromato en Santisteban fue el Sargentillo. SEHGC, 205 *Comandancia...*, ob. cit. p.20 y AHPJ, leg. 42.702, Exp. Penit. de Francisco Guerrero Ruiz.

fuego, con el calzado destrozado y los pies envueltos en trozos de pantalón, llegamos a las proximidades del Hoyo. Allí nos consolamos con algunas verduras congeladas que cogimos de una huerta.[242]

Sin duda, el encuentro al que se refiere el testimonio debió ser el que mantuvieron el 29 de diciembre de 1945 en la Majada de las Cabras (Santisteban del Puerto), donde se recuperaron todos los morrales y víveres que los guerrilleros abandonaron en su huida.[243]

LA 2.ª AGRUPACIÓN CENTRO DE GUERRILLEROS

Veamos cómo se produjo el encuentro entre la guerrilla del Gafas y la 2.ª Agrupación de Guerrilleros:

Nos habíamos dirigido a Sierra Mojina desde donde podíamos divisar el destacamento de la Torrecilla (...) desde allí pudimos ver a un grupo de individuos que nos invitó amistosamente a aproximarnos, nos echamos cuerpo a tierra y preparamos las armas, cuando uno de ellos arrojó las suyas y se acercó con otro que resultó ser Vidrio, quien nos abrazó y procedió a identificar al grupo como la Segunda Agrupación Centro de Guerrilleros, procedentes de Córdoba y el oeste de Ciudad Real. También pudimos ver al Manquillo y Matero, que habían sido localizados tres días antes que nosotros. Venían a invitarnos a unirnos a la agrupación.

Era un grupo bastante numeroso en el que todos estaban bien armados con fusiles, pistolas y un fusil ametrallador ruso de disco. También, por su indumentaria se podía observar el grado de organización, pues llevaban trajes de pana, botas y camisas verdes (...) No solo sentimos una inmensa satisfacción por el encuentro, además, por la constatación de que existía una organización militar constituida.

Este encuentro debió producirse en las primeras semanas de 1946. La 2ª Agrupación de Guerrilleros estuvo formada por tres divisiones enumeradas como la 21, 22 y 23, y cada división por tres guerrillas. Al mando de cada una hubo un jefe elegido por el partido o, en su defecto, por votación. Su demarcación abarcaba fundamentalmente la provincia de Ciudad Real, el sur de Toledo, la zona norte de Jaén (Sierra Morena)

242 Testimonio de Francisco Expósito Prieto.
243 SEHGC, 205 *Comandancia...*, ob. cit. p.15.

y nordeste de Córdoba. El presente trabajo se limitará al estudio de las acciones realizadas por esta Agrupación en la provincia de Jaén, aunque se destacarán las incursiones más importantes en las provincias limítrofes con participación de guerrilleros jiennenses.

Entre los miembros de esta Agrupación hemos podido identificar a los siguientes:

- Dionisio Castellanos García («Palomo»)[244]
- Manuel Hidalgo Medina («Bellota»)[245]
- Anastasio Muñoz Fernández («Sordo»)[246]
- Honorio Delgado Blanco («René»)
- Luis Muñoz Fernández («Niño»)
- Braulio Muñoz Fernández («Azaña» y «Albino»)[247]
- Agustín Muñoz Fernández («Chato»)
- Honorio Molina Merino («Comandante»)
- Ramón Guerreiro Gómez («Julio»)
- Eusebio Liborio Lombardía («Lavija»)
- Fernando Maraña Falcón («Joven» y «Rubio»)
- Francisco Olmedo Pérez («Silencio» e «Hinchao»)
- Doroteo Cerro Carnero («Enrique» y «Cerro)
- Ángel Torrico García («Gitano», «Calé» y «El de la Camela»)
- Norberto Castillejo («Veneno»)[248]
- Lucio Alises Aparicio («Nicasio el Pelao»)
- Reyes Saucedo Cuadrado («Saucedo»)
- Luis Ortiz de la Torre («Ruiz»)
- Pedro Dávila Baltasar («Tío Roque»)
- Ángel Jiménez Santos («Revisor» y «Lastras»)

244 Natural de Belalcázar, Córdoba. Se evadió junto a otros quince presos de la cárcel de su pueblo el 4 de agosto de 1939.

245 Natural de Belalcázar. Se evadió de la cárcel de Hinojosa del Duque el 1 de septiembre de 1940.

246 Junto con sus hermanos Luis, Braulio y Agustín, todos de Hinojosa del Duque, se incorporaron a la guerrilla en 1945, tras descubrirse su implicación como enlaces.

247 Braulio Muñoz Fernández era albino, un rasgo físico que le causó grandes problemas al ser siempre el primero en ser reconocido y que le obligaba a disimularlo con sombreros, pañuelos e incluso teñirse el pelo y las cejas.

248 Francisco Expósito cita en sus memorias a Francisco Blancas Pino (también apodado «Veneno»). Debió de coincidir con él ocasionalmente en las incursiones que, hacia 1947, realizaron hacia el noroeste de Ciudad Real. Al parecer pertenecía a la 13 División de la 1.ª Agrupación (Cáceres), mandada por Chaquetalarga. El otro Veneno, Norberto Castillejo, era anarquista y natural de Santa Eufemia (Córdoba), y se instaló en la zona del Valle de Alcudia, feudo de socialistas y anarquistas.

- «Cantillana»
- «Lirio»
- «Sacatripas»
- «Tío Pepe» ... entre otros.

A los que había que añadir, ahora, los que ya conocemos: Vidrio, Manquillo de la Fuensanta, Matero, Gafas, Aragonés, Rosendo, Quina, Sevillano padre, Sevillano hijo, Portugués, Periquito el de la Concha y Cucón.

Eugenio Sánchez Diéguez, «Joven» (SEHGC)

Braulio Muñoz Fernández, «Azaña» (SEHGC)

Miguel Camello Padilla, «Michelín» (SEHGC)

Fernando Rodríguez Canales
«Hijo de la Bizca» (SEHGC)

Agustín Muñoz Fernández,
«Chato» (SEHGC)

A los pocos días de este encuentro, se celebró, al oeste del Valle de Alcudia, una reunión entre miembros del Estado Mayor en Madrid con los jefes de las Agrupaciones vecinas de Badajoz, Ciudad Real y Córdoba (1.ª, 2.ª y 3.ª Agrupación). Allí se concentraron varios centenares de guerrilleros.[249] En cada Agrupación había comunistas, socialistas y cenetistas, si bien en la 2.ª Agrupación se contabilizaba hasta un 80% de comunistas. A la asamblea acudió un miembro del Estado Mayor de la Unión Nacional Española (UNE), a la vez miembro del comité central del PCE, el cual informó a los asistentes de la situación nacional e internacional y estableció las directrices de cada Agrupación. En la 2.ª Agrupación se había propuesto al anarquista Francisco Blancas Pino («Veneno») como jefe de acción, seguido por un comunista y un socialista. La 21.ª División tendría un jefe comunista y tres delegados políticos de distintas siglas, la 22.ª uno socialista y tres delegados y la 23.ª uno anarquista y tres delegados.

Nos sentíamos fuertes y no nos importaba pasar por lugares habitados. Algunos de los que venían con nosotros, miembros de la dirección de guerrillas, habían llegado de Francia donde habían combatido a los fascistas.[250]

249 Francisco Expósito Prieto aseguraba que, en 1946, sólo la 2.ª Agrupación, estuvo formada por unos doscientos guerrilleros.
250 Testimonio de Francisco Expósito Prieto.

El reparto del mando político-militar de la guerrilla debió pactarse como condición para que socialistas y anarquistas se integrasen, pero la decisión no cayó demasiado bien entre los comunistas, poco acostumbrados a que nadie los dirigiera.

> *De los dieciséis puestos de responsabilidad, cinco eran comunistas, cinco socialistas y seis anarquistas. El camarada del Comité Central argumentó que se trataba de un gesto de colaboración con las otras fuerzas políticas para que no nos tacharan de acaparadores. No nos convenció a ninguno (...) Otro motivo de desacuerdo fue el relegar las actividades del partido para formar grupos de UNE entre obreros y campesinos, lo que supondría que el partido comunista se diluyera, perdiendo su personalidad. Por ello me resistí, alegando que eso debía ser un trabajo para socialistas y anarquistas, pero que el mío se centraría en la reorganización del partido comunista. La reunión general dio lugar a la controversia y, pese a los intentos del camarada de hacer prevalecer las directrices de la Dirección Nacional, finalmente quedó el criterio de cada uno llevarlo a la práctica.*[251]

Como vemos, persistían las reticencias entre comunistas y otras fuerzas políticas de izquierdas. La historia se repetía. Los cargos emanados de aquella reunión fueron los siguientes:

- Jefe de la 2.ª Agrupación: Dionisio Castellanos García («Palomo»), Comunista
- Jefe de la 21 División: Francisco Expósito Prieto («Gafas»), Comunista[252]
- Jefe de guerrilla: «Cantillana», socialista
- Jefe de guerrilla: Manuel Hidalgo Medina («Bellota»), comunista
- Jefe de guerrilla: Francisco Osuna Galiot («Vidrio»), socialista

Respecto a la 22 División, ocupó su jefatura el José Méndez Jaramago («Manco de Agudo»), y la de la 23 División, Honorio Molina Merino («Comandante»), pero ambas se fusionaron el 22 de julio de 1947 al mando del Comandante Honorio.

---

251 Ibidem, ib.

252 Durante los primeros meses de 1946, el jefe de la 21 División fue Eusebio Liborio Lombardía («Lavija»), pero a finales de verano se ocultó en Madrid, y fue muerto en el barrio de Tetuán el 5 de noviembre de dicho año.

A la guerrilla del Gafas se adscribieron los hermanos Braulio Muñoz Fernández («Azaña»), Anastasio Muñoz Fernández («Sordo»), Agustín Muñoz Fernández («Chato»), Luis Muñoz Fernández («Niño»), de diecisiete años, y Nicolás García Castellano («Eléctrico»). La zona asignada fue la de Hinojosa del Duque (Córdoba).

A la guerrilla del Vidrio se incorporaron Víctor Padilla Aina («Aragonés»), Antonio Martínez Cámara («Manquillo el de la Fuensanta»), Juan Hernández Barazas («Matero»), Manuel Martínez Bueno («Rosendo»), Manuel Gómez Oliveira («Portugués») y Jacinto Medina Lozano («Periquito el de la Concha»). Su zona asignada fue la zona de Marmolejo y Andújar. A la tercera guerrilla, capitaneada por Revisor, se le asignó la zona de Almadén (Ciudad Real).

En su zona, cada guerrilla tuvo la misión de convocar a los jornaleros de las fincas y arengarlos sobre la necesidad de tomar las armas y rebelarse contra el Régimen, así como la necesidad de incorporación de voluntarios a la lucha guerrillera. Al mes de aquella reunión, volvieron a juntarse las guerrillas de la 21 División en un jaral próximo a la venta La Inés, en el valle de Alcudia. Acudieron los jefes Vidrio, Revisor, Palomo, Gafas y los iliturgitanos Ricardo López Fernández («Granaíno»), Miguel Padilla Camello («Michelín») y Manuel Hernández Vílchez («Los Mozos»), que habían regresado de Madrid enviados por el partido tras la ineficacia de las guerrillas urbanas creadas en la capital de España. La guerrilla de Revisor regresó a su zona de actuación en torno a Almadén, y el resto se unieron para actuar juntos. Con las nuevas incorporaciones, Michelín pasó a ser ayudante de Palomo, y Julio, a jefe político.[253]

Una de las acciones más espectaculares fue la toma de un pueblo por los guerrilleros. Se trata de Aldea del Rey, municipio muy próximo a Calzada de Calatrava, en Ciudad Real, donde se realizó una gran asamblea congregando a los vecinos en la plaza del pueblo para darles un mitin y recoger algunas armas. Toda una demostración de fuerza ante las autoridades civiles y militares.

> *Dicha ocupación se desarrolló según los planes previstos, sin causar daño alguno a la población ni a las autoridades, con el compromiso de entrega de provisiones y armas por parte de estas. Así mismo realizamos una asamblea, concentrando a la población, con el fin de explicar los objetivos de nuestra lucha: la destrucción del régimen franquista y la instauración de un régimen de libertad para todos.*[254]

253 EULOGIO LIMIA *Reseña...*, ob. cit. p.9.
254 Testimonio de Francisco Expósito Prieto.

Manuel Guerreiro Gómez, «Antonio». Enlace de la 2ª Agrupación y el PCE (SEHGC)

Honorio Delgado Blanco, «René» (SEHGC)

Ramón Guerreiro Gómez, «Julio» (SEHGC)

Ricardo Gómez Fernández, «Granaino» (Pierrette Expósito)

Luis Muñoz Fernández, «Niño» (Pierrette Expósito)

Camilo Alonso Vega, Director General de la Guardia Civil durante la posguerra (J.M. Azuaga Rico)

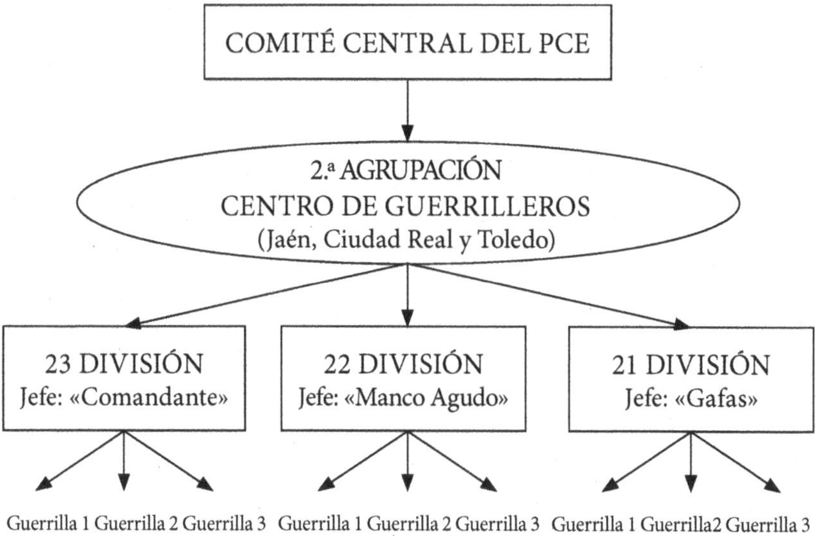

Organigrama de la 2.ª Agrupación de guerrilleros. (L.M. Sánchez Tostado)

BAJAS EN LA 2.ª AGRUPACIÓN
REESTRUCTURACIÓN DE MANDOS

Tras las bajas producidas en 1946 por la decisión del PSOE y CNT de apostar por la búsqueda de una intervención de las potencias occidentales a través de la ANFD (Alianza Nacional de Fuerzas Democráticas), donde dieron de lado al PCE, debieron reorganizarse los cuadros del movimiento guerrillero.

A partir de entonces, la guerrilla quedó compuesta casi en su totalidad por militantes comunistas, por lo que se hizo necesaria una reestructuración en las agrupaciones. Los miembros de la 2.ª Agrupación se reunieron en Fuencaliente y acordaron que Palomo pasara a ocupar la jefatura apoyado por «Michelín» como ayudante. Francisco Expósito («Gafas») estaría al frente de la 21 División, que quedó reducida a dos guerrillas tras la marcha de algunos socialistas y anarquistas. Al desaparecer los tres representantes de la Agrupación en el Estado Mayor, las funciones del jefe de la División se dotaron de una mayor responsabilidad, pues sería el máximo representante del partido entre las guerrillas.

La 21 División quedó como sigue:[255]

255 Ibidem, ib.

- Jefe de División: Francisco Expósito Prieto («Gafas»)
- Jefe de 1.ª guerrilla: Francisco Osuna Galiot («Vidrio»)
- Responsable político: Manuel Martínez Bueno («Rosendo»)
- Jefe de 2.ª guerrilla: Antonio Lara Grande («Braulio»)
- Responsable político: Braulio Muñoz Fernández («Azaña»)

La guerrilla de Braulio se centró en la zona de Fuencaliente (Ciudad Real) y la de Vidrio se adentró con más frecuencia en la provincia de Jaén. Víctor Padilla Aina («Aragonés») pasaría a la 23 División.

El 12 de enero de 1946, doce guerrilleros asaltaron el cortijo de Paco Díaz (Andújar) donde sacrificaron tres cerdos y tomaron gran cantidad de víveres y, el 15 de febrero, en el cortijo La Nava de Andújar, de donde se llevaron harina y dos cerdos. El 20 de marzo fue detenido en Madrid Benito Gómez Díaz, uno de los iliturgitanos que huyeron a la capital de España en agosto del año anterior.

El 22 de marzo, un guardia civil motorista del destacamento de Marmolejo, Mariano Paniagua Serrano, fue informado de que en una casa del pueblo se habían visto a tres forasteros. Al llamar a la puerta, uno de sus ocupantes la abrió disparando con su pistola contra el guardia, que murió en el acto, y después los guerrilleros se dieron a la fuga. Fueron identificados Ricardo López Fernández («Granaíno»), Miguel Padilla Camello («Michelín») y Manuel Hernández Vílchez («Los Mozos»), los tres huidos desde la operación Andújar.

El 6 de mayo se presentaron en el cortijo Navalblanco de Solana del Pino (Ciudad Real). El 21 del mismo mes, una patrulla dirigida por Rosendo hizo acto de presencia en una majada de cabras de la finca Sardina, de la que se llevó víveres y ropas. El 20 de junio, Juan Carrilero Medina y Manuel Prieto Duque, comunistas huidos de Andújar un año antes, se presentaron con su armamento en el destacamento de la Guardia Civil del Hoyo (Ciudad Real). Al día siguiente fue asaltado el cortijo Mirablanco de (Solana del Pino, el 18 de julio, La Quinta de la Sal (Centenillo) y el 19 de julio el cortijo Peñoso (Viso del Marqués). El 7 de agosto, casi la totalidad de los grupos del Gafas y Aragonés, dieciocho hombres, se presentaron ante un pastor en la Fuente de Juan Blanquilla (Centenillo) y se llevaron siete cabras. El 12 de agosto, el grupo del Vidrio asaltó los cortijos Elillo y Cepeda Bajo (Andújar).[256] El 9 de septiembre se

256 En este último asalto fueron detenidos como encubridores María Antonia Miguel Mena, Gregoria Expósito López y Manuel Gómez Granada. SEHGC, *205 Comandancia…*, ob. cit. p.17.

internaron de nuevo en la provincia de Ciudad Real y tocó el turno al cortijo Navalmateo de Viso del Marqués.

El 25 de octubre de 1946, tuvieron un encuentro armado en el Barranco de los Lobos en Almodóvar del Campo, Ciudad Real, donde resultó muerto Braulio Muñoz Fernández («Azaña»).

El 29 de octubre, se presentó ante la Guardia Civil de Ciudad Real Bernardino García Duque, conocido como «Practicante» por haber ejercido esta profesión en Andújar.

A finales de ese año las fuerzas de represión conocieron la campaña de concienciación ciudadana y divulgación política que el Gafas estaba realizando sobre muchos trabajadores de la sierra, a los que leía propaganda. También se aseguró de que fueran pagados generosamente los víveres que les suministran los enlaces para tratar de ganarse su confianza.[257]

ATRACO AL BANESTO DE PUERTOLLANO

El 7 de septiembre de 1946, cinco miembros de la 2.ª Agrupación: Gafas, Michelín, Aragonés, Ruiz y el mismo Palomo como jefe, se desplazaron a Puertollano, Ciudad Real, donde se había establecido la base de la agrupación con la intención de conocer los puntos de apoyo y los contactos. Pero, en realidad, su presencia allí se debía a muy distintos motivos. El partido comunista contactó en secreto con algunos guerrilleros de la 2.ª Agrupación[258] para transmitirles la necesidad de realizar un golpe económico de consideración para restituir la imprenta de *Mundo Obrero.*[259] Durante varios meses estudiaron el asalto, que debía hacerse a plena luz del día, sobre el transporte de los fondos del Banco de Almadén hasta el Banco Español de Crédito en Puertollano. La conducción debía transportar alrededor de medio millón de pesetas,

257 Un ejemplo puede ser el encarcelamiento de seis vecinos de la aldea de Carboneros en diciembre de 1946, los cuales recibían a los guerrilleros en el Arroyo de las Pilas (Fernandina) y en la finca San Agustín (Carboneros). Sobre la misma fecha un padre y un hijo, ambos carboneros de La Fernandina, fueron encarcelados también por auxiliar al Gafas, el cual les leyó propaganda y pagaba por sus servicios. AHPJ, causas 460/48 y 481/48 respectivamente.

258 Ángel Ruiz Ayúcar sostiene que la iniciativa de atracar el Banco Español de Crédito en Puertollano se debió a la amonestación que recibió Eusebio «Labija», entonces jefe de la 21 División, del comité central del PCE, que obligó a efectuar determinados golpes de efecto. Vid. RUIZ AYÚCAR, A., *El partido comunista, 37 años de clandestinidad*, edit. San Martín, Madrid 1976. Pp.212-213.

259 Testimonio de Francisco Expósito Prieto.

siendo la misión de los guerrilleros citados el apoyo al grupo de asalto entrenado para ello.

> *Era la feria de Puertollano y nos mezclamos entre la gente. Ya en las inmediaciones del banco, vimos salir a tres hombres portadores de tres sacas que fueron abordados inmediatamente por los integrantes del primer grupo: René* [Honorio Delgado Blanco],[260] *Comandante* [Honorio Molina Merino, jefe de la 23 División] *y Julio* [Ramón Guerreiro Gómez, jefe político de la Agrupación], *protegidos en retaguardia por Joven armado con una pistola ametralladora y cubierto éste a su vez por Michelín* [Miguel Padilla Camello], *Aragonés* [Víctor Padilla Aina], *Ruiz* [Luis Ortiz de la Torre], *cerrando Palomo* [Dionisio Castellanos García] *y yo. Nos desviamos por una calle estrecha antes de llegar a la estación y nos separamos del primer grupo por un itinerario ya previsto a nuestro lugar de refugio, en los alrededores de Argamasilla de Calatrava. El primer grupo, tras maniatar con sus corbatas a los porteadores, se reunió con nosotros. La operación tuvo un rotundo éxito, más aún si se tiene en cuenta la procedencia estatal, franquista, del dinero obtenido, destinado al pago de salarios de los obreros de las minas de Almadén. El enemigo estaba totalmente despistado sobre la autoría del robo achacándolo a una banda de ladrones profesionales.*[261]

El botín ascendió a 250000 pesetas, importante cantidad para la época, aunque, de haberlo hecho unos días más tarde, hubieran conseguido el doble, al contener las sacas los fondos para pagar puntos y primas. El botín se dividió en tres partes, dos para cada una de las divisiones y otra para la agrupación, que tendría que hacer frente a los gastos de propaganda del partido.

---

260 Honorio Delgado Blanco («René») era natural de Asturias y procedía del maquis francés, de ahí su apodo. Actuó primeramente en la 1.ª Agrupación, en Cáceres y, hacia 1946, se desplazó a Ciudad Real al grupo de Pedro el Cruel. El final de este guerrillero es realmente triste. Cuando fue apresado en los viñedos de Almodóvar el 22 de agosto de 1947, aceptó colaborar con el teniente coronel Limia en las contrapartidas antiguerrilleras que formó la Guardia Civil, pero, arrepentido, volvió a la sierra. Fue capturado de nuevo el 27 de mayo de 1948 junto a Manuel Guerreiro Gómez («Julio») en las afueras de Malagón, y Limia le dio una última oportunidad. En esta ocasión sí colaboró eficazmente, contribuyendo a la localización y muerte de muchos de sus compañeros, de tal suerte que el teniente coronel Limia lo llevó con él a Granada en 1949 para intentar acabar con la Agrupación Roberto.

261 Testimonio de Francisco Expósito Prieto.

Tras el atraco, Fernando «Joven», Eusebio «Lavija» y otros anarquistas, abandonaron la agrupación y se dirigieron a Madrid siguiendo las directrices del PSOE y CNT sobre el abandono de la lucha armada.[262]

EL ÓRGANO CLANDESTINO LUCHA

La labor de concienciación ciudadana, de movimiento obrero y lucha campesina que el partido comunista pretendía eran una ingente labor que chocaba con tres problemas: el aumento paulatino de la represión antiguerrillera, la apatía del campesinado y la escasez de hombres dispuestos a cubrir la información en todos los tajos laborales, sobre todo en el llano. Al igual que hicieron otras agrupaciones guerrilleras en distintas zonas de España, la 2.ª Agrupación decidió fundar su propio medio de comunicación escrito.

Hacia el mes de noviembre de 1946, el Gafas, siempre activo, fue quien tomó la iniciativa de crear un órgano de propaganda escrita y trasmitió dicha idea a Julio, René, Comandante y Ruiz. Con el consentimiento de Ramona, la casera del cortijo donde estaban alojados (Argamasilla de Calatrava), se acordó que una de sus hijas, acompañada de Antonio (Manuel Guerreiro Gómez, hermano de Julio), viajase a Madrid con el fin de solicitar los medios necesarios al comité central del PCE y poder editar un periódico propagandístico en la casa de doña Ramona. A los cuatro días volvieron en un camión que portaba una multicopista moderna, una máquina de escribir nueva, una chaqueta de cuero para cada guerrillero, papel en cantidad y un Smeisser, fusil ametrallador de 9 milímetro con cuatro cargadores y bastante munición.[263]

> *Se imponía la tarea de familiarizarse con la multicopista, cosa que conseguimos después de estropear varios clichés —eran de cera y había que escribirlos a máquina antes de disponerlos en la multicopista— y cada uno redactó un artículo que luego era sometido a la aprobación general. El nombre de nuestro órgano informativo suscitó discusiones hasta que finalmente decidimos que se llamase Lucha. Al lado del*

---

262 Según El Gafas, se marcharon a Madrid junto a dos queridas que habían sido enlaces en el Valle de Alcudia, y Joven exigió parte del botín del asalto al Banesto de Puertollano. El 5 de noviembre fueron localizados en una casa del madrileño barrio de Tetuán, donde, tras el tiroteo, murieron Lavija y dos policías. Las mujeres fueron detenidas, pero Joven consiguió huir a Barcelona, donde, al parecer, fue muerto al poco tiempo.

263 Ibidem, ib.

título figuraría un brazo remangado que empuñaba un fusil. La edición del primer número nos embargó de una indescriptible emoción y procedimos a su lectura pública ante doña Ramona y sus tres hijas, tras lo cual nos agasajó con un pequeño banquete.[264]

Tras contactar con la guerrilla de Vidrio se emplearon a fondo en la tarea de potenciar las charlas y mítines y difundir *Lucha* incluso fuera de la jurisdicción que tenía encomendada la 2.ª Agrupación. Se acordó también que el fusil Smeisser lo portase el jefe de la División (Gafas).

Lucha tuvo una vida de casi dos años, guardándose celosamente la ubicación de la imprenta clandestina en un cortijo de Malagón (Ciudad Real).

Una figura clave en la desarticulación del órgano *Lucha* y la detención de casi todo el Estado Mayor de la 2.ª Agrupación fue la entrega voluntaria del guerrillero Vicente Rubio Babiano («Pedro el Cruel») en abril de 1948. Su colaboración permitió a la Guardia Civil localizar la casa a las afueras de Malagón donde se encontraba la imprenta clandestina. El 27 de mayo de 1948, los guardias irrumpieron en la propiedad y detuvieron a Domingo Cortecero Gómez («Cucón»), a cuya custodia se había dejado la imprenta mientras se recuperaba de las heridas sufridas en el tiroteo de la finca Moratalá, acaecido el 7 de julio anterior. Se intervino la multicopista y numerosas octavillas impresas. Fue el final del órgano Lucha, pero no sería la única delación de Pedro el Cruel. Más adelante describiremos otras de sus colaboraciones con las fuerzas de represión que supondrían el fin de la 2.ª Agrupación.

ARMAMENTO Y CONTRAPARTIDAS

A partir de 1946, el movimiento guerrillero se recrudeció debido fundamentalmente al clima político tras la victoria de las tropas aliadas sobre los regímenes fascistas de las potencias del Eje, al estímulo que supuso las nuevas incorporaciones de guerrilleros venidos de Francia, a la organización de las agrupaciones de guerrilleros, por tanto, a un mayor contacto con la dirección del PCE, y a la colaboración de sus enlaces, muchos de los cuales se incorporaron a las guerrillas entre 1945 y 1946. También influyó el conocimiento del terreno donde establecían sus campamentos, excepto cuando se veían obligados a huir y recorrer grandes distancias. El mayor problema fue, sin duda, la escasez

264 Ibidem, ib.

de armamento, compuesto fundamentalmente por escopetas de caza y antiguos mosquetones de la guerra civil.

Asistimos, por tanto, a la etapa de mayor actividad de la resistencia antifranquista. La Guardia Civil multiplicó sus efectivos desplazándolos a la sierra desde lugares del llano donde la presencia guerrillera era inexistente. En muchas provincias se movilizaron unidades del ejército, sobre todo tabores de Regulares, que apoyaron en ocasiones a las unidades de la Benemérita. En la provincia de Jaén, en casi todos los pueblos próximos a la sierra se crearon grupos de somatenes armados compuestos por falangistas y derechistas voluntarios en alerta permanente ante el aviso de la Guardia Civil. Se crearon destacamentos móviles con el fin de combatir a la guerrilla, se construyeron cientos de apostaderos en sitios estratégicos y se comenzó a organizar contrapartidas. Se trataba de grupos de guardias que, haciéndose pasar por maquis, tenían como objetivo de sonsacar a los lugareños información sobre los guerrilleros auténticos, sus escondites, costumbres, itinerarios, nombres de otros enlaces, etc. Esta información servía para organizar redadas contra los vecinos que los ampararon. Otro objetivo de las contrapartidas fue crear acciones repudiables para atribuir mala fama a los guerrilleros.

En la provincia de Jaén, exceptuando algunos casos aislados como el asesinato del Rojo Terrinches en 1943, las contrapartidas no tuvieron demasiado éxito. En cambio, en otras provincias como Granada, Málaga o Ciudad Real, estos grupos de infiltrados causaron un buen número de bajas en la guerrilla. La presencia en las provincias citadas del teniente coronel Eulogio Limia, perfecto conocedor de las costumbres guerrilleras, debió de ser determinante.

El fracaso de las contrapartidas en la provincia de Jaén se debió al pobre nivel de simulación que tuvieron los guardias voluntarios. Un viejo vecino de Marmolejo me contaba cómo los identificaban:

> *Iban por la sierra sucios y con ropas viejas, pero llevaban metralletas, una mochila cargada de comida y una manta liada. Todos sabíamos que eran guardias, porque los guerrilleros no caminaban casi nunca de día y solo tenían escopetas de caza de las que robaban en los cortijos. Nos hacíamos los tontos porque se podían molestar si se sentían descubiertos. Cuando los veíamos aparecer decíamos: ¡Ya están aquí los mantas!*

Al final, aquella voz se hizo tan popular que se adquirió como un latiguillo que circularía de boca en boca. La expresión «este tío es un manta» todavía se utiliza en Andalucía para designar a alguien inocente, inútil o torpe.

La misma comandancia de la Guardia Civil de Jaén reconoció la ineficacia de las contrapartidas en la provincia jiennenses:

> *El servicio de contrapartidas, muy útil en otras provincias, en esta no ha llegado a dar todo el fruto que de su empleo cabía esperar, pues en la mayor parte de las veces eran descubiertos por los enlaces de los forajidos, los que inmediatamente procuraban ponerlo en su conocimiento, por lo cual el esfuerzo realizado resultaba casi nulo.*[265]

Nos consta que contra Cencerro se enviaron en varias ocasiones a guardias civiles camuflados que se hicieron pasar por huidos, pero solo consiguieron encarcelar a varios enlaces. La astucia de Tomás Villén en no informar sobre a dónde se dirigía y de dónde venía le salvó la vida en numerosas ocasiones. Algunos vecinos, apiadados de la apariencia de los falsos guerrilleros, escuchaban sus falsas historias y, conmovidos, se ponían a su servicio entregándoles víveres e incluso algún arma. Acto seguido, los disfrazados informaban al comandante de puesto que procedía a su detención por auxilio a malhechores. En el proceso 214/45 contra varios enlaces de Tomás Villén en Castillo de Locubín a últimos de 1944, se puede leer:

> *Resultando probado y así se declara que el procesado Manuel Villén Pérez ha estado en contacto con la partida del Cencerro facilitándoles un pan y periódicos, ofreciéndose también a otro que creyó fugitivo para actuar con él, sin llegar a poner en práctica sus propósitos ya que tal manifestación la hizo a un guardia civil disfrazado que prestaba sus servicios en persecución de bandoleros.*[266]

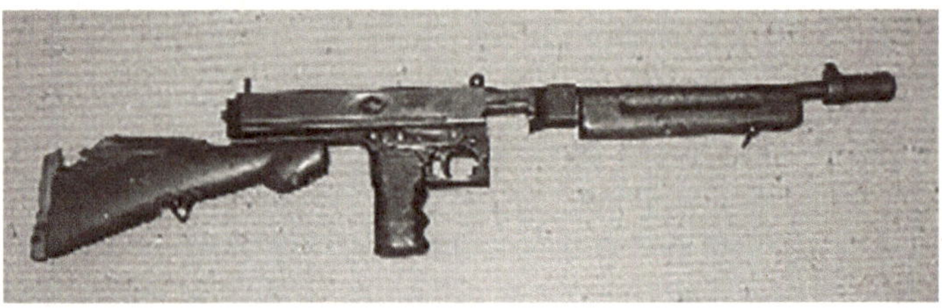

Subfusil Thompson incautado el 18 de mayo de 1950 tras el encuentro armado con la Agrupación «Roberto» en Loja (Granada). Puede verse el impacto de un disparo en la recámara (L.M. Sánchez Tostado)

265 SEHGC, *205 Comandancia...*, ob. cit. p. 77.
266 AHPJ, Leg. 42.806, causa 214/45.

Contrapartida de guardias civiles camuflados de guerrilleros durante los años cuarenta (F. Aguado Sánchez)

Armamento, granadas y explosivos intervenidos a una unidad guerrillera en la frontera pirenaica en 1944 (Foto: Archivo Guardia Civil)

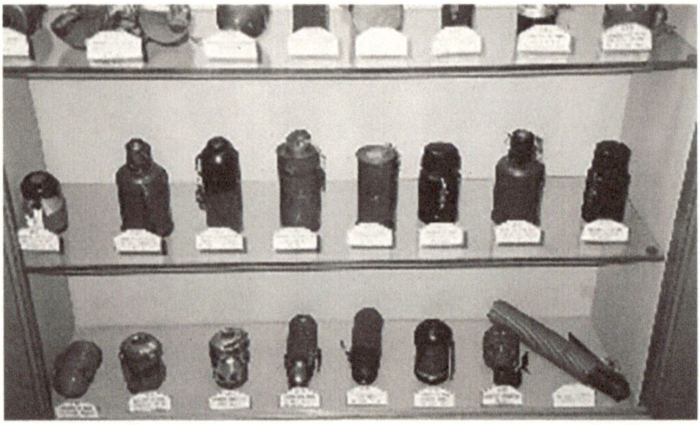

Bombas de mano intervenidas a los guerrilleros en el museo
de la Guardia Civil (L.M. Sánchez Tostado)

Exposición de armamento intervenido a guerrilleros antifranquistas
en el museo de la Guardia Civil (L.M. Sánchez Tostado)

Fueron condenados a veinte años de cárcel. Los falsos guerrilleros también tomaban nota de los ataques dialécticos contra Franco en las conversaciones:

El procesado Cándido Aranda García facilitó en su domicilio alimentos a los malhechores [guardias civiles disfrazados], *a los que dijo que, antes de servir al canalla de Franco, huiría cuando fuese llamado su reemplazo.*[267]

Fue condenado a seis años y un día por insultos al jefe del Estado. Respecto al armamento, las guerrillas de la provincia, como las del resto de Andalucía, estuvieron mal equipadas. Abundaban las escopetas de caza, algún mosquetón y pistolas procedentes de la guerra civil. A partir de 1946, la mayoría de las granadas de mano eran de fabricación casera. El armamento intervenido a los maquis por la Guardia Civil en la provincia de Jaén fue el siguiente: ochenta y seis escopetas, setenta y cinco pistolas, nueve fusiles, tres rifles, tres metralletas, cincuenta y dos bombas de mano[268] y dieciocho cuchillos.[269]

El gobierno de Franco se había propuesto el total exterminio de las guerrillas, y no reparó en medios materiales para dotar a la Guardia Civil. Así lo reconoció el teniente coronel Luis Marzal Albarrán, primer jefe de la comandancia de Jaén:

El Alto Mando dictó, no solo por escrito sino personalmente a los jefes de las comandancias de cada provincia, las órdenes convenientes tanto para llegar al eficaz servicio llamado de cuatro días de permanencia en los campos, dotando a cada comandancia de los armamentos necesarios: subfusiles ametralladores, pistolas automáticas, bombas de mano, gemelos de campaña, medios de locomoción con el carburante necesario y crédito suficiente para la aportación de premios en metálico que hicieran posible contrarrestar los que de la misma clase daban los bandoleros (...) Fueron necesarios también morteros y dinamita.[270]

La desproporción de personal y medios entre los dos bandos era evidente.

---

267 Ibidem.

268 De las cincuenta y dos granadas intervenidas, cuarenta y cuatro, es decir el 85%, fueron requisadas a los hombres de Cencerro, que demostraron una gran destreza en la fabricación de bombas de mano artesanales. Estos artefactos fueron montados clandestinamente en la herrería de la fábrica de los Funes de Alcaudete durante 1946.

269 SEHGC, *205 Comandancia*, ob. cit. p. 88.

270 ob. cit. Introducción.

La desarticulación de la resistencia en el llano

Durante 1946, los procesos contra militantes, cotizantes y simpatizantes de los partidos de izquierdas en la clandestinidad experimentaron un extraordinario crecimiento. Tras la euforia desatada con la victoria de las tropas aliadas contra el fascismo, el régimen franquista inició su contraofensiva anticomunista ante la pasividad de los países occidentales que pasaron por alto el «caso español» por el peligro que, según ellos, hubiese supuesto un gobierno marxista en plena guerra fría con la Unión Soviética, de ser derrocado el general Franco.

Esto se hizo de dos formas. Por un lado, aplicando sistemáticamente la ley de fugas como medida de exterminio físico. Por otro, a través de la vigilancia minuciosa de los izquierdistas liberados y de todos los vecinos que no se hubiesen significado abiertamente como seguidores del Glorioso Movimiento Nacional. Se premió y se potenció la delación entre vecinos hasta el punto de realizarse redadas por hechos ocurridos cinco o seis años atrás, tales como leer propaganda clandestina o injuriar al Generalísimo. He encontrado procesos en los que, se condenan a varias familias sólo por sospechas de haberse reunido hace varios años. Muchas veces estas denuncias se interponían por enemistad o despecho.

Un ejemplo lo encontramos en el proceso de 1946 contra varios jiennenses tras una denuncia que los relacionaba con una organización comunista cinco años atrás. Después de tanto tiempo, el denunciante no tenía claro el papel que desempeñó cada uno, y el juez carecía de pruebas suficientes pero, a pesar de todo, los condenó. El texto de la sentencia es todo menos un tratado de imparcialidad y garantía jurídica:

> *Que la presente causa se instruye por actividades comunistas de tipo clandestino sin haberse podido determinar si dicha organización llegó a funcionar, ni tampoco concretarse de manera exacta y real la*

actividad de cada una de las personas ligada a la misma, o si el descubrimiento de tal organización fue la causa que impidiera el funcionamiento de la organización. Sea como fuere la causa de ella, lo cierto es que han sido detenidas una serie de personas ligadas o al menos cómplices con la referida organización comunista.[271]

Los procesados sufrieron penas de ocho y seis años de cárcel.[272]

A pesar de los injustos encarcelamientos, la actividad represiva del régimen fue muy efectiva durante 1946 y 1947. En estos años cayeron los principales aparatos clandestinos de la resistencia en la provincia de Jaén. Veamos cómo cayeron las principales estructuras políticas republicanas en la clandestinidad.

EL BARBARO TERROR FRANQUISTA

ASESINATOS Y DETENCIONES en toda España

[illegible]

España entera es un inmenso presidio, un enorme cementerio en donde, como dice la camarada *Dolores Ibarruri*, «no hay un metro de tierra que no guarde una tumba, no hay un palmo de tierra española que no rezume sangre y lágrimas».

Día tras día llegan a nuestras noticias de la dolorosa tragedia que nuestro pueblo vive. Noticias que subleven nuestra conciencia de hombres libres y nos estimulan aún más a la lucha contra el régimen criminal de Franco y Falange.

La «ley de fugas» en Córdoba

En un cortijo del norte de la provincia de Córdoba se presentó, en la noche del 27 de octubre, una patrulla de la Guardia Civil que detuvo al campesino Antonio Moreno Manzano, afirmando poseer pruebas de que éste tenía contacto con los guerrilleros y actuaba en complicidad con ellos.

A pesar de las denegaciones categóricas del campesino los «civiles» le sacaron de su casa para conducirle al cuartelillo con objeto de proseguir en él su interrogatorio. Pero en lugar de dirigirse al puesto lo llevaron a un monte cercano diciéndole que sabían que los guerrilleros tenían armas escondidas en dicho monte y exigiéndole revelara el emplazamiento del depósito.

Antonio Moreno continuó negando lo que los guardias le imputaban y diciendo que él nada sabía acerca del pretendido escondrijo.

Sin escuchar sus razones, los «civiles» le llevaron a empellones y pegándole brutalmente hasta el bosque. Una vez allí, como el campesino persistiera en su actitud, los guardias dispararon a bocajarro sobre él y le mataron.

Como es de suponer, la patrulla encargada del servicio ha informado que Antonio Moreno fué muerto «al intentar huir».

Otro asesinato en Ciudad Real

[illegible] ada por los fascistas españoles a diestro y siniestro; que sobre ella se asienta —cada vez más precariamente— la dominación terrorista del franquismo en el campo español.

MALAGA

Muerto durante el «interrogatorio»

A últimos de octubre la Guardia Civil del término de Archidona detuvo a los patriotas Antonio Frías y Miguel Fernández, acusándoles de ser guerrilleros de los que actúan por aquella comarca.

Pocos días después detuvo a tres campesinos, acusándoles de ser enlaces de los primeros.

Todos los detenidos fueron encerrados en un pajar y sometidos a las bárbaras torturas, que uno de ellos murió durante el «interrogatorio». La Guardia Civil, para tratar de disfrazar este bárbaro crimen, colgó al campesino muerto de una viga del pajar para de este modo pretender hacer aparecer su muerte como un suicidio.

Un campesino asesinado en Barcelona

A la interminable lista de crímenes perpetrados por la Guardia Civil hay que añadir uno más.

[illegible]

Página del periódico *Mundo Obrero* de 1946 en la que se denunciaban los crímenes del régimen (L.M. Sánchez Tostado)

271 AHPJ, Leg. 42.687, Exp. Penit. de Víctor Gárate Molina.

272 Los procesados fueron Víctor Gárate Molina, José Monchón Pérez, Tomás Martínez Sutil, Manuel Quesada Pérez, Andrés Martínez Almansa y Dolores Ruiz Sánchez. AHPJ, Leg. 42.687.

CAÍDA DE LA EJECUTIVA PROVINCIAL DEL PSOE

La Brigada Político-Social de la Policía ubicada en la capital de España se dedicaba en exclusiva a la localización de focos clandestinos de organizaciones de izquierda en el llano y enviaba a sus efectivos tras una pista por toda la geografía española. En enero de 1946, tras una masiva redada en la capital de España, el enlace Mario Hernández Rico, sometido a un intenso interrogatorio por la Policía Gubernativa en Madrid, dio un nombre: José Gámez Martínez, un sastre de Úbeda.

Era el primer hilo de la madeja. Tras él, toda una red de militantes y cotizantes socialistas que se habían extendido en la provincia de Jaén desde 1944. Durante los años de posguerra, la perseverante presencia guerrillera bajo dirección comunista en muchas zonas serranas de España, así como la amplia proliferación de propaganda del PCE (fundamentalmente *Mundo Obrero*), haría que la mayoría de los focos de resistencia tuvieran una inspiración comunista. De hecho, los estudios realizados en algunas provincias como Granada, Málaga y Córdoba demuestran que la presencia de organizaciones como el PSOE y la UGT fue prácticamente inexistente durante la posguerra. Sin embargo, en la provincia de Jaén, que poseía una importante tradición socialista, sí hemos localizado varios núcleos de resistencia organizada por el PSOE en importantes municipios.

A las 7 de la mañana del 26 de enero de 1946, varios agentes de la Brigada Político-Social se presentaron por sorpresa en la casa del socialista ubetense José Gámez Martínez, quien tuvo que rendirse ante la evidencia de la delación del madrileño Hernández. En su casa fueron incautados documentos que no dio tiempo a destruir.[273] En ellos se implicaban a vecinos de Úbeda, Jaén y otros pueblos.[274] Se instruyó la causa 135/46.

---

273 Los policías Benedicto Martín Sánchez, Francisco Carpio Correcher, Eugenio Abarrátegui Mateos y Francisco Caballero Gómez dirigidos por el Comisario jefe de la brigada, Juan Pablo de Guinea Sata, fueron los que se desplazaron de Madrid a Úbeda, apoyados por varios agentes del Cuerpo Nacional de Policía de Jaén. AHMI, Leg. 28/1 de Jaén, Causa 135/46.

274 Entre la documentación hallada en su casa se encontraban once cartas fechadas en Madrid por un tal Antonio en las que se hacían numerosas referencias a la marcha de la organización socialista en la provincia de Jaén y a entrevistas mantenidas, una octavilla fechada en enero de 1946 en la que se propugnaba ante la ONU la instauración en España del «cambio de régimen político donde se garantizaran con libertades democráticas», y un papel de seda en el que se dibujó un esquema sobre la organización del PSOE y la UGT en la mitad norte de la provincia jiennense, y que reproducimos en la presente obra. AHMI, Ibidem.

Al acabar la guerra, José Gámez conoció en Madrid a Mariano Redondo Martín, miembro de la ejecutiva federal del partido socialista,[275] quien lo puso al corriente del funcionamiento del PSOE y la UGT en la clandestinidad y lo animó a constituir en Jaén una federación provincial.

Licenciado en junio de 1943, se dirigió a la capital jiennense, donde contactó con el socialista Alejandro Conde Puche, a quien expuso su proyecto de recomponer el organigrama socialista deshecho desde la conclusión de la guerra. Conde se comprometió a captar militantes en la capital y avisarlo cuando fuera a constituirse la ejecutiva local. Miguel Mesa, que residía en la estación Linares-Baeza aceptó actuar de enlace entre Úbeda y Jaén y de estafeta entre Madrid y ambas ciudades para la distribución del órgano *El Socialista*, que enviaba la ejecutiva federal. Tanto Gámez como Conde se reunieron numerosas veces, pero procuraron no citar nombres de los afiliados que iban captando como medida de seguridad. Se comenzó a recaudar cotizaciones para crear un fondo de ayuda a los presos políticos y costear los viajes que debían hacerse a Madrid y Sevilla, donde se encontraban las agrupaciones nacional y regional, respectivamente. Así mismo, se pensó en la conveniencia de reconstituir los cuadros de la UGT con el fin de organizar a los trabajadores y mantenerlos informados.

A mediados de 1944, quedó constituido el comité local del PSOE y la UGT en Úbeda. Estaba formado por José Gámez Martínez como secretario general, Antonio Deblas Olivares como secretario de organización, Rafael Carrasco Mora en el puesto de secretario de administración y Miguel Moreno Sánchez en el de vocal. Comenzaron a distribuir *El Socialista* y *Renovación* entre los antiguos simpatizantes, teniendo la precaución de destruir la prensa una vez leída.[276]

Entre tanto, Conde había entrado en contacto con Juan Zarrías Jarreño («Zaño»),[277] un activo militante socialista a quien conoció en

---

275 En 1944, la Comisión Ejecutiva Federal del PSOE en el exilio estaba dirigida por Enrique de Franco Jiménez, Trifón Gómez (presidente y vicepresidente, respectivamente) y por Rodolfo Llopis Ferrandiz (secretario general). En 1946, se constituyó nueva ejecutiva continuando Ricardo Llopis en la secretaría general, teniendo como vicesecretario a Wenceslao Carrillo Alonso, padre de Santiago Carrillo, quien, simultáneamente, se hallaba organizando las iniciativas guerrilleras del partido comunista.

276 El semanario *El Socialista* era el órgano del PSOE y la UGT, y, durante los años de posguerra, se imprimió de forma clandestina a multicopista en formato de doble cuartilla escrito por las cuatro caras.

277 Juan Zarrías Jarreño fue el padre del socialista Gaspar Zarrías Arévalo, que desempeñaría, entre otros cargos, el de diputado regional, consejero de la Presidencia, presidente en funciones de la Junta de Andalucía y secretario de Estado de Cooperación Territorial.

la prisión provincial. Al ser puesto en libertad condicional en enero de 1944 y ser desterrado a Jaén procedente de Cazalilla, donde ejerció como secretario del ayuntamiento, Zarrías se prestó a colaborar. Conde, Gámez y Zarrías se reunieron en Jaén y sentaron las bases para la reorganización del partido y el sindicato en la provincia, pero pronto surgieron desavenencias entre los dos últimos.

Juan Zarrías Jareño, «Zaño», secretario provincial del PSOE de 1944 a 1946 (Foto: Juan Zarrías)

Conde y Zarrías, junto a Manuel López López y Juan Miguel Jiménez (este último camarero del bar Manguito de Jaén), constituyeron la Federación Provincial del PSOE y de la UGT. A finales de 1944, la ejecutiva acordó ampliar la organización mediante cuadros sindicales divididos en actividades profesionales. Se comenzó con cinco grupos, cuyos representantes en Úbeda fueron:

- Delegado del gremio de Panaderos: Fernando Herrero Serrano
- Esparto: Jerónimo Ruiz Hipólito
- Metalúrgicos: Francisco Villar Cano
- Perrilleros.[278] Antonio Sánchez Carmona
- Construcción: Leopoldo Martín Blanco

278 Los perrilleros eran vendedores ambulantes de telas a plazos, un oficio que proliferó durante los años cuarenta debido a la precaria economía de posguerra. Los perrilleros iban de casa en casa intentando vender a las mujeres telas para hacer vestidos y trajes que podían pagar semanalmente. Su nombre le viene por la talega que portaban atada a la cintura llena de perrillas (monedas de cinco céntimos de peseta).

En la capital también se formaron sindicatos profesionales adscritos a la UGT, tales como agricultores (delegado, Antonio Illana Pulido), albañiles, comerciantes (Simón de Dios Ogayar), canteros (Nicolás García), panaderos (un tal José) trabajadores de espectáculos públicos (Antonio Muñoz Delgado, acomodador del Teatro Cervantes), empleados de oficinas (José Cañadillas García), camareros y cocineros (Joaquín Linde Torres) y vendedores. Se crearon comités comarcales, comenzando por Jaén, Úbeda y Linares.

En octubre, José Gámez viajó a Madrid para recoger propaganda, y Mariano Redondo le informó de que Juan Zarrías ya había estado allí como secretario provincial.[279] Gámez se disgustó por que no hubieran contado con él como miembro del comité provincial.[280] En aquella reunión fue nombrado estafeta Matías Ruiz Marín, un empleado de telégrafos en la estación de Baeza.

Tras varios meses sin recibir propaganda, Mesa les informó de un desastre: en abril de 1945, casi todos los miembros ejecutiva federal de Madrid habían sido encarcelados. A partir de entonces, se funcionó a través del comité regional de Sevilla, del cual dependería en lo sucesivo el provincial. En Jaén, Conde fue detenido el 30 de mayo y Zarrías contó con Gámez para la ejecutiva provincial. Cada cual trabajó en su zona y, por prevención, se evitaron los contactos personales, realizando las comunicaciones por correspondencia mediante enlaces y estafetas. El 8 de enero de 1946, pocos días antes de su detención, José Gámez viajó a Sevilla y se entrevistó en el café Tropical con un tal Hombrado, de la ejecutiva regional.

El trabajo de Gámez en la zona norte de la provincia fue incesante pese al peligro que entrañaban sus desplazamientos, y consiguió constituir federaciones locales del PSOE y secciones sindicales de UGT en Torreperogil (encargándose de la secretaría Francisco Fonta Piqueras, responsable ugetista durante la guerra),[281] Villacarrillo (con Cristóbal Villar), Jódar y Sabiote.

Por su parte, Juan Zarrías constituyó los comités comarcales de Jaén (con Alfonso Barranco Medina como secretario comarcal), Mancha

279 En el viaje de Zarrías a Madrid en agosto de 1944 se entrevistó clandestinamente en el café Mezquita (en la plaza de Santa Bárbara) con un tal Luis, así como con Vicente Valls, de la ejecutiva federal del PSOE. Declaración de Juan Zarrías. AHMI, Leg. 28/1, causa 135/46.

280 Declaración de José Gámez Martínez. AHMI, leg. 28/1, causa 135/46.

281 Formaban parte del comité local del PSOE en Torreperogil, además del citado Francisco Fonta, su cuñado Cristóbal «el de las Patas» y Joaquín Martínez («Avelino»).

Real (Fernando Morales) y Linares (Manuel Bernal). El comité comarcal del PSOE en Jaén estuvo formado por Alfonso Barranco Medina, funcionario del Ayuntamiento de Jaén que actuó de enlace entre los comités local y provincial en Jaén, Ángel González Vílchez, Anastasio Valdivia Martínez y Juan Antonio Jiménez Jiménez.[282] Ángel González consiguió huir antes de ser detenido.

También propuso que en el comité local de Jaén estuviese representada toda la estructura socialista, por lo que fueron elegidos Ángel González, del partido, Anastasio Valdivia, de las Juventudes Socialistas, y Juan Antonio Jiménez, de la UGT; ostentando Juan Zarrías la secretaría provincial. En noviembre de 1945, Zarrías viajó a Sevilla para entrevistarse con un representante del regional, y en esa reunión se fijaron criterios de organización y la remisión de cotizaciones que debían enviarse por giro a Juan Gámez, hermano de José Gámez, que residía en la capital hispalense y actuaba como enlace entre las dos capitales.

En diciembre de 1945, la ejecutiva provincial recibió la orden de contactar con otras organizaciones de izquierda para constituir, en la provincia jiennense, la Alianza Nacional de Fuerzas Democráticas (ANFD). A tal fin, Manuel López se entrevistó en Jaén con el anarquista Enrique Alegre Martín, secretario provincial de la CNT. En esta primera reunión no se llegó a ningún acuerdo, al exigir Alegre Martín la entrada en dicha organización, además de la CNT, de las Juventudes Libertarias (JJLL). No llegó a constituirse este bloque en Jaén, suponemos que por discrepancias entre la ejecutiva provincial socialista y el cenetista Enrique Alegre, pues, en su fundación, el Movimiento Libertario (constituido por la CNT, la FAI y las JJLL), aunque minoritario, fue una de las fuerzas políticas que integraron la ANFD.

Juan Zarrías y José Gámez fueron condenados a doce años y un día de cárcel, y con ellos una treintena de militantes socialistas (ver relación de procesados en la causa 135/46 en tabla 8). Ambos continuaron trabajando en la organización del partido socialista en la clandestinidad a su salida de prisión. Juan Zarrías Jarreño formaría parte de la Comisión Ejecutiva Nacional en 1964.[283] Con la llegada de la democracia, José Gámez llegaría a ser alcalde de Úbeda.

---

282 Declaración de Juan Zarrias Jareño.

283 La Comisión Ejecutiva Federal del PSOE en 1964-1964 estuvo formada por Ramón Rubial, Cristóbal Cádiz, Agustín Soriano y los jiennenses Alfonso Fernández y Juan Zarrías.

Tabla 8
Relación de procesados tras la caída del PSOE en la provincia de Jaén.
Causa nº 135/46

NOMBRE	VECINDAD	CONDENA	OBSERVACIONES
Juan Zarrías Jarreño	Jaén	12 años y 1 día	Secretario provincial
Alfonso Barranco Medina	Jaén	12 años y 1 día	Enlace comités local y provincial
Juan Miguel Jiménez Martínez	Jaén	12 años y 1 día	Miembro ejecutiva provincial
Manuel López López	Jaén	12 años y 1 día	Miembro ejecutiva provincial
Juan Antonio Jiménez Jiménez	Jaén	6 años	Miembro comité local
Anastasio Valdivia Martínez	Jaén	6 años	Miembro comité local
Francisco Montes Piquero	Jaén	6 años	Miembro comité local
Ángel Fuentes Quesada	Jaén	3 años	Afiliado
Antonio Muñoz Delgado	Jaén	6 meses y 1 día	UGT. Delegado de espectáculos públicos
José Cañadillas García	Jaén	6 meses y 1 día	UGT. Delegado de empleados de oficinas
Simón De Dios Ogayar	Jaén	6 meses y 1 día	UGT. Delegado de comercio
González Vilches, Ángel	Jaén		Miembro comité local. Consiguió huir
José Gámez Martínez	Úbeda	12 años y 1 día	Secretario comarcal en Úbeda
Antonio Deblas Olivares	Úbeda	6 años	Scrio. Organización comité local
Rafael Carrasco Mora	Úbeda	6 años	Scrio. Admon. comité local
Miguel Moreno Sánchez	Úbeda	6 años	Vocal comité local
Fernando Herrero Serrano	Úbeda	6 meses y 1 día	UGT. Delegado de Panaderos en Úbeda
Jerónimo Ruiz Hipólito	Úbeda	6 meses y 1 día	UGT. Delegado del Esparto en Úbeda
Francisco Villar Cano	Úbeda	6 meses y 1 día	UGT. Delegado de Metalúrgicos en Úbeda

Antonio Sánchez Carmona	Úbeda	6 meses y 1 día	UGT. Delegado de Perrilleros en Úbeda
Manuel Bedmar Cózar	Úbeda	6 meses y 1 día	
Miguel Mesa Gutiérrez	Estación Baeza	3 años	
Leopoldo Martín Blanco	Estación Baeza	6 meses y 1 día	UGT. Delegado de la Construcción en Úbeda
Matías Ruiz Marín	Estación Baeza	6 meses y 1 día	No denunció
Ramón Fe Doblas	Estación Baeza	6 meses y 1 día	No denunció
Alfonso Mora de la Torre	Sabiote	6 años	Scrio. comité local
Joaquín Ruiz Molina	Torreperogil	6 años	Miembro comité local
Francisco Fonta Piqueras	Torreperogil	6 años	Scrio. comité local

LAS JUVENTUDES SOCIALISTAS UNIFICADAS EN JAÉN

En las vísperas del 18 de julio de 1946 (10.º aniversario del alzamiento nacional), en la capital de la provincia se habían organizado por las autoridades diversos actos para solemnizar la que durante toda la dictadura sería la conmemoración por excelencia. Sin embargo, la ciudad de Jaén despertó aquel día con una enorme sorpresa. En las céntricas calles Martínez Molina, San Bartolomé y Arrabalejo aparecieron octavillas con propaganda republicana y pintadas en contra del franquismo. En la torre de la vela del castillo de Santa Catalina ondeaba una gran bandera republicana. Su estratégica colocación propició que fuera vista por la mayor parte de los vecinos de Jaén, recordando que las fuerzas de izquierdas continuaban en lucha.

Los actos de sabotaje y propaganda por la resistencia del llano fueron frecuentes a partir de 1944, sobre todo en señaladas fechas como el 14 de abril, instauración de la 2.ª República, el 1 de mayo, Día del Trabajo, o el ya mencionado 18 de julio. En la primavera de 1946, la mayoría de los partidos políticos clandestinos, agrupados entonces en la ANFD, lanzaron la consigna de multiplicar los actos de propaganda en las citadas efemérides. De este modo, el 14 de abril de 1946 aparecieron diversas octavillas por las calles jiennenses, y el 1 de mayo también se colocó otra bandera tricolor en la cruz del castillo de Jaén.

La irritación de las autoridades fue manifiesta. Los agentes de la Brigada Político Social de la Policía se movilizaron con rapidez para reparar el insulto. Se echó mano de los ficheros para consultar los pocos activistas que por entonces no estaban presos o desterrados. Comenzaron las detenciones y los temibles interrogatorios en la comisaría. El círculo se estrechaba y las sospechas recayeron sobre los jóvenes jiennenses Bernardo Cruz García, Julio Ruiz Cobo y Antonio Pegalajar Alba, acusados de pertenecer a las Juventudes Socialistas Unificadas (JSU).

¡ 14 de Abril !

MADRES ESPAÑOLAS: Si quereis acabar con el VERDUGO y su régimen de hambre, miseria y terror. Si quereis acabar con los vergonzosos CAMPOS DE CONCENTRACCIÓN, Si quereis que vuestra hijas no se vena en el peligro de ser arrastradas a la prostitución. Siquereis que vuestros hijos no seaeven en el peligro de ser CARNE DE CAÑON en el Pirineo, para salvar al TIRANO y sus secuaces. Si quereis que vuestros niños tengan pan y escuela. LA RESISTENCIA OS LLAMA.

¡VIVA EL 14 DE ABRIL!

¡VIVA LA REPÚBLICA!

Octavillas aparecidas en Jaén el 14 de abril de 1946, aniversario de la Segunda República, difundidas por las JSU (AHPCE)

¡ 14 de Abril!

ESPAÑA y el MUNDO dicen: FRANCO primer criminal entre los criminales. Sus FALANGISTAS los organizadores del robo, los representantes del hambre, los protagadores de la miseria, de la tuberculosis y de la degeneración.

Para evitarlo, un sólo deber nos lo impone: El de la lucha contra los propagadores. Para impedirlo un sólo objetivo debemos marcarnos: LA REPÚBLICA.

¡VIVA LA RESISTENCIA!

¡ABAJO EL TERROR!

¡MUERAN LOS OPRESORES!.

Octavillas de las JSU aparecidas en Jaén dirigida a las madres de futuros guerrilleros (AHPCE)

Hasta marzo de 1946, venía funcionando de forma clandestina en Jaén un comité provincial de las JSU, dirigido por Francisco Nieto Torres («Manolo»),[284] Cayetano Sánchez Erena y Diego García Gómez («Chirri»). Ante la caída de la organización en otras provincias, el comité regional, entonces ubicado en Málaga, decidió disolver la ejecutiva de Jaén y constituir un nuevo comité provincial en el que sus cuadros no fuesen elementos en libertad condicional para no despertar sospechas entre la policía, incitándolos asimismo a realizar actos de «ostentación política» en las fechas señaladas. A tal fin, el regional contactó con Diego el «Chirri» y lo nombró secretario general. Manuel Jiménez Padilla fue nombrado secretario de organización y Manuel Ruiz Jiménez, secretario de administración. Se creó un nuevo cargo, el de responsable militar, que recayó en «Manolo» Nieto, cuya misión fue la de reclutar voluntarios y contactar con la guerrilla de Cencerro.[285] A finales de mayo, un delegado del comité nacional llegó a Jaén y mantuvo una reunión en la que les informó sobre la constitución de la ANFD y «la necesidad de trabajar en la unificación de todos los partidos clandestinos».[286]

Diego el «Chirri» mantuvo algunas reuniones con el conocido médico Federico Castillo García-Negrete que no llegaron a fructificar.

En diversas reuniones mantenidas discretamente en varias tabernas de Jaén[287] se decidió la constitución de un comité local y la ampliación de la estructura con el fin de recaudar fondos para los presos políticos. Se eligió un comité local dependiente del provincial, recayendo los cargos en Bernardo Cruz, Julio Ruiz Cobo, José Quero Huertas, Juan García Camacho y un tal Manolo «el hijo de la Villa». Con el fin de acreditar a los afiliados y recaudar las cotizaciones se imprimieron cincuenta y cinco carnés y 4500 sellos de cotización de 3, 2 y 1 pesetas, todo ello de forma clandestina en la imprenta de la viuda de Cobo, en la calle Teniente Bago n.º 1. La principal misión que asumió

284 Francisco Nieto Torres («Manolo») ostentaba entonces el cargo de secretario de agitación y propaganda del PCE y participó directamente en la constitución de los comités locales comunistas en Martos, Alcaudete y Jódar.

285 El villareño Francisco Liébanas Palacios fue detenido y condenado a seis años de cárcel por facilitar varios encuentros entre Francisco Nieto y el subgrupo guerrillero del «Zoilo», de quien recibió dinero para el PCE. AHPJ, Leg. 42.717, Exp. Penit. de Francisco Liébanas Palacios, causa 1505/46.

286 AHMI, leg. 16/1 de Jaén, causa 1083/46.

287 Entre otras, en la llamada *En la esquina te espero*, situada frente a la antigua cárcel de la Coronada, en la calle Martínez Molina; la del Alcaudón, en la calle Millán de Priego e incluso en el bar Sanatorio, en el que trabajaba Serafín Molinero, un camarero militante de las JSU.

esta organización fue la de colaborar con la resistencia. Para ello se organizaron mediante «triángulos», esto es un jefe y dos militantes que, a su vez, se encargan cada uno de formar otro triángulo, extendiendo de esta forma la organización. Cada grupo fue designado por una letra y un número.

Diego García Gómez, «Chirri», responsable de las JSU en Jaén. Terminó uniéndose a «Cencerro».

Los militantes se repartieron varios ejemplares de *Mundo Obrero*, *Nuestra Bandera* y *Juventud* y, el 15 de julio, con la última entrega, Bernardo Cruz recogió de Juan Fernández Serrano, que era listero de las obras que se estaban realizando en el ejido de Santa Isabel, cuatro cartuchos de dinamita, tres fulminantes y un metro de cefre para la realización de un acto de sabotaje, que finalmente no se llegó a efectuar por la impericia de los jóvenes en el manejo de los explosivos.[288]

Los carnés se habían diseñado específicamente para pasar desapercibidos, pues más bien parecían pequeños pasquines publicitarios fechados en Córdoba y sin pie de imprenta. En su anverso podía leerse: «Juegos de Sillas Ultramodernas. Se Regalan Impermeables». La policía pronto reparó que con las primeras letras de sus palabras se componían las siglas JSU. SRI; o sea: «Juventudes Socialistas Unificadas. Socorro Rojo Internacional». La idea, propuesta por Julio Ruiz Cobo,[289] portaba

288 AHMI, Leg. 16/1 de Jaén, causa 1083/46.

289 Pese a su juventud, Julio Ruiz Cobo tenía una dilatada experiencia en la lucha antifascista. Durante la República, fue militante del PCE como Pionero y, durante la guerra, se marchó voluntario al frente, hasta que su padre lo reclamó por ser

la ingenuidad de la inexperta juventud, pues, en su deseo de camuflar las siglas, no repararon en que en aquellos tiempos no estaba la cosa como para «regalar» nada, y menos impermeables en los sofocantes veranos jiennenses.

A finales de aquel verano, en una nueva reunión en la casa de Chirri, Manuel Nieto, como responsable de la guerrilla, expuso los contactos que había mantenido con Cencerro y el plan para dar golpes de efecto en la capital con la ayuda de la guerrilla. Se acordó vigilar a varios socios ilustres del Tiro Nacional, así como a Antonio Tovar Larena (propietario entonces de la única fábrica de harinas que había en la capital, próxima a la estación de ferrocarril), al objeto de proporcionar información a los guerrilleros para la realización de un secuestro. Este nunca llegó a realizarse porque, tras la redada del 18 de julio, Manolo Nieto y el Chirri huyeron al monte y se unieron a la guerrilla del Cencerro. Quedó, de esta manera, truncada la corta vida de las Juventudes Socialistas Unificadas en Jaén.

Tabla 9
Relación de procesados tras la caída de las JSU en Jaén. Causa n.º 46/1083

NOMBRE	VECINDAD	CONDENA	OBSERVACIONES
Francisco Nieto Torres («Manolo»)	Jaén		Se unió a Cencerro
Diego García Gómez («Chirri»)	Jaén		Scrio. Provincial JSU Se unió a Cencerro.
Telesforo Zabala,	Jaén		Huyó
Manuel Garrido Castellanos	Jaén		Huyó
Cayetano Sánchez Erena	Jaén		Huyó
Bernardo Cruz García	Jaén	10 años	Scrio. comité local JSU
Jesús Quero Huertas	Jaén	6 años y 1día	Distribuyó propaganda
Julio Ruiz Cobos	Jaén	6 años y 1día	Encargó la impresión de carnet

menor de edad. Al acabar la guerra, fue condenado a doce años y un día, siendo puesto en libertad al ser revisada su causa poco después. Nuevamente fue encarcelado durante dos años por su significación comunista y, a su liberación, se marchó a Marruecos a cumplir el servicio militar, de donde desertó pasando al Marruecos francés. De allí viajó a Italia y se enroló con el ejército inglés en la liberación de aquel país en la Segunda Guerra Mundial. En noviembre de 1945, fue repatriado a España y continuó colaborando con la resistencia antifranquista.

Juan Fernández Serrano	Jaén	2 años	Entregó dinamita
Francisco Ordóñez Serrano	Jaén	2 años	Guardó los carnets y los sellos
Juan García Camacho	Jaén	2 años	Recibió carnets y propaganda
Manuel Serrano Rincón	Jaén	1 año	Colocó banderas en el castillo de Jaén
Ángel Ruiz Jiménez	Jaén	1 año	Scrio. Administración JSU
Manuel Cuesta Torres	Jaén	1 año	Imprimió los carnets
Antonio Extremera Pablo («Grillo»)	Jaén	1 año	Colocó banderas en el castillo de Jaén
Manuel Jiménez Padilla	Jaén	1 año	Colocó banderas en el castillo de Jaén
Manuel Huete Cobos	Jaén	1 año	Colocó banderas en el castillo de Jaén
Serafín Molinero Ortiz	Jaén	Absuelto f.p.	Afiliado
Antonio Pegalajar Alba	Jaén	Absuelto f.p.	Afiliado
José Hernández Lendínez	Jaén	Absuelto f.p.	Afiliado

CAÍDA DEL PCE EN LA LOMA DE ÚBEDA

A finales de 1946, se puso en marcha una operación policial que consiguió la desarticulación de los comités locales clandestinos del PCE en los pueblos de Úbeda, Santisteban del Puerto, Villacarrillo, Jódar, Linares y Estación de Baeza. Se conoció por confidencias que un huido, Cristóbal Cazorla Serrano, miembro del comité central del Partido Comunista, enlace entre el central y el regional, se había entrevistado con la 2.ª Agrupación de guerrilleros. Había contactado con diversos militantes con el fin de impulsar la organización comunista en Sierra Morena en los municipios donde no estuviesen constituidos. La difusión de propaganda y la recaudación de cotizaciones para la ayuda a familiares de presos y los gastos de la organización fueron sus objetivos inmediatos.

En Linares, el comunista Enrique López Oro mantuvo reuniones con numerosos simpatizantes, con Cristóbal Cazorla y con «tres individuos conocidos por los Varillas». Se acordó constituir el comité local en la ciudad minera y en la estación Linares-Baeza. Esta última fue un importante enclave receptor de propaganda política y de consignas remitidas desde Madrid a otras provincias de Andalucía. Tener a un ferroviario de confianza en dicho punto suponía una gran ventaja.

Los cargos que nombrados fueron:

En Linares: Enrique López Oro (secretario general), José Porras García (secretario de administración) y, como jefes de grupo o troika, Antonio Cuevas Torres y Antonio Sánchez Fernández. En la estación Linares-Baeza: José Velázquez Romero (secretario de organización), Luis Clederas Navarrete (secretario de administración) y Tomás Baldón Fernández (jefe de troika). Antonio Figueroa Caler actuó de enlace entre el regional y los comités locales de Linares y Baeza, viajando a Madrid a recoger propaganda que luego distribuía.

Cristóbal Cazorla realizó una intensa campaña de captación desplazándose por los municipios de Sierra Morena y creando una red de distribución de propaganda y enlaces que se entrevistaban con la guerrilla del Gafas, de quien recibían propaganda, sobre todo el periódico *Mundo Obrero*. Animó a los liberados condicionales a constituir comités locales con reparto individualizado de funciones. Su activa gestión y el óptimo ambiente de esta etapa propició la creación de comités del PCE en Úbeda, Villacarrillo, Santisteban del Puerto y enlaces en Montizón y Rus, entre otros.

Tras las primeras detenciones, fueron instruidas las causas 1525/46 y 82/47, por las que fueron encarceladas cincuenta y una personas.

Tabla 10
Relación de procesados por rebelión militar y actividades subversivas relacionados con la constitución clandestina del PCE en Sierra Morena. Causas 1525/46 y 82/47 [290]

NOMBRE	VECINDAD	CONDENA	OBSERVACIONES
Cristóbal López Oro	Linares	3 años	Scrio. local PCE
Antonio Figueroa Caler	Linares	2 años	Enlace
José Porras García	Linares	1 año	Scrio. Admón. comité PCE
Antonio Cuevas Torres	Linares	1 año	Jefe de Troika
Tomás Baldón Fernández	Linares	1 año	Jefe de Troika
Antonio Sánchez Fernández	Linares	6 meses y 1 día	Jefe de Troika

290 Elaboración propia en base a los datos obrantes en el AHPJ. Leg. 42671, Exp. Penit. de Vicente de la Hoz Avilés y leg. 42722, Exp. Penit. de Cristóbal López Oro.

José Sánchez Montoro	Linares	6 meses y 1 día	Jefe de Troika
Luis Clederas Navarrete	Estac. de Baeza	1 año	Scrio. Admon. Comité local
José Velázquez Romero	Estac. de Baeza	1 año	Scrio. Admon. Comité PCE
Gregorio Beltrán Fernández	Estac. de Baeza	6 meses y 1 día	Recaudaba cuotas.
Salvador Ramírez Campos	Úbeda	6 meses y 1 día	Afiliado, llevó a Cristóbal Cazorla a Villacarrillo
Roque De la Torre Expósito	Úbeda	6 meses y 1 día	Entregó cotizaciones y envió propaganda a Jódar.
Diego Marchal Pozas	Úbeda	6 meses y 1 día	Facilitó 100 pts. para que Cristóbal Cazorla viajara.
Carlos Ortiz Expósito	Úbeda	6 meses y 1 día	Difundió propaganda en Jódar.
Bernardo Navidad Ráez	Úbeda	1 año	Asistió a reuniones
Mariano Soriano Olid	Stb. del Puerto	6 meses y 1 día	Comité local PCE
Diego De la Torre Higueras	Stb. del Puerto	6 meses y 1 día	Comité local PCE
Emilio López Cerón	Stb. del Puerto	6 meses y 1 día	Comité local PCE
Jesús Villar Jiménez	Stb. del Puerto	6 meses y 1 día	Comité local PCE
Leandro López Merino	Stb. del Puerto	1 año	Afiliado, asistía reuniones
Marcos Jiménez Ballesteros	Villacarrillo		
Juan Jiménez Ballesteros	Villacarrillo	2 años	
Mariana Gallego Rodríguez	Villacarrillo	6 meses y 1 día	
Rodrigo Ballesteros Santiago	Villacarrillo	6 meses y 1 día	Comité de Villacarrillo
Juan Martínez Lillo	Villacarrillo	6 meses y 1 día	Dio albergue a dos huidos de la prisión de Málaga

Manuel Millán Ojeda	Villacarrillo	6 meses y 1 día	Recibió propaganda de los guerrilleros
Vicente De la Hoz Avilés	Villacarrillo	2 años	Scrio. PCE. Recibió propaganda de la guerrilla.
Pedro Montalvo Vera	Villacarrillo		Recibió propaganda de la guerrilla
Juan Ballesteros Jiménez	Villacarrillo		
Constantino Ibáñez Redondo	Villacarrillo		Dio albergue al huido Antonio Rigal
Emiliano Castellanos Santos	Montizón		
Blas Ballesteros Torres			
José Bermejo Navarro			
Antonio Calero Calero			
Felipe Castillo Almazán			
José Castillo Ballona			
Cristóbal Cuevas Vilches			
Juan Fernández Cruz			
Joaquín López Gil			
Antonio Megías García	Rus		
Antonio Melero Rodríguez			
Alfonso Montiel Bermejo			
Juan Mota Pérez			
Domingo Olivar Nieto			
Antonio Pérez Atienza			
Ciriaco Rubio Cantos			
Cristóbal Rubio Manjón			
Bartolomé Simón Moya			
Francisco Tíscar Pozas			
Antonio Ruiz de la Cruz			
Emilio Sánchez Nieto			

LA UNE EN NAVAS DE SAN JUAN

En enero de 1947 cayeron los cuadros que la Unión Nacional Española había constituido en la primavera de 1946 en Navas de San Juan. En este municipio se venían organizando asambleas clandestinas en la casa de los hermanos Francisco y Sebastián Jiménez Calvente, donde se turnaban para escuchar las emisiones radiofónicas clandestinas de Radio España Independiente (*Radio Pirenaica*), *Radio París* y *Radio Belgrado*, tras las cuales decidieron la recolecta de cotizaciones para la ayuda a los presos políticos y constituir el comité local de la UNE en Navas, «teniendo por objeto la unificación de todos los partidos de izquierdas conforme al programa publicado, formando un gobierno de coalición nacional».[291] Fueron encarcelados treinta y cuatro vecinos.[292] La Junta Directiva de la UNE en Navas de San Juan estaba formada por:[293]

- Presidente: Francisco Jiménez Calvente («Albarquero»)
- Secretario político: Miguel Peña Carrasco
- Vicesecretario: Sebastián Jiménez Calvente
- Delegado administrativo: Miguel Laguna Rojas
- Jefe de incógnita: Federico Serrano Mejías
- Delegado de propaganda: Francisco Cánovas Zamora
- Enlace local: Diego Molina Baena («Vilches»)
- Enlace exterior: Antonio Almazán Calleja («Sabioteño»)

De la reunión donde se tomó este acuerdo levantó acta el secretario Miguel Peña Carrasco con tinta simpática (invisible).

En diciembre de 1946 se presentó en Navas un viajante llamado Juan del Pozo, representante de la compañía madrileña de teatro Manuel Andrade, quien recorrió los municipios del condado buscando contratos para dicha compañía. Solo cuando se produjeron las detenciones masivas, y tras varias confesiones, se supo que dicho viajante era un enlace camuflado del comité central del PCE, quien le ordenó «ponerse en contacto con los guerrilleros de la sierra por la parte de Despeñaperros» (guerrilla del Gafas).[294]

Entre la publicidad que les fue incautada a los detenidos se encontraba una octavilla del PCE titulada: «Llamamiento del comité

291 AHMI, causa 135/47, leg. 25/3 de Jaén, declaración de Federico Serrano Mejías.
292 AHPJ, leg. 42.709, Exp. Penit. de Francisco Jiménez Calvente.
293 AHMI, causa 135/47, leg. 25/3 de Jaén.
294 Ibidem, ib.

central del Partido Comunista de España». También unas cuartillas que Francisco Cánovas había escondido en el tejado de su casa y cuyo titular decían: «República Española. AFARE. Junta Suprema: Orden General n.º *2 sobre las formas a seguir por todos los componentes de la AFARE*», así como un periódico titulado *AFARE*

CAÍDA DE LA CNT EN JAÉN

A principios de 1947 tocó el turno a la Confederación Nacional del Trabajo (CNT), reorganizada clandestinamente en Jaén en 1944 por el madrileño Enrique Alegre Martín cuando fue liberado de la prisión provincial jiennense. Enrique Alegre fue un activo militante cenetista. Se había establecido en Jaén y durante la guerra actuó como comisario político, siendo encarcelado el 6 de abril de 1939.

Es un personaje intrigante, pues, en su expediente constan curiosas contradicciones que hacen sospechar de su viva inteligencia o de alguna recomendación en la cárcel. En la sentencia que lo condenó se reconocía que, pese a militar en la CNT, «fue comisario de compañía, donde observó buena conducta, manifestándose en varias ocasiones como persona adicta al Movimiento Nacional favoreciendo desinteresadamente a varios presos de derechas».[295] El titular del Juzgado Militar Eventual n.º 4, ubicado en la prisión provincial de Jaén, le otorgó el destino de ordenanza, y el mismo juez le expidió una recomendación en la que hizo constar «su celo, buena voluntad demostrada dando muestras de una subordinación y disciplina dignos de elogio». Obtuvo la libertad condicional el 6 de octubre de 1943.

A poco de su liberación, Alegre se empleó en un taller de fontanería y constituyó en Jaén una sección sindical de la CNT, animado tras las conversaciones mantenidas en prisión con libertarios cautivos. En la capital celebró discretas asambleas con algunos vecinos en las tabernas de Nicasio y el Seco, con quienes más tarde constituyó un comité en el que se eligió, entre otros, a Manuel Félix Blanca, como responsable de las Juventudes Libertarias, a José Sánchez Viñolo como delegado de Propaganda y a Francisco Pamos Ugres como delegado del Sindicato de Ferroviarios.[296] Se trazaron metas

295 AHPJ, Leg 42.638, Exp. Penit. de Enrique Alegre Martín.

296 Entre los vecinos que formaron parte del mencionado comité, además de los ya citados, se encontraban Juan Salinas Sánchez, Manuel García Ruiz, Francisco González López y Manuel Cruz Cobo. AHPJ Ibidem, ib.

inmediatas como la recaudación de cotizaciones para socorro de presos y la distribución de propaganda libertaria por toda la provincia. Se dirigió a Úbeda, donde, con Bartolomé Rojas Valenzuela, un fontanero al que conoció en prisión, reorganizó la CNT en aquella ciudad. Con gran constancia fue haciendo crecer la militancia en la provincia, si bien el sindicalismo libertario gozó de menor implantación que el sindicalismo clases. Nos consta que constituyó grupos de la CNT al menos en Huelma, Bedmar, Linares y Torreperogil,[297] Peal de Becerro, Cazorla y La Iruela, municipios a donde se desplazó personalmente distribuyendo propaganda. Llegó a constituir un comité provincial del que el propio Enrique Alegre sería su secretario general.

La organización cayó en febrero de 1947 cuando fueron encarcelados cincuenta y dos vecinos de los referidos municipios, casi todos ellos liberados condicionales entre 1943 y 1944 tras ser condenados por «conspiración para la rebelión».[298] Tras la redada, varios anarquistas, entre ellos Enrique Alegre, consiguieron huir.[299]

A los procesados se los acusó de pertenecer a la ANFD mediante su militancia en la CNT y, a varios de ellos, se les intervino propaganda como ejemplares de los órganos CNT (órgano del movimiento libertario) y *Fraternidad* (órgano del comité de enlace UGT-CNT). También un revólver y varios cartuchos de dinamita. Ver listado de procesados en tabla 11.

297 Entre los miembros que formaron parte del comité local de la CNT en Úbeda cabe citar a José Salcedo Millán, Juan José Quiñones García, José Fernández López, Tomás Ruiz Quesada y Baltasar Berlanga López. En Huelma, Francisco Justicia Castro, Juan de Dios Ortiz Ortega y Jerónimo Vico Martínez. Este último consiguió huir del pueblo cuando comenzaron las detenciones en febrero de 1947. En Bedmar, Pedro Sánchez Medina, Fernando Sánchez Rodríguez y Jerónimo Torres Barrera. En Linares, José María Galán Arcos y, en Torreperogil, Ildefonso Moreno Ruiz. AHPJ, Ibidem, ib.

298 Causas 1746/46 y 226/47.

299 Otros anarquistas que escaparon de la acción represiva fueron José Piñero, enlace entre los comités provincial y regional. También huyó el pealeño Bernabé García Hernández, aunque se entregó al poco tiempo a la policía gubernativa de Jaén. AHMI, leg. 1057/45, causa 1746/46.

Tabla 11
Relación de procesados tras la caída del comité provincial de la CNT en Jaén.
Causas 1746/46 y 226/47

NOMBRE	VECINDAD	CONDENA	OBSERVACIONES
Fernando Sánchez Rodríguez	Bedmar	1 año	Secretario local
Pedro Sánchez Medina	Bedmar	1 año	Distribuyó propaganda
Antonio Ortuño Fernández	Cazorla	1 año	
Consuelo Jorquera Tamargo	Cazorla	1 año	
Ángel Martínez Santos	Cazorla	1 año	Confeccionó propaganda
Leandro Chillón Martínez	Chilluévar		
José Egea Martínez	Chilluévar		
Juan de Dios Ortiz Ortega	Huelma	1 año	Vocal comité local de Huelma
Francisco Justicia Castro	Huelma	6 meses y 1 día	Tesorero comité local de Huelma
Jerónimo Vico Martínez	Huelma		Dirigente juventudes libertarias. Huyó
Bartolomé Rojas Valenzuela	Jaén	1 año	Constituyó comité CNT en Jaén
Francisco González López	Jaén	6 meses y 1 día	Participó en reuniones
Pascual Pérez Gómez	Jaén	6 meses y 1 día	Facilitó ropas a Enrique Alegre
Manuel García Ruiz	Jaén	6 meses y 1 día	Participó en reuniones
Manuel Cruz Cobo	Jaén	6 meses y 1 día	Participó en reuniones
Francisco Pamos Uclés	Jaén	6 meses y 1 día	Delegado del sindicato ferroviario
Manuel Félix Blanca,	Jaén	6 meses y 1 día	Delegado de las Juventudes Libertarias
José Sánchez Viñolo	Jaén	1 año	Delegado de propaganda
Juan Salinas Sánchez	Jaén	6 meses y 1 día	Participó en reuniones

Crispín Gil Laínez	La Iruela	1 año	Se le intervino dinamita
José María Galán Aroces	Linares	1 año	
Enrique Alegre Martín	Jaén		Secretario general. Huyó
Serafín Fajes Segura	Peal de Becerro		Miembro CNT
Manuel Godino Jimena	Torredelcampo	1 año	Comité local Torredelcampo
Ildefonso Moreno Ruiz	Torreperogil	1 año	Organizó comité local
José Salcedo Millán	Úbeda	1 año	
Juan José Quiñones García	Úbeda	6 meses y 1 día	Miembro comité local
José Fernández López	Úbeda	6 meses y 1 día	Miembro comité local
Tomás Ruiz Quesada	Úbeda	6 meses y 1 día	Miembro comité local
Baltasar Berlanga López	Úbeda	1 año	Miembro comité local
Ginés Serrano Guerrero		1 año	
Eugenio López Rodríguez			
Antonio Sola Serrano			
Luis Ramos Molina			
Antón Del Arco Ortega		1 año	
Juan Antonio García Mulero		1 año	
José Fernández Parras		1 año	
Ginés Serrano Guerrero		1 año	
José Ramón Vázquez Jiménez		1 año	
Joaquín Tamargo Montero		1 año	
Manuel García Mora		1 año	
José Hernández Parras		1 año	
Juan Cárdenas Laínez		1 año	
Antonio Salas Serrano		1 año	
Consuelo Amador Bautista		1 año	
José Jara Torres		1 año	
Francisco Fernández Martínez		1 año	
Agustín Picazo Molina		1 año	

LAS MISTERIOSAS MUERTES DE MANQUILLO Y MATERO

Dejemos por un momento el llano y regresemos a las estribaciones de Sierra Morena para retomar las acciones guerrilleras a partir de 1947. A principios de año, la 2.ª Agrupación continuó con sus asaltos dividiéndose en dos grupos, cada uno de los cuales actuó en los límites meridionales y septentrionales de Sierra Morena. Los guerrilleros alternaban entre uno y otro grupo cuando sospechaban ser reconocidos en algún lugar. Dependiendo del golpe a realizar, se reunía la 21 División al completo o se diseminaba en guerrillas de tres o cuatro miembros. Esta estrategia y su gran movilidad hizo que la Guardia Civil reconociera «que en muchos casos no se podía determinar qué partida había efectuado el golpe».[300] Esto supone, que, exceptuando las acciones reconocidas en algunos testimonios por los mismos protagonistas, en la mayoría de ellas al investigador le resulte igualmente difícil determinar quiénes las realizaron; por eso fueron tan determinantes documentos como las memorias y las entrevistas grabadas.

Sí se constata de forma evidente que las acciones dirigidas por Francisco Expósito Prieto («Gafas») tuvieron un mayor trasfondo político que las capitaneadas por Francisco Osuna Galiot («Vidrio»).

Conocedores de que en la finca La Tinajilla (Viso del Marqués) se guardaban armas, la asaltaron el 18 de enero de 1947. Consiguieron cuatro escopetas y un fusil ametrallador Smeiser. Al mes siguiente (febrero), Vidrio y sus hombres se presentan en el cortijo Los Barranquillos (Centenillo) y en una majada de la Dehesa la Centenera (Andújar).

El 7 de marzo, pernoctaron en Malaventura (Santa Elena) y, al día siguiente, en el caserío Magaña. La Guardia Civil, que había sido avisada el día de antes, se presentó por los alrededores y mantuvo con ellos una refriega sin consecuencias, pues, aprovechando lo quebrado del terreno, los guerrilleros pudieron huir. El 11 del mismo mes de marzo le tocó el turno a la finca Lentisquillo (Andújar), y el 20 a La Cuesta (Baños de la Encina), donde fue detenido Juan Fernández López, guarda del embalse del Rumblar, por haber comido con los huidos y no denunciarlos. Por último, el 29 de marzo, se produjo un nuevo encuentro sin consecuencias con un grupo de guardias del puesto de Carboneros, aunque en la huida los guerrilleros abandonaron un macuto, una manta, abundante munición de subfusil y propaganda subversiva.

300 SEHGC, *204 Comandancia…*, ob. cit.

Durante abril, las incesantes batidas de la Guardia Civil no dieron sus frutos. Se tuvo noticias de la presencia de guerrilleros en la Solana de Carrasco (Centenillo), en los chozos de la finca La Fuente del Villar, en Venta Quemada y en Navalahiguera, todas del término de Andújar. Las comandancias de Jaén y Ciudad Real rastrearon Sierra Morena acompañadas de grupos de somatenes armados y consiguieron dar con uno de los campamentos de las guerrillas en la finca Hoyón (Mestanza). En dicho campamento se encontró gran cantidad de harina, cebada, morrales, cantimploras, mantas y propaganda izquierdista. Fueron detenidos seis enlaces.[301]

En la primavera, la guerrilla del Gafas se instaló en tierras del sur de la provincia de Ciudad Real, y la 21.ª División estableció su campamento en Puertollano. El 13 de marzo se presentaron en el cortijo Las Chicotas (Calzada de Calatrava), el 5 de abril en Barbero (Hinojosa del Duque), el 12 del mismo mes en Parejo (San Lorenzo de Calatrava) y el día 18 en Los Corderos (Solana del Pino). De todas estas fincas se llevaron ganado sacrificado. A los pocos días, el 26 de abril, otra acción espectacular y arriesgada: el asalto a la Delegación Sindical del Viso del Marqués, de donde se llevaron 3000 pesetas y una máquina de escribir que necesitaban para la creación de propaganda y del periódico *Lucha*.

El 27 de mayo de 1947, junto a la estación eléctrica de Mengenor, término de La Carolina, aparecieron los cuerpos de dos guardias civiles muertos a tiros. Se trataba de Antonio Estero López, de treinta y siete años, natural de Beas de Segura, e Ismael Montero Tortajada, de treinta años, natural de Alcalá de la Vega, Cuenca.

El mes siguiente nos encontramos con dos muertes de guerrilleros socialistas a manos de la dirección comunista. El día 17, sobre las 22:00 horas, en las inmediaciones del cortijo Navalaborrica (Andújar), un grupo de guardias civiles cercó al grupo del Gafas y sostuvo con ellos un tiroteo en el que finalmente los guerrilleros se batieron en retirada. Tras el rastreo posterior aparecieron, bastante alejados de la zona del choque armado, los cuerpos de Juan Hernández Barazas («Matero») y de Antonio Martínez Cámara («Manquillo de la Fuensanta»), los dos socialistas que desertaron tiempo atrás por discrepancias con los planteamientos comunistas de Francisco Expósito y Víctor Padilla.

Los choques dialécticos entre la dirección comunista y los miembros socialistas fueron constantes. Recordemos la violenta pelea entre

301 Los detenidos fueron Francisco Jiménez Sánchez («Limpiabotas»), Francisco Sánchez Jiménez, Saturnino Díaz Parra, José Cortés Prieto y Francisco Benítez Prieto. SEHGC, *205 Comandancia...*, ob. cit. p.17.

ellos tras un encuentro en el que a punto estuvieron de perder la vida. Tras dicho enfrentamiento, el Gafas reprochó a Matero abandonar su posición para ponerse a salvo antes de la cuenta. Francisco Expósito sentenció: «No pude contenerme y lo taché de cobarde, jurándole que la próxima vez sería yo quien le metiera una bala entre ceja y ceja».[302]

En las memorias del Gafas se recogen numerosos comentarios negativos hacia estos dos guerrilleros que optaron por desertar y posteriormente unirse a la 2.ª Agrupación en 1946, para desertar por segunda vez cuando el PSOE decidió no proseguir con la lucha armada y esperar una intervención internacional. Francisco Expósito era taxativo:

> [Tras el atraco al Banco de Puertollano] *fuimos informados de que dos individuos —que resultaron ser Manquillo y Matero—, presentándose como guerrilleros, despojaban a pastores y carboneros de cuanto poseían, siendo muchos de nuestros enlaces víctimas de sus robos. Estos habían aprovechado la desbandada socialista y anarquista para marcharse de la agrupación. No podíamos permitir semejante comportamiento, así que decidimos intentar captarlos de nuevo o, en caso contrario, matarlos.*

El informe de la Guardia Civil fue contundente:

> *A raíz de este encuentro aparecieron los cadáveres de los bandoleros citados, los cuales fueron asesinados por sus compañeros.*[303]

Francisco Expósito refiere estas muertes en un documento: «Fuerzas de la Agrupación los detuvieron, los juzgaron y los condenaron a muerte por confiscación de bienes y maltrato a personas civiles».[304] No obstante, hay que tener en cuenta que los cadáveres de Juan Hernández Barazas («Matero») y Antonio Martínez Cámara («Manquillo») aparecieron inmediatamente después del encuentro armado de Navalaborrica (Andújar), y no existía margen de tiempo, tras batirse en retirada, para que los dirigentes de la 2.ª Agrupación procedieran a buscarlos, detenerlos, juzgarlos y condenarlos. Todo apunta a que, tras alguna contrariedad en aquella emboscada, los dirigentes comunistas, tal vez el mismo

---

302 Testimonio de Francisco Expósito Prieto.

303 SEHGC, *205 Comandancia...*, ob. cit. p. 17.

304 Testimonio de Francisco Expósito Prieto reflejado en el documento: *Aclaraciones y rectificaciones concernientes a ciertas personas citadas por Eduardo Pons Prades en su libro Guerrillas Españolas.* Este documento me ha sido facilitado por la familia Expósito Prieto.

Gafas,[305] acabaron con ellos; bien porque sospechaban de alguna delación, o por miedo a que volvieran a abandonar sus puestos. Lo cierto es que estaban en el punto de mira por su falta de sometimiento a las consignas del PCE, lo que alimentó la desconfianza y el resentimiento hacia elementos socialistas que discrepaban de las tácticas guerrilleras. Los asesinatos de Matero y Manquillo son un ejemplo representativo de las graves discrepancias entre comunistas y socialistas en la resistencia de posguerra.

Otra página más sobre la violencia y la estricta disciplina que el PCE imponía en la lucha guerrillera, fruto de una vida al límite. Prueba de que para ellos la guerra no acabó en el 39.

Continuando con la trayectoria de la 2.ª Agrupación, el 7 de julio de 1947 se presentó trágico. Mientras el grupo del Gafas volaba con dinamita el tendido eléctrico de Calzada de Calatrava a Puertollano, dejando sin suministro eléctrico a este último municipio, otro grupo formado por Domingo Cortecero Gómez («Cucón»), Lucio Alises Aparicio («Nicasio») y Agustín Muñoz Fernández («Chato») se presentó en el cortijo La Mesnera, finca Moratalá de Manzanares, donde exigieron dinero al derechista Juan José Ramírez Trujillo, al que ataron para presionarlo. Cucón se quedó con el rehén mientras sus compañeros fueron en busca del hijo, que resultó ser un buen cazador y disparó contra Chato, matándolo en el acto. El resto, aunque heridos, consiguieron huir. Al escuchar los disparos, Domingo Cortecero, en represalia, asesinó al padre, tras lo cual recibió, en la huida, un nuevo disparo del hijo que le alcanzó en un brazo, aunque consiguió huir. La Guardia Civil, en recompensa, permitió que el hijo ingresara en el Cuerpo. Tras las batidas que se hicieron al día siguiente, fue capturado Lucio Alises Aparicio («Nicasio»).

La 2.ª Agrupación permitió que Domingo Cortecero se restableciera de sus heridas y lo ocultaron en el cortijo de doña Ramona, al cuidado de la multicopista con la que se confeccionaba el órgano *Lucha*.

Ese mismo día fueron abatidos por la Guardia Civil en el término de Guadalmez (Ciudad Real), Manuel Romero Rodríguez («Carcunda» y «Manolín»), natural de Andújar, que se había echado al monte tras ser descubierta su actividad como enlace en mayo de 1945, y Ángel Jiménez Santos («Revisor» y «Lastras»), miembros de la 21 División.

---

305 Juan Estrella Barroso («Petaca»), al presentarse ante la Guardia Civil en 1948, declaró que el Gafas fue quien ejecutó a Manquillo y Matero. Vid. Tribunal Militar Territorial n.º 1 de Madrid, Sum. 3429/48.

El 27 de julio sufrieron otra importante baja, Manuel Gómez Oliveira («Portugués»), que fue muerto en el término de Aldea del Rey, Ciudad Real, tras un encuentro con las fuerzas de represión. He tenido acceso a una escalofriante fotografía realizada a su cadáver en la que alguien le agarra del pelo para exponer su cara ensangrentada.[306]

El 11 de agosto atracaron el cortijo Robledillo, el 25 en Navalarosa (Calzada de Calatrava), el 7 de septiembre en El Torno (Viso del Marqués) y el 29 en la finca Los Terceros (Cózar), donde sostuvieron un encuentro armado sin consecuencias.[307]

Tras la captura de Lucio Alises Aparicio («Nicasio el Pecao»), se convirtió de nuevo en uno de los más fieles colaboradores del coronel Eulogio Limia. Nicasio era natural de Villarubia de los Ojos (Ciudad Real), y se fugó de la cárcel en septiembre de 1946. Sobre el mes de diciembre, se unió a la división del Gafas. Sin embargo, su breve actividad guerrillera se vería truncada el 7 de julio de 1947 tras el referido suceso de la finca Moratalá (Moral de Calatrava). El Gafas asegura que aquel suceso se debió a una traición de Nicasio, una trampa concertada con la Guardia Civil. Parece ser que en 1952 se escapó de la prisión y logró pasar a Francia. ¿Fue una fuga concertada para premiar sus servicios?

Uno de los acontecimientos más importantes acaecidos durante el verano de 1947 en Sierra Morena fue la caída del partido comunista en la aldea minera del Centenillo, principal apoyo logístico de los guerrilleros de esta zona. Veamos cómo sucedió.

LA DESARTICULACIÓN DEL PCE EN EL CENTENILLO

En los últimos días de agosto de 1947 se desarticuló otra organización comunista en Sierra Morena: los comités del Centenillo y Baños de la Encina, que habían escapado milagrosamente a la redada de 1945 y llevaban funcionando en la clandestinidad desde 1942. Varios fueron los representantes que se hicieron cargo de las células comunistas de la aldea minera. En 1945, el Gafas propuso a Ricardo Ríos Ruiz, comunista del Centenillo, constituir de nuevo el PCE. Tras varias reuniones, quedó elegido Brígido Delfa Lucas, quien, por cierto, se encontraba parapléjico desde diciembre de 1942, cuando una gran losa de carbón le

306 Esta fotografía, al igual que otras similares, se encuentran en el *Historial de la 204 Comandancia de la Guardia Civil de Ciudad Real*, en el SEHGC.

307 SEHGC, *205 Comandancia...*, ob. cit, p. 18.

aplastó la columna en las minas donde trabajaba como preso político en Utrillas (Teruel). Durante la guerra había sido comisario político, y tras ella fue condenado a treinta años y conducido a campos de trabajo. Tras aquel grave accidente, lo liberaron en 1942. A pesar de su asistencia a reuniones y la difusión de propaganda, Brígido no podía desplazarse con normalidad, mucho menos huir en caso de peligro, por lo que se eligió secretario general el herrero del Centenillo, José Vargas Romero («Vargas»). Este fue un activo militante en la clandestinidad que fabricó bombas de mano a los guerrilleros con la dinamita que algunos mineros distraían de los polvorines. Vargas aumentó las afiliaciones, propició la constitución del comité de Baños de la Encina, se entrevistó numerosas veces con los guerrilleros de la 21.ª División para proporcionarles todo tipo de auxilio y distribuyó la propaganda clandestina que recibía de ellos, sobre todo *Mundo Obrero* y *Lucha*. Por entonces, la comisión ejecutiva del PCE en el Centenillo estaba formada por:

- Scrio. general: José Vargas Romero («Vargas»)
- Scrio. de organización: Andrés Vega Bustos
- Scrio. de investigación: Juan Martínez García («Miguel»)
- Scrio. de administración: Juan Manuel Palomares Merino
- Scrio. de acción sindical: Juan González Briones

Al principio se constituyeron en células y, tras el aumento de la afiliación entre 1945 y 1947, se establecieron fefes de calles. Cotizaban 1 peseta al mes habiendo realizado colectas extraordinarias a razón de 4 a 5 pesetas por afiliado para los gastos de la organización. El sobrante se lo entregaban a Isabel Castellanos para que se lo diera a la guerrilla. Los afiliados abonaban 50 céntimos por cada periódico que recibían.

Juan Martínez García se encargó de vigilar los movimientos de los miembros de la Falange Española en el Centenillo, informando con puntualidad al partido. José Delfa facilitó la dinamita que conseguía de la mina de Antonio López García, para después entregársela a Vargas. Tras la caída del comité provincial en Andújar, la organización del Centenillo se convirtió en el principal soporte político en el llano de Sierra Morena. Los miembros de su comisión ejecutiva tuvieron numerosas reuniones con los guerrilleros en el sitio conocido como el Peñón del Águila.

En septiembre se instruyó la causa 996/47, por la que fueron encarcelados veinticinco vecinos acusados de «actividades subversivas y auxilio a bandoleros» (ver tabla 12). En las diligencias previas del sumario 855/46, se hizo constar un intento de soborno al comandante de puesto de Navas de San Juan, Francisco García Muñoz, que instruía el atestado.

Al tomarle declaración a Gabino González Adán, en un momento de su exposición, se hizo constar un curioso intento de soborno:

> *Que sabe que uno de ellos era el Gafas, otro Francisco y otro* Ángel, *que sobre unos quince días después volvieron a la tejera donde trabaja donde cenaron en compañía de su cuñado y tres sobrinos. Que después de cenar y hablar de política le dieron propaganda, que al día siguiente se la dio a Brígido Delfa. En estas manifestaciones le hace ofrecimiento el manifestante al sargento que redacta de cinco mil pesetas si no continúa con las diligencias y daba por terminado este asunto, manifestando que así se lo tenía dicho Brígido Delfa si los detenía algún agente de la autoridad por estos delitos.*

Lo insólito de este episodio no es que los sobornos fuesen algo poco común, sino hacerlo constar en las diligencias. Llama la atención que precisamente los cuatro acusados en aquel proceso fueran absueltos.

La investigación policial puso de manifiesto que los guerrilleros se habían establecido, a finales de 1946, en una zona de Sierra Morena ubicada al sur de la provincia de Ciudad Real, donde ampliaron el número de enlaces, sobre todo en Viso del Marqués. En el Chozo Mora (Hoces del Viso), Salcedo entró en relaciones con la hija del cabrero, Catalina Montalbán Castellano, y Luis el «Niño» con su hermana Josefa. Durante algún tiempo, el grueso de la guerrilla se alojó en el Barranco del Difunto (Viso), en la choza del pastor Andrés Castellanos Espinosa, cuya hermana Isabel actuaba de enlace entre la guerrilla y el PCE del Centenillo. A través de ella, la guerrilla enviaba propaganda política y notas a José Vargas, recibiendo de este los encargos y el dinero de las cuotas de afiliación.

Los detenidos identificaron a los guerrilleros concentrados en el Viso como: Gafas, Los Mozos, Portugués, Romero, Ricardo, Michelín, Chato, Rosales, Sevillano hijo, Trapichea, Gato, Solitario, Salcedo, Alhambra, Titiritero, Nicasio y Manolo.[308]

---

308 «Salcedo» o «Saucedo» pudiera ser Reyes Saucedo Cuadrado, natural de Agudo (Ciudad Real). Fue muerto el 12 de marzo de 1949 junto con Honorio Molina «Comandante» en la sierra del Carrizal, Retuerta (Ciudad Real). «Nicasio» es Lucio Alises Aparicio. Fue detenido en Villarta de San Juan (Ciudad Real) al día siguiente del famoso asalto a la finca «Moratalá» el 8 de julio de 1947, pero se fugó de la prisión en agosto de 1952 y pasó a Francia. Respecto a «Manolo» tenemos algunas dudas, si bien pudiera ser Manuel Méndez Jaramago «Manolín», hermano del «Manco de Agudo», que acabó pasándose a la 1.ª Agrupación y murió el 14 de febrero de 1947. De «Alhambra» y «Titiritero» no he encontrado hasta el momento datos precisos.

Por entonces, el Gafas se encontraba lesionado de un fuerte golpe en la rodilla que le impedía caminar con normalidad. Se sabe que el practicante del Centenillo, Pedro Triguero Camacho («Valero»), marchó a curarlo «dándole friegas de aguarrás, poniéndole paños calientes en la rodilla y facilitándole además unas inyecciones de calcio».[309]

Tabla 12
Relación de procesados tras la caída del PCE en El Centenillo. Causa 996/47 [310]

NOMBRE	VECINDAD	CONDENA	OBSERVACIONES
José Vargas Romero («Vargas»)	El Centenillo	Huyó	Se unió a la 2.ª Agrupación
Juan Miguel Palomares Merino	El Centenillo	15 años	Miembro comité local PCE
Juan Martínez García	El Centenillo	15 años	Miembro comité local PCE
Andrés Vega Bustos	El Centenillo	15 años	Miembro comité local PCE
Antonio López García	El Centenillo	15 años	Facilitó dinamita a los maquis
José Delfa Fernández	El Centenillo	9 años	Facilitó a los guerrilleros 40 cartuchos de dinamita
José Ferrer Arcos	El Centenillo	6 años	Afiliado
Matías García Muñoz	El Centenillo	6 años	Afiliado
Isabel Castellanos Espinosa	El Centenillo	2 años y 4 mese	Enlace de la guerrilla
Antonio Pérez Vilches	El Centenillo	2 años	Afiliado
Martín Pérez, Vilches	El Centenillo	2 años	Afiliado
Antonio Zarco Aranda	El Centenillo	2 años	Afiliado
Jesús Cabezuelo Zamora	El Centenillo	2 años	Afiliado
Santiago Frailes Martínez	El Centenillo	Absuelto f.p.	Afiliado
Matilde Ortega Vilches	El Centenillo	Absuelta f.p.	Afiliado
Brígido Delfa Lucas	El Centenillo	Absuelto f.p.	Afiliado, difundió propagan
Gabino González Adán	El Centenillo	Absuelto f.p.	Se reunía con los guerrilleros

309 AHMI, Causa 996/47, leg. 18/12, declaración de Isabel Castellanos Espinosa.
310 Elaboración propia en base a los datos recogidos en la causa 996/47, leg. 18/12 de Jaén del AHMI y los expedientes penitenciarios del AHPJ.

Orfelino Ríos Delfa	El Centenillo	Absuelto f.p.	Se reunía con los guerrilleros
Juan González Briones	Baños de la E.	15 años	Miembro comité local PCE
Pedro Triguero Camacho («Valero»)	Baños de la E.	1 año	Practicante
Florencio Montalbán Vizcaino	Viso del Mar.	4 años	Enlace de la guerrilla
Antonio Castellano Espinosa	Viso del Mar.	4 años	Enlace de la guerrilla
Modesto Carrasco Trujillo	Viso del Mar.	2 años	Enlace de la guerrilla
Bartolomé Morales Trujillo	Viso del Mar.	6 meses y 1 día	Enlace de la guerrilla
Felipe Ramírez Torres	Viso del Mar.	6 meses y 1 día	Enlace de la guerrilla
Josefa Montalbán Castellano	Viso del Mar.	4 meses	Enlace de la guerrilla

Intensa aplicación de la monstruosa "Ley de fugas"

No pasa semana sin que lleguen noticias que indican la ferocidad con qué el franquismo prosigue la aplicación del criminal terror desencadenado por él en los campos de España. Para ahogar la hostilidad de los campesinos, cada día más manifiesta, para allanar el camino a sus latrocinios y rapiñas los franquistas, valiéndose de la Guardia Civil, siguen cometiendo crímenes a caño suelto.

Publicamos a continuación informaciones procedentes de diversos puntos de España y que dan cuenta de los asesinatos cometidos en las personas de varios campesinos. La interminable lista se alarga sin cesar; al mismo tiempo los franquistas cometen decenas y decenas de otros crímenes que permanecen de momento ignorados; todo ello pone de manifiesto el tremendo volumen del terror franquista en el campo español.

MALAGA

Campesino asesinado por una patrulla civilera emboscada

[illegible] de mes fué asesinado por la Guardia Civil un vecino de Alhaurín

de Toledo y Ciudad Real, está realizando furiosas batidas por la serranía con intención de frenar el resurgir de la lucha guerrillera en aquellas comarcas, aterrorizando para ello a la población.

Una de las patrullas que intervienen en esas batidas dió muerte, días pasados, a dos campesinos en el término de Zalamea. Los guardias civiles adujeron el pretexto de que tenían sospechas de que aquellos dos campesinos habían ayudado a los guerrilleros; y que habiéndoles detenido por ese motivo, se habían visto obligados a disparar contra ellos porque intentaron fugarse durante la conducción al cuartelillo.

Como se ve, se trata de una nueva y descarada aplicación de la criminal «Ley de fugas».

CORDOBA

Otro crimen de los "civiles"

Acusándole de estar en contacto con los guerrilleros que operan en la comarca del norte de la provincia de Córdoba, una patrulla de la Guardia Civil ha dado muerte días pasados al vecino de Villanueva del Duque, Fernando Gallego. Se desconocen las circunstancias en que fué cometido este nuevo crimen de los guardias civiles. Se sabe únicamente que una pareja se presentó en el domicilio del citado campesino. Este se encontraba en el campo. No volvió ya a su casa. Se supone que la Guardia Civil fué a su encuentro y le asesinó en algún descampado.

PONTEVEDRA

Un nombre màs a la trágica lista

Otro nombre a la lista trágica

Un vecino de Tuiris, partido de Lalín, en la provincia de Pontevedra, ha sido asesinado hace unos días por la Guardia Civil, no lejos de [illegible]. José Nodeiro, que ese era el nombre del campesino asesinado, era conocido por sus ideas antifranquistas y había estado anteriormente detenido por esta causa. A mediados de mes, una pareja de la Guardia Civil que iba tras [illegible] acechando el momento para asesinarle con el pretexto de que ayudaba a los guerrilleros, le sorprendió en un lugar alejado del pueblo y le dió muerte alevosamente.

El periódico clandestino *Mundo Obrero* informaba de los crímenes que se cometían mediante la aberrante ley de fugas (L.M. Sánchez Tostado)

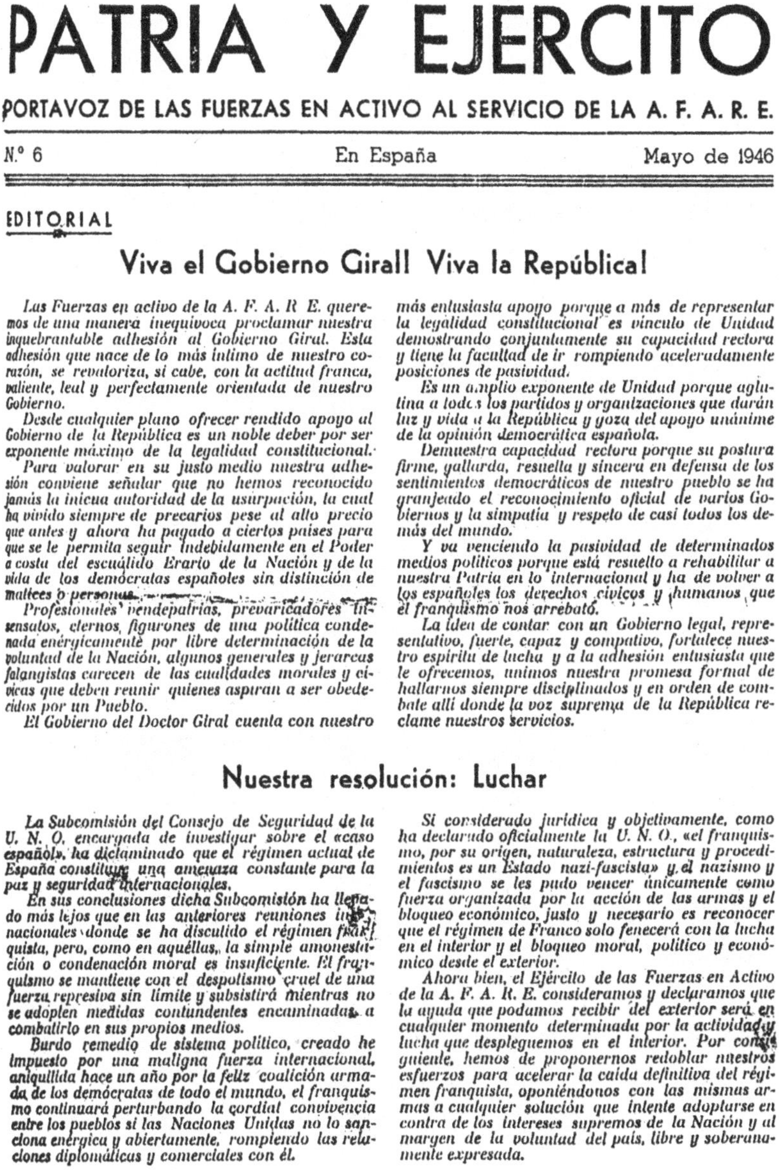

PATRIA Y EJÉRCITO

PORTAVOZ DE LAS FUERZAS EN ACTIVO AL SERVICIO DE LA A. F. A. R. E.

N.º 6 — En España — Mayo de 1946

EDITORIAL

Viva el Gobierno Giral! Viva la República!

Las Fuerzas en activo de la A. F. A. R. E. queremos de una manera inequívoca proclamar nuestra inquebrantable adhesión al Gobierno Giral. Esta adhesión que nace de lo más íntimo de nuestro corazón, se revaloriza, si cabe, con la actitud franca, valiente, leal y perfectamente orientada de nuestro Gobierno.

Desde cualquier plano ofrecer rendido apoyo al Gobierno de la República es un noble deber por ser exponente máximo de la legalidad constitucional.

Para valorar en su justo medio nuestra adhesión conviene señalar que no hemos reconocido jamás la inicua autoridad de la usurpación, la cual ha vivido siempre de precarios pese al alto precio que antes y ahora ha pagado a ciertos países para que se le permita seguir indebidamente en el Poder a costa del escuálido Erario de la Nación y de la vida de los demócratas españoles sin distinción de matices o personas.

Profesionales vendepatrias, prevaricadores insensatos, eternos figurones de una política condenada enérgicamente por libre determinación de la voluntad de la Nación, algunos generales y jerarcas falangistas carecen de las cualidades morales y cívicas que deben reunir quienes aspiran a ser obedecidos por un Pueblo.

El Gobierno del Doctor Giral cuenta con nuestro más entusiasta apoyo porque a más de representar la legalidad constitucional es vínculo de Unidad demostrando conjuntamente su capacidad rectora y tiene la facultad de ir rompiendo aceleradamente posiciones de pasividad.

Es un amplio exponente de Unidad porque aglutina a todos los partidos y organizaciones que darán luz y vida a la República y goza del apoyo unánime de la opinión democrática española.

Demuestra capacidad rectora porque su postura firme, gallarda, resuelta y sincera en defensa de los sentimientos democráticos de nuestro pueblo se ha granjeado el reconocimiento oficial de varios Gobiernos y la simpatía y respeto de casi todos los demás del mundo.

Y va venciendo la pasividad de determinados medios políticos porque está resuelto a rehabilitar a nuestra Patria en lo internacional y ha de volver a los españoles los derechos cívicos y humanos que el franquismo nos arrebató.

La idea de contar con un Gobierno legal, representativo, fuerte, capaz y compativo, fortalece nuestro espíritu de lucha y a la adhesión entusiasta que le ofrecemos, unimos nuestra promesa formal de hallarnos siempre disciplinados y en orden de combate allí donde la voz suprema de la República reclame nuestros servicios.

Nuestra resolución: Luchar

La Subcomisión del Consejo de Seguridad de la U. N. O. encargada de investigar sobre el «caso español», ha dictaminado que el régimen actual de España constituye una amenaza constante para la paz y seguridad internacionales.

En sus conclusiones dicha Subcomisión ha llegado más lejos que en las anteriores reuniones internacionales donde se ha discutido el régimen franquista, pero, como en aquéllas, la simple amonestación o condenación moral es insuficiente. El franquismo se mantiene con el despotismo cruel de una fuerza represiva sin límite y subsistirá mientras no se adopten medidas contundentes encaminadas a combatirlo en sus propios medios.

Burdo remedio de sistema político, creado he impuesto por una maligna fuerza internacional, aniquilida hace un año por la feliz coalición armada de los demócratas de todo el mundo, el franquismo continuará perturbando la cordial convivencia entre los pueblos si las Naciones Unidas no lo sanciona enérgica y abiertamente, rompiendo las relaciones diplomáticas y comerciales con él.

Si considerado jurídica y objetivamente, como ha declarado oficialmente la U. N. O., «el franquismo, por su origen, naturaleza, estructura y procedimientos es un Estado nazi-fascista» y el nazismo y el fascismo se les pudo vencer únicamente como fuerza organizada por la acción de las armas y el bloqueo económico, justo y necesario es reconocer que el régimen de Franco solo fenecerá con la lucha en el interior y el bloqueo moral, político y económico desde el exterior.

Ahora bien, el Ejército de las Fuerzas en Activo de la A. F. A. R. E. consideramos y declaramos que la ayuda que podamos recibir del exterior será en cualquier momento determinada por la actividad y lucha que despleguemos en el interior. Por consiguiente, hemos de proponernos redoblar nuestros esfuerzos para acelerar la caída definitiva del régimen franquista, oponiéndonos con las mismas armas a cualquier solución que intente adoptarse en contra de los intereses supremos de la Nación y al margen de la voluntad del país, libre y soberanamente expresada.

Ejemplar clandestino de *Patria y Ejército*, editado por la AFARE intervenido a socialistas de Vilches, Arquillos y Navas de San Juan en enero de 1947 (L.M. Sánchez Tostado)

MUNDO OBRERO

necesario que todos los grupos y partidos, por encima de otra consideración, pongan la necesidad imperiosa de mantener las instituciones republicanas y la unidad de las fuerzas antifranquistas para acelerar la liberación de nuestro pueblo, que sufre de una manera inenarrable la abominable tiranía de Franco'.

(SANTIAGO CARRILLO)

GUERRILLEROS!!: GUERRA SIN CUARTEL ONTRA LOS VERDUGOS DE LA PATRIA

Las gestas y las cosas grandes, con la proximidad pierden perspectiva. Para enjuiciar con justicia vuestro valor y abnegación, guerrilleros, tendrán que pasar días y más días. Entonces, los romances populares, los poetas, los historiadores y el pueblo todo, hablarán de vosotros con orgullo y dirán que fuisteis lo mejor de nuestra Historia.

on las manos sangrientas, temblorosas, erebro perturbado por el miedo, la boca majeante de rabia, el **Verdugo de El** do, aulla órdenes cada vez más terribles, intentar en vano doblegar la intransi- cia republicana de los guerrilleros y su stancia y éxito en la lucha; tratando al mo tiempo, de ocultar los triunfos de los mables patriotas, a los que el fino ins- del pueblo, ha calificado de "Caballeros Montaña".

aballeros de la Sierra y de la Libertad, Justicia y de la Independencia, brazo nte, ejecutor de la sagrada venganza del lo en el cuerpo podrido de los verdugos. co sirve que aulle órdenes, conminando esbirros a desterrar de su léxico la bra "guerrillero" y sustituirla por "ban- ro" y "atracador".

co sirve que trate de ocultar que coti- mente caen las parejas de guardias ci- bajo el fuego certero de la guerrilla. o trata de ocultar que desde el Pirineo erra de Aracena, desde Galicia a Gra- en el monte y en el llano, junto al mar la estepa, en poblado y en la selva, coti- mente todas las fuerzas de la represión, Armada, Guardia Civil, Gestapo, Ter- erzas regulares, Ejército, etc., son ntes para domar la bravura hispana guerrilleros patriotas.

logra, no logrará engañar. Están pre- los hechos, ya sean las manifestacio- de duelo en los entierros de los verdu- que sucumben, donde el pueblo está au- y en cambio brillan los capitanes rales y las jerarquías, ya sea en el rcelamiento de los patriotas luchadores, es y justicieros, a los que califican de cadores".

l mundo conoce el nombre de los asesi- os: Luis Arnau Castañares, José Isasa zola, José Antonio Lierandi, el primero trallado en pleno día y en plena calle de eral Mola y fusilados los dos últimos en drid.

mpoco han podido ocultar el crimen co- ido con los guerrilleros de la Agrupación Huesca, Joaquín Arasonz Rodó y José Martínez, ni de los de Ciudad Real, Carlos Ruiz Lozano y Luis Ortiz de la Torre y tantos otros.

Víctima de la injusticia de los Tribunales Militares facciosos y de las balas criminales de los piquetes, van cayendo nuestros mejores patriotas.

Pero quedan miles de ellos que están dispuestos a cobrarse, no ya diente por diente sino millares de dientes por cada diente.

Millares de detenidos, martirizados y de antemano sentenciados a morir, acusados de ocultar a los patriotas o de prestarles auxilio, yacen en las inmundas prisiones.

Ya se tiene preparada la sentencia para los jóvenes guerrilleros, menores de edad, José Luis Sánchez Cano, Germán Sanz Esteban, Luis Berlinchez Roso, Juan Arranz Laporta, a los que se condena a muerte.

Y reservan una vida de angustia y martirio para Adolfo González Barahona, Angel Goya Arroyo y José Yuste García, a los que se condena a 30 años de prisión.

¡Todo en vano! El espíritu de acero de los guerrilleros no cede ni cederá. Ante cada golpe se exacerba su coraje y su decisión y prepara y realiza golpes más certeros, más constantes y mejor organizados.

¡Guerra a muerte, sin piedad ni cuartel contra los verdugos! ¡Que en cualquier instante, en todas partes, exista un ojo avizor de guerrillero, de pulso firme, para hacer morder el polvo a los verdugos!

Allí donde exista un falangista, un agente de la represión de Franco y su Falange, allí actuará el guerrillero, sin cuartel.

¡Adelante, guerrillas patriotas, sal y corazón de España, audaces como el león y cautelosas como la serpiente; que del uno al otro confín de España, suene cada vez con más fuerza el grito de guerra a muerte contra los verdugos!

Que no tengan una hora de reposo. Que cada día más recelosos, desconfíen de todo y no encuentren más que el brazo implacable de las guerrillas y el pueblo justicieros, cada día más unidos y mejor organizados.

Que la guerrilla, de estirpe netamente española, continúe su tradición por la libertad y la independencia, aprovechando todas las lecciones de la experiencia secular. Que sea, como ha sido siempre, el factor decisivo para expulsar y aniquilar toda tiranía.

¡Guerrilleros de España!: ¡adelante briosamente, que estáis subiendo los últimos escalones del penoso camino que conduce a la victoria de España, contra Franco y su Falange!

En ese día cercano, vuestras frentes nobles, curtidas por el sol y los vientos serranos, se elevarán orgullosas, como de hijos predilectos, que sois, de la madre Patria.

PARA QUE ESTE AÑO SEA EL DE LA VICTORIA SOBRE EL FRANQUISMO, EN ESTA PRIMAVERA DEBE FLORECER EN TODA ESPAÑA, UN POTENTE MOVIMIENTO GUERRILLERO QUE, UNIDO A LAS LUCHAS DE LA CLASE OBRERA, DE LOS CAMPESINOS Y DE TODO EL PUEBLO, NOS PROPORCIONE EL TRIUNFO DE LA REPUBLICA Y LA DEMOCRACIA.

¡PATRIOTA! TU PUESTO ESTÁ EN LAS GUERRILLAS.

ANTONIO MACHADO: POETA DEL PUEBLO

En tierras de Francia, fuera de esta España que tan magistralmente supo captar, porque la amaba mucho, apartado de este pueblo cuyos entrañables sentimientos plasmó en inolvidables versos, con el cual sufrió y luchó contra la horda fascista de Franco, el poeta murió sin renunciar a sus puros sentimientos republicanos.

La mejor manera de conmemorar su aniversario sería la publicación de algunos de sus prodigiosos poemas.

En la imposibilidad de hacerla, MUNDO OBRERO trae a sus páginas este ejemplo de conducta insobornable que ha de servir de acicate en la lucha consecuente, organizada y enérgica, hasta hacer morder el polvo a Franco y su Falange y dar al pueblo español la libertad, la paz y la seguridad que hoy detenta la pandilla de verdugos.

Tu alma de poeta y de artista, Antonio Machado, se fué con una gran amargura: la de ver a España, tu España, sumida en la barbarie y tiranía más feroz de su Historia; amargura que atenuaría la esperanza de que los verdaderos españoles acabarían con tanta miseria y tanto oprobio, instaurando la República, tan amada y deseada por todos los españoles honrados. Así lo haremos.

LEED Y PROPAGAD

MUNDO OBRERO

Llamamiento a la lucha guerrillera desde el periódico *Mundo Obrero*. Ejemplar intervenido a varios jiennenses en 1947. AHMI, leg. 902/10, causa 1014/47. (L.M. Sánchez Tostado)

Fraternidad

ORGANO COMITÉ NACIONAL ENLACE UGT-CNT

Epoca 1.ª | Espana, Septiembre 1946, | Primer numero

Cuando el proletariado español pase a los talleres, campos, fábricas y Universidades, al compás de los Himnos y banderas de las mil veces heroícas organizaciones sindicales U. G. T. y C. N. T. la Historia tomará la dirección de la verdad suprema, trazando a las generaciones venideras, los perfiles del derecho que movieron los tiempos ante la injusticia de siempre, y esta empezará a escribirse con el plumín de oro, forjado en las conciencias de los pueblos comprendidos.

EDITORIAL

editada por sus órganos respectivos de dirección, a través del Comité Nacional de Enlace U. G. T. C. N. T. y su aparición llena un vacío y responde a una necesidad. Vacío y necesidad evidenciados por un hecho: las sugerencias y peticiones que se han venido haciendo por parte de ugetistas y cenetistas; añadiendo, por nuestra parte que nunca la creación de un órgano obedeció a un ca...

YO ACUSO

Si eres un Jefe de la O. N. U. pasivo ante mi dolor, no me leas.

Si eres un Jefe de Gobierno democrático y no sufres viendome sufrir, no me leas.

Si eres un Ministro que contemporanizas con los tiranos de mi pueblo, no me leas.

Si eres Parlamentario o simple Alcalde de cualquier parte del mundo libre, sin la protesta a quien me da origen, no me leas; y si lo haces, procura leerme en un sitio donde nadie te vea, si es posible, ni Fraternidad; pues, tu, solo tu, eres el culpable de que España sufra el hierro de la cruz gamada. Leeme clandestinamente como yo soy editado ¿No te daria verguenza leerme desde un sillón ministerial con plena libertad si soy origen de tu traición o cobardia?

Portada del primer número de *Fraternidad,* tras el intento de unión de UGT y CNT en 1946. Intervenido a cenetistas de Peal de Becerro, Cazorla y La Iruela en diciembre de 1946. AHMI, Leg. 1057/25, causa 17046/46. (L.M. Sánchez Tostado)

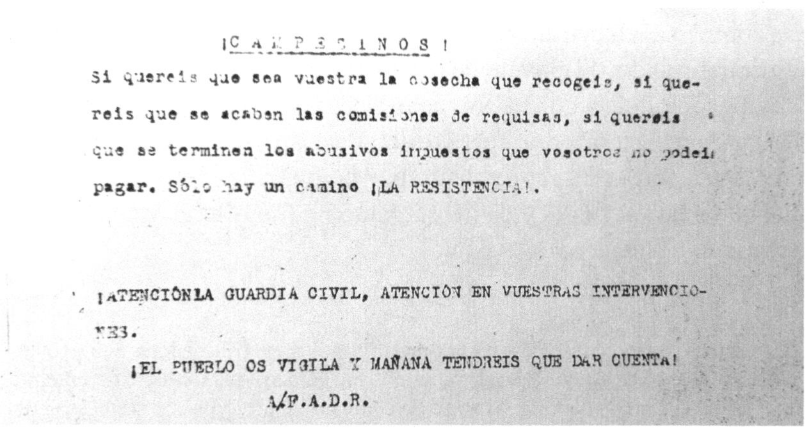

¡C A M P E S I N O S !

Si quereis que sea vuestra la cosecha que recogeis, si quereis que se acaben las comisiones de requisas, si quereis que se terminen los abusivos impuestos que vosotros no podeis pagar. Sólo hay un camino ¡LA RESISTENCIA!.

¡ATENCIÓNLA GUARDIA CIVIL, ATENCIÓN EN VUESTRAS INTERVENCIONES.

¡EL PUEBLO OS VIGILA Y MAÑANA TENDREIS QUE DAR CUENTA!

A/F.A.D.R.

Octavilla de 1946 animando al campesinado a unirse a la resistencia guerrillera contra las requisas de la Guardia Civil (L.M. Sánchez Tostado)

Más acciones guerrilleras

EL DESASTRE DE LAS HOCES DEL VISO

Las memorias del Gafas arrojan luz sobre un episodio hasta ahora mal documentado: el choque armado del 28 de septiembre de 1947 en el río Las Hoces (Viso del Marqués). En aquel tiroteo perdieron la vida seis personas: dos guerrilleros: Víctor Padilla Aina («Aragonés») y Ángel Torrico García («Gitano»), el carbonero Julián Ruiz Almodóvar («Juez»), el sargento de la Guardia Civil José Ruano Pascual y, poco después, el delator José Ceprián Trujillo («Menchones»), a manos de la guerrilla, y Ángel Camacho Ginés («Ampón»), este a manos de la Guardia Civil.[311]

Debido a la errónea versión de Francisco Aguado, tomada como cierta por Francisco Moreno Gómez, se había creído que el desastre de Las Hoces se debió a la delación del guerrillero Viruta y que quien mató al sargento Ruano fue Gitano, quien, a su vez, fue rematado por Viruta; pero no fue así. De hecho, el exguerrillero Fausto Navas «Viruta» había sido capturado un año antes. En 2003 tuve ocasión de recoger en el Viso del Marqués la auténtica versión por boca varios supervivientes. Esta fue confirmada luego en las memorias del Gafas escritas en Francia. En el anexo titulado «El chivato del Viso del Marqués», Francisco Expósito asegura que quien guio a los guardias hasta el campamento no fue Viruta, sino un cazador furtivo del Viso apodado Menchones, que posteriormente sería represaliado por la guerrilla. Asimismo, explica que quien acabó con la vida del sargento no fue Gitano, sino el mismo Aragonés.[312] Veamos su versión:

311 Francisco Moreno Gómez cree que murió un tercer guerrillero: Jesús Rubio Gallego («Tonterías»), natural de Belalcázar, Córdoba; pero ni está inscrito ni fue enterrado en el cementerio del Viso. Tampoco lo confirman los testigos que aseguran que los guerrilleros muertos fueron dos; tres si incluimos al carbonero enlace.

312 Moreno Gómez, F. Ob. cit. pags. 584 y 613. Este autor cita la muerte de José Ceprián como un hecho aislado sin relación ninguna con el episodio de las Hoces del Viso. Uno de los testimonios que recogí fue el de Fernando Ruiz del

José Ruano Pacual, sargento de la Guardia Civil especialista en lucha guerrillera (SEHGC)

Ángel Torrico García, «Gitano» (SEHGC)

Los camaradas encargaron a nuestro amigo el carbonero comida y algunas cosas más y marchó a Viso del Marqués y en un comercio compró todo sin tomar la precaución de hacerlo en varios para no levantar sospechas. En aquel comercio se encontraba un individuo que era cazador furtivo, el cual encontró exagerada la suma de dinero que el carbonero empleaba y, sin más, se presentó en el cuartel. Las fuerzas represivas montaron un plan de ataque y, acompañados por el cazador, siguieron a distancia al carbonero hasta las Hoces, donde tenía su chozo. Aragonés y los demás camaradas vinieron a la caída de la tarde a recoger sus encargos y a cenar con el carbonero. (...)

A una señal, el enemigo comenzó a disparar y en las primeras ráfagas cayeron tres de nuestros camaradas y el carbonero. Aragonés resultó ileso y trató de salir del cerco siguiendo el cauce de un arroyo, pero allí se encontró a un guardia que le disparó una ráfaga de subfusil sin tocarlo. Nuestro camarada buscó refugio detrás de una piedra y, con el fusil preparado, esperó a que su enemigo se hiciera ver mientras colocaba un nuevo cargador en su Smeisser. Cuando el guardia asomó la cabeza, le metió una bala entre ceja y ceja.

Campo, hijo del carbonero Julián Ruiz Almodóvar («Juez»), a su vez, yerno de Ángel «Ampón». Tenía veintiún años cuando sufrió la pérdida de su padre y de su suegro a manos de la Guardia Civil. También ratifica que fueron dos los guerrilleros enterrados en el Viso.

Aragonés pudo haberse salvado siguiendo el arroyo, pero la tentación de hacerse con el subfusil fue más fuerte y, como para conseguirlo tenía que ponerse al descubierto, fue acribillado a balazos por los compañeros del guardia civil.[313] *Posteriormente se supo que el guardia muerto era un sargento de la lucha antiguerrillas venido expresamente desde Toledo para instruir los grupos antiguerrilleros que comenzaban a formarse en la zona.*

La pérdida de Aragonés, amigo y hombre de confianza del Gafas, fue mi sentida por el líder iliturgitano, que prefirió quedarse en la zona hasta localizar al delator. Sabía que tarde o temprano saldría del pueblo para ir a cazar con autorización escrita.

Decidimos permanecer por los alrededores del Viso hasta la captura del chivato. (...) Teníamos que capturar al miserable responsable de la muerte de nuestros camaradas y del bueno del carbonero y, si pasados unos días no lo cogíamos, habíamos ideado penetrar en el pueblo (como ya lo hicimos cuando ocupamos la casa de Falange)[314] *y capturarlo en su propia casa. Pero la suerte nos sonrió.*[315] *Una mañana vimos a dos individuos que cazaban no lejos de donde nos encontrábamos. Manolillo el «Sevillano» («Alejandro») y yo, armados cada uno con un Smeisser, nos aproximamos al grito de «¡alto a la Guardia Civil, tirar las armas al suelo!». Nos hicimos pasar por guardias y, al preguntarles cómo es que estaban cazando en una zona de guerra y si poseían permiso, uno de ellos mostró un documento de la comandancia que le autorizaba al portador a cazar no importa el lugar de la provincia y ordenaba que fuera socorrido por las fuerzas del orden en caso de necesidad. Preguntado por qué razón poseía aquel documento tan importante, respondió que*

---

313 Conseguir un arma automática era todo un lujo para los guerrilleros españoles que, a diferencia de los maquis franceses o de los partisanos yugoslavos e italianos, nunca fueron abastecidos por los aliados occidentales ni por Rusia. Su armamento consistía en obsoletos mosquetones procedentes de la guerra civil, escopetas de caza, algunas pistolas y muy escasa munición. La falta de fusiles ametrallados les hacía sucumbir siempre ante un enemigo bien pertrechado de armas automáticas. No es extraño, pues, que Aragonés intentara arrebatar el Naranjero al sargento Ruano. Su amigo el Gafas lo sabía muy bien, pues él fue uno de los pocos guerrilleros que poseyeron ese fusil ametrallador.

314 Se refiere al asalto que, el 26 de abril de ese año realizaron sobre la Oficina Sindical y local de la falange del Viso del Marqués en el que se llevaron dinero y una máquina de escribir.

315 Aquí se evidencia que Francisco Expósito conocía perfectamente la identidad del delator y debió de ser informado por los carboneros del Viso del Marqués.

ayudó a la Guardia Civil en el aniquilamiento de un grupo de guerrilleros y de un enlace que les llevaba comida. Les dije que tenían que acompañarnos a efectuar un recorrido por algunos de los lugares susceptibles de servir de guarida a los forajidos, lo que aceptó encantado.

Nos reunimos con los demás camaradas (...) y el chivato nos recitó con todo detalle cómo se produjo el trágico episodio en el que perecieron nuestros camaradas y el papel que él había jugado.

Cansados de aquella comedia les dijimos quiénes éramos en realidad. No es difícil hacerse una idea del cambio que se operó en aquel hombre en pocos segundos. Se dio cuenta que no le quedaba mucho tiempo de vida, única moneda con la que podía pagar el mal que había ocasionado. Quizás pensaría en la gran desgracia que ocasionó a varias familias, entre ellas la suya, claro que ya era demasiado tarde para corregir el mal causado. Por si intentaba huir y para evitar hacer disparos, lo amarramos, dejamos de hablarle y nos dedicamos a hablar con su compañero quien nos manifestó que, cuando le propuso ir a cazar con él, se negó y que fue la Guardia Civil quien le forzó a acompañarle. Este hombre, que no las tenía todas consigo, nos dijo cómo en el pueblo todo el mundo había visto con malos ojos la acción del chivato y que, aparte de la Guardia Civil, nadie le dirigía la palabra. Temía que le hiciéramos daño pero le aseguramos que no le pasaría nada y le confirmamos que a la caída de la tarde el chivato sería ejecutado en el camino que conducía al pueblo y que él iría a éste para dar cuenta a la Guardia Civil de lo que había ocurrido. Y así se hizo. Fue fusilado al anochecer y rápidamente nos ausentamos de aquel lugar para refugiarnos en sitios de mejor defensa donde teníamos que encontrarnos con los otros camaradas de la división.

Algún tiempo después nos enteramos de que Ángel, el compañero del chivato, fue encontrado colgado en la celda donde se le detuvo acusado de haber llevado al chivato a donde nos encontramos para que lo ejecutáramos. A las gentes no se les escapó que fue la Guardia Civil quien lo colgó.

José Ceprián Trujillo, más conocido por «Menchones», vecino del Viso, era cazador furtivo y tenía sesenta y seis años. Su cadáver, con un tiro en la nunca, apareció colgado de un árbol el 6 de enero de 1948, tres meses después del suceso de las Hoces.[316] La presencia de su acompañante también se confirmó. Se trataba de Ángel Camacho Ginés («Ampón»), jornalero de cuarenta y ocho años. Igualmente resultó verídica su muerte en la prisión local tras la aparición del cuerpo de

316 Registro civil del Viso del Marqués, fol. 169 vto. Tomo 52, Sección 3ª.

Menchones.[317] Así me lo contó Fernando Ruiz del Campo, hijo del carbonero Juez y yerno de Ampón:

Era domingo [4 de enero de 1948] *y Menchones fue a casa de mi suegro* [Ángel el «Ampón»] *para ir a cazar, habían ido otras veces. A la tarde mi suegro regresó solo y lo vi muy nervioso. Yo estaba con su hija cuando llegó, después no salió. No se atrevió a contar nada porque estaba muy asustado. Al no regresar Menchones la familia denunció su ausencia y al día siguiente se presentó Miguel Marín, el alguacil, junto a dos guardias (recuerdo que uno se apellidaba Castillo) y se lo llevaron al calabozo del ayuntamiento. Le pegaron mucho y declaró lo que pasó: que le salieron los de la sierra, que mataron a Menchones y que a él lo mandaron al pueblo para contarlo, pero que no se atrevió. Una vez que indicó el lugar, los guardias se pusieron en camino. Se lo encontraron colgando de un alcornoque en el collado Medio Camino. Al volver ahorcaron a mi suegro. Mi hermana Lucía era la carcelera porque su marido era Emiliano Candelas, un alguacil, y ella se encargaba de la limpieza del ayuntamiento y de la cárcel. Mi hermana vio cómo los guardias entraron con una soga, luego apareció colgado con una faja para simular el suicidio, pero tenía en el cuello las marcas de la soga. Con la faja no se ahorcó. Los guardias creyeron que Ángel se llevó a Menchones para que los de la sierra lo mataran, pero no es cierto porque fue Menchones quien acudió a casa de mi suegro para llevarlo de caza y a él no le apetecía, pero Menchones insistió para ver si cogían algunas piezas para las fiestas de Navidad.*

Tras los sangrientos sucesos del Viso aún debieron los supervivientes sufrir grandes padecimientos.

Después de las muertes de mi padre y de mi suegro, los guardias nos hicieron la vida imposible. Mi madre se hundió tras lo de mi padre y perdió la cabeza completamente. Mis hermanos y yo nos echamos al carbón, pero los civiles no nos dejaban respirar, nos pegaban, nos insultaban, nos tiraban la leña, nos quemaban las sogas para transportarla. Mi hermano Celestino, el pequeño, no pudo soportar la presión y se marchó a Francia.[318]

Como reconoce el Gafas en sus memorias, no se alejaron mucho de la zona porque pretendían ajusticiar al delator del Viso, pero, entre tanto,

317 Registro civil del Viso del Marqués, fol. 170, Tomo 52, Sección 3ª.
318 Testimonio de Fernando Ruiz del Campo.

dieron algunos golpes de avituallamiento. El 13 de octubre de 1947 sacrificaron un cerdo en Casas Altas (Solana del Pino), el día 29, aparecieron en Cerro Gonzalo (San Lorenzo de Calatrava). Desconocía que un día antes, el 28, en el Barranco Garvín de Andújar, la Guardia Civil mató a Fernando Rodríguez Canales («Hijo de la Bizca»), miembro del extinto comité provincial del PCE de Andújar. Se le ocupó una pistola calibre 7.65.

En la noche del 4 de noviembre se presentaron en el cortijo Cantosal de La Carolina, el día 10 en Las Nogueras, Santa Elena,[319] y el 19, en los Chozos de Leocadio (Andújar). De todos ellos se llevaron víveres y sacrificaron algunas cabezas de ganado.

Las últimas acciones de 1947 se concretan en las visitas que realizaron a los cortijos Herrero (San Lorenzo de Calatrava), donde sacrificaron dos cabras y consiguieron 9000 pesetas de su propietario; en Guadalupe (Andújar) el día 8 de diciembre, donde se surtieron de víveres; y en la majada de la finca Sardina, que había sido su albergue en alguna otra ocasión sin sospechar que, esta vez, les esperaba una pareja de civiles que hizo fuego sobre ellos sin hacer blanco. Es posible que este último golpe fuera realizado por un subgrupo, pues el que lideraba el Gafas quedó en las proximidades del Viso del Marqués, empeñado en vengar la muerte de su compañero Víctor Padilla «Aragonés».

A comienzos de 1948, el Gafas contaba con veintidós hombres: Gafas, Vidrio, Periquito el de la Concha, Sevillano padre, Sevillano hijo, Cucón, Rosendo, Calandrio, Los Mozos, Quina, Eléctrico, Gonzalo, Hijo del Eléctrico, Granaíno, Michelín, Niño, Carcunda, Vargas, Cerro, Romero, Solitario y Petaca.

Tras la represalia contra el delator José Ceprián «Menchones», el 13 de enero asaltaron los cortijos Picayo (Hoyo) y Camacho (Mestanza de Calatrava), librando un encuentro en el cortijo Cirilo donde resultó herido un guardia civil. El 21 se presentaron en la finca El Panizal de Andújar, donde se hicieron con víveres. El 22 de febrero secuestraron al hijo del dueño de la finca La Aliseda, La Carolina, al que pusieron en libertad sin cobrar el rescate. A los dos días del secuestro frustrado, fueron capturados Nicolás García Castellanos («Eléctrico padre»),

319 Este cortijo era propiedad de Juan Ramón Ruf Molina. Su sobrino, Juan Ramón Contreras Ruf, recuerda aquel día: «Yo era muy joven pero lo acuerdo bien. Entraron siete hombres armados con fusiles. Sacrificaron siete ovejas y las desollaron en la cocina a la luz de un candil, las prepararon ellos mismos. Frieron las asaduras y la carne la trocearon para secar. Cuando terminaron, cada uno portó una oveja en sus petates. Dieron orden de no denunciarlos a la Guardia Civil hasta el día siguiente, cosa que hizo Vicente Contreras Sánchez. Los guardias siguieron el rastro de sangre hasta que se perdió».

Luis López Fernández («Lechuga»)[320] y Miguel Martín Lara Guijarro («Chepa»), todos ellos miembros de la 2.ª Agrupación.

El día 29 atracaron La Nava y Baena (Solana del Pino). En sucesivos meses prosiguieron con sus golpes para proveerse de víveres y ropas. El 14 de febrero, en la finca Toriles, el 29 de marzo, en tres cortijos del término de Fuencaliente, y el 4 de abril, en Vega del Charco (San Lorenzo).

Dispuestos a conseguir mayores sumas mediante el secuestro, se internaron en la provincia de Jaén y, el 24 de abril, ocho guerrilleros fuertemente armados[321] se presentaron en Villa Carmencita (Guarromán), exigiendo al dueño 50000 pesetas. Se marcharon sin conseguir el dinero pero con dos escopetas, 75 pesetas, una pulsera de oro, un reloj de plata, unos prismáticos, ropas y diversos víveres.

El 28 del mismo mes los mismos guerrilleros hicieron acto de presencia en el cortijo Cabrerizas (Vilches). Secuestraron a su propietario, Fernando Castilla Girón, y se lo llevan con ellos a la sierra junto a dos caballerías cargadas de víveres. Habiéndolo retenido durante quince días, fue puesto en libertad a cambio de un rescate de 50000 pesetas.[322] Fueron detenidos los moradores del cortijo Los Jarales, acusados de encubrimiento.[323]

En día 27 de mayo, sostuvieron el encuentro ya referido en una casa de Malagón, Ciudad Real, en el que fue capturado Domingo Cortecero Gómez («Cucón») y se incautó la multicopista con la que confeccionaban el periódico *Lucha*. El 4 de junio, fueron detenidos seis vecinos de la aldea de Carboneros acusados de proporcionarles auxilio y, el día 7, dos de Santa Elena.[324]

El 2 de junio se presentaron en el cortijo Palancares (Montizón) y se llevaron 1013 pesetas, un rifle con tres cajas de munición, dos escopetas, unos prismáticos y víveres en cantidad. A primeros de julio, el grupo se dividió. Una facción apareció en La Silleta de la Cabaña (San Lorenzo),

---

320 Luis López «Lechuga» colaboró con la Guardia Civil y fue el responsable de la caída de Lazarete y su esposa. Como recompensa le abrieron una cantina en la estación de Fuencaliente.

321 La Guardia Civil informó de que el armamento que portaban era: un subfusil Smeisser, un fusil ruso, otro checo, otro largo Mauser, dos fusiles corrientes y dos escopetas, bombas de mano, pistolas y cuatro prismáticos. SEHGC, *205 Comandancia…*, ob. cit. p. 19.

322 SEHGC, *205 Comandancia…*, ob. cit. p. 19.

323 Los detenidos fueron: Tomás Fernández Hervás, Tomás Fernández Padilla y José María Eibar Araujo.

324 Los procesados de Carboneros fueron Teresa Ruiz Soler, Agustín Gallego Ruiz, Teresa Gallego Ruiz, Bernardino Fernández Munuera, Francisco Casas Nef y Vicente Requena Delfa. Los de Santa Elena, Vicente Sánchez González y Máximo Alcalde Colomo.

y otra, en el cortijo Polluelo Bajo (Villanueva de la Reina). El día 17 regresaron al cortijo Villa Carmencita de Vilches, pero la Guardia Civil, que inició su persecución tan pronto tuvo noticias, los interceptó y abrió fuego sobre ellos en plena noche. En la huida abandonaron los seis macutos y tres costales repletos de víveres y ropas que habían obtenido del citado cortijo, así como dos bombas de mano y una escopeta.

El día 20 del mismo mes, en un nuevo encuentro en El Tamaral (Mestanza), encontró la muerte Doroteo Cerro Carnero («Cerro», «Enrique» y «Flores»), un minero de Peñarroya, vecino de Argamasilla de Calatrava, que se había unido a la guerrilla cuando se descubrió su colaboración. Unos días antes, el 4 de julio, había sido capturado Dionisio Castellanos García «Palomo», jefe de la 2.ª Agrupación Centro de Guerrilleros, a quien la Guardia Civil obligó a colaborar para para hacer bajar al llano, desde la sierra de la Temblaera (Mestanza), al grueso de la 21 División liderada por el Gafas y tenderles una emboscada. El 20 de julio, Palomo contactó con ellos y los llamó para que bajaran, mientras los guardias permanecían ocultos. El Gafas no se fiaba y dijo: «No, sube tú», pero Palomo insistía. Doroteo Cerro, que era amigo de Palomo, se ofreció voluntario y se aproximó, siendo abatido por el guardia José Trujillo, del destacamento de Argamasilla de Calatrava, lo cual puso en huida a sus compañeros. Su cuerpo fue cargado en un burro y conducido al cementerio de Solanilla del Tamaral. Allí fue enterrado en una fosa junto al «hombre desconocido» que tres años antes apareció muerto a palos y que resultó ser Francisco Pacheco Moreno. Ninguna de las familias de ambos conocía su paradero hasta que no me puse en contacto con ellas. Sus casos los publiqué en mi obra *La fosa del Tamaral.*

Hacía tiempo que la guerrilla no se veía incrementada con nuevas incorporaciones, y su número de efectivos era cada vez menor. Hasta los más optimistas veían cómo fracasaba su empresa y se encontraban cada vez más aislados, abandonados a su suerte. Cada vez había más enlaces encarcelados y menos apoyo político. Nadie se sentía a salvo. El 3 de agosto, por ejemplo, fueron detenidos cuatro vecinos de Linares que el domingo día 18 de julio presenciaron casualmente un encuentro entre la Guardia Civil y los maquis cuando disfrutaban de un día de campo. Se marcharon aterrados pero alguien los refirió y fueron encarcelados por no haber denunciado el hecho a su debido tiempo, sin que hubieran tenido nada que ver.[325]

325 Los encarcelados fueron: Fernando Martínez Hidalgo, Juan Jiménez Aranda, Carlos Robles González y Juan Teba Rodríguez. Fueron condenados a seis meses y un día por omisión de denuncia de presencia de malhechores. SEHGC, ob. cit. p.19.

LA GUERRILLA SE DESINTEGRA
Autodisolución, presentaciones y huidas a Francia

Durante 1948, los enlaces, aterrorizados por las torturas en los interrogatorios, los encarcelamientos masivos de encubridores y las caídas sucesivas de los comités comunistas y las federaciones socialistas, optaron por negar la ayuda a los pocos guerrilleros que quedaban en la sierra. Muchos maquis no vieron otra solución que intentar alcanzar el exilio francés o esconderse de manera definitiva.

El ambiente era realmente pésimo. La Guardia Civil había puesto en marcha de forma implacable ley de fugas por la que se pasó por las armas, sin formación de causa, a muchos vecinos de los que se sospechaba que auxiliaban a la guerrilla. Ello, unido a la caída del Estado Mayor de la 2.ª Agrupación, con la utilización, por parte del hábil coronel Limia, de los responsables guerrilleros capturados vivos y obligados a ejercer como prácticos del terreno (entre otros, Pedro el Cruel, Perico, Nicasio, Viruta y Palomo), truncó las expectativas guerrilleras. Muchos vecinos fueron torturados y encarcelados.

En la primavera de 1948, a pocos meses de la tragedia de las Hoces del Viso y de las represalias contra José «Menchones» y Ángel «Ampón», aún vivieron los vecinos de Viso del Marqués uno de los episodios más dramáticos de cuantos se recuerdan en este pueblo manchego. Tras los citados acontecimientos, se multiplicaron los efectivos militares en destacamentos móviles apoyados por guarnición africana. Fue entonces cuando se observó el trasiego de camiones y tropa, cuando resonaron disparos por los collados y se multiplicaron las detenciones de pastores y carboneros, todos ellos sospechosos de apoyar a la guerrilla.

La tensión era palpable. La muerte del joven Manuel Alcaide Molina[326] el 15 de diciembre de 1945 ilustra el clima que se respiraba por entonces, y que, en aquella ocasión, costó la vida a un inocente. Así lo relatan varios ancianos del pueblo:

> *Aquel muchacho* [Manuel Alcaide], *que vivía en La Carolina, atravesó la sierra hasta la casa de su madre en Poveda, en la Huerta de la Vaqueruela. Iba a despedirse de ella porque se iba a cumplir el servicio militar. Pero le seguían los guardias del Viso pensando que era un maquis. Entraron en la casa y el guardia Rosales le pegó dos tiros, murió en los brazos de su madre* [Isabel Molina]. *La pobre mujer*

326 Registro Civil de Viso del Marqués, Fol. 100, Tomo 50, Sección 3.ª.

gritaba desesperada «ay, mi niño, ay, mi niño...». Pero por más que lloró y por más que explicó que su hijo no era uno de la sierra, no sirvió de nada. Tenía veintiún años. El otro guardia que iba con Rosales, un tal Manolo que era del Viso y que estaba novio con una del pueblo, al llegar aquí entregó el uniforme en el cuartel y se salió de la Guardia Civil... Qué época tan mala...[327]

En el pueblo se decía que los de la sierra, tras la guerra mundial, habían multiplicado sus efectivos y que los hombres del Gafas entraban al pueblo por las noches para reunirse en las casas de sus enlaces. Pero también de día. La leyenda del Gafas se estaba fraguando.

Yo he visto al Gafas muchas veces. Una vez estuvieron en el bar del Botas echando una partida y cuando se marchó dejó una nota que decía: «Han estado jugando con el Gafas». Entonces se hablaba mucho de él y lo apoyaba mucha gente porque pensaba igual que nosotros... y no le hacían daño a nadie, sólo a los chivatos.[328]

LA GUARDIA CIVIL, A SANGRE Y FUEGO POR LOS CAMPOS DE ESPAÑA

SANTANDER

La « ley de fugas »

ASTURIAS

Detención de un joven

MALAGA

Más campesinos detenidos

CORDOBA

Detenciones en Pueblonuevo

El periódico *Mundo Obrero* resaltaba la violencia empleada por la Guardia Civil en los campos de España (L.M.Sánchez Tostado)

Lo que la Guardia Civil pretendía era sonsacar información a los detenidos sobre los enclaves guerrilleros y sus golpes inmediatos, pero lo hicieron de la manera más expeditiva, mediante la salvaje tortura y la

327 Testimonios de Fernando Ruiz del Campo, Nicasio Cantero Huertas y Manuel Trujillo Ruiz.

328 Testimonio de Nicasio Cantero Huertas, carbonero del Viso del Marqués, que compartió muchas veces sus viandas con el Gafas.

mutilación de los sospechosos. Por los acontecimientos posteriores se ha sabido que estos enlaces se dejaron matar antes de facilitar información tan comprometida. Aquella matanza causó un verdadero impacto social y sembró el terror en toda la comarca. Diez hijos quedaron sin sus padres, asesinados por un fascismo salvaje, despiadado y sin escrúpulos. Un régimen dictatorial que disponía de la vida de las personas y no precisaba estrados ni tribunales ni fiscales ni letrados defensores. Bastaban unas cuerdas, un cuchillo y unas balas para aplicar su justicia. Para aquel régimen fundamentalista, los derechos humanos valían menos que las balas que empleaban en reprimir la utopía de los guerrilleros: «querer cambiar el mundo con escopetas de caza y albarcas».

Lucio Alises Aparicio («Nicasio el Pecao»), que había sido capturado en julio de 1947 tras el episodio de la finca Moratalá (Moral de Calatrava) y conocía los contactos de la guerrilla en Viso del Marqués, desveló a la Guardia Civil que por las noches entraban en la casa de algunos enlaces del pueblo y celebraban reuniones a las que asistían algunos carboneros. Entre sus más fieles enlaces, los hermanos Sortijas.

En la primavera de 1948 Antonino «Sortijas» y su cuñado Nicasio («Chapurra») quedaron perplejos cuando, entre los guardias civiles que entraban y salían del cuartel, identificaron a Lucio Alises («Nicasio el Pecao») vestido de guardia civil. Se trataba del guerrillero al que tantas veces facilitaron víveres e información sobre el enemigo. Antonino, al verlo, a duras penas pudo contener su indignación, y su cuñado debió contenerlo cuando dijo entre dientes que había que pegarle un tiro. A los pocos días se desató la tragedia.

El asesinato de los hermanos Sortijas causó una gran consternación en la comarca. Se trataba de los hermanos Antonino y José María Tarazaga Almodóvar, carboneros del Viso del Marqués, Ciudad Real. Años atrás tuve la oportunidad de entrevistar en el Viso a Nicasio Cantero Huertas («Chapurra»), cuñado de Antonino «Sortija», superviviente de la matanza del 8 de mayo de 1948 y encarcelado tras las delaciones de Lucio Alises Aparicio («Nicasio el Pelao»). Este fue su testimonio:

> *Los hermanos Sortijas eran amigos y enlaces del Gafas, vivían a las afueras del pueblo y los guerrilleros entraban en su casa por la trasera. Un día vimos que uno de los guardias que entraban y salían del destacamento era uno de los guerrilleros al que decían Nicasio* [Lucio Alises]. *No podíamos creerlo. Nicasio, con capote y tricornio, iba dando nombres de la gente del pueblo con los que se veían los de la sierra. Así metieron en la cárcel a muchos vecinos: a mi cuñado Antonino, a su*

hermano José María («Sortijas»), a Ricardo Ríos, a mi cuñado Marcos Soto y a mí. Los guardias cogieron a los Sortijas y a Ricardo, los ataron de pies y manos, los metieron en un camión y se los llevaron a unos 18 kilómetros, junto al barranco de las Víboras. Allí les hicieron perrerías, los torturaron salvajemente. Antonino, mi cuñado, que era un tío corpulento y muy bragado, les había dicho: «Soltadme y venid de uno en uno si tenéis cojones». Le cortaron los testículos delante de su hermano y se los metieron en la boca antes de matarlo. Los asesinaron a los tres y los trajeron de vuelta y los enterraron en una fosa común. No dejaron a los familiares acercarse, ni verlos. Antonino tenía treinta y cuatro años, José, cuarenta y nueve y Ricardo, treinta y tres.

Nicasio Cantero Huertas (izquierda), cuñado de los hermanos «Sortijas», y Fernando Ruiz del Campo, hijo de Julián Ruiz Almodóvar («Juez»), en el Viso del Marqués (L.M. Sánchez Tostado)

Aquel crimen sembró el desaliento en la división capitaneada por el Gafas, y así lo dejó escrito en sus memorias. Los Sortijas fueron buenos aliados de la guerrilla y, en su casa, se planeó el asalto al local sindical, sede de la Falange, situado a escasos metros del ayuntamiento, en pleno centro del pueblo. Ocurrió el 26 de abril de 1947. De allí se llevaron 2500 pesetas y una máquina de escribir para la confección del periódico *Lucha*. Tomado como una provocación, no tardaron en vengar el agravio. Así lo recordaba el Gafas:

El asesinato de los hermanos Sortijas creó un clima de desánimo y miedo entre nuestros aliados, hasta el punto de que nos suplicaban llorando que no volviésemos por sus casas. Hasta la muerte del camarada Ruiz, fueron nuestros correos y apoyo en el pueblo. Fueron detenidos y sometidos a tortura para delatar nuestra localización, pero resistieron con firmeza, por lo que sus verdugos los condujeron a las afueras del pueblo, mataron allí a uno de ellos, para matar después al segundo de ellos y mutilarlo salvajemente.[329]

Con Ruiz, el Gafas se refería a Julián Ruiz Almodóvar. Cuando lo entrevisté en el Viso del Marqués, Fernando Ruiz aún exhibía en lugar preferente del salón de su casa la fotografía coloreada de su padre. Un viejo retrato enmarcado que descolgó para mostrármelo. Al dorso pude leer la siguiente esquela: «Julián Ruiz Almodóvar, del Viso del Marqués, asesinado por la espalda por la Guardia Civil en el sitio llamado las Vegas del Carretero, en las Hoces del Robladillo, el veintiocho de septiembre de 1947 a las diez de la noche, dejando cuatro hijos y cuatro hermanos que no te olvidan».[330]

Un ejemplo de la represión sobre las familias y conocidos de los guerrilleros lo encontramos en el testimonio de Miguel Expósito, el hermano del Gafas:

A mi familia la Guardia Civil nos tenía completamente controlados día y noche. A mí me molestaron muchísimo, incluso después de que mi hermano se fuese a Francia. Muchas noches se presentaban a las dos o las tres de la madrugada y registraban la vivienda, cuarto por cuarto y te destapaban si estabas dormido. Mi padre tenía una choza en la finca Los Villares donde pasa el arroyo Martingordo, junto al río Guadalquivir. Allí se ocultaron varias veces y yo les llevaba comida por la noche. Recuerdo que una vez conduje a la madre del Granaíno, que estaba ciega, hasta el olivar de Aldehuela a las tres de la mañana para que abrazara a su hijo.

Mi padre había estado en la cárcel tras la guerra y a su hermano Miguel lo habían fusilado. Después de ponerlo en libertad le hicieron la vida imposible. Una vez, la Guardia Civil fue a buscarlo a las olivas que estaba cavando y se lo llevaron secuestrado a la sierra durante

329 Testimonio de Francisco Expósito Prieto en sus memorias.

330 Tanto el asesinato de los hermanos Sortijas en mayo de 1948 como las muertes violentas acaecidas en las Hoces del Viso en septiembre de 1947 han sido contabilizadas en el obituario de la provincia de Jaén por estar relacionadas con la guerrilla jiennense del Gafas en sus incursiones en la provincia de Ciudad Real.

catorce días para ver si mi hermano se entregaba con la amenaza de matar a su padre. Pero no se presentó. Yo los vi regresar por el camino del Santuario y mi padre venía descompuesto. Aquello le afectó mucho, enfermó y murió a las pocas semanas en el hospital provincial de Jaén. Por cierto, que tuvieron que enterrarlo allí porque no teníamos dinero para traerlo al pueblo. Murió con cincuenta y siete años. Mi hermano no llegó a enterarse, no se lo dijimos para evitar más muertes.[331]

Julián Ruiz Almodóvar, «Juez», enlace muerto
por la Guardia Civil (F. Ruiz del Campo)

Tras la caída de la red de enlaces los acontecimientos se precipitaron. Los contactos con Madrid se habían perdido, a lo que había que sumar el peligro que supuso la entrega a las autoridades franquistas de varios guerrilleros de la 2.ª Agrupación, que optaron por colaborar con la Guardia Civil para obtener su indulto particular. Perfectos conocedores de los escondites, campamentos, reservas de armas, estrategias y costumbres de los guerrilleros, constituyeron el mayor peligro para los que todavía quedaban en la sierra.

Tal fue el caso de Fernando Vigara Tejero («Metralla»), que se entregó a la Policía Gubernativa de Madrid, brindando su colaboración para salvarse. O Vicente Rubio («Pedro el Cruel»), que se entregó a la Guardia Civil en abril de 1948 y confesó la ubicación de las bases de la 2.ª Agrupación. Condujo a los guardias hasta una finca próxima a Ciudad Real donde se detuvo a Honorio Delgado Blanco («René») y

331 Entrevista celebrada el 9 de mayo de 1999.

Ramón Guerreiro Gómez («Julio»). Pedro el Cruel disparó sobre este último, hiriéndolo. Tanto René como Julio contribuyeron también con sus declaraciones a la localización de la imprenta clandestina del órgano *Lucha* y la detención de Domingo Cortecero «Cucón» el 28 de mayo. René, y seguramente Pedro el Cruel, llevaron la noche del 3 al 4 de julio de 1948 a la Guardia Civil hasta la casa del Pescador a las afueras de Malagón, en donde se detuvo a Dionisio Castellanos García («Palomo») y Manuel Hidalgo Villalón («Palmero»).

Según la Guardia Civil, Miguel Padilla Camello («Michelín»)[332] y Bonifacio García Sánchez («Hijo del Eléctrico») se unieron al grupo de Parachuta que actuaba por Ciudad Real y Extremadura. Jacinto Medina Lozano («Periquito el de la Concha») se camufló en Sevilla y vivió con nombre falso. A Bernardino Expósito Ciudad («Gonzalo»), la Guardia Civil lo declaró en paradero desconocido.

El 18 de mayo de 1948, gracias a la información que facilitó Vicente Rubio («Perico» o «Pedro el Cruel»), la Guardia Civi le tendió una emboscada a Ramón Guerreiro Gómez («Julio») en la Huerta de Buñuelo, término de Piedrabuena (Ciudad Real). Allí se le dio muerte mientras repartía propaganda. Perico se había entregado a la Guardia Civil unos días antes, el 19 de abril de 1948.

Teniente coronel Eulogio Limia Pérez, jefe de la comandancia de la Guardia Civil de Ciudad Real hasta 1949 (SEHGC)

332 Miguel Padilla Camello consiguió alcanzar el exilio fijando su residencia en Tarbes (Francia), donde murió en 1954.

El coronel Limia, pletórico, no sabía qué hacer con tanto delator. El Estado Mayor de la 2.ª Agrupación estaba a su servicio. En un par de ocasiones se utilizó a Palomo como señuelo para hacer bajar al llano al grupo del Gafas, el más escurridizo.

Palomo poseía información suficiente para acabar con toda la infraestructura guerrillera, muy menguada a esas alturas. No quedaba más solución que huir a la desesperada atendiendo al «sálvese quien pueda». El 24 de julio de 1948, cuatro días después de la muerte de Doroteo Cerro, en un punto de Sierra Morena entre el Viso del Marqués y El Centenillo, se reunieron en asamblea y decidieron abandonar la resistencia armada y emprender el camino del exilio tras el inútil intento de un levantamiento popular que propiciara el derrocamiento del régimen de Franco. El Gafas, conocedor de la grave situación, no demoró más la partida, y el 10 de agosto de 1948 iniciaron su épico viaje a Francia. No andaban equivocados, pues, en pocas semanas, Palomo causó una auténtica debacle en el seno de la 2.ª Agrupación. Para empezar informó a la Guardia Civil sobre la base de la agrupación en casa de doña Ramona en Argamasilla de Calatrava, que quedó desmantelada. El 17 de noviembre de ese año 1948, propició la captura de Manuel Durán Carrasco («Sevillano hijo» o «Alejandro») en la Huerta del Puerto (Viso del Marqués). Dentro de la casa, y durante dos semanas, los guardias y Palomo le hicieron la espera, hasta que lo capturaron. Su compañero, Juan Estrella Barroso («Petaca»),[333] único superviviente del trío que junto a Rebolledo y Sevillano hijo intentó infructuosamente llegar a Francia tras la salida del grupo del Gafas, consiguió escapar, pero semanas más tarde decidió entregarse en su pueblo, Bohonar de Ibor (Cáceres). En la emboscada a Sevillano hijo también colaboró Manuel Durán Martínez («Sevillano padre»), que había sido detenido un mes antes (4 de octubre) en Lentejuela, Sevilla. Sobre el final del Sevillano padre hay distintas versiones. Se ha dicho que acabó sus días enfermo en la prisión de Cádiz, pero el Gafas mantiene que fue ejecutado y su muerte publicada en *Mundo Obrero* a finales de 1949.

Palomo culminó su actuación al ser conducido por Limia a la provincia de Granada para combatir, entre 1949 y 1950, a la Agrupación

333 Juan Estrella Barroso («Petaca» o «Charabasca») tenía sólo veintidós años y era natural de Bohonal de Ibor, Cáceres. Huyó a la sierra el 18 de enero de 1944 con tan solo dieciocho años y se unió a la guerrilla de Chaquetalarga y posteriormente a Calandrio, en la provincia de Cáceres. En 1947, junto a este último y cuando las cosas se complicaron en aquella zona, se desplazó hacia Ciudad Real, donde ambos se encuadraron primeramente en la guerrilla de Trapichea y posteriormente en la del Sevillano hijo.

Roberto. Este guerrillero, que tuvo bajo su responsabilidad la jefatura de la 2.ª Agrupación Centro, sufrió el final más deshonroso que puede tener un soldado. Fue vilipendiado y utilizado por el enemigo, se dejó manipular y, desesperado, se ofreció a colaborar con la Guardia Civil para intentar su salvación. Sin embargo, pese a los informes favorables del coronel Limia en los que describió la valiosa información que aportó para la eliminación de numerosos «bandoleros», arriesgado incluso su propia vida, finalmente, cuando se consideró que dejó de ser útil para la causa, fue condenado a muerte y fusilado, el 25 de agosto de 1951. Un final terrible para un jefe guerrillero que confió en la generosidad de un enemigo inclemente.

Por su parte, Petaca fue conducido desde Cáceres hasta Ciudad Real y presentado ante el coronel Limia. Debió ponerse a sus órdenes, y su primer golpe de efecto fue descubrir el zulo donde el Gafas ocultó las armas largas en las vísperas de su marcha a Francia. Tal vez Francisco Expósito no llegara a enterarse nunca de este detalle, al menos no lo refiere en sus memorias. También aportó la información necesaria para desbaratar los últimos apoyos que les quedaban a los escasos supervivientes de la 2.ª Agrupación, pues se sabía que aún había alguno pululando por Sierra Morena. Así, el 18 de enero de 1949, Petaca condujo a los guardias al cortijo del Negrillo, en plena sierra del Viso del Marqués, población donde recalaban cuando las cosas se ponían difíciles. En el Negrillo se habían ocultado otras veces. Al cuarto día de espera, vieron aproximarse a cuatro guerrilleros, dos de ellos quedaron rezagados (Trapichea y Herrero), y la pareja de avanzadilla (Los Mozos y Calandrio) se acercó a la puerta. Tras intercambiar unas palabras con Petaca, debieron de notar algo raro y se disponían a marcharse, momento en el que los guardias dispararon matando al iliturgitano Manuel Hernández Vílchez («Los Mozos»)[334] e hiriendo a Antonio León Villa («Calandrio»),[335] que a duras penas consiguió huir malherido hasta que lo remataron.[336] Así nos lo contó un vecino del Viso del Marqués:

---

334 Manuel Hernández Vilches («Los Mozos», también conocido como «Manolillo el Pintao») era natural de Andújar y se echó al monte tras la famosa redada anticomunista de Andújar en agosto de 1945. Su muerte se inscribió en el registro civil del Viso del Marqués en Tomo 52, Fol. 202 vto. Sección 3.ª.

335 Antonio León Villa («Calandrio») era un experimentado guerrillero que procedía del maquis francés y se incorporó a la guerrilla cacereña del Francés en 1945. Calandrio fue jefe de guerrilla de la 12 División (1.ª Agrupación de Guerrilleros de Cáceres), también desempeñó el cargo de delegado político.

336 Registro Civil del Viso del Marqués, Tomo 53, Fol. 1, Sección 3.ª.

En el cortijo del Negrillo tuvieron un encuentro con la Guardia Civil y uno de ellos al que habían herido, huyó por la parte de arriba hasta una fuente que había, y la hija del Negrillo, que estaba cogiendo agua, se lo encontró herido. El maqui le dijo: «por Dios, no digas nada que vienen los guardias a matarme». Pero la criatura fue y se lo dijo a su padre y tuvo que dar cuenta a los guardias, y dieron con él y por la carretera de Almuradiel el Sebas lo remató. El Sebas era un guardia que estaba destinado en Venta de Cárdenas, luego lo ascendieron a cabo y se quedó en el Viso del Marqués.[337]

Tras este servicio, Petaca recibió una recompensa de 7000 pesetas, pero fue condenado a veinte años y un día de cárcel y a pagar una desorbitada indemnización de 687486 pesetas, que obviamente no tenía, por lo que no disfrutó del premio.

En agosto de 1948, viéndolo todo perdido, los once supervivientes de la 21.ª División acordaron emprender el camino del exilio. La decisión de abandonar la lucha armada y dirigirse a Francia estaba justificada. Dos meses después, en la reunión que mantuvieron en Moscú Dolores Ibárruri («La Pasionaria»), Santiago Carrillo y Francisco Antón con Stalin, se sentarían las bases para el abandono de la lucha guerrillera, utilizando un cambio de táctica. Stalin les sugirió que debían iniciar la labor de resistencia dentro de los sindicatos verticales franquistas; una iniciativa que, a la sazón, sería el germen de las Comisiones Obreras (CC.OO.). Tras esta reunión, el PCE abandonó la lucha guerrillera.

El viaje había sido decidido por los once miembros que restamos de la 21 División, después de un serio análisis de la situación creada en la zona por la caída de todo el sistema de enlaces, por el aislamiento total en que nos encontramos y por la disposición de fuerzas enemigas en torno a nuestros emplazamientos, que nos ponía a merced de ellos en todo momento. Grupos de contraguerrillas dirigidos por traidores a su servicio hacían nuestra permanencia imposible. Nuestras posibilidades de sostener la zona habían desaparecido ya que todos los puntos neurálgicos fueron ocupados por fuertes destacamentos enemigos.[338]

337 Testimonio de Fernando Ruiz del Campo.
338 Testimonio de Francisco Expósito Prieto recogido en su *Cuaderno de Ruta*.

A pesar de la experiencia adquirida en la sierra, el viaje que iban a emprender resultó una prueba extremadamente difícil. Sin armas largas, sin un solo apoyo ni enlace, atravesando tierras absolutamente desconocidas, once hombres perseguidos iniciaron una marcha hacia la libertad que no pudieron conquistar en su país. La mayoría quedó en el intento. Veamos cómo fue su mítico viaje.

LA MARCHA A FRANCIA DE LA 21.ª DIVISIÓN

A lo largo de 1948, fueron muchos los guerrilleros que optaron por emprender la aventura de alcanzar el exilio. La Guardia Civil reforzó la vigilancia en puentes, caminos y, sobre todo, en los puertos de montaña por los que se preveía su paso. Muchos cayeron por el camino ante la extrema dificultad de transitar por parajes desconocidos sin informadores ni puntos de apoyo; sin levantar sospechas ni propiciar denuncias que los delataran.[339]

Los supervivientes de la 21 División escondieron las armas largas, iniciando el viaje con pistolas y el fusil ametrallador Smeisser oculto bajo la ropa. Se dividieron en tres grupos y tomaron distintos itinerarios. Estos grupos fueron:

Grupo 1:

- Francisco Expósito Prieto («Gafas»), de Andújar (Jaén)
- Luis Muñoz Fernández («Niño»), de Hinojosa del Duque (Córdoba)
- Anastasio Muñoz Fernández («Sordo»), de Hinojosa del Duque (Córdoba)
- Ricardo López Fernández («Granaíno»), de Albondón (Granada)

Grupo 2:

- Manuel Martínez Bueno («Rosendo»), de Marmolejo (Jaén)
- Salvador Llorens Castillo («Baltasar»), de El Carpio (Córdoba)

339 También consiguieron huir a Francia Antonio Lara Grande («Braulio») de la 2.ª Agrupación así como Rafael Pacheco Olmos («Mariote»), Andrés Picazo Villena («Migajas») y los hermanos Manuel y José Antonio López Duro («Chilava») pertenecientes a la 5.ª Agrupación, cuya demarcación también abarcaba parte de la provincia de Ciudad Real, Albacete y Cuenca. Entre los muchos guerrilleros que fueron muertos mientras huían a Francia, cabe destacar a José Sahuquillo Rueda («Tarzán»), muerto en abril en la zona de Valencia y a Eusebio García Atienza («Pancho»), caído en noviembre también por aquella zona. Ambos fueron miembros de la 5.ª Agrupación.

- Antonio León Villa («Calandrio»), de la provincia de Córdoba (¿)
- Manuel Hernández Vilches («Los Mozos» y «Eduardo»), de Andújar (Jaén)
- José Vargas Romero («Vargas»), del Centenillo (Jaén)

Grupo 3:
- Agustín Bonilla Bravo («Rebolledo» y «Felipe»), de Castilblanco (Badajoz)
- Manuel Durán Carrasco («Sevillano hijo»), de Marmolejo (Jaén)
- Juan Estrella Barroso («Petaca» y «Charabasca»), de Bahonar de Ibor (Cáceres)

A cada grupo se le entregaron dos o tres prismáticos y 3250 pesetas, parte proporcional de los fondos que quedaban. Por último, se acordó graduar las salidas con un intervalo de varios días de diferencia para dificultar que los localizaran.

El 10 de agosto de 1948, los tres grupos se despidieron. El del Gafas inició la marcha desde Aldeaquemada (Jaén). La incertidumbre se palpaba en las palabras de Francisco Expósito Prieto:

> *Habíamos decidido marchar durante el día y dejamos rápidamente atrás Sierra Morena, esa sierra que había sido durante años nuestra mejor aliada, abriéndose a partir de este momento un futuro incierto.*[340]

Con la intención de habituarse con las relaciones vecinales normales y adoptar comportamientos lo menos sospechosos posibles (algunos llevaban más de cuatro años sin otras relaciones que la de sus propios compañeros de guerrilla), pasaron unos días en la aldea del Cristo (Ciudad Real), pero debieron salir a la madrugada siguiente, al divulgarse la noticia de la presencia forasteros. El 17 de agosto entraron en Solana del Pino con un calor asfixiante. Salieron hacia Tomelloso, donde compraron provisiones en pequeñas cantidades para no levantar sospechas, y se detuvieron a comer en las afueras del pueblo. Entrada la noche del día 18, llegaron a Mota del Cuervo, donde tras preguntar a un lugareño por la panadería. Este los remitió al cuartel de la Guardia Civil, el cual, obviamente, evitaron. El día 19, continuaron en dirección norte pasando por dos pueblos pequeños donde no pudieron adquirir

---

340 La información sobre la marcha a Francia de los supervivientes de la 2.ª Agrupación se ha obtenido de las memorias de Francisco Expósito Prieto.

pan por estar este racionado. Era preferible seguir pasando hambre y no correr riesgos.

El día 20, llevaban más de dos días sin probar bocado, hasta que, sobre el mediodía, llegaron a Fuentelespino de Haro (Cuenca), donde consiguieron que un panadero les diera pan a cambio de descargar un camión de harina. Mientras procedían a su descarga, una de las mujeres que hacían cola en el racionamiento, vio el arma de Ricardo («Granaíno»). Cuando esperaban a que se cociera el pan, observaron que un individuo en bicicleta salía del pueblo en dirección a Villarejos de la Fuente. Ello, unido a la sospechosa insistencia del panadero en invitarlos a tomar vino, los puso en guardia, y huyeron sin más dilación. Ya en la carretera vieron a un grupo de guardias civiles que los seguía. El panadero los había avisado. Pensaron que, en aquella llanura, su única salvación era alcanzar antes que los guardias un olivar cercano, pero los guardias civiles se les adelantaron y les dieron el alto. En esta comprometida situación afloró la astucia del Gafas, cuya inteligencia nunca lo abandonó en situaciones límite:

> *En tono autoritario exigí que se identificasen, exigencia que fue recíproca, por lo que nos identificamos como miembros de una contrapartida de la Guardia Civil. Nos solicitaron la identificación de la comandancia a la que estábamos adscritos y contesté una que ya no recuerdo, lo cual pareció aliviar el descontento de los guardias, y uno de ellos se identificó como el cabo Contreras, al que supuestamente esa contrapartida debía conocer, solicitando que me aproximase a charlar con él. Como yo no cejaba y exigía que el que se aproximara fuese él, aprovechamos el tira y afloja para abandonar poco a poco nuestras posiciones tras los olivos y alcanzar la colina próxima desde la que nuestra defensa sería más eficaz. Ellos observaban nuestros movimientos sin disparar por el desconcierto creado ante las dudas de nuestra verdadera identidad. Solo cuando inicié mi maniobra de retirada, sonaron algunos disparos que no me alcanzaron. Pese a haber salvado esta peligrosa situación, nos embargó el desaliento por haber sido localizados a tantos kilómetros de la frontera, habiendo tenido que abandonar todas las provisiones, los útiles de aseo, la ropa y los prismáticos. Tan solo contábamos con un pantalón de Luis («Niño») —tenía dos superpuestos— para camuflar el Smeisser.*[341]

341 Testimonio de Francisco Expósito Prieto.

A partir de entonces optaron por caminar de noche y descansar durante el día. Tomaron dirección noroeste para evitar ser localizados en las rutas del norte, alimentándose durante tres días de pipas de girasol que recogían en los sembrados. La noche del día 23, reorientaron la marcha hacia el norte. La noche siguiente cruzaron la vía férrea que conducía a Huete (Cuenca), pero el agotamiento por las largas marchas nocturnas y la escasez de alimentos hizo aparecer los primeros cuadros de fiebre. Decidieron abastecerse en un pequeño pueblo, acordando que el Gafas quedase en las afueras con el fusil que no podían camuflar. Sin ellos saberlo, la Guardia Civil había enviado varios somatenes armados divulgando la condición de ladrones por los pueblos colindantes, para que los vecinos diesen aviso rápido. Cuando los tres guerrilleros compraban en una tienda del pueblo, fueron sorprendidos por el jefe de Falange, que iba acompañado por otros individuos que se abalanzaron sobre ellos. No obstance, la reacción de los guerrilleros fue más rápida; desenfundaron sus pistolas y dispararon al aire mientras salían a la calle, donde se había concentrado gran cantidad de público que vociferaba y los insultaban como a vulgares ladrones. No solo no consiguieron los ansiados víveres, sino que dejaron más pistas sobre su paradero. Como consecuencia de esto, cambiaron de nuevo el rumbo, esta vez hacia el noroeste.

Dos días más sin alimentarse, hasta que el 27 de agosto alcanzaron una majada y, en ausencia de sus cuidadores, hurtaron un cordero, lo desollaron y lo comieron «levemente chamuscado». Del chozo de un pastor cogieron una manta, un poco de pan y un barril de madera con cuatro litros de agua. Vieron a lo lejos un grupo que se aproximaba y, ante la duda de si fuesen los ganaderos o no, emprendieron la huida hasta que, al amanecer, se adentraron en un bosquecillo donde descansaron y secaron el cordero. El 29 de agosto recolectaron unos cuantos tomates, pimientos y nueces, todo ello verde y, por la mañana, mientras permanecían ocultos, se percataron de la presencia de una mujer que se encontraba defecando. Cuando los descubrió, se aproximó a ellos y no debió de quedar satisfecha con las explicaciones de que buscaban trabajo y que se encaminaban a la estación de tren más próxima, pues se burló de ellos alegando que la estación más próxima estaba a más de cien kilómetros. Se despidió de ellos y regresó al rato acompañada de dos hombres armados con escopetas. Pero si algo se les daba bien a estos huidos era la lucha de guerrillas en noche cerrada, por lo que no tardaron en abalanzarse sobre ellos inesperadamente y desarmarlos. Sin embargo, la llegada de nuevas incorporaciones preocupadas por la tardanza de sus familiares obligó a los guerrilleros justificarse como evadidos de la cárcel que esperaban reencontrarse con sus familias. La explicación pareció convencerlos y, tras ofrecerles pan y nueces, les aconsejaron simular ser cazadores, lo cual hicieron de inmediato, cogiendo varas largas a modo de escopetas. Luego se dirigieron a un denso pinar próximo a Pareja (Guadalajara), por el que avanzaron todo el día sin ser vistos.

Racionaron la comida ante la imposibilidad de conseguir más por aquel lugar. El día 30 habían cruzado el Tajo. Se les acabó la carne y, durante los dos días siguientes, se alimentaron de patatas que encontraron por el bosque, hasta que el 1 de septiembre se toparon con un rebaño de ovejas que, una vez en el redil, sirvieron para reponer el avituallamiento al desollar dos de ellas, pudiendo cenar aquella noche como hacía mucho tiempo no lo hacían.

Iniciaron la marcha a buen ritmo y, tras todo el día caminando, un pastor los informó de que se encontraban próximos a Luzón (Guadalajara). El día siguiente, 3 de septiembre, estuvieron a punto de tropezarse con un cuartel de la Guardia Civil donde había muchos perros, pudiendo ver cómo de él partía un contingente de unos treinta hombres armados en la dirección opuesta. Con toda probabilidad fueron alertados por el pastor de Luzón.

El día 4, llegaron a una zona de viñedos y Luis Muñoz se adentró en él y regresó con unos racimos de uvas. Entonces, los sorprendió un guarda y los amenazó con acudir al cuartelillo si no le devolvían las uvas. La discusión solo ceso cuando les ofrecieron 50 pesetas por ellas.

Durante unos días se alimentaron de uvas, melocotones y tres ovejas que comieron el día 7. El día 12 llegaron al río Ebro, que cruzaron en barca al amanecer junto con unos cazadores de Tudela que se dirigían hacia Arroyo Molinos, en Zaragoza. El día 14 robaron unos pollos y unos conejos en una granja y, por la noche, cruzaron el río Gállego por una presa. Se encontraban a 77 kilómetros de Zaragoza.

El 16 de septiembre agotaron sus provisiones y se alimentaron en exclusiva de patatas. Al día siguiente, estuvieron a punto de ser sorprendidos por unos guardias civiles que paseaban acompañados por unas muchachas.

El día 18 cruzaron el río Aragón, pasando por el oeste de Jaca, e iniciaron el ascenso de un macizo al oeste del Puerto de Canfranc. Continuaron la escalada durante toda la noche del 19 bajo la intensa luz de la luna. Llegaron a una zona nevada y se vieron obligados a esperar la luz del día para evitar despeñarse. Cuando se despertaron, ya habían sido localizados por unos pastores a los que ofrecieron dinero para que los sacaran de aquel páramo de hielo y piedra y los condujesen a Francia. Estos no accedieron, peroles vendieron pan y tabaco y les aconsejaron no tomar el paso oriental próximo, que estaba tomado por la Guardia Civil y el Ejército.

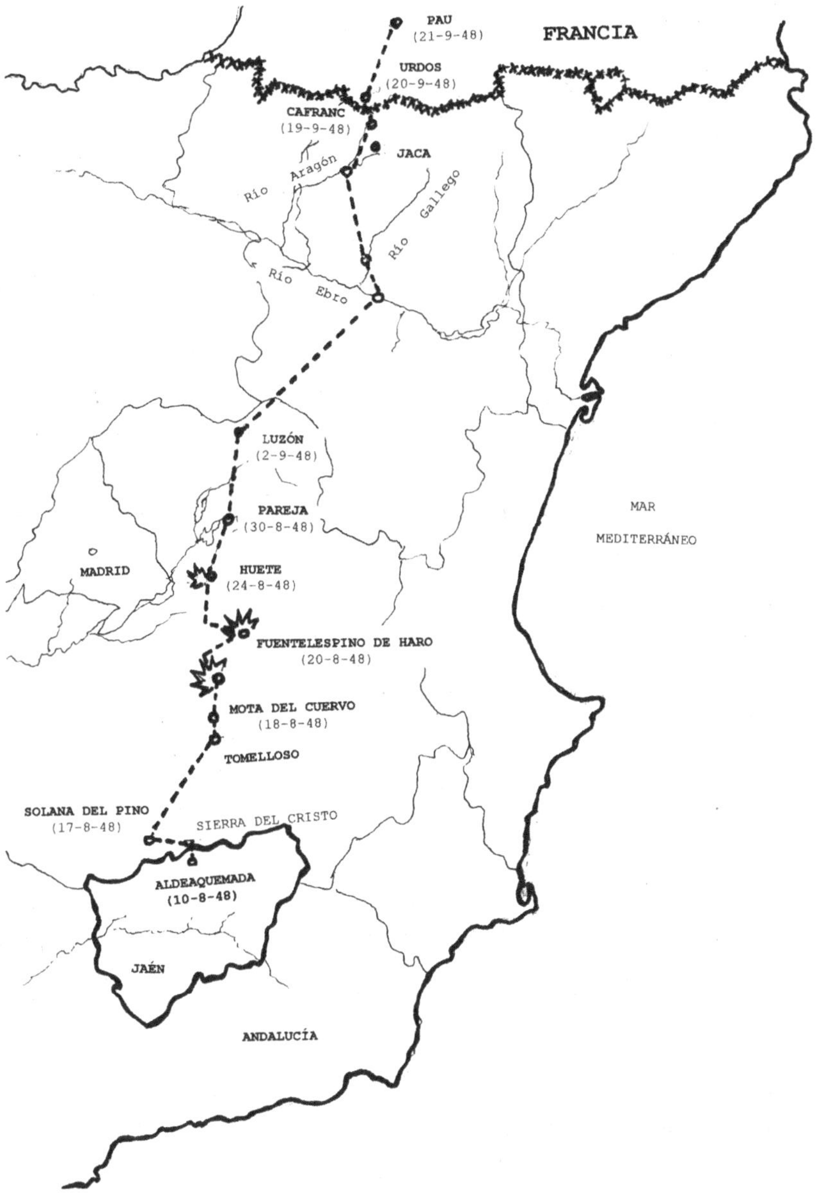

Itinerario de los supervivientes de la guerra del «Gafas» entre agosto y septiembre de 1948 (L.M. Sánchez Tostado)

Es indescriptible el tiempo y esfuerzos que nos costó alcanzar la cima, carecíamos de reloj, pues el que llevábamos se paró, el frío era cada vez más intenso y apenas teníamos dónde cobijarnos por la ausencia de vegetación. Extenuados y ateridos, utilizamos una de las cavernas abiertas por los hielos en las cumbres para dormir, ni siquiera pudimos mantener las guardias. Cuando nos despertamos y nos aproximamos al borde de la meseta que habíamos alcanzado la noche anterior, ante nuestros ojos se abrió un espectáculo ensoñador con un mar de verdor que se extendía hasta donde no alcanzaba la vista. Habíamos escalado la vertiente meridional del macizo pirenaico y comenzábamos el descenso. El encuentro con una majada nos permitió saber que aún estábamos en zona española, pero ya no corríamos peligro. A las dos de la mañana, después de un penoso itinerario, remontamos la pendiente opuesta y alcanzamos una carretera que seguimos con gran precaución hasta que vimos un indicador que anunciaba: «Espagne 6 kilomètres». La emoción que nos embargó en ese momento era indescriptible, tal había sido la penuria de nuestra aventura (...) A la mente nos venían los recuerdos de la sierra, de los camaradas, del peligro y de la lucha y no podíamos evitar sentirnos desnudos sin nuestras armas. Cantando, dando rienda suelta a nuestra alegría, marchábamos satisfechos del objetivo conseguido que nos había acompañado en la evasión de los penales, en la lucha en la sierra, y en el deseo de continuarla, de acabar con el fascismo. Pero no fue considerado así por los que más tarde nos recibieron en Francia, por algunos de los cuales fuimos tachados de cobardes y desertores.[342]

Tras ocultar las armas en un agujero próximo al indicador de la carretera, iniciaron la marcha hasta el municipio de Urdos, donde les fue confiscado el poco dinero que llevaban. Las autoridades francesas los condujeron hasta Pau, donde fueron interrogados. Allí les informaron que habían interceptado los mensajes de radio de la Guardia Civil y se encontraban dando batidas en la frontera para localizarlos. Era el 21

342 Según se desprende de los informes consultados en el AHPCE, cada vez que un huido alcanzaba el exilio francés era rápidamente localizado por el PCE, y un comisionado le tomaba declaración por escrito. Se le hacían multitud de preguntas y su información se contrastaba con la que poseía el comité central, a fin de localizar infiltrados o «provocadores». Las marchas clandestinas a Francia fueron muy numerosas a partir de 1947. Sin embargo, el PCE en el exilio criticó a estos exiliados, a los que tachaba de cobardes por haber abandonado la lucha antifranquista. Me consta que muchos de ellos se vieron incluso desarraigados y no se les tuvo en cuenta su fidelidad republicana ni sus padecimientos en los campos de batalla, en las cárceles de la posguerra y su posterior vida en la sierra.

de septiembre de 1948, a Francisco Expósito Prieto y a Ricardo López Fernández[343] les concedieron permiso de residencia en Clermont-Ferrand, y a los hermanos Luis y Anastasio Muñoz Fernández, en Gueret. Concluyeron así cuarentaidós días de agotadora marcha en busca de una libertad que no encontraron en su país, pese haber luchado con ahínco por recuperarla.[344]

Veamos qué fue del resto de sus compañeros que habían decidido marchar a Francia tras ellos.

Luis Miguel Sánchez Tostado y Pepita Expósito ante la tumba de Francisco Expósito Prieto «Gafas» en el cementerio francés de Lempdes, en 2003 (L.M. Sánchez Tostado)

343 Ricardo López Fernández («Granaino») murió en 1989 y Francisco Expósito Prieto («Gafas») en 1998, ambos en Francia.

344 La lucha contra el fascismo que Francisco Expósito Prieto inició cuando todavía era un niño no concluyó con su llegada a Francia en 1948. En Clermont-Ferrand vivió hasta sus últimos días participando activamente en los congresos comunistas. Defensor de la línea más ortodoxa del marxismo, siempre estuvo en desacuerdo con el eurocomunismo. Francisco Expósito fue nombrado responsable político del PCE en la región de Puig de Dome y, en 1984, cuando surgió el Partido Comunista de España Unificado (PCEU), formó parte del Partido Comunista de los Pueblos de España (PCPE) hasta 1987, año en el que un sector rompió con el PCEU y creó el Frente Marxista-Leninista Español (FM-LE), del que fue nombrado presidente. Ostentó este cargo hasta su muerte el 9 de abril de 1998. Por cierto, antes de morir, tras cincuenta años en el exilio, viajó a España para realizar un recorrido por los lugares donde combatió tanto en la guerra civil como en la guerrilla.

Supervivientes de la guerrilla del «Gafas» posan a su llegada a Francia en 1948. De izquierda a derecha: los hermanos Anastasio y Luis Muñoz («Sordo») y «Niño», Ricardo «Granaino» y, sentado, Francisco Expósito «Gafas» (Pierrette Expósito)

EL DRAMA DE LOS ÚLTIMOS GUERRILLEROS DE SIERRA MORENA

El resto de supervivientes de la guerrilla del Gafas fracasaron en su deseo de alcanzar el exilio. Los integrantes del grupo n.º 2 abandonaron Sierra Morena poco después, pero el 23 de agosto se los localizó en Villargordo (Cuenca), donde fue abatido Agustín Bonilla Bravo («Rebolledo»).[345] El resto del grupo, con Manuel Hernández Vilches («Los Mozos») y Antonio León Villa («Calandrio») al mando, desistió y tomó el camino de vuelta. La Guardia Civil les seguía el rastro desde las Lagunas de Ruidera y, finalmente, consiguió abatirlos en la provincia de Ciudad Real el 18 de enero de 1949 gracias a la delación de Petaca, un compañero que unas semanas antes se había entregado a la Guardia Civil. Las detenciones de enlaces por la zona se precipitaban, y los últimos supervivientes de la guerrilla iban cayendo uno tras otro. El 11 de marzo de 1949 también fue muerto en la provincia de Ciudad Real Francisco Olmedo Pérez («Solitario» e «Hinchao»).

Respecto a los guerrilleros del tercer grupo, compuesto por Sevillano hijo, Rebolledo y Charavasca, desconocemos si intentaron emprender el camino del exilio, pero, si lo hicieron, debieron de desistir a los pocos días ante la dificultad de la empresa y regresar a la zona de Andújar, la única donde podrían encontrar algún enlace dispuesto a ayudarlos.

Según la memoria de la 205 Comandancia de Jaén, el 13 de noviembre de 1948 se formó una contrapartida en la que figuró como colaborador Manuel Durán Martínez («Sevillano padre»), que había sido encarcelado y liberado provisionalmente para servir de guía a la Guardia Civil. Dicha contrapartida sostuvo un encuentro armado en el Barranco de Valtravieso (Andújar), donde se hirió al hijo del Sevillano, pero sin poder darle captura. El 17 de noviembre, los guerrilleros intentaron refugiarse en un cortijo de Viso del Marqués, en cuyo interior se escondían varios guardias. Fue capturado herido Manuel Durán Carrasco («Sevillano hijo»), pero Petaca, que se había quedado fuera, consiguió huir. Debió de ser muy duro para Sevillano padre verse obligado a participar en una operación contra su propio hijo.

No viendo salida posible, el 6 de diciembre, Juan Estrella Barroso («Petaca») se presentó en el destacamento de la Guardia Civil de Bahonar de Ibor (Cáceres), municipio de su naturaleza. Algunos testimonios

345 Agustín Bonilla Bravo fue enterrado como «desconocido» en Villargordo (Cuenca),. En el registro civil se hizo constar que murió «por disparos de escopeta con pérdida de masa encefálica».

aseguran que llegó a un acuerdo con las autoridades para garantizar su entrega, y el teniente coronel Limia lo encuadró en la contrapartida del guardia Carmelo Mansilla. Petaca consiguió contactar a los pocos días con Calandrio y Los Mozos en el cortijo El Grillo (Viso del Marqués). El 18 de enero de 1949, dichos guerrilleros acudieron a la llamada de Petaca y fueron acribillados a tiros.

El único superviviente, Agustín Bonilla Bravo («Rebolledo»), decidió emprender en solitario el difícil camino del exilio en un desesperado segundo intento. Sin embargo, fue sorprendido en enero de 1949 en la provincia de Cuenca, y la Guardia Civil le voló la cabeza con una granada.

Por su parte, Rosendo y Vargas decidieron continuar con el aprovisionamiento en cortijos de la zona, uniéndose a Vidrio, el cual solo contaba con la compañía de Vicente Gómez Díaz («Quina»). Conscientes de su aislamiento, abandonados por sus partidos y, ante la imposibilidad de alcanzar el exilio, decidieron resistir ocultándose en la sierra de Andújar como hicieron en la primera etapa, realizando las acciones imprescindibles para subsistir y espaciándolas en el tiempo mediante un estricto racionamiento alimenticio.

El 7 de julio de 1949, los vecinos de Andújar asistieron a un penoso espectáculo: la exhibición en el cementerio de los cuerpos desnudos de dos jovencitas que la Guardia Civil había acribillado a tiros. Guardias del puesto de Marmolejo salieron en descubierta para localizar a dos guerrilleros que unas horas antes atracaron el cortijo iliturgitano de El Tamujar. En el atestado, la Guardia Civil reflejó que «era de noche (…) que habían detectado movimiento de matas (…) y que las mujeres iban vestidas con ropa de hombre y estaban armadas».[346] Así describen algunos testigos la exposición de los cuerpos en Andújar:

> *Las pusieron a la entrada al cementerio. Estaban completamente desnudas a la vista de todo el mundo. Tenían una ráfaga de tiros por toda la pierna hasta arriba. Fue algo espantoso. Eran dos muchachas jóvenes. Y digo yo, que si dicen que estaban vestidas de hombre ¿por qué las desnudaron?*[347]

Se les intervinieron tres zurrones con víveres, un botiquín, un carné de Falange con nombre falso y documentos de somatenistas adictos al régimen. La presencia de estas mujeres era algo insólito en Sierra

346 SEHGC, *205 Comandancia…* ob. cit. p. 75.
347 Testimonio de Miguel Expósito Prieto y Agustín Contreras*.

Morena, por lo que me interesé por el caso, intuyendo, como así fue, que detrás de este episodio había una historia conmovedora.[348]

En el registro civil de Andújar fueron inscritas, en un principio, como «mujeres desconocidas». Una vez identificadas, se hizo constar en una segunda inscripción que se trataba de las hermanas María y Antonia Pantoja Carrillo. María, la mayor, contaba con veintidós años, mientras que Antonia sólo tenía dieciocho. Sus padres eran Francisco y María, naturales y vecinos de Villaviciosa de Córdoba.[349]

Fue en dicho municipio donde pude completar esta increíble historia. En 1949, en Villaviciosa de Córdoba se aplicó una implacable represión contra los huidos, dirigida capitán Tamayo, de la Guardia Civil. Poco antes, la Benemérita había dado muerte a varios vecinos.[350] Francisco Pantoja Expósito trabajaba de manijero en el cortijo Navamuelas, donde residía en un humilde chozo con su esposa María Carrillo y sus hijos María, de veintidós años, Juan, de veinte, y Antonia, de dieciocho. En el verano de 1949, mientras el hijo hacía el servicio militar, dos guerrilleros de la 3.ª Agrupación de Córdoba se alojaron en el chozo y las jóvenes hermanas se enamoraron de ellos. Cuando la Guardia Civil supo de las frecuentes visitas de los guerrilleros, el capitán Tamayo puso a Francisco Pantoja en un aprieto al entregarle una pistola para que diera muerte a los pretendientes de sus hijas a cambio de una importante compensación económica. Temiendo la represalia del capitán Tamayo si no lo hacía, Francisco tomó la decisión más difícil de su vida: reunió a su familia y, antes que convertirse en asesino a sueldo, propuso que todos marcharan al exilio. Los guerrilleros solicitaron llevarse a sus novias con ellos, pues dos parejas con documentación falsa tendrían más posibilidades de pasar inadvertidos. Las hijas aceptaron y el padre lo permitió.

Las dos parejas abandonaron la provincia de Córdoba y se internaron en la sierra de Andújar, pero debían proveerse de víveres, por lo que se detuvieron en las proximidades del cortijo El Tamujar. En la madrugada del 7 de julio de 1949, los dos guerrilleros asaltaron el

---

348 Para más información sobre este caso véase SÁNCHEZ TOSTADO, L.M. *La fosa del Tamaral,* Edición de autor, Jaén, 2004.

349 Las hermanas María y Antonia Pantoja Carrillo fueron inscritas dos veces, la primera como «desconocidas» (registro civil de Andújar, Secc. 3.ª Tomo 86) y posteriormente ya identificadas (Tomo 87, fol. 93 vto. y 94).

350 El 10 de abril de 1949, la Guardia Civil mató a Amador Cabanillas Castillejo, un anciano de sesenta y nueve años, natural de Hornachuelos. A los dos días, aplicaron el «paseíllo» a Rafael Ruiz Tirado, Diego García Vázquez y Juan Calero de los Ríos, campesinos acusados auxiliar a la guerrilla.

cortijo y sorprendieron al guarda y a su familia, mientras las hermanas se ocultaban en los alrededores. Al ver aproximarse un vehículo, huyeron, llevándose solo una escopeta de caza. La Guardia Civil de Marmolejo localizó al grupoen el barraco del Higuerón, donde abatió a tiros a las dos jóvenes, pero no a sus novios, que consiguieron huir. Los cadáveres de las muchachas fueron cargados en una caballería y conducidos al cementerio de Andújar, donde fueron desnudadas y expuestas ante multitud de personas que aguardaron turno para tratar de identificarlas.

Los padres, Francisco y María, cogieron un tren, pero no consiguieron alcanzar la frontera. Sin medios económicos, se establecieron en el municipio valenciano de Benifayó, donde un sacerdote se apiadó de ellos y les buscó trabajo. Su único hijo, Juan, al regresar al pueblo se encontró con que sus padres no estaban y sus hermanas habían muerto. Aunque se casó y tuvo tres hijos, la diabetes acabó con él en 1958 a la edad de treinta años.

Muerto Franco, el matrimonio, que ya había perdido a sus tres hijos, regresó a Villaviciosa de Córdoba, pero los vecinos les hicieron el vacío por haber permitido que sus hijas se marcharan con dos bandoleros rojos sin estar casadas. Tras la muerte de María, Francisco se marchó a la capital cordobesa, en la que falleció en la indigencia en 1977 bajo el asilo del Buen Pastor.

Continuemos ahora con las últimas acciones guerrilleras en Sierra Morena.

Durante más de un año, solo se conocen seis denuncias por robo de víveres en cortijos.[351] Así resistieron hasta el día 23 de marzo de 1950, momento en que tanto Manuel Martínez Bueno («Rosendo» y «Trapichea») como José Vargas Romero («Vargas») fueron abatidos por la Guardia Civil en el cerro Padre Santo del término de La Carolina.

Solo quedaban en Sierra Morena Francisco Osuna Galiot («Vidrio») y Vicente Gómez Díaz («Quina»), los últimos maquis de una zona que había albergado varios centenares de ellos. Ambos fueron muertos el 13 de mayo de 1951 en la Garganta de Valquemada (Andújar). Francisco el «Vidrio» llevaba huido en la sierra nada menos que once años.

---

351 El 16 de febrero de 1949 se presentaron en el cortijo Cantosal (La Carolina). El 30 de marzo, en el llamado Casillas (Marmolejo), el 22 de julio en el cortijo Fontanarejo (Andújar), el 14 de octubre en Navalahiguera (Andújar), el 22 de noviembre en Navamartina (La Carolina) y el 28 de diciembre en el caserío Las Bemaras (Baños de la Encina). De todos ellos solo se llevaron víveres para la subsistir en la sierra.

LA INCURSIÓN DE ANASTASIO PONCE

Hacia marzo de 1950, se tuvo noticias de la aparición de cuatro guerrilleros liderados por José Ramos García («Anastasio Ponce» y «Ramitos»), anarquista que había pertenecido a la 3.ª Agrupación de Guerrilleros desde 1947. Huyendo de la persecución en la provincia de Córdoba, estos hombres se internaron en la de Jaén por el este de Sierra Morena. Formaban parte de este grupo los hermanos Florencio Martín Benítez («Vicente» y «Calé»), Cándido Martín Benítez («Calé y «Rafaelillo») y Francisco Delgado Cano («Castaño» y «Bala»).

José Ramón García, «Anastasio Ponce» (SEHGC)

Francisco Delgado Cano, «Bala» y «Castaño» (SEHGC)

El 24 de marzo se presentaron en el cortijo La Aliseda, el 1 de abril en el Lentisquillo (ambos del término de Andújar) y el 19 del mismo mes en Sabiotillo (Santisteban del Puerto). De todos ellos se llevaron víveres y algunas ropas. No se conocen más acciones en la provincia durante el resto del año, y se sospecha que regresaron a la provincia de Córdoba. Al año siguiente, el 3 de febrero, José Ramos («Anastasio Ponce»), jefe del grupo, fue muerto en Almodóvar del Río (Córdoba). El resto del grupo volvió a internarse en la Sierra Morena jiennense.

El 20 de marzo de 1951, la Guardia Civil los cercó en el barranco de Santamaría (Andújar y abatió a Francisco Delgado Cano («Bala» y «Castaño»), a quien le requisaron un mosquetón Mauser y una pistola. El 22 de junio fue detenido en la provincia de Sevilla Florencio Martín Benítez («Calé»), que delató el escondite de dos grupos guerrilleros de

Córdoba, el de Godoy del Pueblo y el de Eugenio del Real, que se encontraban camuflados en la provincia sevillana como simples jornaleros. Todos acabaron fusilados en Sevilla el 23 de enero de 1953. Florencio «Calé» también fue ejecutado el 11 de mayo de 1953. Por último, su hermano Cándido había sido eliminado por la Guardia Civil el 28 de enero de dicho año por la zona de Montoro (Córdoba).

La guerrilla en la Sierra Sur

SEGUNDA ETAPA: 1945-1952

Durante 1945, el grupo de Cencerro prosiguió con sus asaltos a cortijos de la Sierra Sur. Veamos los que llegaron a conocimiento de la Guardia Civil.

El 22 de enero se presentaron en el cortijo Fontanar (Alcaudete), donde consiguieron víveres y ropas. Tras esto huyeron internándose en las sierras del norte de Granada. El 1 de febrero, en el término de Moclín, gracias a la información de varios enlaces dieron un golpe económico por el que consiguieron 10000 pesetas, y luego regresaron enseguida a la sierra de Valdepeñas de Jaén. El 10 de febrero, dieron otro golpe en Valderezo (Valdepeñas) y el 29 de marzo, en Los Morenos (Casillas de Martos). El 30 de abril, un secuestro en Campotéjar por el que obtuvieron 17150 pesetas. El 25 de mayo, volvieron a presentarse en Oya Amarguilla (Valdepeñas), donde, además de víveres, se apoderaron de una escopeta. El 6 de julio, en La Cerca (Castillo de Locubín) y el 29 de agosto, en El Cerro (Fuensanta de Martos), con un botín de 3000 pesetas, dos jamones y numerosas prendas de vestir.

Como vemos, una de las características de Tomás Villén y sus hombres fue su gran movilidad, recorriendo grandes distancias después de cada golpe.[352] Los testigos describen al mismo grupo de cinco guerrilleros: Cencerro, Formal, Zoilo, Recovero y un quinto que creemos podría ser Manuel García Molina («Batoño»). Según la Guardia Civil, el 14 de abril se había unido a Cencerro José Cuenca Díaz, pero no tenemos constancia de que participara en las acciones del grupo. No nos consta su presencia en ningún atraco, por lo que debió marcharse de la provincia, probablemente en dirección a Francia.

Tras el asalto al cortijo El Cerro de Fuensanta de Martos, se intensificaron las batidas por la sierra de Valdepeñas de Jaén, donde se

352 SEHGC, *205 Comandancia...*, ob. cit. p. 30.

sospechaba que tenían su base. De esta forma se localizó, en los picos del Caldero y Peña del Altar (sierra de la Pandera), un campamento en el que se ocuparon un rifle y numerosos útiles de cocina y ropas. Fue detenido el joven Isidro Huertas Landinez, que había desertado del Ejército para unirse a Cencerro.[353]

El 23 de septiembre, Tomás Villén, cuya destreza en el asalto por carretera ya conocemos del atraco al autocar de Valdepeñas de Jaén, dio un espectacular golpe en las Ventas del Carrizal. Como entonces, las víctimas fueron los feriantes que regresaban de la feria de ganado, esta vez la de Alcalá la Real. Tal y como haría con Hojarrasquín en octubre de 1941, dispuso a sus hombres en un estrecho desfiladero en el camino que une Las Ventas con Alcalá y, conforme regresaban a pie o en caballerías, fue despojando del dinero a los feriantes. A diferencia del atraco realizado sobre el autocar de Valdepeñas, que fue rápido y productivo, el de las Ventas tuvo la dificultad de que los asaltados no portaban excesivo dinero e iban apareciendo por el camino de manera dispersa. Para conseguir un mayor botín debieron asaltar a un gran número de personas que debieron retener para impedir que denunciaran el hecho antes de haber concluido el golpe. Así, uno tras otro, a pie, en caballerías, en grupos, en solitario o por parejas, fueron retenidas más de medio centenar de personas desde el mediodía hasta bien entrada la noche, cuando al fin fueron puestos en libertad al considerar los guerrilleros que tenían suficiente con las 13400 pesetas conseguidas.[354]

Con aquel episodio aumentó la popularidad de Cencerro, y su fama se difundió por diversos motivos. En primer lugar, por la espectacularidad de la acción perfectamente dirigida y planeada, donde solo cinco hombres mal armados consiguieron mantener sentados, durante más de siete horas, a sesenta hombres sin que ninguno consiguiera escapar. La Guardia Civil los tachó de cobardes: «los asaltados dieron muestras de una extraordinaria cobardía, ya que no intentaron defenderse».[355] Hay que recordar que, por estas fechas, la guerrilla del Gafas y del

353 Ibidem.

354 Sobre la cantidad exacta conseguida por Cencerro en este golpe existen varias versiones. Según consta en el Fichero de Reseña de Fuentes del SEHGC, el comandante de puesto de Castillo de Locubín declaró, en una entrevista realizada el 14 de julio de 1965 para la revista de la Guardia Civil, que la cantidad conseguida en el multitudinario atraco de las Ventas del Carrizal ascendió a 90000 pesetas. Sin embargo, en el atestado solo se hizo constar un botín de 13400 pesetas.

355 SEHGC, *205 Comandancia…*, ob. cit. p. 30.

Vidrio contaban con más de una veintena de hombres y Cencerro, solo con cuatro. En segundo término, cabe destacar el buen trato que casi siempre dispensó a las víctimas de sus asaltos, según los testimonios recogidos. Y por último, es reseñable que cada una de aquellas víctimas seguramente se encargara, tal vez de forma inconsciente, de engrandecer el mito exagerando el suceso, debido al miedo que sufrieron y a la sensación de gratitud por haber salvado la vida; una especie de síndrome de Estocolmo.

A Tomás Villén el Partido Comunista ya lo consideraba un elemento eficaz para sus objetivos, y contactó con él mediante enlaces regionales. Se sabe que el comité central envió a la Sierra Sur a algunos de los guerrilleros que consiguieron escapar de la masacre del Valle de Arán, en octubre de 1944, para coordinar acciones y rentabilizar la efectividad del popular Cencerro. El 12 de diciembre de 1945, fue detenido en el cortijo Los Rasos (Valdepeñas de Jaén), el badajocense José Durán Torres, guerrillero procedente de Francia a quien se le intervino una metralleta, tres cargadores, una pistola y bombas de mano. Fue condenado a quince años de cárcel, y en la sentencia se hizo constar que «formaba parte de un grupo de guerrilleros armados con propósito de derrocar al régimen Nacional».[356]

A primeros de octubre, se unió al grupo Juan Marín Maqueda García («Juanico»), natural de Benalúa de las Villas, compañero y amigo de Manuel «Salsipuedes» que desertó de la guerrilla de Ollafría por discrepancias.

Tras varias detenciones de vecinos y amigos, el 11 de abril de 1946 se incorporó Antonio Fajardo Sánchez («Piñero»). Aunque era natural de Piñar (Granada), residía en la aldea de Mures (Alcalá la Real), de donde era su esposa. Al mes siguiente, también se sumaron Antonio Muñoz Ruiz («Muñoz»), de Linares, y Antonio La Rubia Expósito («Payuso»). Conforme el optimismo político crecía entre los enlaces y familiares de los huidos, la represión aumentaba. Se multiplicó, por tanto, el número de izquierdistas que huyeron de las palizas en los interrogatorios policiales.

El 16 de mayo atracaron el cortijo El Chorro (Los Villares) y se apoderaron de 6000 pesetas y gran cantidad de víveres, que cargaron en una caballería.

En junio, Cencerro ya contaba con catorce hombres gracias a las incorporaciones de Antonio Olmo Rosales («Rábano») y Toribio Baeza Palomino («Toribio»), paisanos suyos de Castillo de Locubín.

---

356 AHPJ, Leg. 42.674, causa 30/46.

Tomás Villén dividió a sus guerrilleros en dos grupos. Él, con la mitad de ellos, dio un golpe de efecto, y, el 26 de junio, a las 2 de la madrugada, secuestró en Menchón Bajo (Íllora) al hijo menor del derechista Luis Abril Lozano, por cuyo rescate consiguieron 40000 pesetas. Fue puesto en libertad a las veinticuatro horas. Al día siguiente, en la aldea de Charilla (Alcalá la Real), fue detenido Jacinto Moreno Mena («Barbero de Charilla»), fiel enlace de Cencerro que lo mantenía informado de los movimientos de tropas y de los rumores que circulaba en su barbería. También se detuvo a José Ocaña Miranda, quien lo encubrió en el asalto al cortijo La Beata de Valdepeñas de Jaén. Dos meses más tarde serían encarcelados seis enlaces de Cencerro de la aldea de Ermita Nueva (Alcalá la Real) acusados de colaborar en el secuestro de Íllora.[357]

Durante el verano, continuaron incorporándose a la guerrilla del Cencerro hombres que huían de la represión tras la desarticulación de diversos comités clandestinos del PCE. En julio se le unieron Juan Rivera Jiménez («Riverilla») y Carlos Rivera Jiménez («Hijo del Jeromo»), hermanos naturales de Albolote (Granada).

A la eficacia de sus golpes (pues no habían tenido una baja desde la muerte de Salsipuedes en febrero de 1943), había que añadir la astucia y la habilidad de Tomás Villén para salir ileso de situaciones extremadamente complicadas. Hay que recordar que consiguió salvarse tras el tiroteo en el que murió Hojarrasquín en 1941, también en los que perdieron la vida Megías el de la Hiena (1942) y Salsipuedes (1943). El 28 de julio Cencerro volvió a escapar con éxito de la encerrona en el cortijo Las Torres de Martos.

EL ASALTO AL CORTIJO LAS TORRES

Desde hacía tiempo, miembros de los comités locales de Jaén, Martos, Alcaudete, Castillo de Locubín y Torredonjimeno se daban cita en el cortijo Las Torres de Martos, base secreta donde se constituyó el comité comarcal. Allí repartían propaganda clandestina y distribuían consignas. En este cortijo, Tomás Villén mantuvo varias asambleas con los comunistas más comprometidos de la comarca, propiciando

357 Los detenidos fueron Ángel Arroyo Nieto (condenado a seis años de cárcel), Francisco Pérez Granero (seis años), José Arjona Arenas (tres años), Justo Pérez Atienza (un año) y Juan Arjona Arenas (un año). AHPJ, leg. 42.643. Exp. Penit. de José Arjona Arenas.

la constitución de comités, intercambiando información y fijando acciones de resistencia bajo es auspicio de la Unión Nacional Española (UNE), si bien entre ellos existían algunas discrepancias por la falta de unidad con la ANFD.

El cortijo Las Torres se encontraba en la campiña, a unos diez kilómetros de Martos en dirección a la aldea de Monte Lope Álvarez, en medio de un inmenso olivar y próximo al arroyo Fuente de la Villa. Pese a la distancia que los separaba de la sierra, en sus inmediaciones la guerrilla disponía de importantes puntos de apoyo, como el cortijo Las Mangas, próximo a Las Torres, cuyo casero, Antonio Larubia Expósito («Payuso»), era en un fiel colaborador.

El domingo 28 de julio de 1946, Cencerro y sus hombres acudieron puntuales a su cita en Las Torres. Allí les aguardaban varios delegados de comités locales y algunos colaboradores; entre otros, el marteño Antonio Molina Melero («Rubio Ollero»), Antonio Larubia Expósito («Payuso») y José Crispín Pérez («Crispín»), yerno de Payuso. Tomás Villén echó en falta a los responsables de las JSU de Jaén. Le informaron de que la organización había caído en la capital. Guiado por su fino instinto, mandó a uno de sus hombres vigilar los exteriores del cortijo y mantener los ojos bien abiertos.

No había luna. La noche era negra y calurosa. Demasiado silencio. A veces la quietud no presagia nada bueno, como la calma que precede a la tempestad. Solo los ladridos del perro quebraban la quietud. El vigía apuró su cigarro y fijó la vista en la profundidad del olivar, entre cuyas camadas creyó ver destellos. El perro continuaba ladrando, y el chasquido de una rama lo puso en guardia. El vigía aguzó el oído y apagó el candil. «¡Los civiles!», gritó desencajado.

Decenas de guardias rodearon el cortijo. Se desató el pánico, y los guerrilleros tomaron posiciones en las ventanas. Se entabló un atronador tiroteo al que los asediados respondieron haciendo uso de bombas de mano. En el intenso fuego, cruzado cayeron heridos graves cuatro guardias civiles. La situación se complicaba para los huidos, pues el contingente de guardias rodeó todos los flancos del edificio, dejándolos sin escapatoria. De repente, cesó el fuego proveniente del interior de la finca. El capitán ordenó un alto el fuego y todo quedó en silencio.

El teniente coronel Luis Marzal, que desde hacía tiempo andaba obsesionado con la captura de Cencerro, dirigió personalmente el dispositivo, en el que también participó el capitán de la Guardia Civil de Martos y una compañía de números bien pertrechados que se desplazaron en camiones hasta los cortijos próximos e hicieron a pie el resto del trayecto hasta Las Torres para no levantar sospechas. Marzal llevaba consigo a uno de los detenidos en la redada de Jaén, al que obligó a servir de guía. Desde el exterior se le conminaba a la rendición. «¡Cencerro, estás rodeado! ¡Sal con tus hombres con las manos en alto!», gritó el capitán.

Nadie respondió. Tras un tiempo de seguridad, se ordenó el asalto al cortijo. Los guardias derribaron la puerta y en su interior hallaron a los hermanos Eduardo, Amador y Asunción Miranda Melero, los caseros del cortijo, y Antonio y Camilo Torres Izquierdo, ambos trabajadores de la finca; pero ni rastro de los guerrilleros. Los hermanos Izquierdo eran naturales de Castillo de Locubín, y Cencerro se valió de su antigua amistad para convertir el cortijo en una base de la guerrilla.

Encañonados, los caseros dijeron que los guerrilleros habían huido por la puerta delantera en dirección a Monte Lope-Álvarez. Marzal ordenó que un grupo los persiguiera. Mientras evacuaban a los heridos, los oficiales se hacían la misma pregunta: ¿cómo es que nadie vio huir a tan numeroso grupo de hombres estando cercado el cortijo? A Marzal no le cuadraba la versión de los caseros. Llevaba años detrás de Cencerro, conocía su astucia y sus ardides para escapar siempre indemne. Tantos hombres no pudieron romper el cerco sin ser vistos ni oídos. Pensó que los fugitivos no habían podido salir del cortijo, y sospechó que se encontraban ocultos en algún lugar del edificio, por lo que ordenó silencio, prevención y un minucioso registro en busca de falsas paredes y techos. Fueron revisados palmo a palmo los corralones y cobertizos, las cámaras, tejados, armarios, camas, alacenas, arcones y chimeneas. Incluso rompieron paredes buscando falsos fondos. Pero ni rastro de los guerrilleros. Marzal no hallaba explicación a tan extraña situación. Se veía en la comprometida tesitura de informar a la dirección general de un nuevo fracaso para dar captura a Cencerro habiéndolo tenido rodeado, con el agravante de presentar cuatro heridos graves entre sus filas y no disponer de una explicación convincente a la extraña desaparición de los guerrilleros y sus enlaces. Esto podría ser tomado en Madrid como una operación negligente y mal organizada.

Pensó en interrogar a sus hombres, en la creencia de que algunos podrían estar complicados en la huida, cuando un sargento apareció. «A sus órdenes mi teniente coronel. Hemos encontrado algo».

En el suelo del cobertizo, apenas visible, había una trampilla disimulada. Al abrirla, aparecieron unos peldaños de madera que conducían a un oscuro pasadizo. Prevenidos y en silencio, alumbrados con linternas, avanzaron varias decenas de metros por el estrecho conducto hasta alcanzar la salida, que se hallaba cubierta de espesa vegetación a la orilla del arroyo. En el suelo, las pisadas de los guerrilleros hundidas en el barro. Cencerro y sus hombres habían escapado por aquel pasadizo subterráneo, pasando por debajo de los guardias que cercaban el cortijo. Los huidos cruzaron el arroyo, remontaron un altozano y se perdieron por los olivares de cortijo Tafú, en dirección a las sierras de Martos. Esta era la trayectoria contraria a la señalada por los caseros de Las Torres. Marzal montó en cólera. Los guardias regresaron al cortijo y la emprendieron a golpes con los caseros antes de ordenar su encarcelamiento.

Francisco Nieto Torres, «Manolo» (SEHGC)

Gumersindo Castillo Fernández, enlace de «Cencerro» en Castillo de Locubín.

Nunca se supo el número exacto de personas que asistieron a la asamblea de Las Torres. Seguro que no menos de una treintena, contando guerrilleros, delegados, enlaces y colaboradores. Los caseros alegaron que el túnel se hizo durante la guerra como refugio antiaéreo, pero se supo que aquel estrecho pasadizo se construyó exprofeso con fondos de la guerrilla para facilitar la entrada y salida del cortijo sin ser vistos.

Varios de los asistentes, sabiéndose identificados, optaron por huir al monte y unirse a Cencerro. Otros, en cambio, regresaron a sus domicilios y, aunque negaron su implicación, terminaron torturados y presos. Los caseros de los cortijos de los alrededores también fueron detenidos y torturados para sonsacarles información. A más nombres, nuevos interrogatorios y registros domiciliarios y más torturas, mientras se descubrían las ramificaciones de la organización comunista. Tras el encarcelamiento de los caseros, el cortijo fue destruido y el pasadizo, inutilizado.

Los guardias presentaron a Marzal algunas bombas de mano que los guerrilleros habían abandonado en su huida. Se percató de que eran de fabricación casera, con tubos de hierro, dinamita y tornillería. Pensaron que se fabricaron en Las Torres y acusaron a los habitantes del cortijo de «albergarles, engañar a la fuerza en su huida y ayudarles a fabricar las bombas de mano que han sido intervenidas».[358]

Aunque la guerrilla perdió una extraordinaria base, el episodio de Las Torres se comentó entonces como una victoria de la resistencia, que quedó moralmente fortalecida. Ni el factor sorpresa ni la superioridad en hombres y armamento sirvió a la Guardia Civil para capturar al fugitivo más buscado de la provincia.

Jerónimo Cueto González, barbero de «Cencerro» en Fuensanta de Martos.

Aquel frustrado asalto desató una oleada de registros y detenciones en Martos, Castillo de Locubín y Alcaudete y Torredonjimeno, lo que motivó que más enlaces decidieran huir para unirse a la guerrilla. Por ejemplo, los marteños: José Crispín Pérez («Crispín»), Antonio La Rubia Expósito («Payuso») y Antonio Molina Melero («Rubio Ollero»). De Alcaudete se incorporaron Manuel Alcalá Molina («Petrolero), Francisco Muriel López («Maturranga») y Segundo Funes Villén («Cristo»). A ellos habrá que sumar a Diego García Gómez («Chirri»),

358 AHPJ, Leg.42.798. Exp. penit. de Antonio Torres Izquierdo. Testimonio de sentencia.

secretario provincial de las JSU, que huyó de Jaén unos días antes, tras la colocación de una bandera republicana en el castillo de Santa Catalina en el aniversario del pronunciamiento golpista del 18 de julio; y a Francisco Nieto Torres («Manolo»), enlace entre las JSU y la guerrilla del Cencerro, que huyó de Jaén junto a Chirri.

Se supo, por ejemplo, que la tosiriana Ana Carrión Lara recibió dinero de Cencerro a cambio de tubos y tornillería para la fabricación en Alcaudete de las bombas de mano. Y que varios vecinos de Torredonjimeno también asistieron a las asambleas de Las Torres. Entre los detenidos figura el marteño Antonio Aguilera Vázquez, que ostentaba el cargo de secretario comarcal de organización y agitación del PCE.[359]

Especial mención merecen los procedimientos llevados a cabo en la sede de Falange de Alcaudete, ubicada por entonces en el callejón de San Marcos, donde se aplicaron bárbaros suplicios a los detenidos con el fin de arrancarles el paradero de los huidos. Tras su confesión, acababan con sus vidas. Entre los detenidos de Alcaudete cabe citar al matrimonio formado por Antonio Zafra Mora y Josefa Carrillo la Rosa, a los que se acusó de haber dado albergue a Cencerro en el cortijo Las Bartolas. Después de someterlo a crueles torturas, acabaron con la vida de Antonio Zafra. En el atestado reflejaron la tan manida coartada del «suicidio». Tendremos oportunidad de abundar en los episodios de Alcaudete en el próximo capítulo.

Los procesados y sus sentencias fueron los siguientes:

Tabla 13
Relación de procesados tras el asalto al cortijo Las Torres y desarticulación del PCE en Martos el 1 de agosto de 1946[360]

NOMBRE	VECINDAD	CONDENA	OBSERVACIONES
José Crispín Pérez («Crispín»)	Martos		Huyó uniéndose a Cencerro
Francisco Nieto Torres («Manolo»)	Martos		Huyó uniéndose a Cencerro

359 AHPJ. Leg. 42.636, Exp. penit. de Antonio Aguilera Vázquez. De los nueve años de condena, seis lo fueron por actividades subversivas, dos por auxilio de malhechores y uno por tenencia ilícita de propaganda subversiva. También se le impuso una multa de 10000 pesetas.

360 Elaboración propia en base a las consultas realizadas sobre las causas 1181/46 y 1296/46 del AHPJ.

Antonio Molina Melero («Rubio Ollero)	Martos		Huyó uniéndose a Cencerro
Segundo Funes Villén («Cristo»)	Alcaudete		Huyó uniéndose a Cencerro
Manuel Alcalá Molina («Petrolero)	Alcaudete		Huyó uniéndose a Cencerro
Fco. Muriel López («Maturranga»)	Alcaudete		Huyó uniéndose a Cencerro
Antonio La Rubia Expósito («Payuso»)	Martos		Huyó uniéndose a Cencerro
Antonio Zafra Mora	Alcaudete		Muerto en la cárcel de Alcaudete
Josefa Carrillo la Rosa	Alcaudete	6 meses y 1 día	Esposa de Antonio Zafra. Le acusaron de dar cobijo a los guerrilleros
Miguel Castillo Peinado	Castillo de Loc.	8 años	Se entrevistaba con los guerrilleros y participó en la constitución del PCE
Eduardo Miranda Melero	Martos	6 años	Enlace y miembro del PCE, facilitó la huida a los guerrilleros
Amador Miranda Melero	Martos	6 años	Facilitó la huida de Cencerro en el cortijo Las Torres
Amador Pérez Morales	Martos	6 años	Scrio. General del PCE en Martos. En contacto directo con Cencerro
Asunción Miranda Melero	Martos	2 años	Casera del cortijo La Torres. Cocinó para el Cencerro
Juan Martínez Cano-Castro	Martos	2 años	Enlace
Dolores Olmo Cano	Martos	2 años	Enlace. Protegió la huida de los guerrilleros en el cjo. Las Torres
Antonio García de la Torre	Martos		Conocía las visitas de los guerrilleros al cjo. Las Torres

Rafael Pérez Cárdenas	Martos		Conocía las visitas de los guerrilleros al cjo. Las Torres
Miguel Illana Aguayo	Martos		Afiliado al PCE. Miembro del comité local
Antonio Aguilera Vázquez	Martos	6 meses y 1 día	Afiliado al PCE. Miembro del comité local
Antonio Ocaña Expósito	Martos	6 meses y 1 día	Afiliado al PCE. Miembro del comité local- Difundió propaganda
Eduardo Cano Fernández	Martos	6 meses y 1 día	Afiliado al PCE. Miembro del comité local
Leandro Martínez López	Martos	6 meses y 1 día	Afiliado al PCE. Miembro del comité local
Antonio Martínez López	Martos	6 meses y 1 día	Afiliado al PCE. Miembro del comité local
Ana Carrión Lara	Torredonjimeno	2 años	Entregó a Cencerro material para bombas
Lorenzo Bueno Bueno	Torredonjimeno		Participó en los encuentros del cortijo Las Torres
Francisco Granadino Ortega	Torredonjimeno		Participó en los encuentros del cortijo Las Torres

Cencerro contaba ya con una veintena de hombres y se le consideraba un guerrillero experimentado. Radio Pirenaica se refería a él como «el mariscal Cencerro».

La Guardia Civil reconoció haber mantenido un encuentro con él en el término de Alcalá la Real la noche del 9 de septiembre. De nuevo, Cencerro y sus hombres consiguieron huir aprovechando lo quebrado del terreno. Al amanecer, se realizó la correspondiente batida por el lugar del combate y se recuperaron una chaqueta de uno de los guerrilleros que contenía 1500 pesetas, tres cantimploras, tres bombas de mecha, una granada de piña, una pistola, una canana con treinta cartuchos, tres mantas y diversos efectos de uso personal que los guerrilleros abandonaron a su huida. Tras interrogar a varios vecinos de

Charilla (Alcalá la Real), fue detenido Miguel López Quesada, quien facilitó información falsa a la Guardia Civil con el fin de desorientar la persecución.[361]

El 11 de septiembre, Cencerro y Recovero se aproximaron a Castillo de Locubín, pero fueron interceptados por una patrulla de guardias en las afueras del pueblo. Tras un breve tiroteo, cayó herido Francisco Ibáñez Molina («Recovero»), aunque consiguió huir y esconderse en una choza de un hortelano apodado El de las Ponas, a las orillas del río San Juan. Sorprendido el labriego por la presencia de Recovero, al que conocía desde la infancia, se ofreció a traerle algunos útiles para curar su herida, pero se dirigió al cuartel y avisó a los civiles, quienes rodearon la choza y le prendieron fuego para hacer salir al guerrillero y rematarlo a tiros. El cuerpo de Francisco Ibáñez fue expuesto en el paseo de su pueblo.

> *Aún recuerdo aquello. Fue algo espantoso. Estábamos de fiesta y las mozuelas paseaban por la plaza cuando un camión descargó un cuerpo ensangrentado. Una de las niñas que estaban en el paseo salió corriendo y se abrazó al cadáver llorando y gritando:* «¡Ay, mi padre, ay, *mi padre...!». Era una de las hijas de Paco Ibáñez. Todo el mundo vio cómo la criatura le limpiaba la sangre de la cara con la falda de su vestido hasta que un vecino se la llevó a la fuerza. Los civiles, después de soltar al muerto, y con el dinero que llevaba encima, se fueron al bar de Benavente a tomar copas. Todo el pueblo los vio. El cuerpo quedó en el paseo, y ordenaron a la banda de música que no parase de tocar. Eran las fiestas del pueblo.*[362]

Aguado Sánchez sostiene que la presencia de Cencerro y Recovero en Castillo de Locubín se debía a que «pretendían realizar un acto de represalia en el pueblo».[363] Desconozco si fue una justificación posterior a su muerte o si existen pruebas de que planeaban una acción violenta. Pocos días antes, el comandante de puesto condujo al cuartel de Alcaudete a la esposa de Recovero y a su hija Mercedes, a quienes apalearon para sonsacarles información sobre su paradero.

El 20 de octubre se produjeron nuevas detenciones de vecinos y familiares de Cencerro en Castillo de Locubín.[364] Tras esta nueva redada,

361 SEHGC, *205 Comandancia...*, ob. cit. p. 32.

362 Testimonios de Purificación Quesada Olmo y Encarnación Jaén Ibáñez.

363 Aguado Sánchez, ob. cit. p. 501.

364 Los detenidos fueron Rafael Roldán Sánchez (tío de Cencerro), Antonio

se incorporaron a la guerrilla: Ramón Jiménez Contreras («Pena»), de Alcaudete, José Antonio Gálvez Prieto («Paquete»), de Tiena (Granada) y José García Líndez («Niño»).

El 1 de noviembre, la Guardia Civil cercó a un subgrupo del Cencerro en el barranco Valenzuela (Alcalá la Real), y en el tiroteo fueron muertos los guerrilleros Diego García Gómez («Chirri») y los hermanos Juan y Carlos Rivera Jiménez. Les fueron incautadas tres pistolas, una carabina Remigton, cuatro cargadores, unos prismáticos, un cuchillo de monte, un reloj y 5950 pesetas, así como propaganda política clandestina, fotografías y «documentación procedente de Jaén y Granada».[365] Suponemos que esta documentación se refiere al estudio de movimientos de la fuerza represora, así como futuros objetivos en ambas provincias.

Única fotografía conocida de la guerrilla de «Cencerro» del verano de 1946. De izquierda a derecha empezando por arriba: Antonio Larubia Expósito («Payuso»), Antonio Fajardo Sánchez («Piñero»), Francisco Ibáñez Molina («Recovero»), Juan Martín Maqueda García «Juanico», Juan Rivera Jiménez «Riverilla», Tomás Villén Roldán «Cencerro», Carlos Rivera Jiménez «Jeromo», José Antonio Gálvez Prieto («Paquete»), Manuel Jaén Bravo «Formal», Adriano Callado Cortés («Zoilo»), Antonio Muñoz Rivera («Muñoz) y José García Líndez («Niño»).

Gallardo González, Manuel Olmo Martos y Pedro Montoya Delgado.

365 SEHGC, *205 Comandancia...*, ob. cit. p. 32.

Entre las fotografías que se les intervino se encontraba la única imagen que se conoce de la guerrilla de Tomás Villén y que reproduzco en el presente trabajo. Un posado de doce guerrilleros armados con escopetas, pistolas y bombas de fabricación casera. Tomás Cencerro posaba desafiante en el centro de la imagen, con un fusil en la mano izquierda, apuntando a la cámara con una pistola con la derecha. Crecidos tras el éxito de Las Torres, y con un cambio de régimen que creían inminente, Cencerro autorizó ese posado con exhibición de armas en algún lugar de la sierra, como una demostración de fuerza para mostrarla orgullosos en los tajos. Tal vez con ello esperaran recabar apoyos y levantar la moral de la militancia sobre el levantamiento popular que se avecinaba. La iniciativa fue un error, porque, cuando la fotografía cayó en manos de la Guardia Civil, sirvió para identificar a sus componentes, que fue escribiendo sus nombres en el dorso.[366] Conforme los mataban, los señalaban con una equis. En pocos meses, todos los integrantes de la famosa fotografía estaban muertos. Ninguno sobrevivió.

LA MATANZA DE ALCAUDETE

El invierno de 1946 fue muy duro, con temperaturas bajo cero y copiosas nevadas. En tales circunstancias, los apoyos del llano eran imprescindibles. Cencerro redujo su presencia en la sierra y distribuyó a sus hombres en varias casas y cortijos, gratificando generosamente a los anfitriones. Aquel invierno, Cencerro, Toribio, Rábano, Rubio Ollero y Crispín se ocultaron en casas de contactos de la capital y de Valdepeñas de Jaén, mientras que otro grupo formado por Paquete, Juanico, Rubio Ollero, Manolo, Petrolero, Niño, Maturranga, Piñero y Cristo fueron alojados en los domicilios de varios enlaces de Alcaudete.

El partido comunista, a través de Antonio Burgos Ortega (sobrino del que fuera secretario general del PCE de Alcaudete durante la guerra, Antonio Ortega Carrillo) y siguiendo instrucciones de Cencerro, buscó albergue en el pueblo a estos maquis, los cuales fueron repartidos en

366 Al dorso de la fotografía la Guardia Civil escribió los nombres de cada uno conforme los identificaba. La relación enumerada es la siguiente: 1, Tomás Villén Roldán «Cencerro». 2, Juan Rivera Jiménez «Riverilla». 3, Carlos Rivera Jiménez «Jeromo». 4, Manuel Jaén Bravo «Formal». 5, Adriano Collado Cortés («Zoilo»). 6, Antonio Muñoz Ruiz («Muñoz»), 7, Antonio Larubia Expósito («Payuso»). 8, José Antonio Gálvez Prieto («Paquete»). 9, Antonio Fajardo Sánchez («Piñero»). 10, Francisco Ibáñez Molina («Recovero»). 11, José García Líndez («Niño»). 12, Juan Martín Maqueda García «Juanico».

las casas de los alcaudeteños Justo Garrido Baltanás («Polvoreo») y Gil Aceituno Expósito («Gilico»).

> *Era diciembre y hacía mucho frío. Yo alojé en mi casa de la calle Matadero a cinco. Recuerdo a Manuel Alcalá Molina («Petrolero»), Francisco Muriel López («Maturranga»), Antonio Fajardo Sánchez («Piñero»), Segundo Funes Villén («Cristo») y a otro más que ahora no recuerdo su nombre. Fui a por ellos a una huerta del río San Juan. A Maturranga le ofrecí la pistola que tenía desde la guerra.*[367]

En casa de Gilico, en el n.º 42 de la calle Arroyo, se alojaron otros cuatro que no eran de Alcaudete: Paquete, Juanico, Rubio Ollero y Manolo. Pese a que buena parte de la población simpatizaba con la causa republicana, sobre todo en el barrio del Arroyo, los rumores de la presencia de los guerrilleros y una atrevida acción bajo los efectos del alcohol en los días de Navidad propiciaron el inicio del desastre.

> *En Noche Buena evité lo que pudo ser una tragedia. Piñero y otro de los que estaban en mi casa* [podría ser Juanico] *tomaron unas copas en casa de Gilico, después se presentaron en la misa del gallo en la iglesia de Santa María. No los conocía nadie porque eran forasteros. Yo llegué muy preocupado y me los encontré allí. Debajo de las pellizas llevaban pistolas y un cinturón repleto de bombas de mano, dispuestos a lanzarlas en la iglesia. Los oía hablar entre la gente dando voces, poniendo orden y pidiendo silencio. Decían* «¡aquí se viene con devoción…!». *Los cogí del brazo y los convencí para que se marcharan. Al día siguiente empezaron las detenciones y las torturas.*[368]

El día de Navidad, nada más aparecer los camiones que transportaban a los guardias civiles procedentes de Jaén, algunos vecinos, pusieron tierra de por medio. Desaparecieron del pueblo Leopoldo Fernández Armero («Mamón»), Hilario Díaz Vallejo («Boquete»), Manuel Pimentel Briones («Roque»), cuñado de Cristo, Domingo Caballero Sánchez («Zafón») y Antonio Ortega Ruiz («Rábano», también conocido en Alcaudete por «Zaragorda»), todos ellos miembros del comité local del PCE que se habían dedicado a captar militantes

367 Testimonio en vida de Justo Garrido Baltanás («Polvoreo»), entrevistado en Tarragona el 10 de agosto de 1999.

368 Ibidem.

y auxiliar a los huidos.[369] Tal vez fue la decisión más importante de su vida, pues, en vista de lo que ocurrió a continuación, salvaron el pellejo. Rábano y Roque se unieron a Cencerro; el resto puso rumbo al exilio francés, pero no todos lo consiguieron.[370]

Lo que ocurrió a continuación fue una tragedia. El día de Navidad, llegaron a Alcaudete abundantes refuerzos de la capital dirigidos por el teniente coronel Luis Marzal. Por la noche, la fuerza rodeó la casa de Gilico, donde aún permanecían ocultos Cristo y Piñero. Tomaron posiciones en las casas más altas de la calle Campiña, cuya trasera daban a la calle del Arroyo. En sus terrazas instalaron morteros y lanzagranadas.

> *De madrugada, varios guardias, guiados por un municipal, llamaron a la casa del tío Gilico. Dicen que cogió una escopeta y los guardias lo mataron en la puerta. No se atrevieron a entrar porque no sabían cuántos guerrilleros había allí. Primero dispararon, luego prendieron fuego a la casa, después la bombardearon con morteros y lanzagranadas que instalaron en una azotea de enfrente. Precisamente Rafael, un hijo de Gilico que estaba haciendo el servicio militar y que se encontraba en el pueblo de permiso de Navidad, fue obligado a colocar ante la puerta de la casa de sus padres latas de petróleo y dinamita, sabiendo que a él no le dispararían desde dentro.*
>
> *La casa de Gilico y las que lindaban con ella a ambos lados quedaron destruidas y los pajares incendiados. Cristo y Piñero se refugiaron de las explosiones en el hueco de la escalera. Recuerdo que cantaban a voces la canción* «Tengo una vaca lechera» *y, de vez en cuando lanzaban alguna bomba de mano al exterior que, por cierto, se hacían clandestinamente en la fábrica de los Funes.[371] Eso cabreaba mucho a los civiles. Fue una canción prohibida en el pueblo durante mucho tiempo. Por la mañana, todo era un solar, ya no existían las casas. Después crearon un cinturón de seguridad para registrarlo porque pensaban que los fugitivos estaban debajo de los escombros. Pero no estaban. Se ve que por la noche, aprovechando la niebla, saltaron por la trasera y se ocultaron en las obras del cine Imperio, que se estaba construyendo*

369 Había dos hombres apodados «Rábano», uno, Antonio Olmo Rosales, natural de Castillo de Locubín. El otro era Antonio Ortega Ruiz, de Alcaudete, aunque también se lo conocía por Zaragorda.

370 AJTM n.º 23 de Granada, Procedimiento 149/50.

371 En 1909 se construyó en Alcaudete la empresa Manuel Funes e hijos. Era la empresa más importante ubicada por entonces en el municipio alcaudeteño y empleó a unos doscientos trabajadores. En esta factoría se fabricaba aceite, jabón y picón. Más tarde se instaló también una envasadora.

un poco más arriba. Menudo susto se llevaron los albañiles cuando, al ir a trabajar por la mañana, se los toparon con las pistolas en la mano. Los albañiles corrían que se las pelaban, y Cristo y Piñero cogieron por la calle San Antón y salieron para el campo. Eso contaron los albañiles a la Guardia Civil, pero yo creo que les ayudaron a escapar.[372]

«La vaca lechera» era una antigua canción infantil, pero, en aquella ocasión, los guerrilleros asediados en casa de Gilico la cantaron en voz alta en tono sarcástico. Sobre todo su segunda estrofa: «Un cencerro le he comprado, y a mi vaca le ha gustado, se pasea por el prado, mata moscas con el rabo, tolón, tolón». Cencerro (el jefe de la guerrilla), se pasea por el prado (se mueve por donde se le antoja), mata moscas (el enemigo) con el rabo (sin ninguna dificultad). Esto enfurecía a los guardias, y durante muchos años se prohibió a los vecinos cantar, tararear o silbar esta canción porque se consideraba una burla hacia la Guardia Civil por sus fracasos para dar con Cencerro.[373] Atreverse a cantarla era garantizarse una soberana paliza en el cuartelillo, cuando no poner en riesgo la propia vida.

Bajo los escombros de las tres casas se hallaron una pistola, dos bombas de mano de tubo y veintiséis cartuchos de dinamita, entre otros efectos.[374] Aquel episodio supuso el inicio de un calvario para la esposa y los seis hijos de Gil Aceituno Expósito. El testimonio de José, uno de los hijos de Gilico y testigo de aquel episodio, nos da una idea del infierno que sufrió aquella familia:

Por la noche, mi hermano Rafael llegó diciendo que había muchos civiles en el pueblo, pero mi padre no le dio importancia. Mis padres estaban bien considerados en Alcaudete, habían sido caseros del cortijo Fuente Olbes y tenían un huerto que nos daba para vivir. Antes del amanecer, llamaron a la puerta, era el municipal Montilla, amigo de mi padre, venía acompañado de varios civiles. Mi padre salió en calzoncillos largos, le dijeron que los acompañara, mi padre dijo que

372 Testimonio en vida de Justo Garrido Baltanás («Polvoreo»).

373 Con los años, esta y otras anécdotas que recogí en mis obras *La guerra no acabó en el 39* y *Cencerro, un guerrillero legendario* fueron rescatadas por Almudena Grandes e incorporadas en su *bestseller El lector de Julio Verne*. Edit. Tusquets, 2012. La propia Almudena me agradeció personalmente mi aportación en nuestro encuentro en Alcalá la Real el 6 de marzo de 2012, reconociendo que mi obra le había sido de gran ayuda.

374 AHPJ, leg. 42.635, Exp. Penit. de Rafael Aceituno Expósito. Procedimiento 96/47.

esperaran a que se cambiara y cerró la puerta. Entonces cogió una escopeta que tenía en el dormitorio y regresó, pero los guardias ya estaban prevenidos y, nada más abrir, le dispararon. Cayó en la misma puerta, con el cuerpo en la calle y los pies en la casa. Luego nos dijeron que saliéramos todos. Recuerdo los gritos y los llantos de mi madre y mis hermanos, tuvimos que salir pisando el cadáver de mi padre. Nunca lo olvidaré. Nos pusieron contra la pared de los corralones de en frente y nos encañonaron, creíamos que nos fusilarían. Pasamos mucho miedo. Se llevaron a mi hermano Rafael, el mayor, y lo utilizaron para incendiar nuestra casa, y esposaron a mi hermano Domingo, que tenía 15 años. Ya de día, a mis hermanos, a mi madre y a mí, nos llevaron encañonados por todo el pueblo y nos encerraron en un almacén de harina de la calle Campiña. Cuando destruyeron las casas, nos llevaron a la cárcel del pueblo, donde estuvimos diez días. Luego se llevaron a mi madre y a mi hermano Rafael a la cárcel de Jaén y nosotros nos quedamos solos. Nos recogió Enrique «Linterna», un vecino del barrio del Arroyo. Fue la única persona que nos ayudó. Nadie quiso saber nada. Había demasiado miedo. Al poco tiempo, a los tres hijos pequeños (Julia, de ocho años, yo con nueve y Andrés de diez), nos llevaron al hospicio de Jaén, donde estuvimos nada menos que ocho años. Aquello fue muy duro. Mi hermana Carmen, con catorce años se puso a servir en Jaén. Cuando mi madre salió de la cárcel, *nos fuimos todos a Barcelona y ya no volvimos.*

En Barcelona pasamos mucha miseria y apenas teníamos qué comer. Nos instalamos en una vieja chabola de tablas el barrio gitano de Somorrostro, en la playa. Allí malvivimos seis años hasta que un temporal destruyó las chabolas y nos quedamos otra vez sin nada. Luego nos llevaron, junto a otras familias pobres, al campo de futbol de Montjuic, donde estuvimos dos años más, *hasta que nos dieron un piso barato en Barcelona. Aquello fue demasiado duro.*[375]

Un terror paralizante se apoderó del pueblo. Un muerto, tres casas destruidas, tres familias arruinadas, ocho niños encañonados e histéricos y ningún guerrillero capturado fue el triste balance de aquella ofensiva. Al día siguiente, 26 de diciembre, tocó el turno a Fuente Tójar, municipio cordobés situado a unos 15 kilómetros de Alcaudete. Un tojeño vino a guiar a los guerrilleros. Al llegar a pueblo, el enlace, que resultó estar en connivencia con la Guardia Civil, lo comunicó al puesto de Cañuelo, donde se dio aviso al capitán jefe del sector de Baena,

375 Testimonio de José Aceituno Galán, hijo de Gil Aceituno Expósito («Gilico»).

cuya fuerza marchó inmediatamente para Fuente Tójar. De madrugada se rodeó la casa de Francisco Sánchez Moral, donde se ocultaban los guerrilleros. Al poco, se organizó una auténtica batalla de más de doce horas ininterrumpidas de lucha. El cruento combate lo relató, en un impresionante testimonio inédito, un testigo de excepción que participó en la refriega: el guerrillero alcaudeteño Manuel Alcalá Molina («Petrolero»):

Antiguo cuartel de la Guardia Civil de Alcaudete. En la Navidad de 1946 se practicaron en sus calabozos crueles torturas sobre los vecinos sospechosos de auxiliar a «Cencerro» (L.M. Sáncbez Tostado)

Llegamos a Fuente Tójar sobre las doce de la noche. Teníamos cita con un tipo, un contacto nuevo. Habló con el jefe de la guerrilla, Cencerro. El tipo se presentó como un gran antifascista, pero estaba compinchado con la Guardia Civil para tendernos una trampa. Fuimos a la casa de unos simpatizantes y allí dormimos. Sobre las seis de la mañana, llaman a la puerta: «¡pom, pom, pom!». *¡Abran a la Guardia Civil, ríndanse! ¡Están rodeados! Entonces el jefe de la guerrilla era El Niño* [José García Líndez] *sacó una bomba, la prendió y la lanzó. Un guardia civil dijo:* «¡Mi capitán, tienen artillería!». *Echaron a correr, y la bomba explotó:* «¡Bum!». *Toda la casa tembló e hizo mella en la fachada. En ese momento, comenzaron a tirar con las metralletas y fusiles, y nos rodearon, pero no hicieron un ataque en regla. Nos asediaron todo el día pegando tiros esporádicamente* *cuando tenían ocasión. Nosotros respondíamos como podíamos. Yo tenía un fusil y una pistola, el jefe de la guerrilla otra pistola y los otros dos tenían escopetas de caza y granadas. Eran granadas hechas con dinamita, pero también teníamos granadas de la guerra, de piña, ofensivas. Teníamos muchas granadas porque las fabricábamos nosotros, y, además, Gilico nos había dado tres o cuatro cajas de granadas que escondió en una gruta durante la guerra. En Fuente Tójar teníamos al menos treinta.*

Vimos que ellos tenían más miedo. Nosotros, estando rodeados, dijimos: «bueno, no tenemos nada que perder, nos van a matar, así que, si vamos a morir, mataremos a todos los que se acerquen». Resistimos y disparamos durante todo el día. Había campesinos que se acercaban con fusiles de caza. Y disparábamos, no sé si matamos o no; parece que el resultado final fue dos guardias civiles muertos y varios campesinos, entre ellos una mujer que pasó por allí. Yo estaba con una silla delante con el fusil apoyado, y no fallaba. Cayó herido un guardia, ese fui yo. Un campesino viejo atravesó corriendo a recoger el fusil del guardia civil, yo le disparé en la pierna, cayó y siguió corriendo con el fusil, cojeando. Yo me decía: «¿pero que vienen a hacer aquí estos campesinos?». *Durante la guerra aquello era zona fascista, eran fascistas de verdad. ¿Y la mujer? ¿Qué venía a hacer una mujer allí en plena batalla? En una terraza estaba el comandante de la Guardia Civil, le tiré tres o cuatro veces, pero fallé. Las balas no van rectas, hacen un efecto raro. Pasamos de una casa a otra explotando las paredes con las granadas; así nos abrimos paso.*[376]

Manuel «Petrolero» desconocía que la mujer abatida era Josefa Briones Molina, madre de Manuel Pimentel Briones («Roque»). Roque, natural de Fuente Tójar, y vecino de Alcaudete, estaba casado con Francisca Funes, hermana de Segundo Funes Villén («Cristo»). Roque había colaborado con la resistencia y huyó tras la redada de Alcaudete unos días antes. Desconocemos si Josefa se introdujo en la línea de fuego en el tiroteo de Fuente Tójar creyendo que su hijo se encontraba allí o fue enviada por la Guardia Civil a parlamentar con los asediados, siendo abatida en el acto. En el atestado se hizo constar que «por padecer enajenación mental, se metió en la línea de fuego, siendo alcanzada por los disparos». Continuemos con el impresionante relato de Manuel «Petrolero»:

376 Testimonio de Manuel Alcalá Molina («Petrolero»).

Resistimos todo el día, y hacia las tres o tres y media de la tarde dijimos que ya no tirábamos más. Ellos «pam, pam, pam», y nosotros no respondíamos. Debieron de pensar que estábamos muertos o heridos. A la caída de la noche, comimos un poco y dijimos: «nos preparamos y nos vamos». Niño salió el primero, los otros no los vi porque venían detrás de mí. Habíamos convenido salir por este orden: él primero, yo segundo, Maturranga tercero y el guarda (no me acuerdo el nombre) el último. Caminé unos veinte metros, giré la esquina y vi a Niño luchando con un guardia civil enorme. Cuando me vio llegar, el guardia dijo: «¡tirad, tirad!». *Entonces los otros comenzaron a descargas sus armas, «ta, ta, ta, ta». Caían balas por todas partes. Yo tenía mi fusil atascado, lo cogí por el cañón y le di un golpe en la cabeza al guardia, y en ese momento caí hacia atrás, porque resbalé en la nieve, y el Niño y el guardia civil cayeron también. Nos levantamos y nos fuimos. Subí por una calle con grandes escalones y apareció otro guardia civil que me dijo* «¡ríndase!». *Y como no me rendí, me tiró tres tiros. Los oí silbar, pero no me tocaron. No tenía armas, pero sí dos granadas, así que dije:* «¡vas a ver!». *Le quité el seguro a una granada, él se asustó, se metió en una casa y cerró la puerta. Así que continué corriendo. Dos casas más arriba era monte. Me encontré en plena montaña, el camino por allí fue un calvario, lleno de rocas, pero me vi libre. «¡Guau!, —me digo—. ¿Y ahora qué hago con una granada sin seguro?». Saqué un pañuelo, lo anudé y la guardé cuatro días en el bolsillo. No estaba tranquilo con la granada así.*

Pasé la noche metido en un pozo de Alcaudete. Tenía tanto frío que me quité los zapatos y metí los pies en la boina toda la noche. A las cuatro de la tarde, cuando los jornaleros dejaron el tajo, salí del pozo y fui al cortijo de un primo mío que vivía solo en La Vega. Me dio pan y aceite, le di dinero y me compró provisiones. Al día siguiente, fui a Baena. Teníamos una base allí.

A mi primo le dije que avisara a mis padres de que estaba vivo. Este secreto lo guardaron durante dos años. Todos creían que estaba muerto, porque dos guardias jurados del ayuntamiento, Carabreva y Jamarguero, que fueron a reconocerme a Fuente Tójar, dijeron que yo era uno de los muertos.[377] *Pero se trataba de un chico de Granada, que*

377 Sobre esta errónea identificación contamos con el testimonio de Miguel Alcalá Molina, hermano de Petrolero: «Aquel día mi padre, al salir de la fábrica de los Funes, fue a la taberna El Bodegón y los guardas Jamarguero y Carabreva le dijeron: «¿Tu hijo Manuel es moreno, alto y con el pelo ondulado?». Él contestó que sí. «Pues venimos de reconocerlo, y lo hemos visto con los sesos enredados en el pelo».

nos parecíamos porque teníamos la misma edad, y presumieron que era yo porque tenía el cerebro reventado. Esto se lo dijeron a mi padre a la salida de la fábrica. Mi padre, que sabía que yo estaba vivo, hizo como si se emocionase, y toda mi familia llevó luto, pero era teatro, puesto que lo sabían todo.

Después fui a una cueva junto al río Víboras. Era una cueva que conocía desde mi infancia y, estando allí, apareció el Niño. Le di de comer, yo ya tenía provisiones, me abrazó y agradeció que le ayudase con el guardia civil. Fue entonces cuando vi la herida que tenía en la frente. Cuando le disparó el guardia la bala le rozó el cráneo. Después nos fuimos a un cortijo de la provincia de Córdoba y, por fin, pude fabricar con alambre un seguro para la granada. Dos días después, nos fuimos a la sierra de Valdepeñas de Jaén. Allí rehicimos la guerrilla.[378]

Una de las casas de Fuente Tójar (Córdoba) donde se produjo el tiroteo entre la Guardia Civil y miembros de la guerrilla de «Cencerro» el 26 de diciembre de 1946 (J. Alcalá)

Los guardias civiles entraron en las casas y hallaron los cadáveres de los alcaudeteños Francisco Muriel López («Maturranga») y José María Leiva Pimentel, de treinta y seis años, así como a un desconocido que registraron erróneamente como Manuel Alcalá Molina («Petrolero»). En las calles, recogieron los cadáveres de los guardias civiles César Robles

378 Testimonio en vida de Manuel Alcalá Molina («Petrolero»). Entrevista grabada en Francia en mayo de 2004.

Pérez y Claudio Fuentes Alfonseca, que habían caído en el combate. Lo mismo hicieron con el cuerpo de la vecina Josefa Briones Molina, de cincuenta y ocho años. La Guardia Civil supo que el vecino de Fuente Tójar Manuel Sánchez Noceto («Tejero»), de cincuenta y un años, había auxiliado a los guerrilleros. Fue detenido y, tanto a él como a su hijo Francisco Sánchez Moral, de treinta y un años, fueron asesinados de un disparo en la cabeza. La Guardia Civil pagó con ellos la pérdida de dos guardias y la fuga de los guerrilleros.[379]

También hubo tres heridos, entre ellos los guardias Manuel Cabezas Quirós, Antonio Gallardo Osuna y un somatén.

A estas ocho muertes habría que sumar otra más. Un vecino de Baena al que la Guardia Civil sospechaba complicado en el contubernio guerrillero. Los guardias se presentaron en su casa y le aplicaron la ley de fugas. Además, nueve tojeños serían encarcelados por auxilio a malhechores y condenados a diferentes penas.

La tragedia de Alcaudete no acabó ahí, pues no lograron acabar con los cabecillas. El teniente coronel Marzal, iracundo por los fracasos de sus empresas y la humillación sufrida con la nota que le dejó Cencerro en la misa del gallo de la iglesia de San Ildefonso de Jaén, ordenó la detención de los rojos de Alcaudete. Desde el 26 al 31 de diciembre, se tomó declaración a numerosos alcaudeteños. La cárcel del pueblo se quedó pequeña para tanta gente, y se habilitaron varias casas, entre otras el local de la Falange, sito en la casa del falangista Antonio Gutiérrez Fernández, en el callejón de San Marcos.[380] Las torturas se aplicaron con especial saña en estos dos últimos locales:

> *Cuando detuvieron a Pedro Jiménez Contreras («Castillero»), que también trabajaba en la fábrica de los Funes y que conocía el trapicheo con los guerrilleros, le encontraron una fotografía en la que se veía él con otros compañeros de la fábrica en la feria y, entre ellos, estaba el farmacéutico del pueblo al que se conocía por el «Hijo del cura mártir». Varios trabajadores de la fábrica fueron encarcelados. En la Falange instalaron los «aviones», un sistema de tortura que consistía*

379 Los fallecidos en el violento encuentro de Fuente Tójar han sido contabilizados en la provincia de Jaén, por cuanto se trató de un acto de hostigamiento contra la guerrilla de Cencerro y su vinculación con enlaces y vecinos de Alcaudete.

380 Antonio Gutiérrez Fernández era uno de los guardias supervivientes del Santuario de la Virgen de la Cabeza y fue ascendido. Tras la guerra, se trasladó a Alcaudete y trabajó de administrador para la terrateniente Patricia Romero Luque. También era prestamista. Según testimonios recogidos, se aplicó con saña contra los republicanos prendidos.

en atar una soga a una carrucha y colgarnos con las manos atadas a la espalda, luego nos quitaban la silleta y nos quedábamos colgando.[381] *Esto producía unos dolores horribles, y así nos tenían hasta que perdíamos el conocimiento. Entonces te echaban al suelo y te espabilaban arrojándote agua, y, si no hablabas, volvían a subirte. Era espantoso. A mi esposa también la colgaron, y eso que estaba a punto de parir; de hecho, mi hijo mayor nació en la prisión provincial. Pedro el «Castillero» era un muchacho joven, lo torturaron mucho, y aquellas palizas le hicieron hablar.*[382]

Cencerro había encargado al alcaudeteño Santiago Ortega Luque nuevas adquisiciones de dinamita con la que fabricaron más bombas de mano. La dinamita era traída de las minas de El Centenillo, en Sierra Morena, pagando por ella importantes cantidades de dinero. Las bombas se elaboraban artesanalmente en la fábrica de los Funes, ubicada a las afueras de Alcaudete. Algunos de sus empleados eran miembros de la red clandestina de apoyo a la guerrilla. En el taller de la fábrica, se afanaban en la peligrosa elaboración de las bombas, fabricadas con tubos de hierro hueco en los que se introducía diversa tornillería y dinamita. Además de Petrolero, también trabajaban en esa fábrica Pedro Jiménez Contreras («Castillero») y Segundo Funes Villén («Cristo»), que terminaron uniéndose a Cencerro. Una veintena de alcaudeteños fueron encarcelados y procesados en la causa 96/47. Uno de los implicados era el herrero de la fábrica Miguel Molina Zapata, pero sobre todo Manuel Alcalá Molina («Petrolero»), quien, aun siendo contable, hizo gala de una gran destreza manual en aquella herrería. Las bombas de mano eran entregadas a los guerrilleros por diferentes medios. En alguna ocasión, incluso fueron facturadas como partidas de jabón y enviadas en la Alsina, el coche de línea. Los destinatarios eran enlaces de confianza de otros pueblos de la comarca, quienes las hacían llegar a Cencerro en la sierra.

En los registros domiciliarios se encontró propaganda subversiva, y muchos de los implicados confesaron militar en el PCE, cotizando para ayudar a los presos políticos. En el cuartel de la Guardia Civil de Alcaudete, los detenidos eran llevados por turnos al sótano, donde se los interrogaba y torturaba. Desde la celda escuchaban los lamentos de

---

381 Además de la técnica de la carrucha descrita, también se utilizaba la técnica del «agua y la toalla», que consistía en colocar sobre la cara del detenido una toalla o paño y verter sobre ella varios jarros de agua. Las partículas de líquido eran inhaladas, produciendo una sensación de asfixia agobiante.

382 Testimonio de Justo Garrido Baltanás («Polvoreo»).

Pedro el «Castillero», con quien se ensañaron en tormentos, llegando incluso a colgarlo con alambres produciéndole luxaciones de huesos y grandes daños en los genitales. Pocos hombres pueden soportar tanto padecimiento sin decir lo que saben o autoinculparse de lo que sea. Justo Garrido «Polvoreo» nos ofreció su versión:

> *Había terminado el interrogatorio del Castillero. Me tocaba el turno. Mi mujer y yo habíamos acordado morir si hiciera falta en los interrogatorios antes de decir una palabra, y nos despedimos con esa promesa. Pero cuando me torturaron los guardias, dijeron que el Castillero ya había hablado. Me condujeron al sótano y delante de él dijeron: «Pedro, dile a este lo que ha pasado». Y lo reconoció delante mía. Estaba muy abatido. Al final, acabaron con él cuando le sonsacaron todo lo que sabía. A mí me preguntó el teniente coronel Marzal que por qué no los había denunciado y le dije que me habían amenazado. Recuerdo que me dijo:* «¡Mañana será usted pasado por las armas!». *Al día siguiente nos llevaron a ocho o nueve a la casa de Antonio Gutiérrez. Habían decidido matarnos.*[383]

Uno a uno, fueron pasando por el tormento, incluidas las mujeres. El teniente coronel Marzal tenía un aspecto robusto y barrigudo. En su faz oronda destacaba un bigotito de lápiz, al uso de la época. Aquel día se presentó en los calabozos con la mirada felina. «Capitán, disponga a sus hombres. Nos vamos de caza», ordenó en el pasillo de los calabozos. Repasó las confesiones y se dirigió de nuevo a local donde se hacinaban los detenidos y señaló a tres vecinos. «¡Estos tres, al camión!», ordenó.

Los guardias encañonaron a Pedro el «Castillero», Manuel Funes («Cristo») y Francisco Tejero («Macandón»). Los maniataron y los obligaron a subir a un camión. A Pedro tuvieron que ayudarlo por encontrarse casi desvanecido por las torturas. «Les acusaban de haber ayudado a los guerrilleros. Los que allí quedamos sabíamos que nunca volveríamos a verlos».[384]

La tropa llevó a los detenidos al cortijo El Tomate, también conocido como Los Abuelos, en la pedanía de La Bobadilla, en la que desde hacía algún tiempo Antonio Burgos Ortega se escondía en el pajar. Al joven Burgos lo cosieron a tiros. Después bajaron del camión a los tres detenidos, que corrieron la misma suerte, y, acto seguido, para evitar testigos, también asesinaron al matrimonio de caseros. Las víctimas fueron:

---

383 Ibidem.
384 Ibidem.

Antonio Burgos Ortega, veintitrés años, de Alcaudete; Pedro Jiménez Contreras («Castillero»), treinta y dos años, natural de Castillo de Locubín, aunque residía en Alcaudete; Manuel Funes Villén («Cristo»), cincuenta y cuatro años, natural de Alcaudete, hermano de Segundo Funes Villén, que se había unido a Cencerro el 3 agosto de 1946 tras la redada contra el PCE; Francisco Tejero Varea («Macandón»), veintiséis años, de Alcaudete, carpintero; Francisco Morales Vasco, cincuenta y cuatro años, de Alcaudete, arrendatario del cortijo El Tomate y su esposa Antonia Expósito Carmona, cincuenta y ocho años, natural de Martos.

Francisco Tejero Barea, «Macandón»,
enlace de «Cencerro» en Alcaudete,
asesinado el 31 de diciembre de 1946.

Acto seguido, dinamitaron la vivienda para ofrecer la apariencia de un combate que no existió. En el atestado se hizo constar lo siguiente:

> *La Guardia Civil se trasladó al cortijo denominado Los Abuelos y al aproximarse al mismo fue recibida a tiros por los bandoleros allí alojados, repeliendo la agresión, teniendo necesidad de destruir con dinamita algunas habitaciones del cortijo resultando muertos, entre otros, el apodado Cristo.*[385]

385 AHPJ leg 42635. Exp. Penit. de Rafael Aceituno Expósito. Testimonio de sentencia de la causa 96/47.

Ruinas del cortijo «Los abuelos» en La Bobadilla (Alcaudete) en el que fueron asesinadas seis personas el 31 de diciembre de 1946 (L.M. Sánchez Tostado)

Tuve la oportunidad de visitar las ruinas de aquel cortijo, abandonado desde el mismo día de la tragedia. Todavía se apreciaban sus paredes voladas, sus piedras esparcidas y las vigas de madera de su tejado derruido, ennegrecidas por el incendio de las deflagraciones. El imponente silencio conserva la quietud de los cementerios, y el tiempo parece haberse detenido. Desde entonces, el cortijo de Los Abuelos se convirtió en un lugar maldito, abandonado en medio del olivar inmenso. Nadie lo habitó después.

Las víctimas fueron rápidamente enterradas en una fosa del cementerio de La Bobadilla para no tener que mostrar los cuerpos a la familia.[386] El oficial que instruyó el atestado cumplió con el trámite de la ley de fugas, falseando los hechos y justificando el uso de la violencia ante una resistencia inexistente. Los autores de aquella atrocidad fueron reconocidos «por su brillante servicio», siendo felicitados por el jefe de la comandancia de Jaén, Luis Marzal Albarrán. Sin embargo, el informe de la Guardia Civil omitió deliberadamente que tres de las víctimas fueron conducidas a aquel lugar maniatadas y que el matrimonio de caseros no ofreció resistencia alguna. Así actuaba la «justicia» de Franco a siete años de acabar la guerra.

El triste episodio de La Bobadilla, del que fue máximo responsable el teniente coronel Marzal, puso colofón a uno de los episodios

386 Registros civiles de Alcaudete y la Bobadilla.

más espeluznantes de la provincia de Jaén; tanto por la ineficacia de la Guardia Civil, pues finalmente no lograron la captura de ningún guerrillero, como por sus niveles de crueldad. Solo en la Navidad de 1946, fallecieron de forma violenta en Alcaudete y sus alrededores quince personas: dos guardias civiles, un muerto en la cárcel, una mujer de forma accidental en el tiroteo, tres huidos de pocos meses (uno de ellos desconocido), cinco enlaces ocasionales (los moradores de los cortijos de Fuente Tójar y la Bobadilla) y otros tres detenidos, todos ellos asesinados sin formación de causa. A lo que habrá que sumar decenas de encarcelados y torturados e importantes daños materiales, incluyendo la destrucción de tres casas en Alcaudete y otra en Fuente Tójar. Lo único que consiguió la Guardia Civil con tan desproporcionadas ofensivas fue la implantación del terror en la comarca, con las consiguientes delaciones. A partir de entonces, no fueron pocos los que se negaron a continuar auxiliando a la resistencia por temor a similares represalias.

Justo Garrido Baltanás, «Polvoreo»
(L.M.Sánchez Tostado)

Teniente coronel
Luis Marzal Albarrán.

El 7 de enero de 1947, fueron conducidos a la prisión provincial de Jaén: Virtudes Galán Aranda (esposa de «Gilico»), Rafael Aceituno Expósito (hijo de «Gilico»), Pedro Tejero Barea («Macandón»), Francisco Pareja Panadero («Catarro»), Justo Garrido Baltanás («Polvoreo»), Andrés Camacho Ortega, Rosario Fuentes Arenas, Antonio Garrido Núñez, Elena Pedrosa González, Trinidad Gallego Prieto, Antonia

González Sánchez, Isidoro Alba Panadero, Rafael Ramírez Sánchez y Manuel Carmona González, todos ellos vecinos de Alcaudete a quienes se sometió a crueles torturas. Fueron acusados de proporcionar auxilio a los guerrilleros.

EL GUERRILLERO QUE MURIÓ DOS VECES

Manuel Alcalá Molina («Petrolero»), fue uno de los pocos guerrilleros jiennenses que consiguió alcanzar el exilio. Nació en Alcaudete el 1 de Marzo de 1920, y a los nueve años entró de aprendiz en la fábrica de aceite de los Funes de Alcaudete. Se formó en mecanografía y contabilidad y ejerció como escribiente. Durante la guerra, y con solo diecisiete años, se alistó voluntario siendo destinado en el batallón Contreras, destacado en el frente de Porcuna, donde alcanzó el grado de sargento. Al concluir la guerra, fue detenido, conducido a Baena y posteriormente recluido en el campo de concentración de Torremolinos. El 5 de septiembre, con diecinueve años, ingresó en la prisión provincial de Jaén y, al mes siguiente, fue condenado en consejo de guerra por auxilio a la rebelión. El 11 de noviembre, pasó a la prisión militar de Santa Úrsula, donde permaneció hasta el 1 de junio de 1941, fecha en que fue liberado. Regresó a Alcaudete y fue obligado a realizar cuatro años más de servicio militar, siendo destinado en la reconstrucción del Alcázar de Toledo y, más tarde, en la construcción de fortificaciones y carreteras de Marruecos. Con veinticinco años había pasado la mitad de su vida entre la guerra, la cárcel y los batallones de trabajo.

En 1945, regresó a Alcaudete y volvió a trabajar en la fábrica de los Funes. A finales de ese año, se incorporó de manera clandestina al recién constituido comité local de la UNE. Durante 1946, colaboró con la resistencia republicana y la guerrilla de Cencerro, esperanzado en el cambio de régimen ante una intervención internacional.

Aunque Manuel Alcalá era socialista, como su padre, no dudó en auxiliar a la guerrilla de Cencerro, controlada por comunistas, convencido de que las organizaciones de izquierda se unirían contra la dictadura. Por esa razón, procuró armamento, explosivos y vituallas a los guerrilleros. El 28 de julio de aquel año, tras el episodio del cortijo Las Torres de Martos, cogió una pistola que ocultaba desde la guerra y huyó al monte para unirse a Cencerro.

Petrolero participó en diversas acciones guerrilleras y escapó de milagro de varios encuentros armados con la Guardia Civil; el más espectacular, el acaecido en Fuente Tójar. En aquel combate se lo dio por muerto y su defunción fue inscrita en el registro civil, por lo que cesó su búsqueda y dejaron de molestar a su familia.

Manuel Alcalá quedó encuadrado en el grupo de Adriano Collado Cortés («Zoilo») y sus paisanos Antonio Ortega Ruiz («Rábano») y Segundo Funes Villén («Cristo»). Con ellos participó en diversos secuestros de derechistas; el último, el 20 de abril de 1947, en la figura del médico de Torredonjimeno Francisco Montijano Contreras. Tras aquella acción, con la mayoría de los apoyos del llano muertos o encarcelados, los cuatro miembros del grupo decidieron marcharse al exilio francés, para lo cual consiguieron documentación falsa. Sin embargo, sólo Manuel «Petrolero» conseguiría cruzar la frontera francesa, el 6 de enero de 1948.

Manuel Alcalá Molina, «Petrolero», enlace
y guerrillero de Alcaudete (J. Alcalá)

En el país galo se instaló en Ganges, departamento de l'Herault, donde contrajo matrimonio con Josette Xhardez el 17 de enero de 1956. Con ella tuvo tres hijos: Anne, José y Dominique. Unos años más tarde, en 1961, se trasladarían a Montpellier.

En 1950, la Guardia Civil incautó una carta remitida por Petrolero desde Francia, por lo que informaron al juez de que se encontraba vivo. Manuel Alcalá nunca habló a sus hijos de sus luchas en España ni de la guerra civil ni sus andanzas como guerrillero por las sierras de Jaén, pero, a la edad de 85 años, presintiendo próximo su final, sintió la necesidad de dejar constancia de lo vivido, y permitió a su hijo José grabar sus recuerdos en audio.[387] En 2005 recibí una inesperada llamada telefónica de Francia. Era Manuel Alcalá «Petrolero». Emocionado, me dijo que mi libro sobre los maquis le había removido muchos recuerdos. «Quiero darle mi enhorabuena, porque lo que usted ha escrito se ajusta fielmente a lo que pasó. Su libro me ha traído tantos recuerdos que me ha emocionado hasta las lágrimas». El 1 de febrero de 2007, falleció, esta vez sí, a los 87 años.

Tras este paréntesis, conozcamos la actividad guerrillera de los hombres de Cencerro durante 1947.

PROLIFERAN LOS SECUESTROS

Las matanzas de Alcaudete y la Bobadilla fueron el inicio del fin de la guerrilla del Cencerro. El año 1947 se caracterizó por dos importantes acontecimientos que marcarían la evolución del movimiento guerrillero en la Sierra Sur de Jaén: por una parte, un aumento selectivo de los secuestros de derechistas frente al atraco (generalmente médicos y propietarios agrícolas) y, por otra, el aumento de la represión con la aplicación sistemática de la famosa ley de fugas.

Durante los primeros días de enero de 1947 continuaron las detenciones de enlaces y militantes comunistas en Alcaudete. Entre el 2 y el 4 de enero, fueron encarcelados veintidós vecinos acusados de proporcionar auxilio a malhechores.[388]

El 1 de enero de 1947 se unieron al grupo de Formal, los hermanos Francisco y José Bonilla Bonilla, apodados Bautista y Raspa, respectivamente.

Tomás Cencerro formó cinco guerrillas o comandos, constituidos cada uno por tres o cuatro hombres armados. Nombró jefes a sus paisanos de confianza de Castillo de Locubín.

387 Mi agradecimiento a José Alcalá por facilitarme las grabaciones de su padre, que fueron traducidas al español por Alberto Castrillo Ferrer. José Alcalá es director de cine, y, en 2008, tras la muerte de su padre, nos entrevistamos en Alcaudete y me propuso asesorarle en el guion de un largometraje sobre la vida de su padre en la guerrilla de Cencerro que se titularía *Un guerrier ordinaire.* Finalmente, el proyecto no salió adelante por falta de presupuesto.

388 AHPJ, Causa n.º 96/47. Entre los procesados podemos citar a Andrés Galán Aranda, de Martos, y a Santiago Ortega Luque, de Alcaudete, encargados de comprar la dinamita entregada a los guerrilleros. Fueron condenados a veinte y quince años de cárcel, respectivamente.

Guerrilla n.º 1:
- Tomás Villén Roldán «Cencerro» (Jefe)
- José Crispín Pérez («Crispín»)
- Toribio Baeza Palomino («Carambita»)
- Antonio Olmo Collado («Rábano»)
- Antonio Molina Melero («Rubio Ollero»)

Guerrilla n.º 2:
- Francisco Nieto Torres («Manolo»)
- José García Líndez («Niño»)
- Manuel García Molina («Batoño»)

Guerrilla n.º 3:
- Antonio Fajardo Sánchez («Piñero»)
- Juan Marín Maqueda García («Juanico»)
- José Antonio Gálvez Prieto («Paquete»)
- Antonio La Rubia Expósito («Payuso»)

Guerrilla n.º 4:
- Adriano Collado Cortés («Zoilo»)
- Manuel Alcalá Molina («Petrolero»)
- Segundo Funes Villén («Cristo»)
- Antonio Ortega Ruiz («Rábano-Zaragorda»)
- Manuel Pimentel Briones («Roque»)

Guerrilla n.º 5:
- Manuel Jaén Bravo («Formal»)
- Ramón Jiménez Contreras («Pena»)
- Francisco Bonilla Bonilla («Bautista)
- José Bonilla Bonilla («Raspa»)

Estos grupos se reunían con frecuencia e incluso se intercambiaban hombres, tal y como vimos en las guerrillas de Sierra Morena. Aunque Aguado Sánchez atribuye zonas geográficas determinadas para cada grupo (a Cencerro lo sitúa en las sierras de Valdepeñas, Campillo de Arenas y Frailes, a Formal en Torredonjimeno y Bobadilla, y a Zoilo en Alcalá la Real),[389] no es del todo cierto. Como veremos a continuación, a los grupos de Formal y Zoilo se los localiza en municipios de las demarcaciones que Aguado señala para los tres grupos.

389 Aguado Sánchez, F., ob. cit. pp.501-502.

El 4 de enero de 1947, el grupo de Formal atracó el cortijo Palomares (Campillo de Arenas) y consiguió 3000 pesetas, víveres y ropas. Al día siguiente, fue detenido un enlace de Los Villares llamado José Estrella Higueras («Cenizo»), pero en menos de veinticuatro horas consiguió fugarse de la cárcel local. El guardia municipal Antonio Guerrero Molina y su esposa Adoración Serrano Moreno fueron encarcelados en su lugar, acusados de infidelidad en la custodia de presos. El fugado intentó unirse a Cencerro, pero no consiguió contactar con él y fue capturado de nuevo el 26 de enero en el término de Fuensanta de Martos.

Hacia febrero, el grupo de Zoilo se hallaba oculto en Los Villares, en la casa de Antonio Espinosa de los Monteros Bonilla, un enlace que había sido guardia de asalto y que, en una casilla del Molino del Rey, en las afueras del pueblo, impartía clases a los niños. También los auxiliaba Pablo Parras Montero («Paulo»), que tenía una tienda en aquel pueblo y les facilitó información sobre médicos derechistas acaudalados de diversos municipios. Con esa información, decidieron actuar. Así, el 15 de dicho mes fue secuestrado por Zoilo en la Cimbra del Tio Coino (Jamilena) el médico Manuel Bueno Martínez, por cuyo rescate consiguieron 25200 pesetas, una escopeta, un reloj. En dicho secuestro colaboró Pablo Parras Montero. Tras aquel acto, regresaron a Los Villares.

El 2 de marzo, Cencerro y sus hombres, entre los que se encontraban Formal y Rubio Ollero, se presentaron en el cortijo Nuevo (Bobadilla) e interceptaron el vehículo en el que se desplazaban el propietario Máximo Codes Contreras y el veterinario de Martos, Joaquín del Moral Aparicio. Tras ser cacheados, Cencerro extrajo del bolsillo de la americana del empresario un sobre con 20200 pesetas en billetes.[390] También le sustrajeron un valioso reloj de oro que el derechista lucía en su muñeca, valorado en 7000 pesetas, así como sus guantes de piel. Siempre encañonados, Cencerro pidió un rescate de cincuenta mil duros (250000 pesetas), ya que se trataba de un acaudalado burgués que poseía varios cortijos. El propietario marteño insistió en la

390 El PCE calificaba de multas los rescates obtenidos tras los secuestros de terratenientes y derechistas y de préstamos los atracos a los bancos. Hemos encontrado listados de acciones guerrilleras en el archivo histórico del PCE donde se hace referencia al secuestro de Máximo Codes: «En el cortijo Nuevo, demarcación de la Bobadilla, un grupo de guerrilleros del Cencerro, impuso una multa a Máximo Codes de 20000 pesetas». Igual referencia se hizo con otros secuestros como el de Francisco Montijano, «al que le fue impuesta una multa de 150000 pesetas en metálico por unos patriotas». AHPCE, «Acciones Guerrilleras», caja 105, carpeta 2/16. Según el órgano *España Popular, Acción y Lucha*, el 16 de agosto de 1945 los guerrilleros se presentaron «en el Ideal Bar de Jaén imponiendo una multa de 100000 pesetas al dueño».

imposibilidad de obtener esa cantidad en metálico, pues para ello tendría que vender propiedades, lo cual retrasaría el pago.

En ese momento apareció un camión cargado de cerdos a cuyo conductor, Juan López Martínez, también hicieron apearse. Eran las once y media de la noche y todo se desarrolló bajo la luz de los faros de los vehículos. Al final, se conformaron con el dinero que portaba el propietario y ordenaron que el chófer del camión se dispusiera a conducir el coche, dejando al veterinario en la cabina del camión. El vehículo, con los cuatros guerrilleros, el propietario y el chófer, se puso en marcha y se detuvo en la sierra del Ahillo de Alcaudete, donde Cencerro calmó al chófer pidiéndole excusas por las molestias y le entregó una gratificación de 500 pesetas.

A los pocos días, fue detenido en las Casillas de Martos, Manuel Villén Izquierdo («Carbonero»), acusado de encubrir a los atracadores.

La Guardia Civil les pisaba los talones y cada vez tenía más información sobre sus escondites, conseguida a través de la represión física contra enlaces y colaboradores. El grupo de Tomás Villén se refugió en las sierras de Valdepeñas de Jaén, que conocía a la perfección. En cambio, Zoilo se sintió presionado y pidió a su hermano Miguel y a Pablo Parras una casa donde esconderse, «bien en Jaén o en donde se pueda, pues en Los Villares la vida se me va haciendo imposible».[391]

Cencerro se presentó varias veces en la ciudad de Jaén. Sus hombres y él solían entrar por las estribaciones de Jabalcuz y se ocultaban en casa de enlaces como Miguel Liébanas Jiménez, que tenía una venta en la Fuente de la Peña, a las afueras de Jaén, o en la casa de Josefa Espinosa Armenteros («La Churra»), en la calle Capitán Aranda n.º 5. Tras diversas gestiones, el hermano de Zoilo les consiguió la casa de Antonio Marchal Gallego, en Fuerte del Rey, aunque el trayecto por la campiña se hacía peligroso. Acordaron que varias mujeres portasen los paquetes con armas ocultas en cestas de ropa. En la noche del 16 de abril de 1947, Miguel González entregó en el domicilio de La Churra un macuto con efectos de los guerrilleros que las mujeres debían trasladar a Fuerte del Rey. Josefa Espinosa Armenteros, acompañada de Ascensión Beltrán Gutiérrez y Sampedra Díaz Cuesta, tomaron el camino de Fuerte del Rey, seguidas a lo lejos por Zoilo, Petrolero, Cristo y Rábano (el de Alcaudete). Pero a las afueras de Jaén fueron interceptadas por una pareja de guardas rurales que las obligaron a mostrar lo que portaban, comprobando la presencia «tres escopetas desmontadas, un ejemplar de un periódico clandestino, varias libretas, 250 gramos de

391 AHMI, Leg 27/3, causa 877/47, declaración de Miguel González Cortés.

pólvora, un cargador de cartuchos de fusil con cinco balas, ocho cartuchos de escopeta, varias balas más y efectos sanitarios».[392] Las tres mujeres fueron apaleadas, rapadas y encarceladas.[393] Miguel González Cortés se echó a la sierra para unirse a su hermano Zoilo y, aunque llegaron a Fuerte del Rey, solo pernoctaron un día en la casa de los hermanos Marchal Gallego ante el peligro de ser descubiertos si hacían hablar a las mujeres.[394] Por tanto, renunciaron al secuestro planeado en Fuerte del Rey, el de Juan Eslava Castro, tío abuelo del famoso novelista Juan Eslava Galán, y se dirigieron a Torredonjimeno.

Restos de la antigua venta de Miguel Liébanas en la Fuente de la Peña (Jaén) donde los comités del PCE contactaban con la guerrilla de «Cencerro» (L.M.Sánchez Tostado)

El hecho de que los guerrilleros no intervinieran para salvar a las mujeres afectó al joven Petrolero, quien, desde aquel momento, se planteó marcharse a Francia:

392 ATMT n.º 2 de Sevilla, Procedimiento 738/47, leg. 539.

393 Las procesadas en esta redada fueron Josefa Espinosa Armenteros (Jaén, condenada a tres años de prisión), Sampedra Díaz Cuesta (Los Villares, condenada a tres años) y Ascensión Beltrán Gutiérrez (Los Villares, condenada a tres años). También serían encarceladas las hermanas Adelina Marchal Gallego y Amelia Marchal Gallego (Fuerte del Rey, condenadas a un año de cárcel), así como Rosa Ortega Casado (Jaén, condenada a seis meses y un día, esta última sólo por no haber denunciado). También fue condenado a un año de prisión Bartolomé Ortega Juárez, esposo de Josefa Espinosa. A todos ellos les fue aplicada la Ley de Bandidaje y Terrorismo y fueron condenados por un delito de auxilio de malhechores Ibidem. Fol. 141.

394 AHPJ, Leg. 42.677, Exp. Penit. de Josefa Espinosa Armenteros.

Dijeron que no habían querido intervenir porque la prisión estaba cerca y había muchos guardias y les hubieran disparado. Yo les dije: «pues amenazáis a los guardas, que para eso tenéis una pistola cada uno, y liberáis a las mujeres, y si no las liberan, los matáis. ¡No entiendo por qué no habéis intervenido!». La chica lloraba, yo me enfadé muchísimo y me dije: voy a dejar la guerrilla, porque no hacemos nada más que desgraciados. No somos capaces ni de proteger a unas mujeres que llevan nuestras cosas. Cuando me fui a la guerrilla sabía que iba a morir tarde o temprano, pero lo de aquellas mujeres me amargó de una manera que me dije: yo no puedo estar aquí, hubiéramos podido matar a esos guardias o al menos desarmarlos y liberarlas. Fue en ese momento cuando decidí abandonar la guerrilla e irme a Francia. Había pensado también en Portugal, pero allí había un régimen semifascista, no tenía confianza en Oliveira Salazar. Entonces dimos el golpe económico de un doctor en Torredonjimeno y después me fui.[395]

El grupo de Zoilo abandonó Fuerte del Rey y, con la información proporcionada por algunos enlaces, vigilaron durante varios días los movimientos del cortijo Los Berrios de Torredonjimeno. El 20 de abril secuestraron a su propietario, el médico Francisco Montijano Contreras. Así lo recordaba su hija Concepción:

Yo estaba embarazada de ocho meses. Aparecieron cuatro hombres armados con pistolas y bombas de mano diciendo: «¡arriba las manos, somos guerrilleros de la República!». *Después se llevaron a mi padre hasta un monte próximo al Pilar de Moya. Mi madre, el chófer y yo debíamos reunir las 150000 pesetas del rescate. Como era domingo y los bancos estaban cerrados, mi madre acudió a la casa del director del Banco Español de Crédito, en Torredonjimeno, quien tomó nota del número de serie de los billetes. Tras la entrega del dinero, se montaron en el vehículo e hicieron que el chófer los condujera hasta el llano de las Monjas (entre Martos y Alcaudete), donde se internaron en la sierra.*[396]

Al igual que ocurrió con el chófer de Máximo Codes, los guerrilleros también entregaron a este otro conductor una gratificación de 500 pesetas.[397] Manuel «Petrolero», que participó en aquel secuestro, nos ofreció su versión:

---

395 Testimonio en vida de Manuel Alcalá Molina («Petrolero»). Entrevista realizada en Francia en mayo de 2004.

396 Testimonio de Concepción Montijano Carazo.

397 AJTM N.º 23 de Granada, Procedimiento 877/47, Declaración del chófer Cayetano Bueno.

El domingo apareció un coche. «Son ellos», dijo el hermano de Zoilo. Nos presentamos y nos llevamos al médico y pedimos 350000 pesetas. El hombre dijo que era imposible, y bajamos a 150000. Una cantidad enorme, nadie había conseguido más de 40000 pesetas y, como su hija estaba embarazada, aceptó. La hija y la madre fueron a Torredonjimeno, y, al cabo de dos horas, se presentaron con el dinero. Nos excusamos y hablamos durante dos horas. Les dijimos que no éramos ladrones, que hacíamos esto porque luchábamos contra Franco, etc. Después dijimos: «ahora necesitamos que su chófer nos lleve donde le digamos».[398]

Francisco Montijano declaró ante el juez haber sido correctamente tratado por los secuestradores:

Una vez entregada de la cantidad convenida, dejaron al declarante, esposa y operarios en completa libertad, despidiéndose muy finamente y pidiéndoles mil perdones por las molestias causadas, diciéndole que ellos no eran ladrones sino guerrilleros de la República (...)

[En referencia a las conversaciones mantenidas con ellos durante su cautiverio] *El del traje claro presumía de hombre ilustrado, manifestando que él no había matado a nadie y que estaba cansado de la vida que llevaba, que era partidario de Rusia, que creía en Dios, pero no en el Clero y, en cuanto a la forma de Gobierno, soportaría una monarquía, pero con la condición de una democracia, y que de ninguna manera aceptaría el* régimen de Franco, *contra el que lucharía hasta hacerlo desaparecer.*[399]

El hombre ilustrado del traje claro no era otro que Manuel Alcalá Molina («Petrolero»). El 23 de abril, tras el despliegue policial por la denuncia del médico, fueron detenidos medio centenar de vecinos de Valdepeñas de Jaén, Los Villares, Fuerte del Rey y Escañuela. Entre ellos, Francisco Marchal Anguita («Chirri»),[400] Rafael Muñoz Ruiz («Palica») y Antonio Marchal Gallego, vecinos de Fuerte del Rey. En Escañuela, donde residía la familia de Zoilo, algunos de cuyos miembros trabajaban en el cortijo Los Berrios, fue detenida Juliana Cortés Escribano (madre de «Zoilo») la cual, pese a su edad, fue sometida a crueles torturas:

---

398 Testimonio en vida de Manuel Alcalá Molina («Petrolero»). Entrevista grabada en Francia el 18 de mayo de 2004.

399 Ibidem, Declaración de Francisco Montijano Contreras.

400 No confundir con el jiennense Diego García Gómez, también apodado Chirri.

> *Cogieron a mi madre, a mi cuñada María Pérez Sicilia, a una vecina que se llamaba Josefa Cuesta Juárez, y a varias más. A mi madre se la llevaron al cuartel de Escañuela y los civiles le dieron una paliza impresionante, pese a que era una anciana con sesenta años. Le ataron los pies y las manos y la hundieron en el pozo de agua, y la dejaban un rato, la subían, le pegaban y volvían a meterla en el pozo. Todo esto para que dijeran dónde estaba su hijo Adriano Zoilo. Pero nunca lo dijo. Eso me lo ha contado muchas veces mi madre. A mí me cogieron en Madrid el 6 de mayo de 1947, en la casa n.º* 21 de la calle Vallehermoso. Estaba embarazada de mi segundo hijo y llevaba en los brazos a mi mayor, que entonces tenía diecisiete meses, le dieron al chiquillo un vergajazo porque me lo querían quitar y yo no quería. La criatura tuvo la pierna morada mucho tiempo.[401]

El guarda del cortijo Los Berríos, Antonio Ureña Cámara, que fue desarmado por los guerrilleros, había reconocido a Zoilo por una cicatriz que tenía en la parte posterior del cuello por la mordedura de un borrico. A esto habrá que añadir el seguimiento que la Guardia Civil realizó sobre el dinero del botín marcado por el banco.

El grupo de Zoilo se autodisolvió. Él regresó a la sierra de Valdepeñas de Jaén, y los demás se marcharon de la provincia. Algunos familiares de Zoilo huyeron a Madrid. Miguel González Cortés, tras recibir 10000 pesetas, dejó 2000 en casa de su madre y huyó a la capital de España. Hasta allí también se marcharon su hermana María González Cortés, con su hijo, su esposo Joaquín Pérez Sicilia («Trasquilones») y su cuñado Tarsicio Ortega Casado («Trapizonda»). María Antonia Notario Casado, esposa de Segundo Cristo, recibió 1000 pesetas. Después, Segundo le envió otras 5000 pesetas por encontrarse enferma de tuberculosis.

Antonio Olmo Rosales («Rábano») entregó 8000 pesetas a su hijo Antonio Olmo Olmo el 21 de mayo. La Guardia Civil entregaba a los comerciantes unos listados donde constaban los números de serie de los billetes marcados. En Priego de Córdoba, cuando María Antonia Notario se disponía a pagar los medicamentos, el farmacéutico comprobó que el billete estaba en el listado de los marcados. Se lo comunicó a la Guardia Civil, y la encarcelaron. Otro tanto le ocurrió a Miguel González Cortés en Madrid, siendo detenido a los pocos días cuando pretendía cambiar uno de aquellos billetes.

401 Testimonio de María González Cortés, hermanastra de Zoilo.

Miguel González Cortés, hermano de «Zoilo» (M. González Cortés)

Joaquín Pérez Sicilia, «Trasquilones», enlace de «Zoilo» (M. González Cortés)

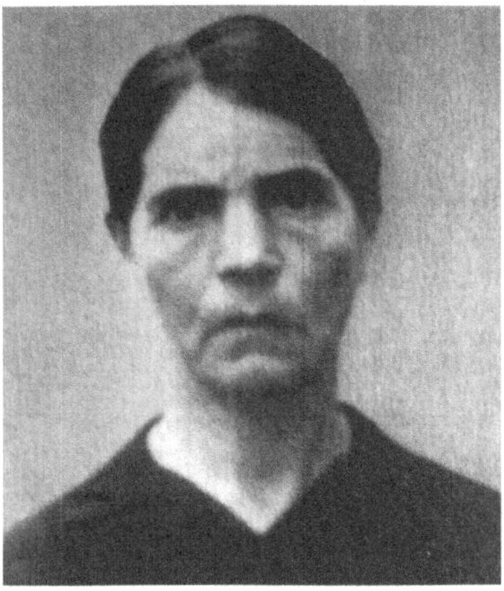

Juliana Cortés Escribano, madre de «Zoilo» (M. González Cortés)

María González Cortés, hermana de «Zoilo» (M. González Cortés)

Los billetes grandes suponían un problema para los guerrilleros, pues siempre fue sospechoso que lugareños de aspecto humilde y escasos medios realizaran compras utilizando billetes de mil pesetas. A pesar de ello, y ante el estado de necesidad, los enlaces se arriesgaban e iban cayendo tras sesiones de tortura.

También huyeron de la provincia los guerrilleros alcaudeteños Antonio Ortega Ruiz («Rábano», el de Alcaudete) y Segundo Funes Villén («Cristo»). Tras una penosa travesía, a punto de alcanzar la frontera, ambos fueron interceptados en un control de carretera en San Lorenzo de Morunys (Lérida) el 21 de septiembre de 1947. Llevaban documentación falsa. Fueron encarcelados y liberados al poco al no presentarse cargos contra ellos. Se marcharon a San Quirico de Besora (Barcelona), donde se emplearon en una finca hasta que, en mayo de 1950, un conocido de Alcaudete los delató y fueron conducidos a Jaén y condenados a treinta años de reclusión.[402]

Manuel Alcalá Molina («Petrolero») también se marchó, y sería el único del grupo de Zoilo que consiguió pasar a Francia el 6 de enero de 1948.

> *Cuando llegamos a nuestra base en Valdepeñas de Jaén les dije: «Bueno, el secuestro ha salido bien, pero esa historia de las mujeres... No somos capaces de volar un puente, hacer descarrilar un tren porque no tenemos medios. He decidido irme a Francia. Votamos y, si no estáis de acuerdo, me quedo, pero si estáis de acuerdo me voy». Me dicen: «*Pero *hay que atravesar toda España. ¿Te das cuenta del riesgo que eso supone si te cogen? ¿*Dónde dirás que estamos escondidos?»*. Y yo les digo: «Lo diré o no lo diré, no lo sé, no sé si seré capaz de resistir o no, eso no se sabe, pero en todo caso la última bala de mi pistola es para mí. Ahora, si me detienen y no me puedo matar, no sé lo que haré. Si me voy, vosotros os vais de aquí, *y ya está*». Cristo dijo que él también se venía. «Aquí no hay futuro», dijo.*

Petrolero permaneció un tiempo oculto tras el falso fondo de una alhacena en casa de su tía Rosa, frente al cuartel de la Guardia Civil de Alcaudete. Decidió marcharse a Francia sin esperar a que Cristo se recuperase de una lesión en el pie, por el peligro que corrían. Utilizando la cédula personal de un amigo de su padre, Petrolero se puso en marcha.

> *Me fui hasta Sevilla, allí conocía a un cartero, y me pasó como personal de la estación. Me monté en el tren sin ser molestado por la policía. En Madrid me compré unos zapatos y, al día siguiente, llegué a Barcelona con una pistola dentro de un pan. Me apeé en la estación anterior a la de Barcelona porque pensé que en la capital habría policías. Dormí en Barcelona y al día siguiente fui hasta un pueblo, a unos 15 kilómetros de la frontera. Para atravesarla hacía falta un pase especial. Fui a casa*

402 AHPJ, Leg. 42.684, expediente penitenciario de Segundo Funes Villén y Antonio Ortega Ruiz (leg. 42757. Causa 149/50).

de un sobrino de Cristo, quien solicitó un pase para él a la Guardia Civil, porque no pedían foto, y la policía sí. Me alojaron en su casa hasta que recibí el pase.[403]

Aguado Sánchez sostiene que José Bonilla Bonilla («Raspa»), uno de los recién incorporados al grupo de Formal, se consideró injustamente recompensado tras el reparto del rescate del médico de Torredonjimeno y, el 26 de abril, desertó de la guerrilla y se presentó con su armamento en el puesto de la Guardia Civil de Valenzuela (Córdoba). Informó a las autoridades del lugar donde se escondían sus compañeros: el cortijo Lendínez, entre Torredonjimeno y Santiago de Calatrava, en el que se encontraba también su hermano Francisco.[404] Les reveló también que tenían intención de secuestrar al propietario del Cortijo Alto (Valenzuela), a quien los dos hermanos conocían de haber trabajado para él.[405]

Fuerzas del Cuerpo de Santiago de Calatrava reforzadas con varios somatenes, entre los cuales se encontraban el alcalde, Manuel Ollero, y guardias de Higuera de Calatrava y Valenzuela, con Raspa disfrazado de guardia civil, se desplazaron al cortijo de Juan Lendínez,[406] donde rodearon a los guerrilleros. Se produjo un violento tiroteo, pero los guerrilleros consiguieron darse a la fuga, con tan mala fortuna que, desorientados al no conocer bien el terreno, corrieron en círculo y, en lugar de alejarse, volvieron a aproximarse al pueblo. En el olivar del cortijo Toledo hubo un segundo encuentro en el que fueron heridos un sargento y un cabo civil. En este punto optaron por separarse, y Francisco Bonilla («Bautista») tomó otra dirección. Formal se encontraba herido y había perdido mucha sangre. Parece ser que Pena no quiso abandonarlo , y trataron de esconderse juntos entre unas rocas próximas al arroyo Pililllas, donde finalmente fueron rodeados y abatidos. Era el 25 de abril de 1947.

---

403 Testimonio en vida de Manuel Alcalá Molina («Petrolero»). Entrevista grabada en Francia el 18 de mayo de 2004.

404 Aguado Sánchez, F., ob. cit. p.502.

405 Según la declaración de Raspa, tenían intención de cercenar una oreja al secuestrado y remitirla a la familia para obligar un pronto pago del rescate, pero no está suficientemente contrastado y pudo ser un rumor infundado para criminalizarlos, pues no hemos tenido conocimiento de ningún hecho violento protagonizado por el grupo de Formal.

406 Juan Lendínez Campos había sido guardia civil durante la República, siendo separado del servicio al acabar la guerra por no ponerse del lado de las tropas insurgentes. El día del tiroteo en el que murieron Formal y Pena, no se encontraba en el cortijo, y ello le salvó. Fue condenado a seis meses y un día y una multa de 5000 pesetas. AHPJ, Leg 42.716, causa 720/47.

Los cuerpos de Formal y Pena, destrozados a consecuencia de las bombas de mano, fueron expuestos toda la tarde en la puerta de la iglesia de Santiago de Calatrava. Al anochecer, el alcalde y el comandante de puesto se dirigieron a dos chavales y a un anciano conocido como Paquillo el Marchante, que se encontraban contemplando los cadáveres, y les ordenaron que subieran los cuerpos al carro del agua y los llevasen al cementerio. Con gran dificultad, cargaron a los muertos, cuyos cuerpos cayeron varias veces del carro. Aquello produjo en el anciano una honda impresión de la que no se recuperó, y murió en pocos días.[407]

En el registro civil de Santiago de Calatrava también figura la muerte de Juan Alcalá Viana. Según se hizo constar en el acta de defunción, murió aquel mismo día en su domicilio, pero esto es rigurosamente falso. Este hombre era el casero del cortijo Lendínez y auxiliaba a los guerrilleros cada dos o tres días proporcionándoles el suministro que le encargaban. Raspa también lo había implicado en su delación y, al día siguiente de la muerte de Formal y Pena, el 26 de abril (no el mismo día, como se hizo constar en el registro), Juan Alcalá Viana fue detenido en su domicilio por la Guardia Civil y llevado al mismo lugar donde se desarrollaron los hechos del día anterior. En el momento de ser conducido por el arroyo Pililllas, aparecieron dos campesinos con sus caballerías. A uno de ellos la Guardia Civil le indicó que prosiguiera su camino, pero al segundo, algo más joven, conocido por el apodo de El de la Cañá, le ordenaron que se quedara. Acto seguido, el cabo de Higuera de Calatrava disparó a Juan Alcalá, a quien previamente había ordenado cruzar el arroyo con el fin de hacer fuego por la espalda y justificar una supuesta fuga. El campesino fue obligado a cargar el cuerpo en su caballería, conducirlo al pueblo y pasearlo ante la vista de los vecinos. Como fue testigo directo de aquel acto, compraron su silencio haciéndole guardia civil.[408]

El asesinato de Juan Alcalá Viana fue otra aplicación de la ley de fugas en la que las autoridades falsearon los datos obrantes en el registro civil para hacerlos coincidir geográfica y cronológicamente con el atestado de la Guardia Civil. Aunque hay algo que no pudieron manipular: el recuerdo de centenares de personas que asistieron a las exposiciones de los cuerpos en sucesivos días, los que presenciaron la detención del

407 Esta escena la contemplaron muchos vecinos. Hemos recogido el testimonio de Francisco Manuel Pérez Casado* y Dionisio Ortega Belmonte*
Ibidem.

408 Esta versión ha sido recogida de varios ancianos de Santiago de Calatrava, Higuera de Calatrava y Alcaudete. Las coincidencias en los relatos parecen contrastar la veracidad del suceso.

casero en Santiago de Calatrava y las versiones coincidentes que, con el tiempo, ofrecieron algunos de los somatenes que participaron.

Parece ser que a José Bonilla («Raspa») le pusieron una tienda en Cañete de las Torres (Córdoba), pero, al poco tiempo, huyó del pueblo con toda su familia por temor a represalias por parte de Cencerro. Respecto a su hermano Francisco Bonilla Bonilla («Bautista»), vagó en solitario por la sierra durante diez días y, el 6 de mayo, cuando pedía comida en un cortijo situado en el Cerro Moral (Fuensanta de Martos), fue apresado por sus moradores, que lo entregaron a la Guardia Civil, la cual se encargó de liquidarlo. Con él quedó completamente desarticulado el grupo de Formal.

El 11 de mayo fueron detenidos varios enlaces de Cencerro en Monte López Álvarez y Martos acusados de auxilio a rebeldes.[409]

A finales de ese mismo mes, se detectó la presencia de varios hombres de Tomás Villén Roldán en la capital. La Guardia Civil seguía la pista de una organización comunista implantada en Jaén y varios pueblos del sur, potenciada por activistas de la guerrilla de Cencerro.

La comandancia de la Guardia Civil intensificó los registros e interrogatorios en Jaén, Los Villares y Valdepeñas y consiguió la información básica para asestar otro duro golpe a la organización comunista.

CENCERRO EN LA CAPITAL

Entre 1945 y 1947, Tomás «Cencerro» visitó la capital jiennense en varias ocasiones, un riesgo que asumía con el fin de contactar con delegados y enlaces del partido llegados de otras provincias. Muy comentada fue su presencia en el Ideal Bar el 6 de agosto de 1945, que ya referí en otro lugar de esta obra. En varias ocasiones, pernoctó en el domicilio de enlaces de Jaén, como en la venta de Miguel Liébanas en la Fuente de la Peña, o los domicilios de Josefa Espinosa Armenteros, en la calle Capitán Aranda n.º 5 y Aurora Cárdenas Ortiz (viuda del «Chirri»), en la carretera de circunvalación n.º 9.

Cencerro y sus hombres accedían a Jaén camuflados entre los arrieros y marchantes que a diario entraban y salían de la capital. Unas veces a plena luz del día, otras, por la noche desde la sierra de Jabalcuz procedentes de Los Villares o de Valdepeñas de Jaén, o bordeando la

409 Los detenidos fueron José Chamorro del Caño (de Martos), José López González («Panduro»), Antonio Martínez Espejo y Félix Fernández Saavedra (de Monte López -Álvarez).

ciudad por los cerros de Santa Catalina y El Neveral. Se dijo, incluso, que Tomás Villén visitó varias veces a su primo Eleuterio Villén, que era chantre de la Catedral, en su casa de la calle Llana, frente a la antigua Delegación de Trabajo.

Josefa Espinosa Armenteros, enlace de la guerrilla de «Cencerro» en Jaén capital

En la capital, los comentarios sobre la presencia de Cencerro se multiplicaron a raíz del episodio de la misa del gallo, en la Nochebuena de 1946. Aquella noche, Cencerro apareció afeitado y acicalado en la basílica de San Ildefonso y se mezcló con los feligreses que abarrotaban el templo. Nadie lo reconoció. Sabía que allí encontraría a su mayor enemigo, el teniente coronel Luis Marzal. Cuando la misa concluyó, el jefe de la comandancia de la Guardia Civil recogió una nota manuscrita que alguien dejó en su banco. Marzal la leyó y mudó el semblante. Hizo llamar a sus acólitos y, con actitud airada, marcharon a la comandancia, ubicaba por entonces en la calle Roldán y Marín de Jaén. Durante la misa, Tomás Villén «Cencerro» logró situarse detrás del teniente coronel y dejarle la nota, que decía, entre otras cosas, que lo había tenido encañonado mientras rezaba y, si hubiera querido matarlo, lo hubiera hecho sin ninguna contemplación.

Este hecho fue muy comentado en Jaén. El historiador Jesús Cañones Cañones también refiere esta anécdota en su artículo «Los maquis en Jaén».[410] De ser cierto el episodio, la humillación sufrida

410 *Diario Jaén*, 3 de enero de 1993, pag. 37.

por Marzal pudo ser el desencadenante del pavoroso acto de represalia desencadenado al día siguiente en Alcaudete. A primeras horas del día 25 de diciembre, al teniente coronel le llegan noticias de que hombres de la partida de Cencerro se ocultan en Alcaudete. Es muy posible que la información fuese facilitada por el delator que el teniente coronel tenía infiltrado en el grupo. Marzal no se lo pensó y se dirigió al municipio alcaudeteño con una compañía de guardias civiles que sembraron el pánico en el pueblo, tal y como hemos visto en capítulos precedentes.

Tomás Cencerro contaba por entonces con los mayores índices de popularidad entre el campesinado. Sus acciones guerrilleras, su astucia y su tupida red de enlaces en numerosos municipios originaron la lógica inquietud entre la burguesía local ante los fracasos de la Guardia Civil al intentar capturarlo. En los círculos obreros se idolatraba clandestinamente su figura, ya legendaria, y se difundían sus gestas. Se hablaba incluso del apoyo que recibió Cencerro de algunos influyentes derechistas:

> *Antes de llegar a puente de Baena está la finca del Marqués de Fuente del Moral. Una noche se presentó Cencerro a atracarlo. El marqués les dijo que estaba de su parte, que cuando necesitaran dinero fueran a verlo. De vez en cuando aparecían los guerrilleros por la finca y se hartaban de beber comer con el marqués. Los civiles daban vueltas por la finca y el terrateniente llamaba al cuartel diciendo que no era necesaria la vigilancia. El aristócrata se sentía más seguro con los guerrilleros de su lado.*[411]

Pero también había familias rotas por el dolor, pues el apoyo a Cencerro las condujo a la desesperación y a la ruina económica, y terminaron marchándose de la provincia a causa del hostigamiento al que fueron sometidas.

Durante 1946 y buena parte de 1947, las redadas anticomunistas fueron incesantes. Cientos de vecinos procedentes de varios municipios serían encarcelados y apaleados. Pese a la contumaz represión, los intentos por capturar al hombre más buscado de la provincia fueron infructuosos. El final de Cencerro solo fue posible con la traición de uno de sus hombres. Solo así pudieron acabar con su vida; no, en cambio, con su leyenda.

411 Testimonio de Miguel Alcalá Molina, hermano de Petrolero.

LA CONSPIRACIÓN DE TORIBIO

Las últimas masacres, las detenciones masivas y las caídas de numerosos comités clandestinos hicieron que algunos guerrilleros, que se encontraban en la sierra no tanto por la idea de luchar contra el régimen, sino por escapar de las represalias de la Guardia Civil, se replantearan su futuro. Con tal de salvarse, algunos no dudaron en llegar a límites escalofriantes.

Una de esas figuras fue Toribio Baeza Palomino, conocido como «Toribio» o «Carambita», un oscuro personaje del que surgen grandes enigmas. Toribio había sido encarcelado el 10 de febrero de 1940 y condenado a trece años de prisión por auxilio a la rebelión. El 3 de septiembre de 1942, fue conducido a la prisión central de Hellín, de donde fue liberado alrededor de 1944, para luego regresar a Castillo de Locubín. A su llegada, y con su trayectoria republicana, pronto fue captado por los comunistas del pueblo. Junto a Formal y Zoilo, entre otros, actuó como enlace de la guerrilla de Cencerro. Tras las redadas que sucedieron al encuentro del cortijo Las Torres, decidió huir del pueblo y unirse al grupo de Tomás Villén desde agosto de 1946 hasta el verano de 1947.

¿Qué fue lo que hizo a Toribio cambiar de bando? Algunos vecinos aseguraban que Toribio contactó con el guardia civil Román («Tórtolo»), que era de Castillo de Locubín, y al que conocía de toda la vida. Este le aconsejó que entregara a Cencerro y pidiera el perdón, y así también obtendría una suculenta recompensa. Otros decían que fue el capitán de la Guardia Civil Eduardo Alonso Quesada quien pactó con Toribio para infiltrarlo en la guerrilla como un topo al servicio de la Benemérita, a cambio de importantes beneficios para él. No en vano, el oficial terminó haciendo de Toribio su protegido con el beneplácito de Marzal. Ambas versiones son compatibles.

Así comenzó la conspiración de Toribio, que asistió a las reuniones con los enlaces del PCE y nunca se significó en los golpes económicos que realizaron. Tampoco se lo mencionó en ningún informe de la Guardia Civil durante los numerosos encuentros armados acaecidos durante el tiempo que estuvo en la sierra, aunque participase. Toribio mantuvo un contacto fluido con la comandancia de Jaén, con la que se coordinó para exterminar a sus compañeros de causa. Sus delaciones las hizo unas veces él mismo, y otras, a través de su esposa, en sus visitas clandestinas en las afueras del pueblo. Toribio Baeza pasó a la historia como el guerrillero que vendió a Cencerro, pero es posible que el pacto entre Toribio y la Guardia Civil se realizara antes incluso de echarse al monte, tras el asalto al cortijo Las Torres, o pocos días después, cuando le ofrecieron colaborar para salvarse, sabiéndolo implicado. El 11 de septiembre de 1946, al poco de su incorporación en la guerrilla, ya proporcionó al puesto de Castillo de Locubín información relevante sobre la inminente llegada de Cencerro al pueblo. En la emboscada consiguieron tirotearlos y dar muerte a Recovero, hecho que fue recompensado con 5000 pesetas entregadas al confidente. A partir de aquel momento, todo fueron penalidades para la guerrilla de Cencerro.

Toribio fue el recurso más eficaz del que dispusieron las autoridades para la desarticulación de la resistencia antifranquista en la Sierra Sur. Con él, la Guardia Civil logró inusitados éxitos. Las bajas guerrilleras se sucedieron a tal velocidad que, en solo seis meses, acabaron con la vida de treinta personas y cientos encarceladas.

Toribio conocía casi todos los escondites, el nombre de los enlaces, sus domicilios, los hábitos de la guerrilla, los puntos de apoyo, los horarios y las rutas. El 21 de mayo de 1947, le propuso a Cencerro marchar con Antonio Olmo «Rábano»[412] a Castillo de Locubín con el fin de contactar con la familia. Cencerro accedió, sin sospechar su traición. Rábano, que se había unido al grupo tras el asalto al cortijo Las Torres de Martos, y Toribio salieron de la casa de Josefa «La Llueca», en la calle Pendiente n.º 5 de Valdepeñas de Jaén, y se dirigieron a una pequeña cueva de la sierra de Acamuña llamada el Sainar, también conocida como la Silla Colorá, a las afueras de Castillo de Locubín. A la caída de la noche, Toribio se ofreció voluntario para montar guardia y, cuando Rábano dormía, aprovechó para aplastarle la cabeza con una gran piedra hasta darle muerte. A continuación, contactó con su hermana, la cual se dirigió al cuartel de la Guardia Civil fingiendo protestar por los registros. Informados, los guardias salieron para el Sainar, donde

412 Antonio Olmo Rosales («Rábano»), nació el 27 de diciembre de 1897 en Castillo de Locubín. El 27 de abril de 1939 fue detenido por denuncia de Juan Collado, propietario de una casa abandonada, que lo acusó de haber sustraído una puerta desvencijada para hacer una pequeña presa en un canal de riego. Testimonio de Rosario Olmo Olmo. Esta denuncia y sus antecedentes republicanos motivaron su detención en Castillo de Locubín. Ingresó en la prisión provincial en febrero de 1940, y en agosto de 1943 fue condenado a veinte años de reclusión por auxilio a la rebelión. El 19 de diciembre de 1943 salió en libertad condicional, pero el 11 de julio de 1945 volvería a ser encarcelado por orden gubernativa, acusado de auxiliar a Cencerro, y fue condenado a tres años de prisión. En 1946, fue excarcelado y, para evitar problemas en su municipio, se le desterró a la aldea de Charilla (Alcalá la Real), y posteriormente a Martos. En esta última ciudad reinició sus contactos con la organización comunista clandestina.

Toribio les puso al día de los movimientos de la guerrilla, proporcionó nombres de enlaces y, lo más importante, el lugar donde se encontraba Tomás Villén: el cortijo El Aprisco de Los Villares. Acto seguido, los guardias efectuaron varios dispararon contra el cadáver a fin de justificar un encuentro armado inexistente. En esta ocasión no interesó exponer el cuerpo de Antonio Rábano, y se lo enterró con premura para que nadie presenciara los destrozos de su cabeza. Tampoco se inscribió su muerte en el registro civil. Pero el pueblo lo supo, porque el leñador Bernabé el «Tropa» fue llamado para cargar en su mulo el cadáver y vio que tenía la cabeza machacada.[413]

Más tarde se supo que Rábano, unos días antes de su muerte, se dirigió a Charilla (Alcalá la Real), donde se entrevistó con su hijo Antonio para entregarle 8000 pesetas, que eran parte del botín que le correspondía del secuestro de un terrateniente. La Guardia Civil detuvo al hijo de Rábano el 15 de junio, le intervino el dinero y, tras propinarle una paliza, lo condenó a seis años de prisión bajo la acusación de encubridor de rebeldes. La pareja de guardias civiles que lo detuvo hizo constar en el atestado que le requisaron 6500 pesetas porque «la familia había gastado lo que faltaba en trajes de luto tras el asesinato del padre»,[414] pero la familia insiste en que «el guardia civil Manuel Viedma Serrano y su compañero Genaro se llevaron íntegras las 8000 pesetas, aunque en el parte pusieron que sólo confiscaron 6500 pesetas».[415]

El 23 de mayo, día siguiente de la muerte de Rábano, la Guardia Civil se dirigió a Los Villares y detuvo a Julián Beltrán Gutiérrez.[416] Ese mismo día, también detuvieron en la capital a Miguel Liébanas Jiménez, acusado de albergar a Cencerro y a otros guerrilleros en su venta de la Fuente de la Peña, a las afueras de Jaén.[417] También se lo acusó de permitir reuniones clandestinas entre los guerrilleros y los enlaces de Jaén Santiago Salazar Gómez y José Rienda Martínez, este último un contable que residía en la calle Salido de la capital (causa 597/47).

413 Testimonio de Purificación Quesada Olmo.

414 AJTM N.º 23 de Granada, Procedimiento 663/47.

415 Testimonio de la testigo Rosario Olmo Olmo.

416 Julián Beltrán Gutiérrez era hermano de Ascensión Beltrán, que fue detenida en Jaén y encarcelada un mes antes cuando intentaba ayudar al grupo del Zoilo en Jaén portando, junto a otras mujeres, unas cestas en las que ocultaron armamento y propaganda clandestina.

417 Como ya hemos referido, la venta de Miguel Liébanas, estuvo ubicada junto a los antiguos lavaderos de la Fuente de la Peña en las afueras de Jaén, en la carretera de Los Villares. Con el tiempo se convirtió en un prostíbulo conocido como *La Cabaña*.

En la venta de Liébanas se reunieron varias veces con un tal Julio,[418] delegado del comité regional del PCE, venido expresamente de Sevilla para entrevistarse con Cencerro. También fueron detenidos, gracias a las confidencias de Toribio, José Rienda Martínez, José Ruiz Mateos, Joaquín Alcalde Palacios (barbero de Los Villares que afeitaba a los guerrilleros), su hermana Dulcenombre, novia de Formal, y Cristina Calvero del Río.[419] Todos serían torturados y encarcelados en Jaén, menos Julián Beltrán Gutiérrez, a quien la Guardia Civil reservaba un destino diferente por haber participado en el reparto del botín del terrateniente Máximo Codes.

Julián fue obligado a servir de guía a los guardias hasta el cortijo El Aprisco. En Los Villares, también detuvieron al maestro Antonio Espinosa de los Monteros Bonilla, que igualmente fue obligado a subir al camión. El convoy se dirigió a la sierra de la Pandera y tomó el camino del cortijo El Aprisco, donde se encontraba Cencerro. Cuando los camiones se hicieron visibles por la carretera, los guerrilleros huyeron y se internaron en el monte.

La flecha señala el cortijo «El Aprisco» (Los Villares) donde, el 23 de mayo de 1947, la Guardia Civil acabó con la vida del casero y dos villareños que auxiliaban a «Cencerro». Al fondo, Los Villares (Foto: L.M. Sánchez Tostado)

418 AHPJ, leg 42.786, Procedimiento 597/47, Exp. Penit. de Santiago Salazar Gómez.
419 AHPJ, Procedimiento 597/47.

El desgarrador testimonio de los momentos previos a la detención y muerte Juan Chica «Petana», casero del cortijo, nos lo ofreció su nieta María del Mar Tello Chica.

> *El día que mataron a mi abuelo, mi madre lo recuerda muy bien. Antes de que los civiles llegaran al cortijo, alguien de Los Villares le avisó de que corría peligro. Entonces mi abuelo cogió una escopeta y se marchó al monte con ellos. Desde allí divisaba la carretera de acceso al cortijo y, cuando vio aproximarse los camiones, en lugar de huir, regresó a su casa, temiendo que hicieran daño a su mujer y a los niños, porque era a él a quien buscaban. Entró en la casa y le dijo a mi abuela que se fueran todos a la cama. Los civiles llamaron a la puerta y mi abuelo salió a abrir. Mi madre, que por entonces tenía trece años, se levantó y vio a su padre con un candil en la mano hablando con los guardias. Hicieron un registro y se despertaron los niños. No encontraron nada, pero cogieron un queso, que era lo poco que tenían para comer y que después se comieron en el casino de Valdepeñas.*
>
> *Un hombre con un mono azul, creo que era chófer, le dijo a mi madre: «niña, ¿cuántos hermanos sois?», y mi madre contestó: «seis», y el hombre respondió: «pobrecillos». Le dijeron a mi abuelo: «acompáñenos». Le entregó el candil a mi madre y le dijo: «cierra con llave». Esas fueron sus últimas palabras. Allí se quedaron los seis hijos aterrados viendo a su madre gritar de desesperación. Al poco se oyó una explosión.*
>
> *A los dos días se enteraron de lo sucedido porque unos familiares de mi abuela les dieron la noticia. Para mi madre fueron un trauma los gritos desgarradores de mi abuela y verla caer desplomada sin conocimiento. Mi madre corrió al campo en busca de sus hermanos y, entre llantos, les gritó:«¡han matado a papa!».*[420]

Los guardias condujeron a los tres desdichados a unos trescientos metros del cortijo y allí los tirotearon y les lanzaron una granada, de ahí la explosión que refiere Brígida Chica Lendínez, hija de Juan Petana. El uso de la bomba de mano formaba parte de la coartada para justificar en el atestado una resistencia que nunca existió. Los cuerpos sin vida de Juan Chica Marchal, Julián Beltrán Gutiérrez y Antonio Espinosa de los Monteros Bonilla, fueron cargados en un camión y conducidos al cementerio de Los Villares, donde los enterraron en una fosa común.

420 Testimonio de María del Mar Tello Chica, nieta de Juan Chica Marchal («Petana»), basado en los recuerdos de su madre Brígida Chica Lendínez, testigo del hecho.

Julián Beltrán Gutiérrez, enlace de Los Villares, asesinado en el cortijo «El Aprisco» (A. Catena Ramiro)

Jesusa Lendínez Jiménez, viuda de Juan Chica «Petana», asesinado en el cortijo «El Aprisco» (M.M. Tello Chica)

En la comandancia de Jaén se le dio carpetazo al suceso falseando el atestado para hacer constar que los fallecidos «fueron muertos por intentar huir de la fuerza que los conducía».[421] Sin embargo, no se especificó cómo habían llegado maniatados los tres detenidos. Aquel triple crimen no fue sino una nueva aplicación de la ley de fugas, tan promovida y consentida durante la dictadura. A ocho años del final de la guerra civil, el franquismo alentaba la eliminación física sin formación de causa de los que auxiliaban a los bandoleros rojos. La pura esencia del terrorismo de Estado.

La feroz represión hizo que otros contactos de Los Villares huyeran temiendo represalias similares. Pablo Parras Montero («Paulo»), Antonio Gallardo Fernández («Sayuela») y Juan Antonio Gámez Valencia («Chaleco») se echaron al monte para unirse de manera definitiva a Cencerro.

Toribio, en cambio, regresó con Cencerro y, fingiendo desconocer el asalto a El Aprisco, relató cómo consiguió «escapar milagrosamente» del encuentro de Castillo de Locubín en el que perdió la vida su compañero Rábano. No nos extrañaría que, además, profiriese todo tipo de improperios contra la Guardia Civil y contra Franco. Tomás Villén lo creyó todo. Nunca sospechó que su paisano y amigo Toribio era un infiltrado. Su confianza en él le costaría la vida.

421 SEHGC, *205 Comandancia*... ob. cit. p. 35.

EL FINAL DE CENCERRO

Tras la matanza de El Aprisco, Tomás Villén se alejó de Los Villares y, junto a Crispín, se dirigió a la casa de Rafael Chica Aceituno («Petana»), en la calle Sol n.º 1 de Valdepeñas de Jaén. Para no ser vistos, entraban de noche por la puerta trasera, atravesando la maleza del río Susana. En Valdepeñas de Jaén, Cencerro contaba con un amplio número de republicanos dispuestos a ayudarlo. Llegó a crear en la localidad un comité clandestino del PCE, entre cuyos miembros se encontraban varios de sus enlaces.

Desconocía que su paisano y amigo Toribio no solo lo vendería a la Guardia Civil, sino que además era el asesino de Rábano y cómplice del triple crimen del El Aprisco. Ajeno a la componenda, Tomás Villén accedió a una nueva treta de su paisano cuando este le propuso desplazarse a la capital para contactar con unos enlaces. Cencerro no imaginaba que Toribio nunca regresaría y, en su lugar, lo haría todo un ejército.

Tras informar a la Guardia Civil, permitieron a Toribio marcharse a casa de los enlaces de Jaén para tener una coartada si la empresa fracasaba. Otros testimonios aseguran que Marzal disfrazó a Toribio de guardia y, de esta guisa, los guio hasta la casa de los Petana.

Rápidamente se organizó el dispositivo. Para el teniente coronel Marzal representaba el momento más esperado de su carrera: la oportunidad de acabar con el líder guerrillero más buscado de la provincia de Jaén. Marzal no estaba dispuesto a dejar escapar aquella oportunidad. Si, en vísperas del XI aniversario del alzamiento nacional, conseguía exponer el cadáver de Cencerro, supondría un espaldarazo en su carrera militar que redimiría fracasos anteriores.

A las cinco de la madrugada del 16 de julio de 1947, una compañía de guardias civiles al mando del teniente coronel Luis Marzal Albarrán, tomó Valdepeñas de Jaén y rodeó la casa de los Petana.

Armados con subfusiles y pistolas, los guardias llamaron a la puerta. Acudieron a abrir la anciana Brígida Marchal Soto y su hija María Chica Marchal.[422] Las autoridades preguntaron quién se encontraba en la casa. Entonces, al escuchar pasos en la planta alta, sacaron a la calle a la anciana y mandaron a María subir delante de ellos. Desde arriba, alguien se asomó y descerrajó un tiro de escopeta que impactó en las piernas de María. Los guardias se replegaron

422 María Chica Marchal tenía veintidós años y era hija de Rafael Chica Aceituno y Brígida Marchal Soto, propietarios de la casa.

hacia la calle, retiraron a la joven y la torturaron hasta que confesó que en la casa estaban Cencerro, Crispín y su hermano Tomás «Petana».

María Chica Marchal, «Petana».
Enlace de «Cencerro» en Valdepeñas
de Jaén (M.M. Tello Chica)

Rodeada la vivienda, se entabló «un verdadero combate en el que los bandidos emplearon armas de fuego y bombas de mano para tratar de ganar la salida a toda costa. En el tiroteo fue herido de gravedad el guardia Antonio González Alcarria y leve el guardia José Pérez Jiménez».[423] Las fuerzas, muy numerosas, rodearon la vivienda y también tomaron posiciones en puntos elevados de los edificios próximos.

El teniente Francisco Romero Solano ordenó el asalto de la vivienda, pero, de nuevo, «los que se encontraban asediados reanudaron el fuego y arrojaron varias bombas de mano»[424] cuyas deflagraciones obligaron a las tropas a replegarse.

Intuyendo un asedio prolongado, Marzal instaló su base de operaciones en la casa de Fidela, en la calle Patín n.º 2, situada en frente de la vivienda asediada. Allí se reunieron para analizar la situación el jefe de la comandancia de Jaén, Luis Marzal, el comandante Francisco López Pastor y el teniente jefe de la línea de Alcalá, Francisco Romero Solano.

423 Revista de la Guardia Civil, año 1947, n.º 41, p. 57.
424 Ibidem.

Cencerro era consciente de la gravedad de la situación. Sabía que, si optaba por la rendición, lo ejecutarían de inmediato tras largos padecimientos, pero si resistía hasta la noche, tal vez podrían romper el cerco aprovechando la oscuridad. Sin embargo, sus esperanzas se truncaron con la llegada de más refuerzos y la movilización de la guarnición del Regimiento de Infantería Lepanto de Jaén. Todo un ejército contra él.

Entre tanto, la Guardia Civil evacuó a los heridos e interrogó a los cómplices, cuyos nombres había facilitado Toribio. Fueron detenidos Isidro Jiménez Prieto («Cojo Pitarra»), un vendedor ambulante de chucherías que en varias ocasiones sirvió de enlace a Cencerro a cambio de propinas; Francisco Tello Sánchez («Culillo»), casado con Esperanza Chica Marchal («Petana»), y Bernardino Narváez Ortega («Bernardino»), quien los albergó varias veces en su domicilio de la calle Bahondillo. Marzal los obligó a entrar en la casa para convencer a Cencerro de que se entregara. Aquello no fue sino la preparación de otra nueva aplicación de la ley de fugas, pues del cuartel improvisado de la calle Patín salió una consigna muy clara: «disparar a matar a todo el que se ponga a tiro en puertas y ventanas».

La Guardia Civil manipuló la verdad haciendo constar en el atestado lo siguiente:

> *Aprovechando que se tenían detenidos a dos de los más importantes enlaces de la partida, llamados Bernardino Narváez Ortega e Isidro Jiménez Prieto («Cojo»), se les obligó, por el jefe de la comandancia, a que parlamentaran con los bandoleros que capitaneaba El Cencerro, para que se entregaran, a lo cual se negaron estos y como se insistiera nuevamente, hicieron causa común con los bandoleros tomando parte en la agresión contra la fuerza.*

Los enlaces que entraron a parlamentar en ningún momento hicieron causa común con los guerrilleros. En el atestado se omitió, de forma deliberada, el detalle de que se les impidió salir de la casa cuando lo solicitaron a voces. La tarde caía cuando los enlaces, que ya habían hablado con Tomás, quisieron salir de la casa. Desde las ventanas gritaban que Cencerro no quería entregarse, pero que ellos deseaban salir. Los guardias, que tenían orden de disparar, les insistían para que Cencerro saliera con ellos. Los continuos disparos contra ventanas y puertas hicieron desistir a los aterrorizados enlaces. Antes de la llegada de la noche, se hizo un último intento de obligarlos a salir prendiendo fuego al edificio con petróleo y ramas que habían apilado en torno a él. Así lo explicó la Guardia Civil:

Utilizando bombas de mano, se consiguió abrir brecha en el tejado de la casa haciéndose uso también de fuertes cargas de dinamita y botellas de gasolina, así como abundancia de este líquido lográndose incendiar el edificio, lo que dio lugar a que los bandoleros, ante el asalto de la casa en que se encontraban, se replegaran a una inmediata y una vez dentro de ella, a una cueva situada a más bajo nivel que el de la calle.[425]

Los asediados, cada vez más nerviosos, observaban las maniobras de la Guardia Civil, que colocaba cargas de dinamita en el exterior de la casa. Desesperados, comenzaron a romper la pared que les separaba de la casa colindante. De esta forma salvaron momentáneamente sus vidas cuando la casa de los Petana voló por los aires tras una enorme deflagración que la dejó reducida a escombros.

Ante el asombro general, los moradores continuaban con vida en la casa aneja, y en ella centraron su atención las autoridades a partir de aquel momento. El vecino somatén Juan Antonio Carrillo Rivilla se aproximó a la casa colaborando con la Guardia Civil, y les indicó los lugares por donde debían reforzar la vigilancia para evitar fugas. Un certero disparo procedente del interior de la vivienda acabó con la vida de este hombre. Entre tanto, los asediados buscaron refugio en el sótano de la segunda casa.

Los bandoleros se corrían de unos lugares a otros de la casa, incluso dentro de la citada cueva que era relativamente extensa y cuya configuración formaba dos ramas de un ángulo recto, aprovechando para su mejor defensa las condiciones de configuración de la ya citada cueva y así continuó la lucha hasta que llegó la noche.[426]

La situación se complicaba. Ante la magnitud del suceso, fue informado el coronel jefe del 5.º Tercio de la Guardia Civil, Santiago Garrigós Bernabéu, el cual se presentó en Valdepeñas de Jaén a las diez de la noche para asumir el mando de la operación. Garrigós ordenó que se reforzara a los atacantes al mando del comandante jefe del sector, el señor López Pastor y el capitán de la compañía, Juan Castillo Mena. Nuevos efectivos de guardias civiles habían sido movilizados desde los pueblos próximos. Nunca se vivió nada parecido en Valdepeñas de Jaén. Los mandos militares, con aquel fastuoso despliegue, estaban

425 ATMT N.º 2 de Sevilla, Procedimiento 822/47. Atestado de la Guardia Civil.
426 Ibídem.

reconociendo públicamente la importancia que atribuían al que fuera jefe indiscutible de las guerrillas antifranquistas en la Sierra Sur.

A la caída de la tarde, el alemán Oswaldo Irsmcher Heller, jefe local de Falange, instaló un tendido eléctrico con focos que iluminaron la vivienda durante toda la noche para prevenir huidas. Nadie en Valdepeñas de Jaén durmió aquella noche.

> *Estábamos pendientes de lo que iba a pasar. Las calles eran un trasiego continuo de camiones con tropas. Nunca vimos tanto movimiento en el pueblo, ni siquiera durante la guerra. Se pasó mucho miedo. Nadie estaba seguro porque fueron muchos los que de una manera u otra apoyaron a Cencerro durante aquellos años, pero más fuimos los que guardábamos silencio sabiendo que Cencerro se encontraba en el pueblo.*[427]

Durante la tensa vigilia, Cencerro y Crispín ya barruntaron que no saldrían vivos de aquella empresa. Seguramente se preguntaron quién los habría traicionado. En Valdepeñas de Jaén muchos eran los que conocían sus visitas clandestinas. Era más fácil culpar del soplo a algún vecino que pensar que había sido traicionado por uno de sus hombres de confianza, un camarada guerrillero, un paisano, un amigo. Es posible que, en aquella intensa noche, Tomás reparase en las misteriosas ausencias de Toribio en las emboscadas traidoras en las que perdieron la vida Recovero y Rábano, o en la celada del cortijo El Aprisco, donde fueron asesinados tres fieles enlaces. Tal vez cayó en la cuenta de que Toribio estaba detrás de aquella maquinación, pero era demasiado tarde.

Tomás reparó en el dinero que poseía, procedente de diversos secuestros de acaudalados terratenientes, fondos que estaban destinados a aliviar las miserias de muchas familias y la reconstitución del partido. Sabiéndose perdido, y para impedir que a su muerte el botín cayera en manos del enemigo, se entretuvo en romper en pequeños pedazos, uno a uno, todos los billetes hasta hacerlos inservibles y quemar el resto.

A penas despuntó el alba del 17 de julio, se dio la orden general de asalto y se inició un combate con fuego cruzado y lanzamiento de bombas de mano. Otro guardia, Luis Jiménez Vallecillo, cayó herido por la explosión de una granada. La Guardia Civil bombardeaba incesantemente la casa con morteros y lanzagranadas. En un alto el fuego, varios guardias se afanaron en colocar en la base del edificio nuevas cargas de dinamita que produjeron fuertes deflagraciones. Cencerro y Crispín se refugiaron en un sótano, una especie de cueva que los propietarios

427 Testimonio de Juan Ortiz Mena.

usaban como bodega, cuya puerta bloquearon desde el interior en un intento desesperado de protegerse.

Cuando los disparos cesaron, un grupo de guardias asaltó la vivienda y encontró en su interior los cadáveres de Tomás Chica Marchal («Petana»), el de su cuñado Francisco Tello Sánchez y los de Bernardino Narváez Ortega e Isidro Jiménez Prieto. También se incautaron de una espuerta llena de billetes rotos en mil pedazos.

Las fuerzas de represión, con el factor sorpresa de su parte, no contaban con aquella contumaz resistencia ni con aquel prolongado combate. En ese momento, en el Camino la Nava de Castillo de Locubín, guardias de aquel puesto dieron muerte al joven Francisco Romero Torres («Melocotón»), quien, según Alfonso Marchal Cano, le había hurtado 210 pesetas en su cortijo Ranera de Valdepeñas de Jaén. Creyéndolo miembro del grupo de Cencerro, no esperaron a interrogarlo y acabaron con su vida.[428] Pero Melocotón era un joven recovero, al parecer de Carchelejo, que vendía huevos por los cortijos y no tenía ninguna relación con la guerrilla. Pero sigamos con el relato del último combate que libró Tomás Villén.

Tanto Garrigós como Marzal se negaron a correr riesgos, y acordaron volar el edificio con los guerrilleros dentro para garantizar su muerte. Así se hizo. Los guardias apilaron grandes cantidades de dinamita en torno a la casa y se dio orden de retroceder. Cuando se activó el detonador, el estruendo de la deflagración fue tal que se escuchó a varios kilómetros a la redonda. A mediodía llegaron los bomberos de Jaén, que tardaron cinco horas en alcanzar el nivel más bajo del edificio. Al fin, a las seis de la tarde retiraron los cuerpos empolvados y ensangrentados de Tomás Villén Roldán («Cencerro») y José Crispín Pérez («Crispín»), ante la atónita mirada de una muchedumbre de vecinos y militares que contemplaron la escena en completo silencio. Tomás presentaba dos impactos de bala, uno en el estómago y otro en el pecho.

> *Cuando los bomberos dijeron «¡aquí están!», sacaron por los brazos a Cencerro y lo arrastraron unos metros. Los guardias y algunos oficiales se acercaron como desconfiando. Hablaron entre ellos, y uno de los que mandaban, uno gordo con bigote, sacó su pistola y le disparó para asegurarse. Después ordenó que lo llevaran al Castillo de Locubín. Pero yo creo que ya estaban muertos, se habían suicidado para que no los cogieran vivos.*[429]

---

428 Registro civil de Castillo de Locubín, fol. 53, T. 59. y SEHGC, *205 Comandancia...*, ob. cit. pag 72.

429 Testimonio de Francisco Martos Cabrera («Ramales»).

Casas de Valdepeñas de Jaén que fueron dinamitadas para dar muerte a «Cencerro» el 17 de julio de 1947. En primer término la vega del río Susana por donde entraban los guerrilleros (L.M. Sánchez Tostado)

Bajo los escombros se recogieron «una escopeta de dos cañones calibre 12 con dos cartuchos en la recámara disparados, una pistola Astra 9 mm largo con cinco capsulas, una bolsa de tela con treinta y tres balas del 9 largo, tres paquetes de algodón y un tubo de pomada marca Dercusán, treinta céntimos en monedas de cobre, una medalla de la Virgen de la Cabeza y una máquina de reloj de pulsera».[430]

Diario Jaén publicó en su primera página: «El Cencerro y cinco malhechores más muertos por la Guardia Civil, a la que hicieron frente».[431] El Gobierno Civil publicó un comunicado de prensa en el que desvirtuó la verdad al objeto de desmitificar la figura de Cencerro, atribuyéndole la muerte de sus propios enlaces:

> *(...) En poder de estos malhechores se encontró cantidades en metálico y artículos procedentes de los numerosos robos que habían realizado, siendo demostración de la criminalidad de los mismos el hecho de que Cencerro y sus compañeros disparasen sobre los hijos del dueño de la casa en que estaban refugiados, María y Tomás Chica Marchal, y el cuñado Francisco Tello Sánchez, hiriendo a la primera de gravedad*

430 ATMT N.º 2 de Sevilla, Procedimiento 822/47. Atestado de la Guardia Civil.
431 *Diario Jaén*, 20 de julio de 1947. pp. 1-2.

y matando a los dos últimos, sin duda para demostrar su gratitud a quienes le habían prestado ayuda.[432]

El teniente coronel de la Guardia Civil, Eulogio Limia Pérez, contó otra versión diferente:

El jefe de línea de Alcalá la Real procedió a registrar la casa en donde se presumía se albergaba la partida capitaneada por Cencerro. Uno de los grupos fue agredido, por lo que el teniente, acompañado de dos enlaces de los bandoleros, al frente de su fuerza, asaltó y penetró en la casa de donde partió la agresión, momento en que aprovecharon los enlaces para pasarse al enemigo (...)[433]

¿En qué quedamos? ¿Fueron los enlaces asesinados por Cencerro o se pasaron al enemigo? De nuevo la falta de transparencia de las autoridades franquistas que utilizaban diferentes versiones según fueran dirigidas a la opinión pública o a la Dirección General de la Guardia Civil. También los dirigentes comunistas dieron su peculiar versión tratando de invertir el balance de víctimas con la intención de engrandecer la gesta guerrillera. En un informe enviado al PCE para *Mundo Obrero* leemos:

La Guardia Civil dio vista al patriota Tomás Villén Roldán, que luchaba como guerrillero desde 1940, en que se había fugado de la cárcel. Los guardias civiles trataron de detenerlo, pero él les hizo frente con gran decisión, entablándose un tiroteo, en el curso del cual el guerrillero dio muerte a seis guardias civiles. Los guardias restantes prendieron fuego a la casa desde donde disparaba el guerrillero, el cual no se rindió, sino que continuó disparando hasta que cayó muerto.[434]

Como vemos, cada cual manipulaba a su antojo la información dirigiéndola a sus propios intereses. La operación de captura de Cencerro tras la delación de Toribio fue una pírrica victoria del teniente coronel

432 Ibidem, p. 2. En posteriores ediciones se publicaron las felicitaciones oficiales al Cuerpo de Bomberos de Jaén a los que el ayuntamiento jiennense concedió una gratificación de 100 pesetas a cada bombero «por la destrucción de la banda del bandolero Cencerro» (24 de julio) y las «centenares de felicitaciones que el teniente coronel Marzal estaba recibiendo por exterminar al bandolero Tomás Villén» (25 de julio).

433 SEHGC, *Relación de los servicios...*, ob. cit. p. 38

434 AHPCE, caja 105, carpeta 2/18.

Marzal, que pronto ascendieron a coronel.[435] Una operación con un elevado coste humano con ocho muertos (dos guerrilleros, cuatro enlaces, dos vecinos, incluido Melocotón), cuatro heridos (tres guardias civiles y una mujer) y diez encarcelados (ver tabla 14). De todos ellos, solo dos eran guerrilleros.

Especial mención merece la tragedia de la familia Petana, con la pérdida de tres hijos (uno en la guerra y dos muertos por la Guardia Civil en 1947), el encarcelamiento de los padres, que contaban con setenta y sesenta y tres años, y de su hija María, así como la ruina económica al haber sido volada su casa.

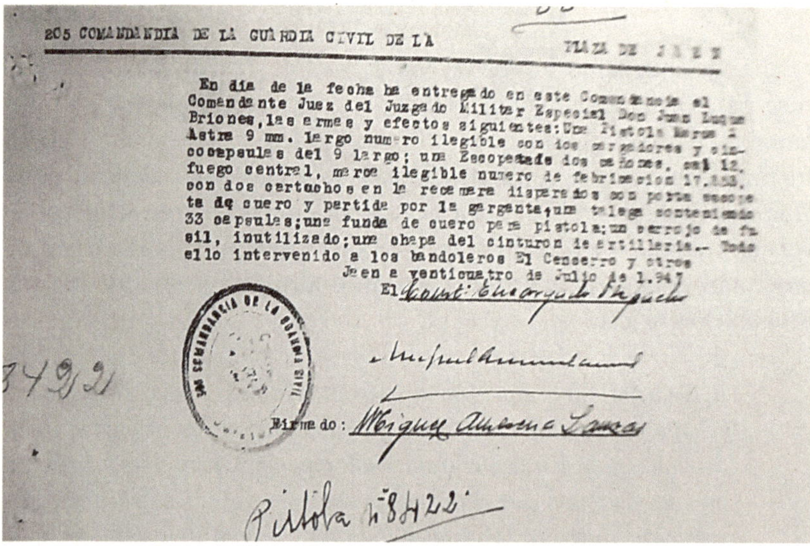
205 COMANDANCIA DE LA GUARDIA CIVIL DE LA PLAZA DE JAEN

En dia de la fecha ha entregado en este Comandancia el Comandante Juez del Juzgado Militar Especial Don Juan Luque Briones, las armas y efectos siguientes: Una Pistola marca [illegible] Astra 9 mm. largo numero ilegible con [illegible] cargadores y cincocapsulas del 9 largo; una Escopeta de dos cañones, cal 12, fuego central, marca ilegible numero de fabricacion 17.[illegible], con dos cartuchos en la recamara disparados con porta escopeta de cuero y partida por la garganta; una talega conteniendo 33 capsulas; una funda de cuero para pistola; un cerrojo de fusil, inutilizado; una chapa del cinturon de artilleria.- Todo ello intervenido a los bandoleros El Cencerro y otros
Jaen a veinticuatro de Julio de 1.947
El [illegible]
Firmado: [illegible]

Diligencia por la que se hace entrega al juez militar del armamento y efectos incautados tras la muerte de «Cencerro» y «Crispín» en Valdepeñas de Jaén (Foto: L.M. Sánchez Tostado)

El cuerpo de Crispín fue llevado al cementerio de Martos, de donde era natural, y el de Cencerro fue expuesto en el paseo de Castillo de Locubín, quedando a la vista del público.

Veníamos de una comunión en Priego, nos enteramos y fuimos corriendo a verlo. Me dio mucha pena y me fui llorando. A su hija Virtudes la estaban sujetando y gritaba. A Rafaela, la hija mayor, los

435 Otros tres guardias, José Pérez Jiménez, Antonio González Alcarria y Manuel Molina Pulido, fueron condecorados con la Cruz de Plata al Mérito Militar

guardias le entregaron unos trocitos de billete que él había roto y le dijeron: «esto es lo último que ha tenido tu padre en la mano».[436]

Con el tiempo, los hijos de Tomás Villén sacaron los restos de su padre de la fosa común y los depositaron en un nicho. Concluyó así la trayectoria de un hombre en lucha continua, un guerrillero indómito que soñaba con un cambio en España.

En Castillo de Locubín, la muerte de Cencerro fue una triste noticia para muchos vecinos que conocían a Tomás desde la infancia. Otros, en cambio, respiraron aliviados. Pero el mito de Cencerro no murió con él. Muchos se negaron a creer que había muerto, atribuyéndolo a uno de tantos montajes del gobierno franquista. Algunos guerrilleros se hicieron pasar por él para garantizar el éxito a nuevos golpes. Ciertamente, los sectores marginados, en los momentos de máxima opresión, precisaban de una catarsis colectiva; verse reflejados en el rebelde, en el indómito, en el guerrillero que, aún con todo en contra, defendía con su vida sus ideales y se convertía en la espada de Damocles que pendía sobre el poderoso, el terrateniente o el patrón.

Durante muchos años, Cencerro fue objeto de admiración popular, y no pocos lo consideraban un héroe. En 1977, a treinta años de su muerte, *Diario Ideal* lo recordaba: «El Cencerro de Jaén, su fama de intrépido no ha empalidecido».

Caprichosa en su azaroso vaivén, la vida propicia paradojas que solo pueden interpretarse con el paso de los años. Los niños del Hospicio de Jaén se encontraban por entonces en un campamento en Valdepeñas de Jaén, no lejos de la zona donde se desarrollaron los combates. Mientras duró el asedio, no les permitieron salir del campamento. Entre aquellos niños se encontraban los tres hijos menores de Gil Aceituno Expósito («Gilico»), enlace de Cencerro en Alcaudete, a quien unos meses antes también mataron y cuya casa también fue destruida. José, por entonces con diez años, nos contó, sesenta y un años después, aquella triste experiencia:

> *Se oyeron explosiones y teníamos miedo. Cuando pasó todo, ya de madrugada, los curas nos despertaron gritando:* «¡Que vienen los de la sierra!», *y los niños nos pusimos histéricos. Luego dijeron que era una broma. A la mañana siguiente, nos llevaron a ver los escombros donde mataron a Cencerro, entonces me acordé de mi padre y de nuestra casa, que también estaría igual. Con los años comprendí que lo*

436 Testimonio en vida de Purificación Quesada Olmo.

que pretendían los curas del hospicio era predisponer a los niños contra los rojos y que tomásemos miedo a los de la sierra, como si fueran criminales.[437]

Momentos antes de su muerte en Valdepeñas de Jaén el 17 de julio de 1947, Tomás «Cencerro» rompió más de cien mil pesetas en billetes que terminaron pegados en las páginas del sumario militar (L.M. Sánchez Tostado)

437 Testimonio de José Aceituno Galán, hijo de Gil Aceituno Expósito.

El 26 de julio, el ayuntamiento de Valdepeñas de Jaén celebró un pleno extraordinario sobre aquellos graves sucesos, en el que se acordó, entre otros puntos, «felicitar a la Guardia Civil y a los falangistas Oswaldo Irsmcher y Juan Torres López por su actuación en la captura del bandolero Cencerro y solicitar una recompensa para el teniente jefe de línea de la Guardia Civil de Alcalá la Real, Francisco Romero Solano».[438]

Quedaba premiar al delator. A Toribio Baeza Palomino, además del premio en metálico, le hicieron policía municipal de Valdepeñas de Jaén. Sin embargo, a sus compañeros, que conocían sus antecedentes, no les inspiraba ninguna confianza, y le hicieron el vacío, por lo que el comandante de la Guardia Civil, Eduardo Alonso Quesada, se lo llevó a su finca Trujillos como guarda.

El juez militar remitió al Banco de España los trozos de billetes que rompió Cencerro con el fin de que fueran sustituidos por billetes nuevos, pero el Banco de España se negó por haber perdido todo valor al ser destruidos. Cencerro se salió con la suya, y aquel dinero nunca fue recuperado por el régimen. El montante de los billetes rotos ascendía a 104445 pesetas, importante cantidad para la época, y los trozos, inservibles, terminaron pegados a las páginas del sumario militar de la causa 822/47.

Cuando me tropecé con aquellos fragmentos de billetes en el archivo militar de Sevilla, me estremecí al imaginar el crítico momento en que fueron destruidos por Tomás Villén Roldán en los umbrales de su muerte.

Tabla 14
Relación de procesados tras el asedio y muerte
de Cencerro el 17 de julio de 1947[439]

NOMBRE	VECINDAD	CONDENA	OBSERVACIONES
Rafael Chica Aceituno («Petana padre»)	Valdepeñas	14 a. 8 m. y 1 día	Enlace de Cencerro, perdió su casa tras el asedio.
Juan Martos Ortega («Amandurri»)	Valdepeñas	14 a. 8 m. y 1 día	Enlace. Recibió gratificaciones de los guerrilleros.
Brígida Marchal Soto («Petana»)	Valdepeñas	12 años y 1 día	Enlace. Esposa de Rafael Chica. Recibió gratificaciones.

438 Ayuntamiento de Valdepeñas de Jaén. Libro de Actas Capitulares, sesión 26 de julio de 1947.

439 Elaboración propia en base a los datos obrantes en el AHPJ y AHMI, causa 822/47.

María Chica Marchal («Petana»)	Valdepeñas	12 años y 1 día	Enlace. Resultó herida en el tiroteo. Recibió gratificaciones.
María J. Cortés Torres (Llueca»)	Valdepeñas	12 años y 1 día	Enlace. Dio albergue y hacía recados. Recibió gratificaciones.
María Gallego Cabrera («La Bella»)	Valdepeñas	4 a. 2 m. y 1 día	Enlace. Confeccionó prendas de vestir para los guerrilleros.
Rafael Lendínez Gallego («Yeguero»)	Valdepeñas	2 años	Enlace. Recibió gratificaciones.
Juan Parra Cano («Calzones»)	Valdepeñas	1 a. 6 m. y 1 día	Enlace. Facilitó a Cencerro nombres de enlaces en Martos.
Pedro Montes Castro («Pilatos»)	Los Villares	1 año y 30.000 pts.	Propietario del cortijo El Aprisco.
Juan Ruiz Escabias («Grande»)	Jaén	Absuelto f.p.	Enlace de Jaén, detenido en la fica La Venosilla

El "Cencerro" y cinco malhechores más, muertos por la Guardia civil, a la que hicieron frente

Se hallaban refugiados en una casa de Valdepeñas de Jaén

El Gobernador Civil expresó públicamente su gratitud al Benemérito cuerpo por tan importante servicio

Diario Jaén, 20 de julio de 1947 (L.M. Sánchez Tostado)

LA REGIO

Guerrilleros andaluces, los marginados de la posguerra (3)

El "Cencerro" de Jaén, su fama de intrépido no ha empalidecido

- **El hambre, la miseria y el «acoso» a que se veían sometidos por algunos de los vencedores, causas de la huída a la sierra de muchos guerrilleros**

En un primer intento de reconstrucción de lo que fue la guerrilla después de 1939, Pons Prades, tras una exhaustiva búsqueda de las huellas de sus protagonistas, ofrece, a través de los testimonios personales de los que directamente tomaron parte o de los que de alguna manera convivieron con ellos, las razones que monios directos de los allegados a los guerrilleros en Alcalá la Real, Castillo de Locubín y Ubeda.

EL CENCERRO Y "LAS GENTES DE ORDEN"

"El Cencerro" ha cruzado la barrera del tiempo sin que su fama de guerrillero intrépido haya palidecido lo más mínimo. Cuando nos los que tienen alma de esclavos, que siempre los hay, nos sentíamos identificados con los hombres de la Sierra. Igual que cuando se armó lo del 36. Entonces, por primera vez en nuestra vida, la gente del campo nos dimos cuenta de que pintábamos algo en el mundo. Aunque, como es natural, al no tener ninguna

Diario Jaén, 30 de octubre de 1977 (L.M. Sánchez Tostado)

PROSIGUEN LOS SECUESTROS

Tras la muerte de Tomás Villén, la guerrilla quedó acéfala, y se improvisaron varias jefaturas. Uno de los grupos fue capitaneado por Antonio Fajardo Sánchez («Piñero»). En él se incluyó a Paquete, Muñoz y Juanico. A otro, dirigido por Adriano Collado Cortés («Zoilo»), se agregaron Paulo, Sayuela, Payuso, Rubio Ollero y Niño. Un tercer grupo lo integraban guerrilleros menos activos que no querían alejarse demasiado de sus lugares de procedencia, tales como Batoño, Manolo y Chaleco.

El 21 de agosto, la Guardia Civil se presentó en el cortijo de José Chamorro del Caño (Martos), quien había sido detenido en el mes de mayo acusado de prestar auxilio a Cencerro, pero fue puesto en libertad por falta de pruebas. En esta ocasión tuvo menos suerte y, acusado de ser un enlace de la guerrilla, fue eliminado mediante la ley de fugas en su misma casa. La versión oficial: «que intentó disparar contra la fuerza al efectuar un registro en su domicilio».[440]

Durante el verano de 1947, Zoilo enviaba regularmente dinero a su mujer por mediación del enlace de Castillo de Locubín Miguel Muñoz Zafra («Bichillo»). A primeros de octubre, su esposa le hizo llegar una carta en la que lo informaba de la calamitosa situación por la que estaban atravesando, sin medios para comer, negando haber recibido dinero alguno. Extrañado, Zoilo comprendió que Bichillo se apropiaba del dinero que en varias ocasiones le entregó para su esposa, y, sin pensarlo más, se presentó en el pueblo el día 4 de octubre. Fuera de sí, sin reparar en el peligro que supondría su presencia, llamó a la casa de Manuel Muñoz mientras que este, barruntando lo que le esperaba, comenzó a pedir auxilio por una ventana gritando que estaban allí los de la sierra. Zoilo acabó con su vida disparando repetidas veces contra él.

Acto seguido, la guerrilla se desplazó al término de Noalejo, donde se alojaron en el cortijo El Encarbo, arrendado a Patricio Moya Serrano. Allí planearon secuestrar al médico que atendía al hijo del casero, pero decidieron no hacerlo para no comprometer a Patricio. Más tarde, pasaron a Benalúa de las Villas (Granada), donde coincidieron con el grupo de Piñero, que había obtenido 60000 pesetas en un secuestro. Piñero les hizo entrega de 2000 pesetas a cada uno. Decidieron dividirse en tres grupos, uno de ellos comandado por Antonio Gallardo («Sayuela») y formado por Paulo, Manolo y Payuso, y se encaminaron a la sierra de Pinos Puente. Por aquellos alrededores realizaron algunos atracos y, a

440 SEHGC, *205 Comandancia...*, ob. cit. p. 35.

finales de octubre, regresaron a Noalejo, Los Villares, y, finalmente, a Jaén. Allí, el 19 de octubre, atracaron la finca Puerto Alto, de cuyo propietario solo pudieron obtener 700 pesetas.[441]

El 12 de noviembre, fueron secuestrados en la Solana de Molina (Campillo de Arenas) Cristóbal Martínez López y su cuñado Manuel Abril Valdivia, al que exigieron 50000 pesetas con la amenaza de llevarse a sus tres hijos, si bien solo consiguieron 12000 pesetas.

A mediados de ese mismo mes, armados con pistolas y bombas de mano, salieron al paso del propietario del cortijo Parrizoso (Valdepeñas de Jaén), pero el dueño, seguramente crecido tras la muerte de Cencerro, se negó en rotundo a entregar cantidad alguna. Optaron por secuestrar a sus tres hijos y a varios operarios de la finca, que fueron encerrados en una dependencia del cortijo. Finalmente, el propietario entregó 8000 pesetas de rescate y víveres para varios días. En esta acción participaron Zoilo, Paulo, Sayuela, Batoño y Chaleco. Tras el golpe, huyeron al término de Noalejo y se ocultaron en el cortijo El Encarbo.

Al cabo de unos días, el grupo de Zoilo se desplazó a la sierra granadina de Benalúa de las Villas, donde realizaron diversos atracos en cortijos. Por su parte, Piñero y sus compañeros Rubio Ollero, Muñoz, Manolo obtuvieron 60000 pesetas como rescate en un secuestro. Dos guerrilleros se desplazaron al cortijo El Encarbo de Noalejo para convocar al grupo de Sayuela (Paulo, Nieto, Rubio Ollero y Sayuela) a una asamblea con los supervivientes de la que fuera guerrilla de Cencerro. En un punto de la sierra de Benalúa de las Villas (Granada), coincidieron los doce guerrilleros y se procedió al reparto del dinero del secuestro.

> *Allí nos juntamos doce huidos, al llegar nos enteramos de que cuatro de ellos, Antonio Molina Melero («Rubio Ollero»), Antonio Fajardo Sánchez («Piñero»), Antonio Muñoz Ruiz («Muñoz») y Francisco Nieto Torres («Manolo»), habían dado un atraco de 60000 pesetas, recibiendo cada uno 2000 pesetas.*[442]

Del rescate conseguido, 24000 pesetas se repartieron a partes iguales, a razón de 2000 pesetas por guerrillero. El resto fue destinado, como siempre, para el pago a enlaces, para el partido y para el fondo de ayuda a los presos. A los dos meses, y ante la escasez de alimentos y la

441 AHMI, leg. 1209/46, causas acumuladas 1324/47 y 1266/47. Testimonio de Pablo Parras Montero.

442 Ibidem, declaración de Pablo Parras Montero, folio 3.

proximidad del invierno, decidieron dividirse en tres grupos. Uno de ellos, comandado por Antonio Gallardo («Sayuela»), se constituyó con Paulo, Manolo y Payuso. Como vemos, los componentes de cada guerrilla iban cambiando continuamente. Este grupo se encaminó al término de Pinos Puente (Granada), pero al mes y medio regresaron a su base en Benalúa de las Villas, donde volvieron a reunirse con el resto de los compañeros. De nuevo, reorganizaron los grupos. Paulo, Paquete, Muñoz, Zoilo y Sayuela regresaron al cortijo El Encarbo y, desde allí, a la casilla del suegro de Sayuela en Los Villares, de donde saldrían, el 19 de octubre de 1947, para la finca Puerto Alto (Jaén), a cuyo propietario exigieron la entrega de 15000 pesetas. Solo consiguieron 700 pesetas y algunos víveres.

A principios de diciembre, se adentraron en la capital y se refugiaron en la casa de la enlace Aurora Cárdenas Ortiz (viuda de Chirri[443]), que vivía en la carretera de circunvalación n.º 9. El 8 de dicho mes, Paulo y Sayuela, con intención de tomarse un respiro, visitaron el burdel de Soledad Escamilla Roa, más conocido por Casa Purita, en la calle Cruz Verde n.º 1 de Jaén, hoy conocida como calle Las Cumbres. Ya en la casa, subieron con dos pupilas, las cuales solicitaron el pago por adelantado, cosa que irritó a los guerrilleros. Entablaron una discusión con ellas, y Paulo comenzó a golpear a María Castillo, cuyos gritos fueron escuchados por varios miembros de la Cruz Roja que habían acudido al prostíbulo para festejar la festividad de su patrona. Los huidos, en la oscuridad de la noche y al comprobar la presencia de varios hombres uniformados y con gorras de plato, los confundieron con militares y desenfundaron sus armas. Sayuela disparó contra el primero que se presentó, los demás retrocedieron, y los guerrilleros emprendieron una precipitada huida. El camillero Manuel Ibáñez Fernández murió en el acto.

Paulo, tras forcejear con varios de ellos, lanzó una bomba de mano que hirió a los también camilleros Domingo Albujer Aguilera y Alfonso Ruiz Ortega. Luego consiguió huir aprovechando la confusión reinante, si bien él también iba herido. A las pocas horas, Paulo fue detenido en las afueras de Jaén en los desmontes de la calle Buenavista.

443 Recordemos que Diego García Gómez («Chirri») se había incorporado a la guerrilla del Cencerro» tras la colocación de una bandera republicana en la cruz del castillo de Santa Catalina en Jaén el 18 de julio de 1946, y fue uno de los promotores de la constitución de un comité local del partido comunista en la capital. Fue muerto por la Guardia Civil, junto a los hermanos Juan y Carlos Rivera Jiménez, el 1 de noviembre de ese año en el término de Alcalá la Real.

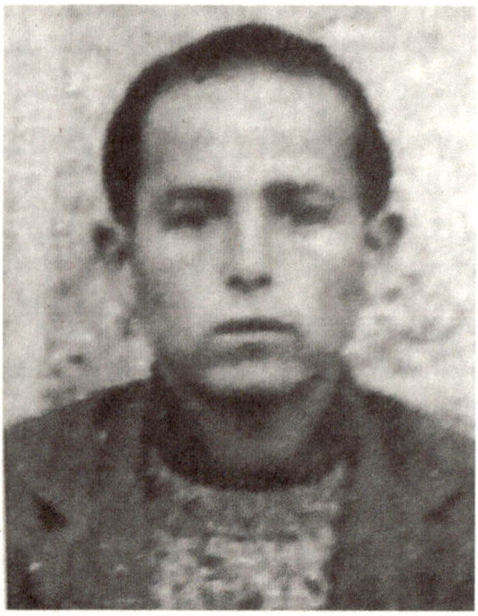

Pablo Parras Montero («Paulo»), enlace
y guerrillero de Los Villares fusilado
el 22 de enero de 1949 (A. Parras)

Con las confesiones sonsacadas a Paulo se organizó el dispositivo policial para la localización del grupo de Piñero. Cuando dejó de serles útil, Pablo Parras Montero fue condenado a muerte y ejecutado en el cementerio de Jaén el 22 de enero de 1949.

En 1994, con motivo de documentar mi anterior trabajo sobre la historia de las prisiones, tuve la oportunidad de entrevistar a Antonio Eisman Monblan, un antiguo funcionario de la prisión provincial de Jaén a quien correspondió comunicar a Pablo Parras Montero, en la noche del día 21 de enero de 1949, que debía entrar en capilla para ser fusilado al alba. Su testimonio, desgarrador por la emotividad y la dureza de aquel servicio, nos dibuja aquellas terribles escenas en el corredor de la muerte. Reproducimos literalmente parte de la entrevista grabada:

> *P: Tengo entendido que estuviste toda una noche en capilla con un reo al que iban a ejecutar al día siguiente. ¿Quieres que hablemos de esto o prefieres que cambiemos de tema?*
> *R: No, no me importa.* [sí le importaba, porque le cambió el semblante]. *Recuerdo que era un hombre de la banda del Cencerro, que actuaban por Los Villares y Valdepeñas de Jaén y se dedicaban a dar atracos. Pero este no era un cabecilla. Era muy buena persona. Lo hirieron en una pierna en un tiroteo y lo llevaron al hospital y quedó cojo. Luego estuvo bastante tiempo en la prisión y lo condenaron a muerte. Lo que pasa es que ellos no sabían cuándo los iban a ejecutar.*

Podían pasar meses, un año o dos... A este hombre lo conocía bien y habíamos hablado con frecuencia. Era un pobre desgraciado. La noche antes de la ejecución, sobre las nueve y media, nos dijeron que teníamos que sacarlo y cachearlo como se hacía siempre, y, como hacía frío en el patio, lo llevamos dentro y él ya se imaginaba lo que le esperaba. Mirábamos sus pocas pertenencias y le pregunté: «¿esto qué es?», *y dijo: «un mechón de pelo de mi hijo...* [el entrevistado se entrecorta emocionado]... *y esto la patrona de mi pueblo». Tenía sus retratos, sus recuerdos de familia...* [se le saltan las lágrimas].

P: Tranquilo Antonio, no sigas si no te apetece.
R: Y cuando le dijimos que lo iban a ejecutar por la mañana, el hombre se descompuso. Se puso muy malo. Un decaimiento... Tuvimos que llevarlo varias veces al retrete. Yo creo que este hombre no debía de tener mucha culpa, porque antes los bandoleros lo enrolaban a uno para que no fueras a chivarte, y a este hombre lo debieron entusiasmar con alguna cosa. Estaba casado y tenía varios hijos. Recuerdo que durante aquella noche toda su obsesión era «mis hijos, mis hijos... ¿qué va a ser de mis hijos?» [vuelven a saltársele las lágrimas] *Y yo le dije: «mire, ya que usted ha tenido la desgracia de tener una vida tan mala, escríbales una carta para que a ellos no le ocurra lo mismo». Y les escribió, y nos dejó la poca ropa que tenía para que se la diésemos a la familia.*

P: ¿Dónde estuviste con él?
R: Lo sacamos del departamento n.º 4 al locutorio de mujeres del 2.º Rastrillo, que era donde se ponían los reos en capilla. A este lugar se le llamaba Villa Cisneros. Más tarde aparecieron el auditor, el juez, el director de la prisión y el cura, y le leyeron la sentencia. Luego, durante toda la noche, nos fuimos turnando varios funcionarios para hablar con él y darle algunos ánimos. También aparecieron los de Acción Católica para que se confesara y hablarle del cielo y esas cosas. Yo estuve hablando toda la noche con él, y me contaba cosas de su mujer y de sus hijos. A las seis de la mañana, llegó la camioneta de la Guardia Civil, lo rodearon cinco o seis guardias, lo esposaron y se despidió de nosotros. Más tarde, cuando le abrimos la puerta a los menores que compartían departamento con los condenados a muerte, nos preguntaron que dónde estaba fulanito, que qué habíamos hecho con él... [llora] *«Niños, vamos a rezar un padre nuestro para que vaya al cielo».*[444]

444 Entrevista con Antonio Eisman Monblan realizada los días 10 y 11 de noviembre de 1994.

Con la detención de Paulo, tras el incidente del burdel de la calle Cruz Verde, se precipitó la caída del grupo formado por Piñero, Paquete, Muñoz y Juanico, que en aquellos momentos se ocultaban en el cortijo El Encarbo, entre los términos de Montillana y Noalejo. Cuando barruntaban peligro, los guerrilleros abandonaban el cortijo y se escondían en una cueva próxima, en la cañada Cardenete, desde la cual se divisaba el mencionado cortijo.[445]

Durante los años de apogeo del movimiento guerrillero (1946-1947), hubo gran número de propietarios derechistas y patronos que, ante el temor de un cambio en el panorama político y, sobre todo, por la incertidumbre del posicionamiento de las potencias occidentales sobre una posible intervención militar en España, se mostraron poco colaboracionistas con la represión antiguerrillera. Son muchos los casos, sobre todo en esta etapa, en que hacendados agrarios no denunciaron a las autoridades las frecuentes visitas que los maquis hacían a sus fincas. Incluso se conocen casos en que les proporcionaron armas o se las guardaban sin denunciarlos, garantizándose, hábilmente, el apoyo de los dos bandos que luchaban por el control de la sierra. Por un lado, el miedo a las represalias de los maquis ante la denuncia o delación los intimidaba; por otro, la falta de colaboración con las autoridades militares y sus crueles procedimientos los atenazaba, pues podría suponer la cárcel e incluso su ruina económica.

Cuando el propietario era referido por algún prisionero al que torturaban, aquel lo negaba y recurría a sus antecedentes político-sociales, o bien alegaba miedo insuperable ante las amenazas de muerte de los rojos. También se dio el caso de que, una vez conocido su encubrimiento, decidieron colaborar en el exterminio de los guerrilleros para limpiar su imagen y garantizar su futuro. A este último grupo pertenece el impresionante caso que vamos a relatar.

Por entonces, Antonio Cano Aceituno, más conocido por «Enriqueto», alcalde pedáneo de la Hoya de Salobral (una aldea de Frailes), fue llamado por el teniente Solano de Alcalá la Real. Este le

445 Tuve la oportunidad de visitar la cueva y comprobar la dificultad de su localización por tratarse de un pequeño agujero en el suelo de unos cuarenta centímetros en un macizo rocoso plagado de grietas. Se accedía a ella a través de una chimenea de unos dos metros de profundidad que en uno de sus laterales presentaba un acceso a un pasillo de unos cinco metros de largo donde dormían los cuatro guerrilleros. Por sus estrechuras, debió de constituir una trampa mortal en el momento de ser localizados.

hizo partícipe de los rumores que le llegaban sobre la presencia de guerrilleros y la ausencia de denuncias. Enriqueto lo negó, pero enseguida se puso en contacto con su amigo José Barranco Castro, sargento de la Guardia Civil de Noalejo, quien seguía la pista de los guerrilleros desde hacía algún tiempo. Tras las confesiones arrancadas en la detención de Paulo en Jaén, los acontecimientos se precipitaron, y hubo que actuar antes de que les llegase la noticia a los huidos. Al parecer, Enriqueto, a cambio de su colaboración, exigió garantías de no ser procesado como encubridor y protección para los suyos en caso de que algún guerrillero consiguiese huir vivo. La idea era no dejar a ningún testigo con vida, pues eran muchos los derechistas de los alrededores implicados si algún huido confesaba el auxilio recibido.[446]

La flecha señala el cortijo «El Encarbo» (Noalejo) que abastecía a los guerrilleros. Fotografía tomada desde la cueva donde, el 10 de diciembre de 1947, fueron muertos cuatro guerrilleros (L.M. Sánchez Tostado)

Los temores de Enriqueto eran justificados, pues, un año antes, en 1946, ya se produjo un acto de represalia en Montillana, municipio situado a pocos kilómetros de Noalejo, en el que el derechista Juan Ramos Aranda, propietario del cortijo Cuevas, fue asesinado por la guerrilla de Chico Pérez y Cogollero. Lo mataron por denunciar la

446 Testimonios de Francisco Arriaza Abril, Jesús Jiménez García* y Enrique Macías Cano*.

presencia de los guerrilleros en sus tierras, a pesar de que estos lo dejaron marchar con la condición de no ser denunciados hasta transcurridas cuarenta y ocho horas. Haciendo caso omiso a las advertencias, Juan Ramos denunció ante la Guardia Civil. El 24 de abril, las autoridades, tras la persecución y el consiguiente tiroteo, dieron muerte al guerrillero Lope Andrade Díaz («Sordo»). Dos meses tardaron en vengar la muerte de su compañero. El 18 de junio, Juan Ramos fue secuestrado y asesinado en el mismo lugar donde mataron al Sordo (Puerto del Lobo, Montillana).[447]

El 10 de diciembre se acordó formar un grupo de somatenes de apoyo a la Guardia Civil, cuadrilla que encabezó el mismo Enriqueto. Para no levantar sospechas, se realizó el habitual servicio de ronda por los alrededores del cortijo El Encarbo mientras Enriqueto envió a un pastor enlace de los maquis con el objeto de mantenerlos entretenidos y que relajasen la vigilancia. Entretanto, una veintena de efectivos se aproximaban en silencio a la cueva. Cuando el pastor se marchó, la gruta estaba completamente rodeada. Los emboscados trataron de salir lanzando granadas desde la entrada de la cueva, lo que motivó un pequeño repliegue de los derechistas, momento que aprovechó Piñero para saltar de la cueva tras una lluvia de plomo. Aunque le alcanzaron en una pierna, huyó monte arriba remontando el cerro Banderín hasta el cortijo Burrufete Alto, donde encontró a un pastor al que informó de que lo perseguía la Guardia Civil. Este pastor declaró más tarde que el huido le suplicó que lo rematara, pero los guardias, que siguieron el rastro de sangre, lo hicieron ellos mismos.

El asedio continuó hasta que los guerrilleros fueron muertos uno tras otro conforme salían de la cueva intentando una huida desesperada. Los cuerpos de Antonio Fajardo Sánchez («Piñero»), Antonio Muñoz Ruiz («Muñoz»), José Gálvez Prieto («Paquete») y Juan Martín Maqueda García («Juanico») fueron cargados en dos caballerías hasta el cortijo El Álamo, donde estuvieron toda la noche.

De la cueva extrajeron seis escopetas, dos pistolas, doce granadas de mano (dos de piña y el resto de fabricación casera), dos cananas, munición y una cartera con 1600 pesetas.

A continuación, se dirigieron al cortijo El Encarbo y pidieron al casero, Patricio Moya Serrano, que los acompañaran al cuartel para tomarle declaración. Su hijo José insistió en acompañar a su padre, intuyendo que podían hacerle algún daño. Padre e hijo fueron conducidos hasta Noalejo con la intención, según el sargento Barranco, de

447 Testimonio de Juan Ramos Castro.

tomarles declaración, pero, al llegar al Puerto del Caballo, en la Sierra del Trigo, les aplicaron la ley de fugas y los asesinaron.

> *Ya por el camino debieron de preguntarle y vieron que sabían más de la cuenta y que podía implicar a mucha gente de la Hoya y al mismo Enriqueto. Unos dicen que fue Enriqueto quien los mató, otros, que fue el sargento Barranco. Parece ser que al hijo no lo iban a matar, pero, después de presenciar el crimen de su padre, tuvieron que liquidarlo a él también. De aquello se habló mucho entonces, porque los del Encarbo eran gente buena y trabajadora.*[448]

La Guardia Civil escribió en el atestado que el primer huido («Piñero») «huyó monte abajo hacia el cortijo El Encarbo, donde, en unión del casero y su hijo, opusieron resistencia a la fuerza».[449] Fue una versión falsa para justificar sus muertes, porque la resistencia del padre y del hijo nunca existió. Mercedes Cuenca Lombardo, la esposa de Patricio, fue encarcelada, y sus hijos menores quedaron en el más absoluto desamparo. Tres meses después, fue absuelta por falta de pruebas.

Los vecinos de mayor edad de aquella comarca aún referían el triste recuerdo del crimen del casero y su hijo, en el que, para que algunos derechistas no se vieran implicados, se destrozó con impunidad a una familia inocente.

Antonio Muñoz Ruiz, «Muñoz»
(L.M. Sánchez Tostado)

Antonio Fajardo Sánchez, «Piñero»
(L.M. Sánchez Tostado)

448 Testimonio de Enrique Macias Cano*

449 AHPJ, Causa 10/48, Exp. Penit. de Mercedes Cuenca Lombardo.

La tragedia de Noalejo, en la que murieron seis personas, pudo haber concluido aquí, pero no. Como en los guiones de Berlanga, los odios y los rencores esperaron el momento oportuno para cumplir lo que parece una amarga venganza. Un resarcimiento escalofriante y calculado. Tras el dramático desenlace, Enriqueto vendió sus propiedades y se trasladó a Torrequebradilla, donde creyó alcanzar la tranquilidad e intentó olvidar aquellos terribles años. Sin embargo, el 24 de noviembre de 1973, ya con setenta y tres años, encontró la muerte de forma tan misteriosa que dio lugar a todo tipo de conjeturas. Aquel día, el antiguo alcalde de la Hoya del Salobral apareció colgado de un olivo junto al cementerio de Almodóvar del Río (Córdoba), a más de cien kilómetros de su domicilio. Al estar indocumentado, las autoridades pusieron un anuncio, y finalmente fue enterrado como «desconocido» en el cementerio de aquel pueblo. El sumario incoado tras su muerte se sobreseyó provisionalmente con la conclusión de suicidio, pero resulta extraño que no se le practicara la autopsia de rigor.[450]

Además de la versión oficial, existen otras versiones que me proporcionaron ancianos de Frailes, Noalejo y Montillana. Unas hablan de un arrepentimiento tardío y otras, de un ajuste de cuentas por algún hijo que creció huérfano desde la tragedia del Encarbo en 1947. Tal vez nunca lo sepamos.

CAÍDA DE LOS ÚLTIMOS HOMBRES DE CENCERRO

Las numerosas bajas producidas en la guerrilla de Cencerro durante el segundo semestre de 1947 no impidieron que los escasos supervivientes, ya experimentados, diesen golpes económicos de consideración. El 22 de diciembre Zoilo, junto a Rubio Ollero, Sayuela y Batoño secuestraron en las inmediaciones del cortijo Manzanares de Martos al terrateniente Juan Larios Gómez y obtuvieron por su liberación nada menos que 300000 pesetas, el rescate más alto jamás pagado por un secuestro en la provincia de Jaén. Según los testimonios, Zoilo, aprovechando que el propietario no los conocía, se hizo pasar por Cencerro:

—Queda usted retenido por el Ejército Guerrillero de la República. Será liberado tras pagar una multa de 300000 pesetas.

—¿Quién de ustedes el jefe? —preguntó el propietario.

—Yo —espetó Zoilo—. Me llamo Tomás Villén, y me conocen por Cencerro.

450 Sumario 48/1973 Juzgado 1.ª Instancia de Posadas (Córdoba). Dicho sumario consta únicamente de cuatro folios.

—A Cencerro lo mataron hace unos meses —contestó el secuestrado.

—Veo que se cree todo lo que cuenta la Guardia Civil —replicó el guerrillero encañonándolo.

Desorientado, el propietario mandó pagar el rescate. Tras el inesperado éxito, y con tan cuantioso botín, decidieron disolver el grupo y emprender el camino del exilio. Hacía tiempo que la guerrilla andaba diezmada y, desde la caída de Cencerro, nunca fue la misma. Antonio Gallardo Fernández («Sayuela») huyó a Francia con la ayuda de un hermano que era capitán del ejército. Los demás regresaron a las estribaciones de Valdepeñas de Jaén. Se sabe que Zoilo también aguardaba la ocasión propicia para cruzar la frontera, pero su indecisión fue su condena. No era fácil para un hombre de campo dirigirse a un país extranjero en un peligroso itinerario de casi mil kilómetros colmados de enemigos, sin apoyos ni enlaces.

A los pocos días, la Guardia Civil localizó a los guerrilleros en el sitio conocido como el Peñón del Águila (Valdepeñas de Jaén), donde, tras sostener un encuentro armado, consiguieron dar muerte a Manuel García Molina («Batoño»).

En los primeros días de 1948, le tendieron una trampa a Zoilo. Uno de sus enlaces fue detenido y se lo utilizó como cebo para hacerlo salir de su escondite. Dicho contacto, de acuerdo con la Guardia Civil, se reunió con el jefe guerrillero y lo convenció para que se dirigiera a su casa en la capital, desde donde tendrían más facilidad para huir a Francia con documentación falsa.

Adriano Collado Cortés, «Zoilo»
(M. González Cortés)

Zoilo, Payuso y Chaleco tenían dinero, pero atravesaban una situación angustiosa por la escasez de contactos y sus intentos frustrados de huir al exilio. Habían conseguido salvoconductos con nombres falsos, por lo que decidieron aceptar la propuesta del enlace y coger el tren en Jaén con dirección a Madrid. El 3 de enero de 1948, se encontraban ocultos en las afueras de Jaén, en las proximidades de Jabalcuz, esperando ser recogidos y guiados. Al fin, la noche del 5 de enero, los tres guerrilleros y el guía se acercaron a Jaén por la carretera de Los Villares. A la altura de la Fuente de la Peña, entre la actual cantera abandonada y la ermita del Cristo del Arroz, a pocos metros de la venta de Miguel Liébanas, donde meses antes realizaban sus asambleas con Cencerro, el enlace que los acompañaba mostró síntomas de nerviosismo. Algo no iba bien. Se hizo un silencio y, en un determinado punto, a los pies de un farallón, el guía apretó su marcha y se separó del grupo al tiempo que cantaba la popular canción «se va el caimán». Es muy posible que los guerrilleros barruntaran que se trataba una contraseña, pero no les dio tiempo a reaccionar, porque los tricornios asomaron tras unos riscos, y una lluvia de plomo cayó sobre ellos. Zoilo y Payuso murieron de inmediato, pero Chaleco consiguió huir perdiéndose por el olivar. Durante casi una hora nadie se atrevió a acercarse a los cuerpos, temiendo que el guerrillero huido pudiera estar apostado y hacer fuego. Finalmente, los guardias desarmaron a los cadáveres y cachearon sus pertenencias. Les requisaron dos pistolas, siete bombas de mano y un puñal, entre otros pertrechos. Lo más curioso es que en el atestado no hicieron constar referencia alguna al dinero que debían de portar pues, solo unos días antes, había conseguido un cuantioso rescate de 300000 pesetas.

La segunda parte de la operación consistía en eliminar a los dos supervivientes del grupo, Rubio Ollero y Niño, y localizar a Chaleco. En la sierra de Valdepeñas de Jaén los inviernos son rigurosos. Durante algunas semanas, Antonio Molina Melero («Rubio Ollero») y José García Líndez («Niño») se cobijaron en el cortijo Los Nonos, propiedad del valdepeñero apodado Botica. Pese al desapacible tiempo, salieron para contactar con Zoilo, sin saber que habían acabado con él unos días antes.

—Dijo que se iba a Francia —les contó un ovejero de Los Villares.

—Eso tendríamos que hacer nosotros. Estamos acabados —sentenció Rubio Ollero con resignación.

El temporal arreciaba y regresaron al cortijo Los Nonos. En la madrugada del 9 de enero de 1948, bajo una desapacible ventisca de nieve, los dos guerrilleros, ateridos y hambrientos, llamaron a la puerta. Les abrió Botica.

Luis Miguel Sánchez Tostado muestra a María Dolores Cortés, sobrina de «Zoilo», los impactos de bala sobre el farrallón de la Fuente de la Peña (Jaén) que acabaron con la vida de su tío y de su compañero «Payuso» el 5 de enero de 1948 (L.M. Sánchez Tostado)

—Pasad y calentaros —dijo el cortijero bajando la mirada.

Vivir durante años en continuo sobresalto y caminar al filo de la muerte hace que el instinto desarrolle una percepción especial para detectar el peligro. Detalles sutiles en los que el fugitivo repara: la mirada esquiva que algo esconde, la voz insegura, las pausas prolongadas... En esos momentos, el estado de alerta se precipita, el pulso se acelera, el peligro se barrunta y se activan la desconfianza y la necesidad de observar los alrededores. El enemigo está cerca, puede olerse. Niño frena a Rubio Ollero y escudriña los ojos del cortijero a la espera de alguna señal de aviso, pero su mirada es esquiva y su actitud tensa.

—¿Pero qué hacéis? Pasad, que os vais a helar —insistió Botica.

—Larguémonos de aquí —susurró Niño dando un paso atrás.

Un certero disparo desde el interior del cortijo derribó a Rubio Ollero y tiñó de sangre la nieve. La bala le atravesó la cabeza. Se desató un estrepitoso tiroteo que resonó en la vaguada como una tormenta. Niño se parapetó y respondió con su arma; hirió a un guardia, pero cinco personas disparando con fusiles ametralladores eran demasiadas. No podía moverse de su parapeto. Intentó prender una bomba de cartucho, pero sus manos estaban insensibles por el frío y no consiguió encender la mecha. Para entonces, los guardias habían salido del cortijo y, sin cesar de disparar, lo rodearon. El teniente ordenó el alto el fuego, y se acercaron despacio. Niño seguía inmóvil sentado en el suelo y apoyado en su parapeto. Tenía los ojos abiertos y la mirada perdida en el infinito. De su mano entreabierta resbalaba un cartucho sin prender. Un hilo de sangre por la comisura de sus labios delataba que había entrado en el sueño eterno.

Les intervinieron una pistola, un revolver, una escopeta, siete bombas y 38614 pesetas, sin duda parte del rescate pagado en el secuestro de Juan Larios.

Los cinco guardias llevaban varios días en el cortijo aguardando la aparición de los guerrilleros. El grupo lo dirigía el teniente Francisco Romero Solano, jefe de línea de Alcalá la Real, que poseía una dilatada experiencia en la lucha antiguerrillera. Él organizó la contrapartida de guardias que se hicieron pasar por guerrilleros en 1945, participó en el combate de Valdepeñas de Jaén en el que dieron muerte a Cencerro, participó en la matanza de Noalejo y en otros muchos encuentros armados en la Sierra Sur. Lo acompañaban el cabo Leonardo Pareja Serrano y los guardias Francisco Estévez López, Manuel Viedma Serrano y Manuel Román González. El teniente Romero Solano fue citado como «distinguido», el guardia Román ascendido a cabo y el resto condecorados con la medalla de plata al Mérito Militar.[451] Aunque no consta en autos el nombre de delator, es muy posible que fuese Toribio Baeza Palomino, que conocía a la perfección los lugares de cobijo de la guerrilla. Además, su intención al abandonar a Cencerro fue dirigirse a Jaén para contactar con enlaces para organizar la salida al exilio.

De la extinta guerrilla de Cencerro solo quedaba con vida el villariego Juan Antonio Gámez Valencia («Chaleco»), quien el 5 de enero se salvó de milagro de la emboscada en la que perdieron la vida Zoilo y Payuso. Aislado y sin apoyos, vagó en solitario intentando sobrevivir por los alrededores de su pueblo (Los Villares). Finalmente, el 16 de abril de 1948, fue localizado en el paraje de Los Cañones (Jaén) y muerto a tiros por la fuerza perseguidora. Se le ocuparon una escopeta, una canana con munición y tres bombas de mano. Con su muerte, la guerrilla de Cencerro quedó completamente exterminada y ya formaba parte de la historia tras nueve años de intensa lucha. Aún hubo otro muerto más el 15 de julio de 1948, cuando fue abatido a tiros Juan Manuel Peinado Villén, un vecino de Castillo de Locubín que, por los apellidos, bien podría ser pariente de Tomás Villén «Cencerro».

451 Testimonio del cabo Leonardo Pareja Serrano. SEHGC, Fichero de Reseña de Fuentes.

El 8 de junio de 1950, Segundo Funes Villén («Cristo») fue detenido en San Quirico de Besora (Barcelona), donde se encontraba trabajando desde mediados de 1947.

¿QUIÉN SE ENRIQUECIÓ CON EL DINERO DE LA GUERRILLA?

Sabemos que la guerrilla de Cencerro manejó importantes sumas de dinero. Tenemos documentados golpes económicos por valor de casi un millón de pesetas, solo de los atracos y secuestros denunciados. Sin embargo, hubo acciones que nunca llegaron a conocimiento de las autoridades por el temor a las represalias. Por ejemplo, las 100000 pesetas que consiguieron del propietario del Ideal Bar de Jaén el 16 de agosto de 1945. Este hecho no se denunció, ni tampoco otros muchos secuestros de derechistas y terratenientes que no han llegado a nuestro conocimiento porque no existe documentación oficial. Prefirieron pagar el rescate y guardar silencio para evitar así futuras represalias en caso de que se produjera un cambio de régimen.

Durante las diligencias tras la muerte de Cencerro se conoció que muchos cortijeros y propietarios agrícolas de filiación derechista pactaron con la guerrilla por el mismo motivo. Esto nos lleva a pensar que la cifra negra, el número de acciones no denunciadas, debió de ser considerable. Más aún si tenemos en cuenta que no se ha contabilizado el dinero conseguido por el grupo de Cencerro en las comarcas del norte de Granada, por lo que su guerrilla bien pudo haber superado ampliamente el millón y medio de pesetas; una fortuna por entonces.

La Guardia Civil dijo haber recuperado unas 200000 pesetas. Esto es solo un 20% de las cantidades denunciadas. Por tanto, la mayor parte del dinero conseguido por la guerrilla de Cencerro fue a parar a enlaces, estafetas, colaboradores, familiares, financiación política y fondos para el auxilio de presos.

Fueron cientos de personas las que se beneficiaron directa e indirectamente del dinero procedente de los golpes económicos de esta guerrilla en su zona de actuación. Pensemos que hubo más de medio millar de encarcelados por resistencia antifranquista solo en la Sierra Sur. Cientos de familias aliviaron su precario estado de necesidad gracias al dinero procedente de la guerrilla.

No obstante, precisamente en esos últimos secuestros en los que se pagaron los rescates más elevados se dispararon los rumores sobre la sospechosa prosperidad de algunas personas, y aún hoy es un misterio el destino de importantes cantidades de dinero procedente de las últimas acciones, cuando la guerrilla estaba prácticamente exterminada. ¿Dónde fueron a parar, por ejemplo, las 300000 pesetas del rescate del terrateniente marteño Juan Larios? Desde su secuestro hasta la caída de Zoilo sólo transcurren catorce días; poco tiempo para agotar tan cuantioso botín. En cambio, a su muerte, la Guardia Civil no hizo constar en el informe cantidad alguna incautada a Zoilo ni a Payuso. Tampoco a Batoño ni a Chaleco.

Antonio «Sayuela» debió de recibir su parte antes de marchar a Francia. Desconocemos la cantidad de dinero que fue repartida tras el citado secuestro, pero suponemos que Sayuela no debió de llevarse una cantidad demasiado importante. Si las 300000 pesetas hubiesen sido divididas en seis partes iguales (una por cada guerrillero), tocarían a 50000 pesetas cada uno, pero este no era el sistema de reparto de la guerrilla.

Teniendo en cuenta que Zoilo y Payuso planeaban marchar al exilio francés, resulta extraño que no se les incautara cantidad alguna a su muerte. Tampoco es lógico pensar que la habían ocultado en algún lugar de la sierra, ya que en el momento de ser abatidos se dirigían a Jaén para iniciar su viaje a Francia. Cabe pensar, pues, en dos posibilidades: que les fuera requisado cuando murieron y manos avariciosas se lo repartieran o que fuese guardado por alguno de sus enlaces de la capital. Aguado Sánchez, en referencia a la trampa tendida a Zoilo, nos dice:

> *Que se hallarían más seguros en una casa de la capital, desde donde la evasión a Francia podía realizarse con relativa facilidad, y de paso dispondrían de cantidades importantes de dinero producto del atraco realizado en Fuensanta de Martos.*[452]

Debe de referirse, sin duda, al secuestro de Martos. Podemos deducir, por tanto, que eran los enlaces de Jaén los que tenían el dinero. La Guardia Civil solo hizo constar las 38614 pesetas que, según ellos, estaban en poder de Rubio Ollero y Niño cuando fueron muertos en el cortijo Los Nonos de Valdepeñas de Jaén. Desconocemos, por tanto, dónde fue a parar el resto del dinero. Hablamos de una importante cifra sin duda superior a las 250000 pesetas. ¿Sería incautada por la Guardia Civil y destinada en parte a pagar en negro los servicios de los delatores? ¿Se lo repartieron los guardias civiles que abatieron a Zoilo y Payuso? ¿Se quedó con el dinero algún enlace y, tras la eliminación de

452 Aguado Sánchez, ob. cit. p.503.

los guerrilleros, nadie lo reclamó? ¿Se declaró todo el dinero intervenido en el cortijo Los Nonos? ¿Cuánto dinero se llevó Sayuela a Francia?

No tengo respuestas a estas preguntas, pero de lo que estoy convencido es de que Zoilo llevaba dinero en efectivo cuando fue muerto a las afueras de Jaén. Así opinaba María, su hermana:

> *Siempre supimos que el dinero que llevaba mi hermano, Adriano «Zoilo», se lo repartieron los guardias civiles que lo mataron. Mi hermano consiguió un salvoconducto con nombre falso firmado por el teniente coronel de la Guardia Civil de Granada. Había decidido marcharse a Francia. Su idea era ir a Jaén y coger el tren. Dos días antes de que lo mataran, se reunió a las afueras de Jaén con mi hermana Mercedes y con Isabel Ortega, hija de Josefa la «Churra». Mi hermana Mercedes nos dijo que Adriano llevaba mucho dinero, incluso quiso darles algo a ellas, pero se negaron a cogerlo porque temían que las detuvieran y las encarcelasen como hicieron con la madre de Isabel. Cuando lo mataron llevaba el dinero encima, y los guardias se lo repartieron. También le quitaron el reloj y el cinturón que llevaba. Eso tampoco lo escribieron en los papeles.*[453]

Lo cierto es que de aquel histórico rescate, una fortuna para la época, nunca más se supo. Durante muchos años este hecho fue objeto de todo tipo de conjeturas en Jaén. Se dijo que los guardias que abatieron a Zoilo prosperaron económicamente. Algunos de ellos abandonaron el Cuerpo. Otros comentarios señalaban a determinados enlaces de Jaén, los cuales, al salir de la cárcel, también prosperaron de forma sorprendente. También se dijo que algunos enlaces castilleros que supuestamente guardaban el dinero de Cencerro montaron una rentable empresa en la capital de la noche a la mañana. Es evidente que no fueron pocos, de uno y otro signo, los que se beneficiaron de los golpes económicos de los maquis.

---

453 Testimonio de María González Cortés, hermanastra de Zoilo.

La guerrilla en las Sierras de Cazorla, Segura y Las Villas

SEGUNDA ETAPA: 1945-1952

Ya vimos que en la Sierra de Segura se había localizado, en 1944, un pequeño grupo de huidos formado por Sixto García Espinosa («El de Marchena»), José Antonio Fernández Martínez («El de Miller») y el que fuera alcalde del municipio de Yeste (Albacete) durante la guerra, Juan Ruiz González («Alcalde de Yeste»).

Tras año y medio sin dar señales de vida en la provincia de Jaén, reaparecieron el 26 de febrero de 1946 en el sitio conocido como Los Escalones (Santiago de la Espada) donde robaron a un vecino 610 pesetas. El 27 del mismo mes, en el Portillo de Riverti (Nerpio, Albacete), atracaron al vecino de Caravaca, Eusebio Ibáñez, consiguiendo 13350 pesetas. El 22 de agosto, nuevo atraco a otro vecino en Huelgas de las Vigas (Cortijos Nuevos), del que obtuvieron de 2600 pesetas. El matrimonio formado por Eusebio Suárez Punzano y Juana Ros Sánchez, que había alquilado a Sixto una habitación del cortijo Luz Hornos, fue condenado a tres años de cárcel.

El 4 de agosto de 1947, aparecieron en el sitio conocido como Ericas (Segura de la Sierra), donde atracaron al vecino de Alcantarilla (Murcia), Gregorio Gallego Ojeda, a quien robaron 8000 pesetas. Como vemos, la actividad de los tres huidos fue escasa, pero sus golpes económicos fueron selectivos, pues sus víctimas fueron siempre derechistas que se desplazaban portando el dinero con ellos. Nunca recurrieron al secuestro.

El 27 de agosto, un tal Adolfo, vecino de la Toba, dio muerte a Antonio Fernández Martínez («El de Miller») cuando iba a ser atracado por este en las Casicas del Río Segura (Santiago de la Espada). La Guardia Civil se personó y se atribuyó su captura tras un supuesto encuentro armado. Se le ocuparon dos escopetas, una canana con munición, dos bombas de mano, un revolver y un cuchillo.

El 5 de enero de 1949, se unieron al grupo el que fuera alcalde del municipio de Nerpio (Albacete), Juan Sáez Fernández, y el secretario del ayuntamiento durante la guerra, Manuel Romero López. El primero, tras ponerse en contacto con Sixto y el Alcalde de Yeste, emprendió el camino del exilio, pero Manuel Romero quedó en la sierra. Juan Sáez Fernández fue detenido en la provincia de Valencia el 22 de febrero.

Al año siguiente, el 15 de marzo de 1950, Manuel Romero se presentó a la Guardia Civil de Albacete informando sobre el lugar donde se escondían Sixto y su compañero.

Desconocemos si estos huidos habían contactado con tres maquis procedentes de Francia que unos días antes se habían internado en la sierra de Segura procedentes de la provincia de Albacete y si Manuel Romero informó a las autoridades de su presencia. Lo cierto es que, a los pocos días, la Guardia Civil se lanzó a la búsqueda de este grupo, dándole prioridad sobre el de Sixto por considerarlo más peligroso. No tardaron en dar con él, pues estos guerrilleros no conocían el terreno y andaban preguntando a campesinos y pastores que, a estas alturas, prestaban poca colaboración. El 22 de abril de aquel año fueron cercados y muertos tras un tiroteo en el Collado del Pantano (Puente de Génave) José Apestegui Azada, Andrés Juárez Rodas («Moreno») y Diego Ruiz Serrano («Pimpollo»).[454] Algunos vecinos sostenían que estos guerrilleros fueron enviados por el PCE en el exilio para evacuar a los quedaron aislados en la sierra tras el abandono de la lucha armada, pero mantengo serias dudas sobre esta posibilidad, pues no me consta que el PCE realizara ninguna operación de evacuación.

Cuando la Guardia Civil los identificó, reparó en que a uno de ellos, Diego Ruiz Serrano («Pimpollo»), ya lo habían dado por muerto en agosto de 1944 en el cortijo Sabiotillo de Santisteban del Puerto. Por tanto, quedó sin identificar aquel otro guerrillero, sin que hasta el momento tengamos pistas sobre su identidad.

Así las cosas, el 20 de mayo de dicho año, fueron rodeados Sixto y El de Yeste en una cueva del Pico Marchena de Santiago de la Espada. Los huidos se negaron a salir y respondieron con algunos disparos de escopeta que dejaron ciego a uno de los guardias. El asedio se prolongó durante dos días. Se reforzaron los efectivos, que terminaron por prender fuego a la gruta y arrojaron granadas al interior. Al final, consiguieron dar muerte a Sixto García Espinosa y Juan Ruiz González, pero aún se desconoce la forma en que se llevó a cabo.

---

454 Registro civil de Castellar de Segura.

La Guardia Civil escribió en su informe que «le fueron lanzadas bombas de mano que, al hacer explosión, derrumbaron la cueva donde se encontraban, sepultando a los bandoleros. Efectuado el desescombro se identificaron los cadáveres».[455] Por tanto, según la versión oficial, murieron por aplastamiento y asfixia. No estamos seguros de que esto sucediera, ya que, cuando el 22 de mayo se expusieron los cuerpos en la plaza de Santiago de la Espada, los vecinos comprobaron horrorizados que los cadáveres presentaban la cabeza carbonizada por el fuego y numerosos impactos de bala en el cuerpo. En el registro civil se hizo constar como causa de la muerte «heridas por arma de fuego y carbonización», versión que no cuadra con el atestado.

¿Cómo murieron realmente: por disparos, carbonizados o por aplastamiento? ¿Cómo podían presentar carbonizada únicamente la cabeza y el resto del cuerpo cosido a balazos? ¿Fueron tiroteados los cadáveres después de ser extraídos del desescombro o murieron por los disparos procedentes del exterior de la cueva y se decidió volarla ante el temor de que no estuvieran completamente muertos? ¿Se calcinaron sus cabezas para que no fueran identificados? De ser así, ¿fueron los fallecidos realmente Sixto y el de Yeste?

Sea como fuere, los supervivientes de la Guardia Civil y del somatén armado que localicé para entrevistarlos se negaron a dar detalles sobre el asunto. En cambio, recogí testimonios de la impresionante exposición pública:

> *Yo tendría unos trece años. Nunca se me olvidará aquello. Tenían las cabezas negras... achicharradas. Sólo se le veían los dientes. Fue algo horrible. Algunas mujeres se desmayaron. Desde entonces aborrecí las cabezas de cordero. He tenido pesadillas hasta hace poco tiempo.*[456]

Era el escarnio social llevado a sus máximos niveles. Política de escarmiento masivo y de terror concebida como arma preventiva para asegurarse el miedo de los lugareños, tal y como se hacía en siglos pasados cuando se exhibían los despojos de los forajidos en las picotas de los caminos. Otra página más de la España negra y esperpéntica.

---

455 SEHGC, *205 Comandancia...*, ob. cit. p. 40.
456 Testimonio de Andrés Trevijano Solís*.

ÚLTIMAS PRESENCIAS GUERRILLAS EN LA PROVINCIA

El 23 de marzo de 1948, la Guardia Civil de Villanueva del Arzobispo acabó con la vida de Pedro Ruiz Romero cuando se presentó en la casa del médico de Villanueva del Arzobispo, Anastasio Renes García, a quien le exigió 200000 pesetas. Se le intervino una pistola y munición marcadas con la estrella comunista.

Tras las muertes de Vidrio y Quina en Sierra Morena en 1951, la guerrilla antifranquista en la provincia quedó prácticamente extinguida. No obstante, todavía se registró una muerte más en 1952, de quien sería el último guerrillero muerto en la provincia de Jaén.

Por entonces, la Agrupación Roberto, una de las unidades guerrilleras más numerosas y mejor armadas de España, cayó con la detención en Madrid de su jefe José Muñoz Lozano («Roberto») en diciembre de 1951. Este, en un desesperado intento de salvar su vida, se puso al servicio de la Guardia Civil. Esta agrupación tuvo como marco de sus actuaciones la zona meridional de las provincias de Granada y Málaga.

A principios de 1952, parte de lo que fue el 7.º Batallón de dicha agrupación, liderado por el motrileño Manuel Pérez Rubiño («Pablo el de Motril»), abandonó la cortijada de El Raposo de Baza, donde se habían ocultado, para internarse al sur de la sierra de Cazorla. El grupo estaba formado por: Pablo Pérez Rubiño («Pablo el de Motril»), Manuel Calderón Jiménez («Ramiro» y «Cubano»), Antonio Fajardo Ruiz («Duarte»), José Cecilia Sánchez («Jerónimo»), Sebastián Olivares Ruiz («Martín»), Enrique Urbano Sánchez («Fermín»), José Navas Navas («José»), Francisco Martín Alonso («Villena»), Miguel Salado Cecilia («Gómez») y Ricardo Martín Castillo («Viñas»)

Desde diciembre de 1951 hasta junio de 1952 fijaron su base de operaciones en el cortijo La Canalilla de Cazorla, aunque visitaban con cierta frecuencia el cortijo Alcantarilla (Pozo Alcón), propiedad de Juan Ramón Nogueras Moreno. En La Canalilla planearon dar un golpe económico en la aldea de Belerda (Quesada). Se nombraron varios candidatos para ser asaltados: un tal Jurado, Anacleto el molinero y Antonio Guerrero Guerrero («Largueras»). Finalmente, optaron por este último, al tener noticias de que acababa realizar una venta de ovejas.

El 8 de enero se presentaron en Belerda. Tres pastores, Valentín Quesada, Antonio Quiñones y Ambrosio Guerrero los guiaron hasta la puerta del cortijo del Largueras y después se marcharon. La víctima intentó resistirse con un hacha e hirió en una mano a uno de los asaltantes, por lo que recibió un disparo que lo hirió levemente. Un nuevo contratiempo supuso la presencia inesperada del médico de Quesada, Juan Martínez Pastor, y del practicante José Paredes Campos, que se encontraban accidentalmente en Belerda para asistir a un parto y llegaron acompañados de Tomás Martín Guerrero. Finalmente, optaron por secuestrarlos a todos y conducirlos hasta la Loma de Encina Santa. Fueron liberados al día siguiente a cambio de un rescate de 50000 pesetas.[457] Tras el pago, los guerrilleros se internaron en el pico Cabañas y después regresaron al cortijo Alcantarilla.

Todos los lunes, Juan Ramón Nogueras, propietario del cortijo Alcantarilla, bajaba al mercado de Pozo Alcón a realizar las compras que le encargaban los guerrilleros. En una ocasión, incluso bajaron con él dos de ellos «vestidos elegantemente».[458] Algunos vecinos de Belerda también realizaron compras en Huesa y les entregaron los recados por la noche en el lugar más solitario: el cementerio de Tíscar. Todos ellos recibieron gratificaciones de los maquis. Se tiene constancia de que a todos los enlaces les leían propaganda sobre el movimiento guerrillero y la República, pero, a esas alturas, las colaboraciones que recibían no fueron por razones ideológicas, sino exclusivamente por dinero, ante la extrema pobreza de los enlaces.[459]

El grupo de Pablo el de Motril permaneció oculto hasta el 26 de febrero de 1952, momento en que su campamento fue avistado en el Torcal del Lobo de Cazorla, muy próximo al límite con Pozo Alcón. El guarda forestal del Carrascalejo avisó a la Guardia Civil de Cazorla. Al anochecer, Francisco Martínez Zamora, vecino de Quesada, fue requerido para poner su camión a disposición de la autoridad, y en él llevó a la tropa hasta la caseta forestal del Hornico, próxima a la Nava de San Pedro.[460] Una vez allí, los guardias se desplegaron y rodearon el campamento, donde se inició un violento tiroteo. Eran nueve guerrilleros y más de una treintena de guardias y somatenes. Los disparos resonaron en el barranco como una tormenta. El grupo se dispersó utilizando granadas de mano, pero a un joven guerrillero, que tuvo a tiro a varios guardias, se le encasquilló el fusil y fue alcanzado por una ráfaga de fusil ametrallador. Tras el alto el fuego se comprobó que sus compañeros consiguieron escapar por lo quebrado del terreno. El guerrillero

457 SÁNCHEZ TOSTADO, L.M. *El último maquis de la provincia fue enterrado en Quesada*, Revista de Feria, Quesada 1998, pp.141-145.

458 Testimonio de Juan Quesada Martínez, empleado del cortijo Alcantarilla. AHMI, Leg. 1128/4, causa 415/52.

459 Así lo reconoció Valentín Quesada García, que recibió varias gratificaciones de cien pesetas y, tras el secuestro, quinientas. AHMI, Ibidem.

460 Testimonio de Francisco Martínez Zamora.

caído fue identificado como Manuel Calderón Jiménez («Cubano» y «Ramiro»), natural de Ítrabo (Granada).[461] En el acta de defunción el juez comarcal escribió: «el finado falleció al hacer frente a la Guardia Civil cuando esta lo perseguía como malhechor fugitivo de la pasada guerra de 1936». Sin embargo, alguien con la suficiente cordura tachó este párrafo en el acta de defunción, seguramente al reparar que en 1936 Ramiro solo era un niño de trece años.

El cuerpo fue conducido a Quesada y expuesto al público, para posteriormente ser enterrado en el corralillo de los ahorcados de su cementerio. Fue el último guerrillero antifranquista muerto en tierras jiennenses.

Manuel Calderón Jiménez, «Ramiro» y «Cubano», último guerrillero muerto en la provincia de Jaén el 26 de febrero de 1952 (M. Vallejo Laso)

461 Manuel Calderón Jiménez («Ramiro») nació en Ítrabo en 1923. En 1946, con veintitrés años, se estableció como casero de la finca La Chorrera, propiedad de Vicente Bustos, juez municipal de aquel pueblo. Es entonces cuando tiene los primeros contactos con los huidos. Los guerrilleros encontraron en Ramiro un fiel enlace que les proporcionó albergue, víveres e información, tal vez porque su tío, Manuel Calderón, que fue alcalde de Ítrabo, fue asesinado por los golpistas durante la guerra civil. Denunciado por varios vecinos se vio obligado a huir y unirse a Pablo el de Motril hasta que fue muerto en Quesada en 1952. Para más información Vallejo Laso, M. *Manuel Calderón (Ramiro) aspectos humanos del último maquis de la sierra.* Revista de Feria, Quesada 1998. pp. 147-150.

Tras el encuentro, un grupo de guardias se presentó en Belerda, donde no consiguió más que la detención de algunos pastores que, presa del miedo, no habían denunciado a los asaltantes y les habían proporcionado alguna información a cambio de las generosas gratificaciones que aliviaron su mísera situación económica. Uno de ellos, Manuel Antonio Quiñones Pérez, después de recibir la correspondiente paliza, quedó emplazado para presentarse al día siguiente y continuar con la declaración. Llegado el día, dudaba si presentarse o no, sabiendo que volverían a torturarlo. Se sintió tan angustiado que decidió quitarse la vida ahorcándose a las afueras del pueblo. Este pobre hombre se había limitado a dar a los huidos «un encendedor y un puñado de higos secos, quedando en que les subiría al día siguiente tres o cuatro kilos de su casa para que los probaran, recibiendo de ellos veinticinco pesetas».[462]

El grupo de Pablo el de Motril volvió a reunirse en La Canalilla, y allí juraron vengarse del guarda forestal y del cabo del Carrascalejo, pero el guarda fue trasladado rápidamente.

Varios supervivientes de la guerrilla de «Pablo el de Motril» posan en Francia tras alcanzar el exilio (J.M. Azuaga Rico)

Casi toda la familia de Pablo Fernández Guijarro («Canastillo»), casero del cortijo Canalilla, fue encarcelada, así como los pastores de Belerda. En cambio, el derechista propietario del cortijo Alcantarilla

462 Testimonio de Ambrosio Guerrero López. AHMI, Leg.1128/4, fol. 14.

fue absuelto a pesar de reconocerse su participación en el albergue y auxilio de los guerrilleros.

En el mes de junio, el grupo de Pablo el de Motril, sabiéndose aislado, abandonó la lucha armada y se desplazó a la sierra de Lújar (Granada). El 6 de dicho mes, los guerrilleros sufrieron una emboscada en la Mina del Piojo en la que perdieron la vida Antonio Fajardo Ruiz («Duarte») y José Cecilia Sánchez («Jerónimo»). Al día siguiente, Sebastián Olivares Ruiz («Martín») desertó y se presentó ante la Guardia Civil. Esta circunstancia y un nuevo choque armado los obligó a regresar a la sierra de Cazorla.

Habían decidido emprender el largo camino del exilio y, para ello, necesitaban dar un importante golpe económico. A tal fin, atravesaron las sierras de Castril y la Sagra y, en la Puebla de Don Fadrique, secuestraron a un propietario por cuyo rescate consiguieron 180000 pesetas. Tras ello, iniciaron el largo periplo hasta alcanzar el municipio francés de Gavarnie el 14 de octubre de 1952. Del grupo, solo Gómez, Villena, Viñas, José y Fermín conseguirían afincarse en Francia tras los casi cien días de penosa y accidentada marcha que emplearon en atravesar España.[463]

463 Azuaga Rico, J.M. ob. cit. pp. 193-207.

La violencia en la lucha guerrillera

LOS MÉTODOS DE LA GUARDIA CIVIL

El régimen franquista, que inició su andadura con un levantamiento armado y que treinta y nueve años después todavía seguía fusilando,[464] hizo de la violencia y la represión su principal arma para la imposición de su ideario político. Tras la sangrienta guerra civil, el terrorismo de Estado se aplicó en la eliminación física de sus adversarios y, aunque fue un método constante durante toda la dictadura, tuvo su máxima expresión en el primer decenio de posguerra.

A los fusilamientos de represaliados políticos se les sumó la lucha antiguerrillera y la represión sobre la resistencia clandestina en el llano, donde no se reparó en medios para exterminar, de la manera más expeditiva, a todos aquellos que, después de vencidos, se resistieron a vivir bajo el yugo de los vencedores.

De aquella represión existe constancia no solo en los registros civiles y en las fosas comunes de los cementerios, también en escalofriantes y significativos documentos oficiales donde se reflejó, sin rubor, esta forma de imponerse mediante el exterminio, el sometimiento y el terror. Pensemos que el escarnio público, entendido y aplicado para infundir pavor entre los que pudieran auxiliar a huidos y guerrilleros, fue algo tan frecuente en los pueblos de España que, décadas después, muchos ancianos aún describían escenas de pesadilla.

Las exposiciones de cuerpos acribillados, desmembrados o carbonizados en las plazas y paseos de los pueblos fue algo habitual hasta bien entrados los cincuenta. En la provincia de Jaén, tras un choque armado entre la guerrilla y la Guardia Civil, pocos fueron los cuerpos que se enterraron en el cementerio sin ser antes exhibidos públicamente. Cuando no lo hacían solía ser para que no se descubriera la falsa versión reflejada en el atestado.

464 Los últimos fusilados en España se ejecutaron el 25 de septiembre de 1975.

En esta vorágine represiva, los jefes de la Guardia Civil llegaron a tomar espeluznantes medidas como las llevadas a cabo en el pueblecito cacereño de Mesas de Ibor. Allí, el 17 de abril de 1945, en plena efervescencia guerrillera, unos treinta guerrilleros comandados por Francés y Chaquetalarga se presentaron en el pueblo y, tras sostener un tiroteo con los guardias en el que murió uno de ellos, consiguieron la rendición del exiguo destacamento. Se hicieron con el armamento y los uniformes de los guardias antes de huir. Al día siguiente, se presentó el teniente coronel Manuel Gómez Cantos, responsable de la comandancia de Cáceres, y ordenó el fusilamiento inmediato de los guardias civiles por haberse «rendido a los rojos».[465] A los pocos días, Gómez Cantos emitió una orden reservada en la que amenazaba ante casos similares:

> *Por primera vez desde que fui designado para el mando de esta comandancia, fuerza de la misma ha tenido, ante una partida, una actuación cobarde precedida de entrega de armamento, municiones, correajes, uniformes y el tricornio que tanto nos caracteriza (...) Es mi deber ineludible el advertir que pondré en práctica en casos análogos los procedimientos inexorables que me autoricen (...)*[466]

No fue el único que dejó por escrito la implacable acción contraguerrillera. Las autoridades militares concretaron sus intenciones a través de contundentes órdenes para llevar a cabo su política represiva. Veamos algunos ejemplos.

El general de la Guardia Civil Emilio Álvarez-Arenas emitió la siguiente orden:

> *La presencia en los campos de algunas partidas de huidos dedicados al bandolerismo, obliga a adoptar medidas de carácter excepcional, como las que se dictan en esta orden para conseguir en el menor tiempo posible su total desaparición.*
>
> *Para lograrlo han de emplearse cuantos medios estén a nuestro alcance y sean precisos. El actual estado de cosas ha de desaparecer en un corto plazo, por lo que no hemos de reparar en medios para*

465 Los guardias civiles fusilados en Mesas de Ibor el 18 de abril de 1945 fueron el cabo 1.º Juan Jiménez Cebrián y los guardias Sóstenes Romero Flores y Timoteo Pérez Cabrera. El guardia muerto en el tiroteo fue Juan Martín González. Para más información sobre este episodio véase LÓPEZ CORRAL, M. *Los fusilamientos de Mesas de Ibor*, Revista Historia 16, n.º 251, febrero 1997, pp. 8-27.

466 LÓPEZ CORRAL, M. ob. cit. pp. 23-25. Datos obtenidos del sumario n.º 131089 del Tribunal Territorial Primero de Madrid.

conseguirlo por enérgicos y duros que ellos sean. A los enemigos en el campo hay que hacerles la guerra sin cuartel hasta lograr su exterminio, y como la actuación de ellos es facilitada por sus cómplices, encubridores y confidentes, con ellos hay que seguir idéntico sistema con las modificaciones que las circunstancias impongan.[467]

Como vemos, con los encubridores se aplicó el mismo rigor que con los guerrilleros, y se concretó en la aplicación sistemática de la famosa ley de fugas. Es decir, tras la detención de los presuntos cómplices o enlaces, que generalmente eran familiares o amigos de los huidos que les proporcionaban alimentos y albergue, se los conducía a las afueras de los pueblos y se los aniquilaba. En los informes oficiales se reflejaba un ficticio intento de fuga; de ahí su nombre. En ocasiones, se describía un falso enfrentamiento e incluso adjuntaban alguna escopeta al informe para hacer verosímil el falso atestado.

Los vecinos que colaboraron dando muerte a algún huido o contribuyeron a su exterminio fueron premiados, e incluso se les permitió el ingreso en la Guardia Civil u otros cuerpos de policía. Recordemos los casos de Toribio Baeza Palomino, a quien, tras la muerte de Rábano y Cencerro, se le hizo policía municipal de Valdepeñas de Jaén; o el del mayoral Félix Martínez Loza tras la muerte del Rojo de Terrinches, del campesino El de la Cañá de Santiago de Calatrava, que presenció el asesinato del enlace de Juan Alcalá Viana, o del villareño Manuel Higueras Cárdenas tras la muerte del huido José Zarco, entre otros. A todos se los premió con el ingreso en el Cuerpo.

En realidad, no existió nunca una ley llamada «de fugas». Se trata de un concepto antiguo, pues su aplicación se inspiraba en los tiempos de Felipe IV, el cual utilizó procedimientos similares en el siglo XVII para combatir el bandolerismo en las serranías. La diferencia con el sistema empleado por el régimen franquista estribaba en utilizar plazas públicas en lugar de picotas y piquetes de ejecución en lugar de cadalsos. La Pragmática de Felipe IV decía:

Ordenamos y mandamos que cualesquier delincuentes o salteadores que anduvieren en cuadrillas robando por los caminos o poblados y habiendo sido llamados por edictos y pregones de tres en tres días, como por caso acaecido en nuestra Corte, no parecieren ante los jueces que procedieren contra ellos, a compurgarse de los delitos de que son acusados, substanciado el proceso en rebeldía, sean declarados,

467 ROMEU ALFARO, F. ob. cit. También en Azuaga Rico, J.M. ob. cit. pp.117-118.

tenidos y reputados (...) por rebeldes, contumaces y bandidos públicos; y permitimos que cualquier persona de cualquier estado y condición que sea, pueda libremente ofenderlos, matarlos y prenderlos sin incurrir en pena alguna, trayéndolos vivos o muertos ante los jueces de los distritos donde fueren presos o muertos; y que pudiendo ser habidos, sean arrastrados, ahorcados y hechos cuartos y puestos por los caminos y lugares donde hubieren delinquido, y sus bienes sean confiscados para nuestra Cámara.[468]

Como se puede ver, no existieron grandes diferencias. Si durante la primera etapa (1939-1944) la táctica represiva consistió en la persecución directa de huidos por los montes, en cambio, durante la segunda (1945-1952), la estrategia se modificó, y se decidió esperarlos atacando sus puntos de apoyo, al tiempo que se coaccionaba y se premiaba por la delación.

El mismo Carrero Blanco, consejero personal de Franco, en referencia al movimiento guerrillero, escribió al Generalísimo en estos términos a mediados de los cuarenta:

La única fórmula para nosotros no puede ser otra que: orden, unidad y aguantar. Buena acción policial para prevenir cualquier subversión; enérgica represión si se produce, sin temor a las críticas de fuera, pues más vale castigar duramente una vez que no dejar de corregir el mal.[469]

Tras una tregua expectante ante los inquietantes acontecimientos en el panorama político internacional con la victoria de las potencias aliadas sobre los países del Eje, Franco volvió por sus fueros y decidió exterminar la resistencia en el llano de forma expeditiva. A partir de 1946, la ley de fugas se aplicó con todo rigor, tanto en las cárceles y depósitos como en los campos y pueblos.

En 1947, a través del Ministerio de Gobernación, el general Franco , envió a todas las autoridades policiales una circular reservada con una taxativa orden: la aplicación masiva de la ley de fugas. Su contenido es realmente siniestro:

---

468 1.ª Ley, Título 17, Libro 12 de la Novísima Recopilación de Felipe IV y dada en Madrid el 15 de junio y 16 de julio de 1663. AHMJ, Leg. 94, Oficio del Corregidor Manuel Abad al Ayuntamiento de Jaén para el anuncio público de la citada Real Orden.

469 TUSELL, JAVIER, *Carrero. La Eminencia Gris del Régimen de Franco*, Madrid, 1993.

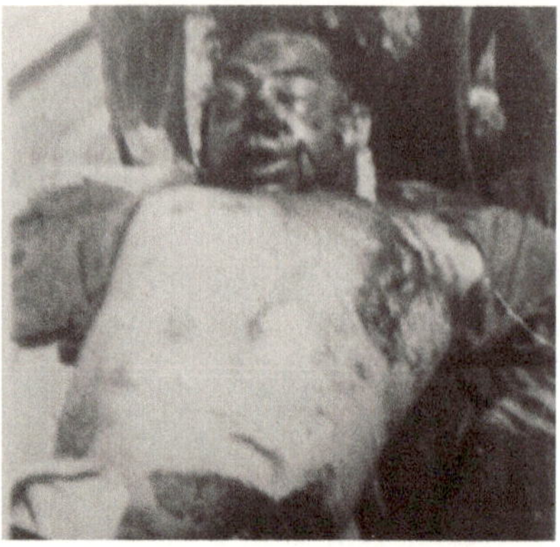

Cadáver de Manuel Gómez Oliveira, «Portugués» tras ser abatido el 27 de julio de 1947 (SEHGC)

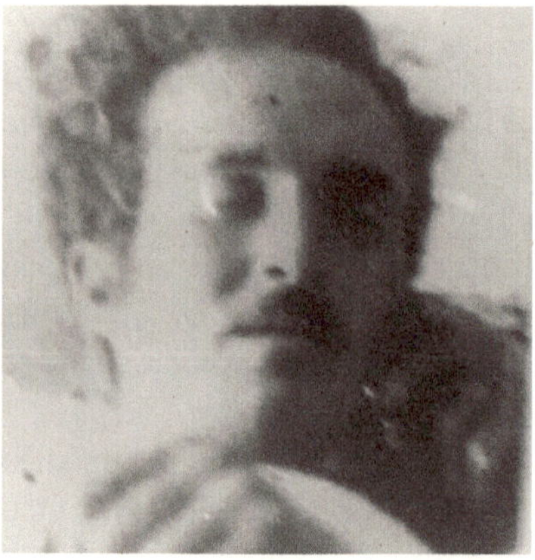

Guerrillero muerto sin identificar el 19 de julio de 1947 (SEHGC)

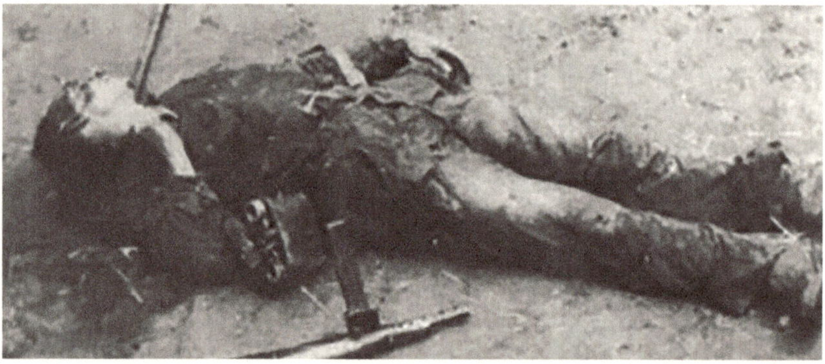

Cadáver de Juan Fernández Ayala, «Juanín», uno de los últimos guerrilleros muertos en España, el 25 de abril de 1957 (SEHGC)

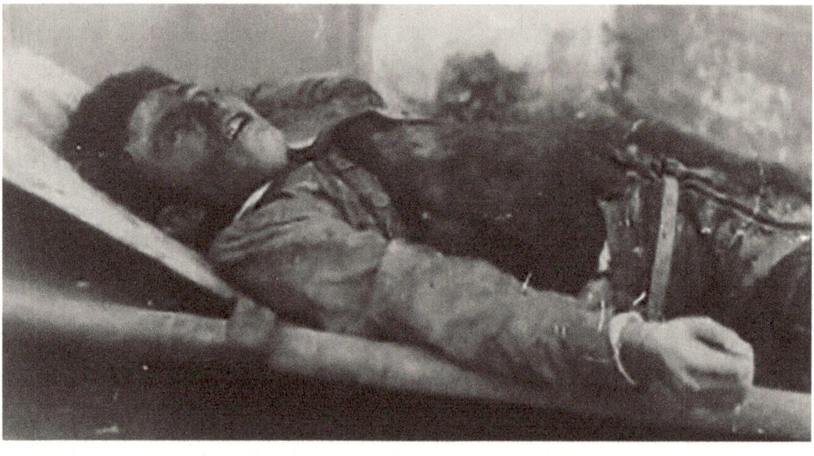

Guerrillero muerto sin identificar en 1945 (SEHGC)

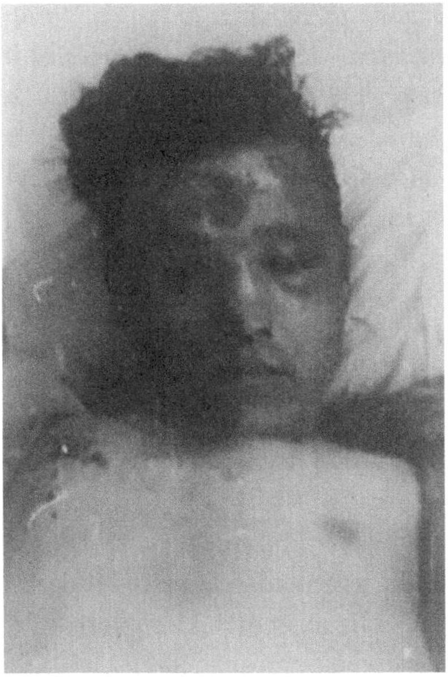

Cadáver de Agustín Muñoz Fernández, «Chato», muerto el 7 de julio de 1947 (SEHGC)

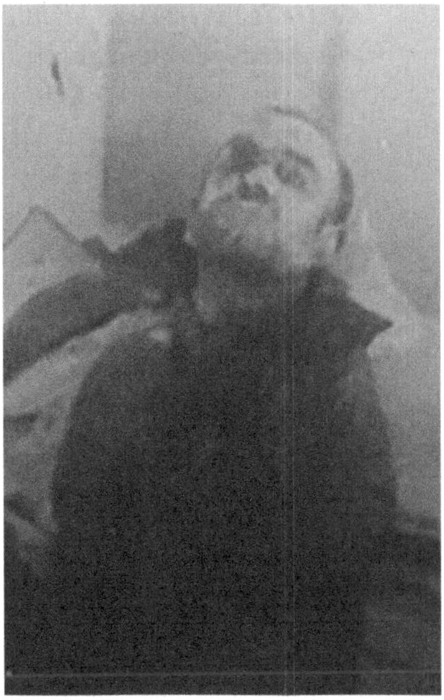

Guerrillero muerto sin identificar en 1945 (SEHGC)

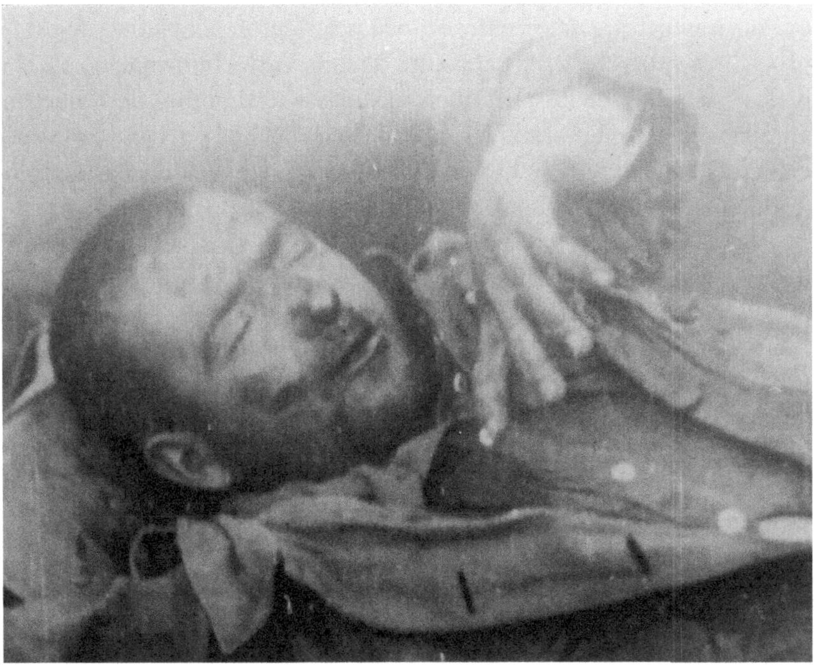

Cádaver de Santiago Durán Carrasco, «Sevillano hijo menor», muerto en Andújar el 30 de agosto de 1944 con 20 años de edad (SEHGC)

Teniendo en cuenta la intervención de representantes diplomáticos acreditados en España, con motivo de algunos juicios celebrados contra elementos detenidos por actividades criminales contra la Seguridad del Estado y el buen nombre de la Patria, se hace saber que, en lo sucesivo, las fuerzas encargadas de la represión de actos de bandidaje y terrorismo aplicarán con rigor el castigo que corresponda a todo detenido con las armas en la mano o convicto por actos de esa naturaleza. No habrá, pues, prisioneros a menos que haya testigos sospechosos o se produzcan circunstancias que puedan dar lugar a una publicidad que aprovechen nuestros enemigos.[470]

Ciertamente estremece leer órdenes como esta, dictadas por un gobierno occidental a mediados del siglo XX. De 1946 a 1948, la aplicación de esta orden contribuyó a que este periodo se conociera como el «trienio del terror». En la provincia de Jaén, he documentado el asesinato de no menos de setenta y dos personas entre ley de fugas, muertes en interrogatorios y falsos suicidios, atribuidos a este sistema de eliminación física.

Otra práctica de violencia de las fuerzas de represión fueron las terribles palizas y torturas que, con diversos procedimientos, se aplicaron en depósitos municipales, cuarteles, locales de la Falange e incluso en domicilios de algunos derechistas. Los familiares de los huidos, sin excluir a mujeres, adolescentes y ancianos, fueron el objetivo de estos procedimientos, que tenían como fin de sonsacarles información acerca de los escondites de los guerrilleros. Muchos testimonios describieron algunas técnicas de tormento aplicadas en muchos pueblos, con especial crueldad en municipios como Jaén, Alcaudete, Valdepeñas de Jaén, Andújar o Marmolejo, donde las palizas, los apaleamientos, la rotura de huesos, el agotamiento físico, la tortura del agua y la toalla o el sistema de la garrucha se aplicaron de forma sistemática.[471]

Hacer confesar a un detenido requería conocimientos de los puntos más débiles del cuerpo humano y de los sistemas y argucias en la búsqueda del sufrimiento físico y psicológico. Dada la diversidad de

470 BIESCAS, J. A. Y TUÑÓN DE LARA, M., ob. cit. p. 247.

471 La terrible técnica del agua y la toalla fue muy aplicada en círculos policiales y consistía en tumbar al detenido sobre una mesa, colocarle sobre el rostro una toalla o paño y verter agua sobre él. Las partículas del agua son inhaladas produciendo en el torturado una sensación de asfixia agobiante. Nos consta que el procedimiento de la garrucha, también conocido como los «aviones», fue utilizado por la Guardia Civil de Alcaudete. Ya conocemos detalles de este sistema a través de los testimonios de algunos supervivientes de la redada anticomunista de 1946 en el citado municipio.

personas y situaciones, los torturadores debían aprender las artimañas para obtener el máximo rendimiento. La tortura, tanto física como mental, llegó a ser considerada un arte en el que eruditos del dolor ajeno ejercían su magisterio sobre los más inexpertos. Incluso llegó a ser una disciplina de estudio en los cursos de ascenso para los suboficiales de la Guardia Civil.

Años atrás cayó en mis manos un documento revelador que confirma lo expuesto. Se trata de un manual de ciento ochenta y tres páginas titulado *Fases de una Investigación* que desarrolla diversos temas para el estudio de los agentes. Entre ellos, algunos de interés policial y criminológico, tales como dactiloscopia, reactivos, pesquisas, testimonios, declaraciones o técnicas de interrogatorio. Sin embargo, otros titulados «La tortura mental» y «La tortura *física*» desataron mi sorpresa. Veamos qué se enseña en ellos:

> *Tortura mental:*
> *Consiste en realizar el interrogatorio a base de preguntas directas dirigidas al presunto culpable colocándole en un estado de ánimo deprimido por la constancia y continuidad de las mismas, pudiéndose aplicar el procedimiento al asignar a cada sospechoso dos interrogadores. Uno de tipo intimidatorio que siempre grita, injuria, amenaza y asesta puñetazos en la mesa y el otro un individuo tranquilo que se muestra simpático y se pone aparentemente de parte del detenido haciendo todo lo posible por contener a su violento colega. El interrogatorio alcanza un crescendo (...) el repentino cambio de atmósfera da casi siempre los resultados apetecidos y el alivio de la tensión induce muy pronto al sospechoso a hacer una confesión total.*
>
> *Otro sistema que da también consecuencias positivas es el que en una habitación inmediata a la que ocupa el presunto culpable se tiene detenido a un familiar o amigo y se le está propinando una paliza.*
> *También da buenos resultados al recluirlo en una celda con un Guardia Civil de paisano simulando estar detenido y éste procurar sonsacar al sospechoso ganándose su confianza. (...)*
>
> *Tortura física:*
> *Aparte de que no es admisible en ningún Tribunal la prueba obtenida bajo coacción, la tortura física tiene abrumadoras ventajas. Bajo su acicate un inocente confesará a menudo delitos que nunca haya cometido (...) Existen diferentes maneras de obtener la confesión del interrogado por este medio que no es otro que el obtenido mediante procedimientos violentos.*

Los medios varían según el ingenio del interrogador y va desde la paliza lisa y llana hasta el atornillamiento de los pulgares, bien se arrancan las uñas de los pies y de las manos sin anestésico, o se fracturan brazos y piernas o se ciñe la cabeza del sospechoso apretándola con una lámina de metal.

También resulta un arma muy eficaz el torno del dentista, sobre todo cuando empieza a penetrar en los nervios sensibles existentes bajo los dientes. La alimentación deficiente y las drogas para evitar la resistencia de un preso agregándole a esto los interrogatorios largos e intensos, que pueden durar hasta 36 horas seguidas, mandándole después a su celda y, cuando quede dormido profundamente, se le despierta de nuevo para seguir preguntándole sobre el hecho a dilucidar.

Los métodos varían desde el acoso en que el interrogado se ve durante unas horas bajo la luz de un poderoso reflector con relevo de interrogadores, al uso de colaboradores científicos como el detector de mentiras del que ya se ha hablado al tratar del interrogatorio mecánico.

Una inyección de la droga de la verdad o Pentotal adormece el pensamiento consciente del sospechoso y el inconsciente le obligará a decir la verdad definitiva a un hombre fuerte y resuelto de espíritu.

Ningún hombre puede soportar la tortura del agua. Se trata del simple y viejo método de hacer gotear el agua con un intervalo de pocos segundos sobre la cabeza del presunto culpable, con esto es de asegurar que quiebra en pocos momentos la resistencia de un hombre fuerte y convierta a cualquier ser humano en un loco que desvaría al cabo de una hora.

Un trato muy común consiste en ofrecer grandes cantidades de café o té antes del interrogatorio y prolongar luego las preguntas hasta que las necesidades naturales sean tan apremiantes que el detenido esté dispuesto a menudo a revelar informaciones vitales con tal de poder desahogarse (...).[472]

Estas espeluznantes enseñanzas quedarían reducidas a un morboso compendio de algún sádico masoquista de no ser porque fueron tema de estudio de un manual utilizado en cursillos de ascenso en la Guardia Civil. Doné este manual al Archivo Histórico Provincial de Jaén para su consulta pública.[473]

472 AHPJ, *Manual de Investigación de la Guardia Civil*, sig. 3008, pp. 158-161.

473 AHPJ, Biblioteca Auxiliar. *Manual de Investigación de la Guardia Civil*, signatura n.º 3008.

Es difícil encontrar testimonios escritos o denuncias interpuestas por estas prácticas, ni por las víctimas ni por los compañeros de quienes las practicaron. Revelarse contra el sistema era un suicidio. O se aceptaba con resignación el régimen con todas sus consecuencias o había que huir y engrosar la lista de proscritos. Aunque en aquel tiempo el corporativismo policial se las arreglaba para que no constaran en la documentación oficial las lesiones producidas a los interrogados, hemos localizado algunas situaciones denunciadas por los funcionarios de la prisión provincial de Jaén. En julio de 1943, la Guardia Civil de Huelma se presentó en la prisión de Jaén con los pastores Diego Medina Jiménez, Juan Cobo Pulido y Gabriel Ruiz Tello, acusados de haber comido con los Chaparros. El lastimoso aspecto que presentaban hizo escribir al jefe de servicios, Miguel Sánchez, el presente parte de hechos:

> *Preguntados los ingresos Diego Medina Jiménez, Juan Cobo Rubio y Gabriel Ruiz Tello sobre las heridas y contusiones que presentaban, contestaron que se las habían producido en el autobús donde efectuaron el viaje, a consecuencia de un movimiento brusco del mismo (...) Al ser reconocidos por el médico se le apreciaron contusiones en todo el cuerpo. Sometidos a un estrecho interrogatorio manifestaron, al fin, que habían sido maltratados por la Guardia Civil de Huelma y que se negaron a declararlo al ser preguntados por temor a que les pudieran sobrevenir represalias al denunciar el hecho mencionado.*[474]

El 12 de diciembre del mismo año, el médico de la prisión, Antonio González Duro, certificó al ingreso de Antonio Rodríguez Gutiérrez, de Villanueva de la Reina, acusado de auxilio a huidos, que presentaba importantes «contusiones y equimosis en la espalda y nalgas.»[475] Estos son algunos ejemplos del estado en que llegaban a la prisión muchos de los detenidos conducidos por la Guardia Civil.

No todos los guardias civiles, policías, militares, falangistas o somatenes practicaron estos crueles procedimientos. Incluso nos consta que muchos de ellos repudiaban en silencio los métodos de violencia y la expeditiva ley de fugas. Pero el rigor castrense y la férrea disciplina impuesta por sus responsables hicieron que este sistema de terror actuase impune. El silencio fue su colaboración.

---

474 AHPJ, leg.42.664. Exp. Penit. de Juan Cobo Rubio.

475 AHPJ, leg. 42776, Exp. Penit. de Antonio Rodríguez Gutiérrez.

El movimiento guerrillero de posguerra fue una lucha armada contra el régimen franquista y, por ende, tanto las fuerzas de represión como los emboscados utilizaron métodos violentos. No obstante, la violencia empleada por el guerrillero, en la mayoría de los casos, se concretó en enfrentamientos defensivos con la Guardia Civil cuando eran descubiertos, pues, la guerrilla, sabedora de su inferioridad en medios humanos y armamento, trató casi siempre de evitar el choque armado. Sus acciones fueron, sobre todo, de hostigamiento y propaganda. No así las fuerzas de represión franquistas, que utilizaron la represión con armas de guerra y con frecuencia el apoyo del ejército, la Falange y somatenes voluntarios para aniquilar al enemigo.

Mariano Paniagua Serrano, guardia civil
muerto en Marmolejo el 22 de abril de 1946
cuando trataba de detener a «Michelín»,
«Granaino» y «Los Mozos (F. Aguado Sánchez)

Prueba de ello fue, en la provincia de Jaén, la abrumadora diferencia entre las víctimas de la lucha antiguerrillera (87.6%) frente a las víctimas de la guerrilla (12.4%). De estos últimos, solo once eran guardias civiles (el 5.2% del total de víctimas mortales), y ninguna de esas muertes puede considerarse como atentado, pues fueron muertos en fuego cruzado en respuesta a las emboscadas organizadas por la Benemérita para acabar con los guerrilleros.

La violencia guerrillera se centró fundamentalmente en la intimidación armada practicada en secuestros y atracos. Por lo general, no hacía falta recurrir a otro tipo de violencia cuando un grupo de hombres armados irrumpían en un cortijo portando fusiles y bombas de mano. El miedo a perder la vida solía simplificar las cosas. Se conocen algunos casos en los que se abofeteó a un propietario por resistirse o incluso se lo sometió a un simulacro de ajusticiamiento para conseguir sus propósitos. No obstante, la mayor violencia se centró en los chivatos, en los llamados provocadores; enlaces o guerrilleros, o bien capturados o bien los que se presentaron de forma voluntaria en los cuarteles de la Guardia Civil para informar sobre planes, movimientos, ubicación y escondites de sus compañeros de guerrilla. Con ellos no se tuvo ninguna piedad.

¡ATENCIÓN AL ARBOLITO Y LA CUERDA DE ESPARTO!

CAMINO DEL SILENCIO. Chivatos, espias, confidentes delatores, responsables en general de daños al Ejército Guerrillero o a patriotas honrados: EL EJERCITO GUERRILLERO SERA IMPLACABLE EN LA APLICACION DE LA JUSTICIA. El grabado de la izquierda indica la meta que alcanzarán todos los que se dediquen a prestar servicios de espía o chivatos de la brutal policía franquista. La más insignificante palabra de chico, grande o mediano, hombre o mujer que pueda orientar o favorecer los planes originales de los verdugos de nuestro Pueblo, es castigada con la pena de muerte. Advertimos a los que, sin intención de hacer daño, hablan más de la cuenta que, con su falta de responsabilidad, originan los mismos perjuicios que los confidentes profesionales y, por tanto, están expuestos a sufrir la misma pena.

EJERCITO GUERRILLERO DE ANDALUCIA

Octavilla en la que se amanaza a los chivatos y confidentes de la Guardia Civil (J. M. Azuaga Rico)

En una consigna difundida el 1 de agosto de 1947 por el Ejército Guerrillero de Andalucía (Agrupación Roberto), podía leerse:

> *Ordeno a todos los jefes de Unidades y Destacamentos para que urgentísimamente se haga una revisión total a fondo de todos los hombres que componen su Unidad, sin excepción alguna, y allí donde descubran indicios de provocación, sean castigados los provocadores con la más rígida severidad. La lucha contra los provocadores tiene que ser tarea constante dentro de las filas de nuestro Ejército y ésta no sólo corresponde a los jefes de unidades y sus comisiones políticas, sino a todos, absolutamente a todos los guerrilleros (...)*

La violencia encarnizada de uno y otro bando quedó reflejada en las intemperantes arengas de algunos de sus jefes, de una similitud sorprendente, en las que se evidenciaba un odio absoluto. Si el general Queipo de Llano amenazaba al comienzo de la guerra:

Ya conocerán mi sistema: por cada uno de orden que caiga, yo mataré a diez extremistas por lo menos, y a los dirigentes que huyan no crean que se librarán por ello; les sacaré de debajo de la tierra si hace falta, y si están muertos los volveré a matar.[476]

La Agrupación Guerrillera de Málaga anunciaba en 1946:

Cada asesinato que cometa Franco será vengado diez veces por nuestras fuerzas guerrilleras. Todo aquel que tenga las manos manchadas por haber asesinado o delatado a un combatiente antifranquista, sufrirá el castigo que se merece que logran asesinos y chivatos a quienes no daremos cuartel, y que lo sepa el pueblo por cuya libertad luchamos.[477]

La Agrupación Roberto sentenciaba:

Los guerrilleros de esta Agrupación incrementarán sus acciones de combate y harán que por cada patriota que caiga en la lucha frente al francofalangismo respondan con su vida cinco perros falangistas.[478]

Si, tras una inesperada emboscada, los guerrilleros conseguían salvar la vida, el delator desaparecía con toda su familia, desplazándose a lugares desconocidos tratando de pasar desapercibido. De no ser así, tarde o temprano daban con él y lo sometían a crueles padecimientos para sonsacarle información antes de liquidarlo y difundir la noticia para advertir a futuros delatores.

La muerte en Huelma de Manuel Rubio López a manos de Tomás «Chaparro» es un ejemplo de cuanto decimos. El huido lo interceptó en un camino, le ordenó apearse de la caballería, lo obligó a desnudarse completamente y, acto seguido, le disparó, matándolo en el acto. El ensañamiento se concretó cuando, aun sabiéndole muerto, cogió una gran piedra y le destrozó el cráneo, dejándolo prácticamente irreconocible.

En la provincia de Jaén hemos contabilizado doce casos de asesinato sobre delatores. Seis entre vecinos que informaron a la Guardia Civil sobre la ubicación de los campamentos guerrilleros y otros seis entre los propios guerrilleros acusados de traición por similares motivos.

---

476 *ABC*, Sevilla 29 de julio de 1936.

477 Parte del texto de una octavilla en ciclostilo fechada en Málaga el 20 de marzo de 1946. AGUADO SÁNCHEZ F. *El maquis en sus documentos*, edit. San Martín, p. 343.

478 Parte de una circular del Ejército Guerrillero de Andalucía editado en el órgano clandestino *Por la República* el 1 de marzo de 1946.

En Andalucía se han documentado espectaculares acciones de la guerrilla sobre relevantes derechistas de la época. En septiembre de 1945, fue secuestrado por miembros de la 3.ª Agrupación, Manuel Salinas, hijo del presidente de la Diputación de Córdoba, por quien obtuvieron 75000 pesetas de rescate tras haberlo retenido durante un mes. El 29 de mayo de 1946, fue asesinado en Pozoblanco (Córdoba) el capitán de la Guardia Civil Paulino Marín Santos. En enero de 1947, fue muerto en Granada por los Clares el coronel Joaquín Milans del Bosch.[479]

Evacuación de un guardia civil herido tras un encuentro armado con los guerrilleros de la Agrupacion «Roberto» (Darío)

En Jaén, en septiembre de 1949, fue muy comentado el asesinato de Francisco García Guerrero, presidente de la Sala Segunda de la Audiencia Provincial a manos de los miembros de la Agrupación Roberto. Este magistrado había tomado posesión en esta provincia el 29 de marzo de 1949. Francisco García Guerrero había sido juez de instrucción en los partidos de Alhama de Granada y Loja y, durante la guerra, se puso al servicio del movimiento, siendo nombrado juez jurídico militar en esta última población. Había instruido numerosas causas contra «elementos marxistas». Por ejemplo, la 544/36 en la que condenó

479 Según José María Azuaga Rico, en el expediente de los hermanos Castillo Clares (SEHGC) aparecen estos como autores de la muerte de Milán del Bosch.

a muerte a diez personas fusiladas en Granada el 13 de marzo de 1937, todos ellos vecinos de Loja. A los treinta días, tuvieron el mismo final otros dieciséis vecinos de la zona.[480]

Aficionado a la caza, el 18 de septiembre organizó una jornada cinegética entre los términos de Loja y Archidona. A la caída de la tarde, en los Llanos de Murillo, le salieron al paso un grupo de guerrilleros armados, quienes, tras desarmar a los cazadores, se dirigieron al juez:

—¿Cómo te llamas?

—Francisco García Guerrero.

—¿A qué te dedicas?

—Tengo un destino judicial.

—¡Eres juez militar!

—Soy juez civil —apostilló.

—Vente *pacá* una *miajilla,* que tenemos que hablar unas palabras. Usted mató a mi hermano cuando era juez militar de Loja.[481]

La esposa, María Jesús de la Rosa, gritó y se interpuso, pero fue abofeteada por el mismo guerrillero. Incluso les ofreció una considerable suma para que no hicieran daño a su esposo, pero los maquis la rechazaron. Habían decidido acabar con el que consideraban miembro del aparato represor franquista. Seguidamente le dieron un golpe en el pecho que lo hizo caer. Encañonados, obligaron a los acompañantes a alejarse con los brazos en alto. Estos escucharon un disparo, que impactaría en el rostro; luego un segundo, que acabó con la vida del magistrado.

Se encarceló a dos pastores que no denunciaron la presencia de los guerrilleros, con quienes habían conversado.[482] Nunca se conoció la identidad del que apretó el gatillo, aunque se dio por hecho que fue alguien de la Agrupación Roberto, que actuaba en la provincia de Granada.

Luego se supo que el magistrado, que estaba de baja laboral recuperándose de una supuesta enfermedad, gozaba de una jornada cinegética que él mismo organizó. Así consta en el *Libro de Posesiones y Ceses de la Audiencia Provincial de Jaén*, en el que se hizo consta la siguiente diligencia:

> *Se ha tenido conocimiento telefónico de que este funcionario fue víctima de un criminal atentado que le ocasionó la muerte en el término de Archidona en donde se encontraba dado de baja por enfermedad.*

480 AHMI causa 415/36.

481 AHMI, leg. 626/13, causa 875/49

482 Los procesados fueron Manuel Ramos Rey y Salvador Toledo Reyes, ambos fueron condenados a dos años y un día de prisión.

El coste humano de la lucha guerrillera en Jaén

ESTADÍSTICAS, GRÁFICOS Y CONCLUSIONES

A continuación, se exponen una serie de cuadros estadísticos al objeto de cuantificar el número de muertes de guerrilleros y enlaces muertos en circunstancias violentas, así como los caídos entre la fuerza represora (guardias civiles, falangistas, somatenes). En este último bando hemos incluido a los delatores y guerrilleros ajusticiados por la propia guerrilla. Así mismo, se han confeccionado listados nominales de las víctimas de uno y otro bando.

Hasta mi obra *La guerra no acabó en el 39*, nunca se había realizado un estudio sobre la lucha guerrillera antifranquista en la provincia de Jaén. En la presente obra se presenta un trabajo recopilatorio en el que se actualiza el balance realizado hace veinticinco años y se refleja con mayor precisión la magnitud de un fenómeno sociopolítico que, como vemos en las tablas estadísticas, difiere en mucho con las cifras oficiales aportadas en 1975 por el teniente coronel Francisco Aguado Sánchez.

En aquel primer estudio contabilicé 187 víctimas mortales entre los dos bandos, que ahora pasan a ser 208.

Tabla 15
COSTE HUMANO EN LA LUCHA GUERRILLERA
EN LA PROVINCIA DE JAÉN
(Diferencias entre estudios)

	E. Limia	*F.Aguado*[483]	*L.M. Sánchez Tostado*
BAJAS EN LA GUERRILLA			
Guerrilleros[484]	67	89	106
Colaboradores			
Disparos y ley de fugas	-	-	43
Ejecutados	-	-	20
Prisión	-	-	11
Subtotal:	67	89	180
BAJAS EN FUERZAS DE REPRESIÓN			
Guardias civiles muertos	4	4	11
Propietarios	-	-	3
Colaboradores (somatenes y delatores)	-	-	7
Ajusticiamientos entre guerrilleros	-	-	6
Suicidios	-	-	1
Subtotal:	4	4	28
TOTAL DE MUERTES	71	93	208
DETENCIONES Enlaces encarcelados	529	715	1950[485]

483 Datos referidos al periodo comprendido entre 1943 y 1952.

484 Se incluyen tanto los guerrilleros muertos en encuentros armados como los ejecutados posteriormente por sentencia firme.

485 Esta cifra incluye los encarcelados por actividades relacionadas con la lucha guerrillera en la sierra (maquis y enlaces), así como la actividad clandestina en el Llano («actividades subversivas»). Esta cifra corresponde a la consulta de un 80% de los expedientes penitenciarios consultados obrantes en el AHPJ.

Tabla 16
NÚCLEOS SERRANOS JIENNENSES CON MAYOR ACTIVIDAD GUERRILLERA[486]

	Guardia Civil y colaboradores[487]	Guerrilleros y enlaces	Total	Enlaces Encarcelados
Sierra Sur	8	95	103	587
Sierra Morena	16	51	67	697
Sierra Mágina	4	18	22	308
Sierra de Cazorla, Segura y las Villas	-	16	16	308
Campiña	-	-		50
TOTAL	28	180	208	1950

Gráfico 1
Número de muertos por sierras en la lucha guerrillera antifranquista en la provincia de Jaén 1939-1952
(L.M. Sánchez Tostado)

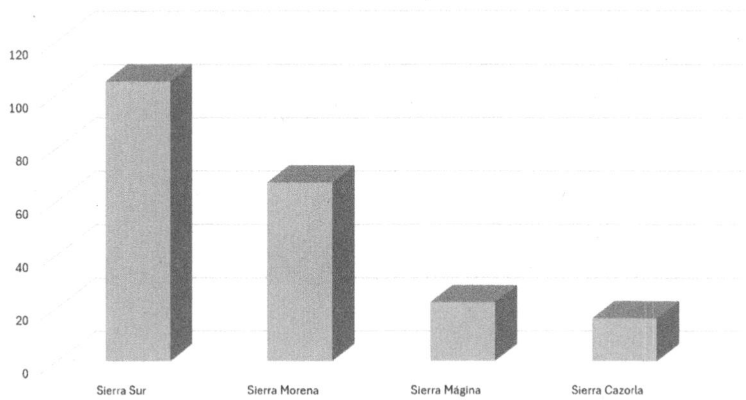

486 Elaboración propia en base a las consultas realizadas en los expedientes penitenciarios del AHPJ, debiendo hacerse constar que se incluyen también los encarcelamientos, tanto por resistencia activa como pasiva; esto es, enlaces, cómplices y encubridores del maquis, así como autores, colaboradores, simpatizantes y cotizantes de las organizaciones clandestinas de izquierdas quienes, junto a la guerrilla, formaron parte de la resistencia antifranquista entre 1939-1952 y que, por tal motivo, fueron encarcelados durante el citado periodo.

487 Estas cifras incluyen guardias civiles, somatenes y propietarios muertos por la guerrilla. También los delatores y guerrilleros ajusticiados por sus propios compañeros.

Gráfico 2
Evolución de las muertes relacionadas con la lucha guerrillera antifranquista en la provincia de Jaén 1939-1952
(L.M. Sánchez Tostado)

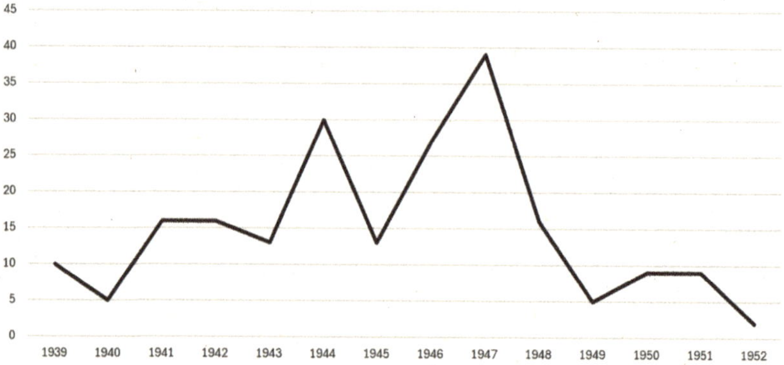

Gráfico 3
Comparativa entre las bajas de los dos bandos de la lucha guerrillera antifranquista en la provincia de Jaén 1939-1952
(L.M. Sánchez Tostado)

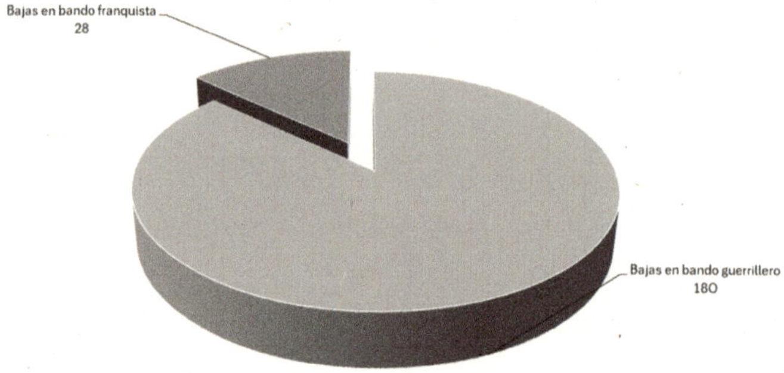

Gráfico 4
Comparativas entre las víctimas mortales de la lucha guerrillera antifranquista en la provincia de Jaén 1939-1952
(L.M. Sánchez Tostado)

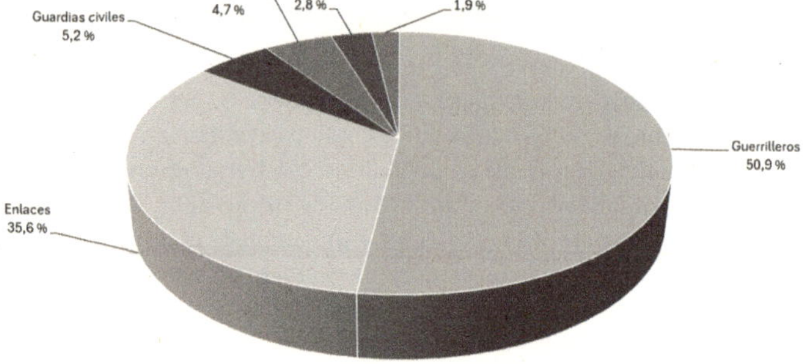

CONCLUSIONES

Tras el análisis de los datos a los que hemos tenido acceso sobre el movimiento guerrillero antifranquista en la provincia de Jaén, llegamos a las siguientes conclusiones:

1.º Contrariamente a lo que opinaba el teniente coronel Francisco Aguado Sánchez, en la provincia de Jaén se localizaron guerrillas antifranquistas bien organizadas. Algunas de ellas, como la que capitaneó el iliturgitano Francisco Expósito Prieto («Gafas»), tuvieron una considerable influencia en la 2.ª Agrupación Centro de Guerrilleros con demarcación en las provincias de Jaén y Ciudad Real.

Las acciones guerrilleras y la labor política de las guerrillas de Sierra Morena propiciaron el auge del comité provincial del PCE, el cual, en 1944, se centralizó en Andújar por su gran número de militantes, así como su participación directa en la constitución de los comités clandestinos de Marmolejo, Navas de San Juan, El Centenillo o La Carolina, entre otros municipios.

Con la falta de rigor que lo caracteriza, Aguado Sánchez afirma que las guerrillas de Jaén manifestaban «rebeldía» a la aceptación de los esquemas del partido:

> *La influencia fiscalizadora de los buitres de Toulouse, en Jaén, brilló por su ausencia aunque no precisamente la ideología de gran número de bandoleros, más o menos rudimentariamente organizados en partidas lanzados abiertamente al monte. En definitiva, los forajidos de esta provincia quedaron, a fin de cuentas, desligados, tanto de la 3.ª Agrupación como de su hermana gemela del Roberto.*[488]

Si bien es cierto que la relación de guerrilleros jiennenses en las citadas agrupaciones es escasa, más por el fruto del aislamiento geográfico que por otras razones, sí tuvieron los jiennenses un peso relevante en la 2.ª Agrupación Centro, con más de una veintena de hombres y varios jefes de guerrilla. Este hecho fue determinante para la evolución de la lucha armada de esta agrupación, aspecto que Aguado omite deliberadamente o por desconocimiento.

Otro tanto ocurre con la guerrilla de Tomás Villén Roldán («Cencerro»), al que desvincula de toda disciplina del partido comunista. Sin embargo, se constatan sus eficaces iniciativas personales en la

488 Aguado Sánchez, f. ob. cit. p. 511.

constitución de los comités del PCE y de la UNE en Jaén, Torredonjimeno, Martos, Alcaudete, Castillo de Locubín, Valdepeñas de Jaén y Los Villares, entre otros municipios. En ellos proporcionó propaganda clandestina y participó en asambleas con militantes comunistas, colaborando con la resistencia en el llano. Se sabe que tuvo frecuentes contactos con responsables regionales del partido.

2.º Durante la primera etapa (1939-1944), las sierras jiennenses se poblaron de huidos que formaron grupos dispersos y poco homogéneos. A pesar de que se nombraron algunos jefes (como Vidrio), el objetivo de estos grupos se limitó a la mera supervivencia a través de un avituallamiento desesperado, y trataban de evitar el choque armado. En cambio, durante la segunda etapa (1945-1952), es más apropiada la utilización del término «maquis» o «guerrilleros» para describir a los grupos armados que resistieron en las serranías debido al matiz netamente político de sus acciones, si bien la mayor parte de las veces esta resistencia armada tuvo un carácter más defensivo que ofensivo, consecuencia de la abrumadora inferioridad de medios y recursos humanos frente a las tropas franquistas.

3.º El número total de muertos relacionados con la lucha guerrillera antifranquista en la provincia de Jaén (y zonas limítrofes) no es menor de 208, de los cuales 180, es decir, el 86.5 % corresponden a guerrilleros y sus enlaces. 28 fueron víctimas de la guerrilla, incluyendo en este porcentaje a miembros de las fuerzas de represión (guardias civiles, guardas rurales, soldados y colaboradores), delatores y ajusticiamientos entre los mismos guerrilleros, lo que supone un 13.4 % del total de muertes. Por tanto, el número de muertes violentas relacionadas con la lucha antiguerrillera, documentadas en el presente estudio triplica la cifra ofrecida por el teniente coronel Eulogio Limia (71) y duplica la del teniente coronel Francisco Aguado Sánchez (93). Otro tanto ocurre con los encarcelados, cifrados por los citados militares franquistas en 529 y 715, respectivamente, cuando, en la presente obra hemos documentado no menos de 1950. Ello demuestra que ni la publicación de Eulogio Limia en 1957 ni la del teniente coronel Francisco Aguado en 1976 contienen rigor histórico, pese a que, en teoría, debieron de tener acceso a las estadísticas de la Benemérita. Todo parece indicar que la intención era reducir el impacto de aquel fenómeno sociopolítico presentando unas cifras reducidas muy alejadas de la realidad. Ello lleva a pensar que, si esto ocurre en la provincia de Jaén, las cifras a nivel nacional presentadas por Aguado, con 6187 muertos y 19444 encarcelados, debieron de ser en realidad muy superiores.

4.º El número de guerrilleros muertos violentamente asciende a 106. A estos efectos, consideraremos guerrilleros a los que se echaron al monte armados tras la guerra civil, bien para salvar su vida, bien para emprender acciones propias de la resistencia guerrillera contra el régimen.

5.º La aplicación masiva de la despiadada ley de fugas se pone de manifiesto al poderse documentar en el presente trabajo la muerte violenta de, al menos, 45 vecinos mediante crueles procedimientos de terrorismo de Estado, a los que habrá que sumar 20 ejecutados en juicios sumarísimos y otros 11 muertos en cárceles y depósitos municipales tras las torturas en los interrogatorios o suicidios simulados, lo que hace un total de 71 colaboradores eliminados.

El expeditivo método de la ley de fugas acabó con la vida del 57% de los colaboradores de la guerrilla. Este cruel procedimiento se utilizó con especial saña en la comarca de la Sierra Sur entre 1946 y 1947, donde 23 personas fueron asesinadas con este sistema de exterminio sin formación de causa, usado para combatir a la guerrilla de Cencerro, siendo la mayoría de las víctimas familiares, vecinos o amigos de los guerrilleros (ver tabla 15 y gráfico 4).

6.º El número de encarcelados durante el periodo 1939-1952 por motivos relacionados con la resistencia política de posguerra en la provincia de Jaén (lucha guerrillera en la sierra y actividad clandestina en el llano) ascendió, como mínimo, a 1950; el triple que la cifra hecha pública por el teniente coronel Francisco Aguado Sánchez. A esta cifra habrá que añadir los muertos en encuentros armados, las víctimas de ley de fugas y los fallecidos en cárceles y depósitos.

Debe insistirse en que esta cantidad de encarcelados son única y exclusivamente por acciones de resistencia política en periodo de posguerra. No se trata, pues, de represaliados políticos por acciones derivadas de la guerra civil, cuya cifra es mucho más elevada.

7.º Como vemos en el gráfico 1, la Sierra Sur se perfila como la zona con mayor número de muertos en choques armados de posguerra con 105 muertos (97 víctimas de la represión franquista y 8 víctimas de la guerrilla). Le sigue Sierra Morena con 67 muertos y, muy de lejos, Sierra Mágina con 22 y las sierras de Cazorla, Segura y las Villas con 16.

El menor número de muertos en Sierra Morena, a pesar de producirse en ella una intensa actividad guerrillera, fue debido, fundamentalmente, a la gran extensión de esta zona geográfica, con poblaciones muy distanciadas entre sí, lo que dificultaba la persecución de los huidos y ha hecho difícil contabilizar las víctimas fuera de la provincia de Jaén. Sin embargo, esta zona presenta el mayor número de víctimas ocasionadas por la guerrilla si sumamos guardias civiles y somatenes caídos, además de delatores y guerrilleros ajusticiados por sus mismos compañeros. Sin duda se debió al espíritu altamente combativo del grupo que lideraba el iliturgitano Francisco Espósito Prieto.

8.º Con respecto a la evolución cronológica del número de encuentros armados, combates y escaramuzas entre las fuerzas de represión y la guerrilla antifranquista en la provincia de Jaén, podemos hacernos una idea si observamos el gráfico 2, donde se aprecia la línea evolutiva del número de muertos desde 1939 hasta 1952.

En el desarrollo gráfico destacan dos picos de máxima represión en los años 1944 y 1947. El primero coincide con el envío de maquis desde el exilio francés y su consiguiente represión. Al año siguiente, 1945, se reduce el número de víctimas ante la incertidumbre y la expectación silenciosa del régimen tras la victoria de las tropas aliadas sobre los nazis. En 1946 y, sobre todo, en 1947, el régimen vuelve a la carga sin contemplaciones con la intención de exterminar para siempre la subversión guerrillera y su red de enlaces ante las manifestaciones británicas en la ONU y la falta de intervencionismo de las potencias occidentales. Se aplica de forma masiva la ley de fugas.

Listados de víctimas

VÍCTIMAS DE LA REPRESIÓN ANTIGUERRILLERA EN LA PROVINCIA DE JAÉN
(Combates, ejecuciones, muertos en prisión y suicidios 1939/1952)

FECHA	NOMBRE	APODO	MUNICIPIO	G/E[489]	CONSECUENCIA
¿?/??/????	Antonio Fernández García		Stgo. de la Espada	G	Desaparecido
05/03/1939	Felipe Maroto Jiménez		Arjonilla	E	M. en prisión
24/05/1939	Daniel Delgado Fresneda		Albanchez de M.	E	M. en prisión
08/08/1939	Pablo Arrabal Lara		Torredonjimeno	E	M. en prisión
28/06/1939	Manuel Plaza González		Arjonilla	E	M. en prisión
25/09/1939	Carlos Marín Armenteros		Torredonjimeno	E	M. en arresto
25/09/1939	Fco. Montijano Ortega		Torredonjimeno	E	M. en arresto
22/11/1939	Antonio Barranco Aguilar		Martos	E	Ejecutado
22/11/1939	Manuel Moreno Baena		Martos	E	Ejecutado
15/08/1940	Zarco Martín, José		Granada	G	Disparos
15/08/1940	José Muñoz García		Sevilla	G	Suicidio
15/08/1940	Antonio García Navarro		Málaga	G	Suicidio
15/08/1940	Alonso Sierra Linde		Úbeda	G	Suicidio
14/04/1941	Juan Alonso Carmona Susi		Torredonjimeno	E	M. en arresto
28/05/1941	Francisco Córdoba Uclés		Cañete de las T.	G	Disparos
16/06/1941	Cristóbal Egea Cazorla	Egea	Marmolejo	G	Disparos
21/07/1941	Sin identificar	Aceituno	Marmolejo	G	Disparos
24/09/1941	Pascual Haro Navarro		Villacarrillo	E	Ejecutado
24/09/1941	Pedro Gutiérrez Cruz		Jaén	E	Ejecutado
24/09/1941	Fco. Pegalajar Ortega		Torredelcampo	E	Ejecutado
24/09/1941	Julián Pérez Juárez		Linares	E	Ejecutado
24/09/1941	Pedro Sánchez López		Vva. de la Reina	E	Ejecutado
06/12/1941	Julia Llamas Lara		Beas de Segura	E	Disparos. LF[490]
22/12/1941	Rosendo Castro Torres	Rosendo	Fuensanta de M.	E	Ejecutado
22/12/1941	Camilo Izquierdo Castillo	Gagarrullo	Fuensanta de M.	E	Ejecutado
22/12/1941	Felipe Jaén Zamora	Zarapetos	Fuensanta de M.	E	Ejecutado
22/12/1941	Cipriano Lara Escribano	Chivero	Cast. de Locubín	E	Ejecutado
22/12/1941	Ant. José Arenas Quesada	Negrete	Frailes	G	Disparos

489 En esta columna se especifica con una «G» si la víctima fue guerrillero y con una «E» si fue enlace u otro tipo de colaborador.

490 Ley de fugas.

28/12/1941	Juan Sáez Palomino	Hojarrasquín	Alcalá la Real	G	Suicidio
03/03/1942	Juan Cachinero Montoro	Cerrinegro	Cardeña	G	Disparos
28/10/1942	Fco. Cañada de la Cruz		Torredonjimeno	E	Ejecutado
28/10/1942	Juan José Gómez Hornos	Follero	Torredonjimeno	E	Ejecutado
28/10/1942	Pedro Jaén Arquillos	Corrector	Torredonjimeno	E	Ejecutado
28/10/1942	Manuel Lozano Martos	Chivones	Torredonjimeno	E	Ejecutado
28/10/1942	Juan Pérez Aguilera		Arjonilla	E	Ejecutado
28/10/1942	Pedro Rico Blanca	Cardoso	Torredonjimeno	E	Ejecutado
09/11/1942	Gregorio Jiménez Jiménez	Carromato		G	Disparos
04/12/1942	Rafael Megías Fernández	El de la Hiena		G	Disparos
10/12/1942	Esturnio Romero González	Esturnio	Bélmez	G	Disparos
19/12/1942	Benito Escribano Bueno	Benito		G	Disparos
08/01/1943	José Mª Jiménez Mendoza	Rojo Terrinches	Terrinches	G	Disparos
29/01/1943	Francisco Gallardo Villén		Alcaudete	E	M. en prisión
04/02/1943	Manuel Castillo Capilla	Salsipuedes	Ben. de las Villas	G	Disparos
11/04/1943	José Mª Lechuga Pardo	Perfecto	Mengíbar	G	Disparos
23/04/1943	José Cano García		Alcalá la Real	E	M. en prisión
18/05/1943	José Poblador Colás	Pancho Villa	Zaragoza	G	Ejecutado
14/09/1943	Antonio Cano Artesero	Artesero	Fáb. de Riopar	G	Disparos
15/09/1943	Fdo. García de la Torre			E	Disparos. LF
07/12/1943	Agustín Oya Serrano		Huelma	G	Disparos
12/12/1943	Juan Rodríguez Muñoz	Jubiles	Bujalance	G	Disparos
27/12/1943	José Vacas Damas		Torredelcampo	G	Disparos
08/01/1944	Ramón Lara Gómez	Larilla	Marmolejo	E	Disparos
08/01/1944	Manuel Alcalá Cabanillas	Béjar	Bujalance	G	Disparos
08/01/1944	Mateo Alcalá Cabanillas	Béjar	Bujalance	G	Disparos
08/01/1944	Baldomero Arévalo García	Buengusto	Marmolejo	G	Disparos
08/01/1944	Juan Cachinero Montoro	Obispo	Cardeña	G	Disparos
12/01/1944	José Cachinero	Cerrinegro	Cardeña	G	Disparos
22/01/1944	Dionis. Torralbo Belmonte	Sastre	Cabra de S.C.	G	Disparos
18/03/1944	Juan A. Carrascosa Rosa	Sgto. Chamorro	Mancha Real	G	Ejecutado
18/03/1944	Francisco Casas Barrios	Coronel	Mancha Real	G	Ejecutado
18/03/1944	Juan D. Casas Carrascosa	Coronel	Mancha Real	G	Ejecutado
18/03/1944	Diego García Salido	Ladilla	Mancha Real	G	Ejecutado
18/03/1944	Manuel Rodríguez Navas	Berenjeno	Pegalajar	G	Ejecutado
18/03/1944	Luis Zamora Torres	Rana	Mancha Real	G	Ejecutado
08/04/1944	Sin identificar	Pelusa	Píñar	G	Disparos
17/05/1944	Ant. Fernández Rodríguez	Culomojao		G	Disparos
10/06/1944	Rafael Carrillo Padilla	Costilla	Alcaudete	G	Disparos
10/06/1944	Juan A. Padilla Bermúdez	Hijo Custodio	Alcaudete	G	Disparos
16/06/1944	Fernando Ruiz Ruiz	Fernandillo	Vva. Arzobispo	G	Disparos
26/06/1944	Antonio Lina Duque	Maceta	Alcalá la Real	G	Disparos
04/08/1944	Sin identificar		Stban. Puerto	G	Disparos
09/08/1944	Francisco Milla Santiago	Simón	Bujalance	G	Ejecutado
13/08/1944	Sin Identificar			G	Disparos
20/08/1944	Magd. Aranda Hernández		Huelma	E	Disparos. LF
20/08/1944	Tomás García Fuentes	Chaparro	Huelma	G	Disparos
04/09/1944	Antonio Martínez Ortíz	Gato Negro	Baza	G	Disparos
23/09/1944	Santiago Durán Carrasco	Sevillano Hijo	Marmolejo	G	Disparos
14/11/1944	Antonio Martín Aracara	Matavinos	Linares	E	Disparos
16/02/1945	Francisco Jiménez Pozo	Churro	Montoro	G	Ejecutado

31/03/1945	Benedicto Hornos Trillo		Cazorla	E	M. en prisión
13/06/1945	Juan Expósito Hernández	Chato	Andújar	E	Disparos. LF
13/06/1945	Antonio Prieto Sánchez	Pereto	Andújar	E	Disparos. LF
06/08/1945	Francisco Torres Torres		Vva. Reina	E	M. en prisión
20/08/1945	Flaviano Martínez Hidalgo		Alcaudete	E	Ejecutado
21/08/1945	Alejandro Fernández León	Chorra	Jaén	G	Disparos
25/08/1945	Pedro Ruiz Illescas	Petronilo	Cardeña	G	Disparos
01/09/1945	Norberto Sánchez Lara	El del Hato	Andújar	G	Disparos
22/11/1945	Juan Planet López		Andújar	E	Ejecutado
15/12/1945	Manuel Alcaide Molina		La Carolina	E	Disparos
31/01/1946	Sin identificar		Baeza	E	Disparos
14/02/1946	Man. Expósito Hernández			E	Disparos
10/05/1946	Emilio Zarco Aranda		El Centenillo	G	Disparos
11/05/1946	Francisco Puente Ramírez		Porcuna	E	Ejecutado
23/05/1946	Antonio Olmo Rosales	Rábano	Cast. de Locubín	G	Disparos
06/08/1946	Antonio Zafra Mora		Alcaudete	E	Disparos. LF
¿¿/09/1946	José Lorente Jiménez	Peluca	Frailes	G	Disparos
10/09/1946	Francisco Ibáñez Molina	Recovero	Cast. de Locubín	G	Disparos
01/11/1946	Diego García Gómez	Chirri	Jaén	G	Disparos
01/11/1946	Carlos Rivera Jiménez	Jeromo	Albolote	G	Disparos
01/11/1946	Juan Rivera Jiménez	Riverilla	Albolote	G	Disparos
25/12/1946	Gil Aceituno Expósito	Gilico	Alcaudete	E	Disparos
26/12/1946	José Mª Leiva Pimentel		Fuente Tójar	E	Disparos
26/12/1946	Sin identificar		Fuente Tójar	E	Disparos
26/12/1946	Josefina Briones Molina		Fuente Tójar	E	Disparos
26/12/1946	Manuel Sánchez Noceto	Tejero	Fuente Tójar	E	Disparos. LF
26/12/1946	Francisco Sánchez Moral		Fuente Tójar	E	Disparos. LF
26/12/1946	Francisco Muriel López	Maturranga	Alcaudete	G	Disparos
31/12/1946	Antonio Burgos Ortega		Alcaudete	E	Disparos. LF
31/12/1946	Antonia Expósito Carmona		Alcaudete	E	Disparos. LF
31/12/1946	Pedro Jiménez Contreras	Castillero	Alcaudete	E	Disparos. LF
31/12/1946	Francisco Morales Vasco		Alcaudete	E	Disparos. LF
31/12/1946	Manuel Funes Villén	Cristo	Alcaudete	E	Disparos. LF
31/12/1946	Francisco Tejero Varea	Macandón	Alcaudete	E	Disparos. LF
20/03/1947	Juan Burgos Medina		Torres	G	Ejecutado
20/03/1947	Antonio Catena Sanjuan	Catena	Torres	G	Ejecutado
20/03/1947	Leonardo Peña Bellón	Gallego	Manijos	G	Ejecutado
20/03/1947	Juan A. Sánchez Melgarejo	Sargento	Torres	G	Ejecutado
25/04/1947	Manuel Jaén Bravo	Formal	Cast. de Locubín	G	Disparos
25/04/1947	Ramón Jiménez Contreras	Pena	Alcaudete	G	Disparos
25/04/1947	Juan Alcalá Viana		Alcalá la Real	E	Disparos. LF
06/05/1947	Francisco Bonilla Bonilla	Bautista		G	Disparos
24/05/1947	Julián Beltrán Gutiérrez		Los Villares	E	Disparos. LF
24/05/1947	Juan Chica Marchal	Petana	Los Villares	E	Disparos. LF
24/05/1947	Antonio Espinosa Bonilla		Los Villares	E	Disparos. LF
07/07/1947	Manuel Romero Rodríguez	Carcunda	Andújar	G	Disparos
07/07/1947	Ángel Jiménez Santos	Revisor		G	Disparos
16/07/1947	Francisco Moreno Torres	Melocotón	Carchelejo	E	Disparos. LF
17/07/1947	Tomás Chica Marchal	Petana	Valdepeñas de J.	E	Disparos. LF
17/07/1947	Isidro Jiménez Prieto	Pitarra	Valdepeñas de J.	E	Disparos. LF
17/07/1947	Bernard. Narváez Ortega	Bernardino	Valdepeñas de J.	E	Disparos. LF

17/07/1947	Juan Fco. Tello Sánchez	Culillo	Valdepeñas de J.	E	Disparos. LF
17/07/1947	José Crispín Pérez	Crispín	Martos	G	Disparos
17/07/1947	Tomás Villén Roldán	Cencerro	Cast. de Locubín	G	Disparos
19/07/1947	José Chamorro del Caño		Martos	E	Disparos. LF
28/08/1947	José A Fernández Martínez	El de Miller		G	Disparos
28/09/1947	Víctor Padilla Aina	Aragonés	Viso del M.	G	Disparos
28/09/1947	Ángel Torrico García	Gitano	Viso del M.	G	Disparos
28/09/1947	Julián Ruiz Almodóvar		Viso del M.	E	Disparos. LF
28/10/1947	Fdo. Rodríguez Canales	H. de la Bizca	Andújar	G	Disparos
10/12/1947	Antonio Fajardo Sánchez	Piñero	Píñar	G	Disparos
10/12/1947	Gálvez Prieto, José	Paquete	Tiena	G	Disparos
10/12/1947	Juan M. Maqueda García	Juanico	Benalúa de las V.s	G	Disparos
10/12/1947	Antonio Muñoz Ruiz	Muñoz	Linares	G	Disparos
10/12/1947	José Moya Cuenca		Noalejo	E	Disparos. LF
10/12/1947	Patricio Moya Serrano		Noalejo	E	Disparos. LF
26/12/1947	García Molina, Manuel	Batoño	Los Villares	G	Disparos
05/01/1948	Adriano Collado Cortés	Zoilo	Cast. de Locubín	G	Disparos
05/01/1948	Antonio Larubia Expósito	Payuso		G	Disparos
07/01/1948	Ángel Camacho Ginés	Ampón	Viso del M,	E	Disparos LF
09/01/1948	José García Líndez	Niño		G	Disparos
09/01/1948	Antonio Molina Melero	R. Ollero		G	Disparos
18/03/1948	Julián García Correas		Mancha Real	G	Ejecutado
24/03/1948	Greg. Martínez González	Negro	Jaén	G	Disparos
16/04/1948	Juan A. Gámez Valencia	Chaleco	Los Villares	G	Disparos
23/03/1948	Pedro Ruiz Romero	Ruiz	Vva. Arzobispo	G	Disparos
20/04/1948	Antonio Adán Serrano		Bedmar	G	Ejecutado
08/05/1948	Ant. Tarazaga Almodóvar	Sortija	Viso del M.	E	Disparos LF
08/05/1948	José Tarazaga Almodóvar	Sortija	Viso del M.	E	Disparos LF
27/05/1948	Dom. Cortecero Gómez	Cucón	Casa Chaparra	G	Disparos
15/07/1948	Juan M. Peinado Villén		Cast. de Locubín	G	Disparos
28/11/1948	José Martínez Martínez		Guadix	G	Disparos
13/01/1949	José Luis Moreno Araque		Baños de la E.	E	Disparos
22/01/1949	Pablo Parras Montero	Paulo	Los Villares	G	Ejecutado
10/10/1949	Pablo Collado Díaz		Socuéllamos	G	Disparos
11/03/1950	Rafael Expósito		Fuencaliente	G	Disparos
11/03/1950	Julián Luque García		Fuencaliente	G	Disparos
21/03/1950	Manuel Martínez Bueno	Trapichea	Marmolejo	G	Disparos
21/03/1950	José Vargas Romero	Vargas	La Carolina	G	Disparos
22/04/1950	José Apestegui Azada			G	Disparos
22/04/1950	Pablo Juárez Roda	Moreno		G	Disparos
22/04/1950	Diego Ruíz Serrano	Pimpoyo		G	Disparos
07/07/1949	Antonia Pantoja Carrillo		Andújar	E	Disparos
07/07/1949	María Pantoja Carrillo		Andújar	E	Disparos
22/05/1950	Sixto García Espinosa	El de Marchena	Stgo. Espada	G	Disparos
22/05/1950	Juan Ruíz González	Alcalde Yeste	Yeste	G	Disparos
20/03/1951	Francisco Delgado Cano	Bala y Castaño		G	Disparos
13/05/1951	Vicente Gómez Díaz	Quina	Higuera Arjona	G	Disparos
13/05/1951	Francisco Osuna Galiot	Vidrio	La Carlota	G	Disparos
26/02/1952	Manuel Calderón Jiménez	Ramiro	Ítrabo	G	Disparos
26/03/1952	Antonio Quiñones Pérez		Quesada	E	Suicidio

VÍCTIMAS DE LA GUERRILLA ANTIFRANQUISTA EN LA PROVINCIA DE JAÉN
(Guardias civiles, propietarios, delatores y ajustes de cuentas 1939/1952)

FECHA	NOMBRE	APODO	MUNICIPIO	OFICIO	CONSECUENCIA
19/11/1939	Miguel Velasco Chacón		Lopera	Propietario	Disparos
19/11/1939	Félix Matute Palomares		Lopera	Chófer	Disparos
15/08/1940	Man. Armenteros Guerrero		Los Villares	Somatén	Disparos
07/05/1942	José Calabrús Calabrús		Torredonjimeno	Propietario	Disparos
15/08/1942	Manuel Rubio López		Huelma	Delator	Disparos
06/10/1942	José Soriano Moreno		Huelma	Delator	Disparos
06/12/1942	Lorenzo Díaz Muñoz		Gilena	G. Civil	Disparos
19/12/1942	José Figueroa Caballeira			G. Civil	Disparos
¿¿/06/1943	Juan Castro	Boy	Bailén	Guerrillero	Disparos
25/08/1943	Julián Rodríguez Prieto		Mancha Real	G. Forestal	Disparos
17/05/1944	Francisco Pantoja Cano		Aldeaquemada	G. Civil	Disparos
07/07/1944	Diego Justicia García		Huelma	Enlace	Disparos
31/07/1945	Andrés Cañada Grande		Andújar	Delator	Disparos
¿¿/08/1945	Francisco Pacheco Moreno		Andújar	Delator	A golpes
29/11/1945	Juna P. Berrios Maza	Gamba	Stban. Puerto	Delator	Disparos
22/03/1946	Mariano Paniagua Serrano		Marmolejo	G. Civil	Disparos
26/12/1946	César Robles Pérez		Fuente Tójar	G. Civil	Disparos
26/12/1946	Claudio Fuentes Alfonseca		Fuente Tójar	G. Civil	Disparos
27/05/1947	Antonio Estero López		La Carolina	G. Civil	Disparos
27/05/1947	Ismael Montero Tortajada		La Carolina	G. Civil	Disparos
28/09/1947	José Ruano Pascual		Viso del M.	G. Civil	Disparos
17/06/1947	Antonio Martínez Cámara	Manquillo		Guerrillero	Disparos
17/06/1947	Juan Hernández Barazas	Matero		Guerrillero	Disparos
17/07/1947	Juan Ant. Carrillo Rivilla	Chirula	Valdepeñas de J.	Somatén	Disparos
04/10/1947	Miguel Muñoz Zafra	Bichillo	Cast. de Locubín	Enlace	Disparos
09/12/1947	Manuel Ibáñez Fernández		Jaén	Camillero	Disparos
05/01/1948	José Ceprián Trujillo	Menchones	Viso del M.	Cazador	Disparos
25/11/1973	Antonio Cano Aceituno	Enriqueto	Torrequebradilla	Somatén	Suicidio

Fuentes documentales consultadas

De ámbito nacional:

Archivo Histórico de la 2.ª Región Militar (AHMI)
Archivo Histórico del Partido Comunista de España (AHPCE)
Archivo Histórico Nacional (AHN)
Fundación Francisco Largo Caballero (FFLC)
Fundación Pablo Iglesias (FPI)
Servicio de Estudios Históricos de la Guardia Civil (SEHGC)

De ámbito provincial y local:

Archivo Histórico Provincial de Jaén (AHPJ)
Archivo Histórico Municipal de Jaén (AHMJ)
Archivos Históricos Municipales de diversos municipios
Archivos particulares
Centro Documental de la Diputación Provincial de Jaén
Registros Civiles

HEMEROTECAS

Boletín Oficial de la Provincia (BOP)
Boletín Oficial del Estado (BOE)
Boletín del Instituto de Estudios Giennenses
Diario Jaén
Diario Ideal
Diario ABC
Diario de Córdoba
Democracia
El Socialista
Mundo Obrero
Nuestra Lucha
Renovación
Revista de la Guardia Civil

Bibliografía

AGUADO SÁNCHEZ, F. *El Maquis en España*, edit. San Martín, Madrid 1975.

__ *El Maquis en sus documentos*, edit. San Martín, Madrid 1976.

__ *Historia de la Guardia Civil*, Tomo 6, edit. Planeta, Madrid 1985.

ALIA MIRANDA, F. *La guerra civil en retaguardia. Ciudad Real (1936-1939).*

ALPERT, MICHEL, *El ejército republicano en la guerra civil*, edit. Ruedo Ibérico, París, 1977.

ANDRADE, JUAN, *La revolución española día a día.* Edit. Nueva Era, Barcelona 1975.

ANÓNIMO, *No, general: fueron más de 3.000 los asesinados*, Colectivo AFAN, edit. Mintzoa, Pamplona 1984.

AZUAGA RICO, J.M. *La guerrilla antifranquista en Nerja*, edit. IU, Nerja, 1996.

BIESCAS, J.A. y TUÑÓN DE LARA, M. *España bajo la dictadura franquista (1939-1975)*, edit. Labor, Barcelona 1980.

BRENAN, GERALD, *Memoria personal*, Alianza Editorial, Madrid, 1976.

__ *El laberinto español (antecedentes sociales y políticos de la guerra civil)*, edit. Ruedo Ibérico, Paris 1962.

CARRILLO, SANTIAGO. *Memorias*, edit. Planeta, Barcelona 1993.

__ *Mañana España. Conversaciones con Régis Debray y Max Gallo*, edit. Ebro, París 1975.

CASTELLANO, PABLO, *Yo sí me acuerdo. Apuntes e historias*, Temas de Hoy, Madrid 1994.

CICERO, I. *Los que se echaron al monte*, edit. Popular, Madrid, 1977.

COBO ROMERO, F. *La guerra civil y la represión franquista en la provincia de Jaén (1936-1950)*, edit. Instituto de Estudios Giennenses, Jaén 1994.

DÍAZ DÍAZ, B. *La guerrilla antifranquista en Toledo,* edit. Colectivo de Investigación Histórica Arrabal, Talavera de la Reina, 2001.

__ *La guerrilla en Castilla La Mancha,* edit. Almud, Ciudad Real, 2004.

__ *Maquis, la resistencia armada,* (coord. antología), edit. Trea, Gijón, 2023.

DRAPER MIRALLES, R. *De las prisiones de Franco a las cárceles de la democracia,* edit. Argos Vergara, Barcelona, 1984.

GÓMEZ MARTÍNEZ, E. *La represión franquista en Arjona,* Edit. Alcance, Andújar, 1997.

GÓMEZ PARRA, R. *La guerrilla antifranquista 1945-1949, Edit. Revolución,* Madrid 1983.
HEINE, HARTMUT. *La oposición política al franquismo*, edit. Crítica, Barcelona 1993.
HERNÁNDEZ ARMENTEROS, S. *Jaén ante la Segunda República (bases económicas, sociales y políticas de una transición*, edit. Universidad de Granada, Granada 1988.
IBARRURI, DOLORES, *Memorias de La Pasionaria*, edit. Planeta, Barcelona 1984.
ITURRALDE, JUAN DE, *El catolicismo y la cruzada de Franco*, Vienne, Francia 1960, 2 vols.
JACKSON, GABRIEL. *La república española y la guerra civil*, Vol. II, edit. Éxito, Barcelona 1978.
JIMÉNEZ CUBERO, J.A. *La guerrilla antifranquista en Andalucía*, edit. Muñoz Moya, 2022.
KAISER, J.C. *La guerrilla antifranquista: historia del maquis*, edit. 99, Madrid 1976.
LIMIA PÉREZ, E. «*Reseña general del problema del bandolerismo en España después de la guerra de liberación*», Madrid, 1957, SEHGC.
__ *Relación de los servicios más destacados del bandolerismo realizados por la fuerza del cuerpo*, Madrid 1957, SEHGC.
LÓPEZ CORRAL, M. *Los fusilamientos de Mesas de Ibor*, Historia 16, nº 251, febrero 1997.
LLAMAZARES, JULIO, Luna *de lobos*, edit. Seix Barral, 1985.
MARQUINA BARRIO, A. *La diplomacia vaticana y la España de Franco (1939-1945).* Centro de Investigaciones Sociológicas Siglo XXI, Madrid 1985.
MARTÍN NÁJERA, A. y González Quintana, A. *Fuentes para la historia de la Unión General de Trabajadores,* edit. Pablo Iglesias, Madrid 1988.
__ *Fuentes para la historia del Partido Socialista Obrero Español y las Juventudes Socialistas de España*, edit. Pablo Iglesias, Madrid 1991.
MENDOZA, RAMÓN, *La Pirenaica*, edición del autor, Madrid 1981.
MORENO GÓMEZ, F. *Córdoba en la posguerra (la represión y la guerrilla, 1939-1950*, Francisco Baena Editor, Córdoba 1987.
__ *El Obispo de Cardeña*, Revista de Feria, Villanueva de Córdoba 1988.
__ *La resistencia armada contra Franco,* edit. Crítica, Barcelona, 2001.
PERALES SOLÍS, M. *La resistencia al franquismo en la posguerra*, Diario Jaén 14 de noviembre de 1993.
PONS PRADES, E. *Guerrillas Españolas (1936-1960)*, edit. Planeta, Barcelona 1977.
PRESTON, PAUL. *Las derechas españolas en el siglo XX. Autoritarismo, fascismo y golpismo*, edit. Sotema, Madrid 1986.
REIG TAPIA, A. *Ideología e Historia. La represión franquista y la Guerra Civil*, edit. Akal, Madrid 1984.
RODRÍGUEZ PADILLA, E. *El ejército guerrillero de Andalucía (1945-1952)*, edit. Arraez Editores, Mojacar, 2010.

La guerrilla antifranquista en la provincia de Almería, edit. Círculo Rojo, 2015.
ROMERO NAVAS, J.A. *La guerrilla antifranquista en Andalucía oriental,* edit. Diputación Provincial de Málaga, 1997.
ROMEU ALFARO, F. *Más allá de la utopía: perfil histórico de la Agrupación Guerrillera de Levante,* edit. Alfons Elmagnanim, Valencia 1987.
RUIZ AYÚCAR, A. *El partido comunista, 37 años de clandestinidad,* edit. San Martín, Madrid 1976.
SABÍN, MANUEL. *Prisión y muerte en la España de posguerra,* edit. Anaya-Mario Muchnik, Madrid 1990.
SÁNCHEZ TOSTADO, L.M. *Los maquis en Sierra Mágina (una aproximación criminológica a los hombres de la sierra,* edit. Ayuntamiento de Albanchez de Mágina, Jaén 1998.
__ *Historia de las prisiones en la provincia de Jaén,* edit. Jabalcuz, Jaén 1997.
__ *1940-41: Hacinamiento sin precedentes en la prisión provincial de Jaén (una aproximación al preso-tipo de la posguerra),* edit. Boletín del Instituto de Estudios Giennenses nº 157.
__ *El último maquis de la provincia fue enterrado en Quesada,* Revista de feria, Quesada 1998.
__ *El movimiento guerrillero en Jaén,* en la antología *El movimiento guerrillero de los años 40,* edit. FIM, Madrid, 2003.
__ *Vivir para contarlo (el drama de la guerrilla antifranquista en Sierra Morena,* edición de autor, Jaén, 2004.
__ *La fosa del Tamaral,* edición de autor, Jaén, 2004.
__ *La guerra civil en Jaén,* edición de autor, Jaén, 2006.
__ *Los Jubiles,* edit. Ayuntamiento de Bujalance, Bujalance 2008.
__ *Cencerro, un guerrillero legendario,* edit. ADSUR, Valdepeñas de Jaén, 2010
__ *Morir por un ideal,* edit. Ayuntamiento de Castillo de Locubín, 2018.
__ *La guerrilla antifranquista en Jaén,* incluido en la antología *Maquis, la resistencia armada,* edit. Trea, Gijón, 2023.
SEGURA PEÑAS, L. *Comunistas en tierra de olivos,* edit. UJA, Jaén, 2018.
SERRANO, SECUNDINO. *La guerrilla antifranquista en León (1936-1951),* edit. S. XXI, Madrid 1988.
__ *Maquis, historia de la guerrilla antifranquista,* edit. Círculo de Lectores, Barcelona, 2002.
SILVA, E. y MACÍAS, S. *Las fosas de Franco,* edit. Temas de Hoy, Madrid, 2003.
SOREL, ANDRÉS. *Búsqueda, reconstrucción histórica de la guerrilla española en el siglo XX, a través de sus documentos, relatos y protagonistas,* edit. Ebro, París 1970.
__ *La guerrilla antifranquista: La historia del Maquis, contada por sus protagonistas,* edit. Txalaparta, Tafalla, 2002.
TORBADO, J. y LEGUINECHE, M. *Los Topos,* edit. Argos Vergara, Barcelona 1977.
TUÑÓN DE LARA, M. *Luchas obreras campesinas en la Andalucía del siglo XX. Jaén 1917-1920, Sevilla 1920-1932,* Madrid, 1978

THOMAS, HUG. *La guerra civil española*, vol. 6, edit. Urbión, Madrid 1979.
TUSELL, JAVIER. *Carrero. La eminencia gris del régimen de Franco»* Madrid 1993.
VALLEJO LASO, M. *Manuel Calderón (Ramiro). Aspectos humanos del último maquis de la sierra*, Revista de Feria, Quesada 1998.
VARIOS AUTORES, *Historia del franquismo*, Diario 16, Madrid 1985.

Este libro, por encomienda de la editorial Almuzara, se terminó de imprimir el 16 de mayo. Tal día, de 1933, en los Estados Unidos, el presidente Franklin Roosevelt propone un pacto universal de no agresión.